山东省泰山学者、孔子研究院特聘专家温海明教授项目

中华优秀传统文化

大家谈

第一辑

温海明 赵微 主编

大家谈

中华优秀传统文化大家谈 — 第一辑 —

中国传统哲学与中华民族精神

温海明 赵薇 主编

李存山 著

中国文化持续发展，延绵不绝，必有其不断发展的精神支柱。这个精神支柱可以称为中国文化的基本精神，它来自儒家哲学。来自儒家所提倡的积极有为、奋发向上的思想态度。

山东城市出版传媒集团·济南出版社

图书在版编目(CIP)数据

中国传统哲学与中华民族精神/李存山著. —济南：
济南出版社，2020.1

（中华优秀传统文化大家谈/温海明，赵薇主编. 第一辑）
ISBN 978 - 7 - 5488 - 3840 - 1

Ⅰ.①中… Ⅱ.①李… Ⅲ.①哲学思想—研究—中国
Ⅳ.①B2

中国版本图书馆 CIP 数据核字(2019)第 276723 号

·

图书策划　杨　峰
出 版 人　崔　刚
责任编辑　马永靖　任肖琳
装帧设计　侯文英

出版发行　济南出版社
地　　址　山东省济南市二环南路 1 号(250002)
编辑热线　0531 - 82803191
发行热线　0531 - 86131728　86922073　86131701
印　　刷　山东临沂新华印刷物流集团有限责任公司
版　　次　2020 年 1 月第 1 版
印　　次　2020 年 3 月第 1 次印刷
成品尺寸　170mm × 240mm　16 开
印　　张　25.25
字　　数　394 千字
印　　数　1—3000 册
定　　价　55.00 元

(济南版图书，如有印装错误，请与出版社联系调换。联系电话:0531 - 86131736)

出版前言

"文化是一个国家、一个民族的灵魂。文化兴国运兴,文化强民族强。"党的十九大报告强调,中国特色社会主义文化源自中华民族五千多年文明历史所孕育的中华优秀传统文化,要加强对中华优秀传统文化的研究阐释与普及教育。中共中央办公厅、国务院办公厅印发的《关于实施中华优秀传统文化传承发展工程的意见》,明确要求加强中华文化研究阐释工作,深入研究阐释中华文化的历史渊源、发展脉络、基本走向,着力构建有中国底蕴、中国特色的思想体系、学术体系和话语体系。深入研究和阐发中华优秀传统文化,彰显中华文化魅力,坚定文化自信,成为摆在每一个从事文化研究和出版传播者面前的重要课题。

当前,对中华优秀传统文化的研究阐释正形成一股全国热潮,涌现出一大批有影响力的专家学者。他们从不同视角深研中国传统文化,汲取精华,关照现实,展望未来,取得丰硕研究成果。系统地挖掘整理他们的研究成果,集中展示他们的学术观点,有助于推动中华优秀传统文化研究的纵深发展。

为此,我们精心策划了《中华优秀传统文化大家谈》项目,搭建中华优秀传统文化研究平台,集中介绍国内名家学者关于中华优秀传统文化研究的核心思想、观点,较为系统、全面地反映当前中国传统文化研究尤其是儒学研究的整体状况和发展趋势,以期推动学术交流,服务学术创新,同时使广大读者能够了解、感受、领略中华优秀传统文化的深邃内涵和精神魅力。名为"大家谈",意在汇聚名家、大家,选取的作品均为当代中华传统文化研究的名家名作;同时也有"众人谈"之意,意在百家争鸣,繁荣学术研究。

却顾所来径,苍苍横翠微。项目从策划到出版,皆赖专家学者们的学术热情与鼎力支持。对此,我们深为感佩,并衷心感谢!同时也希望更多学界大家加入我们的行列,使更多高水平、高质量的研究成果能够与广大读者见面。

《中华优秀传统文化大家谈》项目组

2019 年 12 月

目录

上篇

传统文化与中国哲学

"知人则哲"：中国哲学的特色

一

中国古无"哲学"一词，但很早就有"知人则哲"和"哲人"的表述。日本学者西周最早将西方的 philosophy 翻译为"哲学"，这与中国古代使用的"哲"字有关。据学者考证，西周在 1874 年出版的《百一新论》中用"哲学"翻译 philosophy，而"在津田进藤于 1861 年出版的《新理论》的附录中，西周翻译'哲学'一词用的字是'希贤学'或'希哲学'，意思是追求贤人之学，或追求哲人之学"①。由此看来，"哲学"译名的成立，先已经过类似佛教东传时那样的"连类"或"格义"的工夫，其中浸润了东方学人对"哲学"的特殊理解。philosophy 在西方为"爱智之学"，中国的"哲"字即是"智"或"大智"之义（《尚书正义·皋陶谟》），而"哲人"乃指"贤智"之人（《尚书正义·伊训》），"希贤"出自周敦颐《通书》所谓"圣希天，贤希圣，士希贤"。将西方的"爱智"翻译为中文的"希哲"，从词组结构上说，比一个"哲"字更为合适。关键是中国古代没有"爱智"或"希哲"后面的那个"学"（学科），而且中国古人对"智"或"哲"的追求亦与西方人有差异。这就是近现代以来中国学人构建"中国哲学史"学科所遇到的困难。

因为中国古代没有"哲学"的学科，也就没有哲学的"形式上的系

---

① [美] 柯雄文：《西方哲学对中国哲学史发展的影响》，施忠连、李武进译，上海中西哲学与文化比较研究会：《20 世纪末的文化审视》，学林出版社 2000 年版，第 198 页。

统"，所以"我们要编成系统，古人的著作没有可依傍的，不能不依傍西洋人的哲学史"①。冯友兰先生在《中国哲学史》（上册）"绪论"中说，中国哲学虽然没有"形式上的系统"，但有"实质上的系统"，"讲哲学史之一要义，即是要在形式上无系统之哲学中，找出其实质的系统"。此所谓"找出"，也仍不免要"依傍西洋人的哲学史"，即找出"中国之某种学问或某种学问之某部分之可以西洋所谓哲学名之者也"②。这里首先是要立"中国哲学"之名，但金岳霖先生在冯著的"审查报告"中认为，这名称仍有"困难"，"所谓中国哲学史是中国哲学的史呢？还是在中国的哲学史呢？"他举出写中国哲学史至少有两个根本态度："一个态度是把中国哲学当作中国国学中之一种特别学问，与普遍哲学不必发生异同的程度问题；另一态度是把中国哲学当作发现于中国的哲学。""根据前一种态度来写中国哲学史，恐怕不容易办到"，而胡适和冯友兰都是取第二种态度，即"以中国哲学史为在中国的哲学史"③。虽然金先生对冯著有比较高的评价，但冯先生未必同意金先生的观点。因为冯先生认为中国古代所讲"性与天道"和"为学之方"的那部分内容"约略相当于"西方哲学所讲的宇宙论、人生论和方法论，既然是"约略相当于"，这里就有"异同的程度问题"，如果能讲出中国哲学之"异"，那它就不仅是"在中国的哲学史"，而且是"中国哲学的史"。

金先生在冯著的"审查报告"中还说："现在的趋势，是把欧洲的哲学问题当作普通的哲学问题"，这虽然"有武断的地方，但是这种趋势不容易中止"④。据此，上述金先生所谓"普遍哲学"，实是把西方哲学"当作普通的哲学"。冯著上册是 1931 年出版的，上下全书是 1934 年出版的。此书对张岱年先生写《中国哲学大纲》（1937 年完成）有重要的影响。金先生对冯著提出的问题，是张著在"序论"中所要解决的。张先生说：

> 如所谓哲学专指西洋哲学，或认为西洋哲学是哲学的惟一范型，与西洋哲学的态度方法有所不同者，即是另一种学问而非哲学；中国

---

① 胡适：《中国哲学史大纲》蔡元培"序"，商务印书馆 1919 年版，第 1 页。
② 冯友兰：《三松堂全集》第 2 卷，河南人民出版社 2000 年版，第 252～253 页。
③ 冯友兰：《三松堂全集》第 2 卷，河南人民出版社 2000 年版，第 617～618 页。
④ 冯友兰：《三松堂全集》第 2 卷，河南人民出版社 2000 年版，第 616 页。

思想在根本态度上实与西洋的不同，则中国的学问当然不得叫作哲学了。不过我们也可以将哲学看作一个类称，而非专指西洋哲学。可以说，有一类学问，其一特例是西洋哲学，这一类学问之总名是哲学。如此，凡与西洋哲学有相似点，而可归入此类者，都可叫作哲学。以此意义看哲学，则中国旧日关于宇宙人生的那些思想理论，便非不可名为哲学。①

张先生把"对于哲学一词的看法"分为两种：第一种是以西方哲学为"哲学的惟一范型"，第二种是"将哲学看作一个类称"；西方哲学只是此类的一个"特例"。这后一种看法也就是要避免"武断"地把西方哲学当作"普遍哲学"。依后一种看法，中国古代关于宇宙人生的思想即使"在根本态度上"与西方不同，也仍可"名为哲学"。它与西方哲学同属"家族相似"的一类，而各是其中的"特例"。《中国哲学大纲》又名《中国哲学问题史》，它所讲的中国哲学问题不是"把欧洲的哲学问题当作普通的哲学问题"，而是讲"中国的哲学问题"。"序论"的第三节是讲"中国哲学之特色"，如"合知行""一天人""同真善"等等，这就是讲中国哲学之"异"，强调它是"中国哲学的史"。

有了哲学的"类称"与"特例"之分，"中国哲学"之名方可安立。现代新儒家牟宗三先生在《中国哲学的特质》中首讲"中国有没有哲学"，认为"任何一个文化体系，都有它的哲学；否则，它便不成其为文化体系"②。他在《中国哲学十九讲》中首讲"中国哲学之特殊性问题"，而此问题的前提就是"哲学的普遍性和特殊性的问题"，"一定要普遍性、特殊性两面都讲，不能只讲一面"③。这也是要安立"中国哲学"之名，虽然它有不同于西方哲学的"特质"或"特殊性"，但从"普遍性"上讲它仍堪当"哲学"之名。

① 张岱年：《中国哲学大纲》"序论"，中国社会科学出版社 1982 年版，第 2 页。
② 牟宗三：《中国哲学的特质》，上海古籍出版社 1997 年版，第 4 页。
③ 牟宗三：《中国哲学十九讲》，上海古籍出版社 1997 年版，第 2～3 页。

二

近来中国哲学史和思想史界又提出中国哲学的"合法性"问题，我认为，从认识的深浅程度来说，此问题大约有三层含义：一是中国古代有无"哲学"；二是用"中国哲学"来讲中国思想或儒学、经学是否有局限；三是已有的中国哲学史著作是否或在何种程度上写出了中国哲学的特色。按我的理解，最根本的是后一层含义。

关于中国古代有无"哲学"，从上述分析可以看出，这是中国哲学史界已经解决了的问题。中国哲学与西方哲学不仅有"异"，而且有"相似点"。因为有"相似点"，所以才有"哲学"这个类名。"哲学"之名本身就与西方的 philosophy 有一种"连类"的关系，如果中国之"哲"与西方之"智"完全不搭界，那么就只有 philosophy，而没有"哲学"。

关于用"中国哲学"来讲中国思想或儒学、经学是否有局限，我认为"局限"是不可避免的。因为从"中国哲学"这一学科建立之日起，就是把"中国之某种学问或某种学问之某部分"以哲学名之。既然是"某种"或"某部分"，它就不是整全地研究中国思想或儒学、经学。它是近现代以来"学科分化"的结果，这种分化既有消极的意义，也有积极的意义。

《庄子·天下》篇讲到先秦诸子之学从上古"道术"的分化：

> 古之所谓道术者，果恶乎在？曰："无乎不在。"……天下大乱，贤圣不明，道德不一，天下多得一察焉以自好。譬如耳目鼻口，皆有所明，不能相通。犹百家众技也，皆有所长，时有所用。虽然，不该不遍，一曲之士也。……是故内圣外王之道，暗而不明，郁而不发，天下之人各为其所欲焉以自为方。悲夫，百家往而不反，必不合矣！后世之学者，不幸不见天地之纯，古人之大体，道术将为天下裂。

中国上古时期的"道术"是学在王官、政学不分的，故它"无乎不在"。春秋以降，学术下移，"道术"分裂，于是"儒墨名法，百家驰骛，各私己见，咸率己情，道术纷纭，更相倍谲"（成玄英《庄子疏·天下》），这未免有消极的意义，但若没有这样的分化，也就没有先秦诸子，没有中国文化的"轴心时代"。

孔门教法，设有四科，即："德行：颜渊、闵子骞、冉伯牛、仲弓；言语：宰我、子贡；政事：冉有、季路；文学：子游、子夏。"（《论语·先进》）这四科也是一种分化，从颜渊与子游、子夏等等的高下之分，似也可看出分科的消极意义，但孔门弟子亦因有此分科而能各自发挥所长。

中国的历史书在《汉书·艺术志》中本属于"六艺略"的《春秋》类，至荀勖的《中经新簿》才逐渐形成经、史、子、集的四部分类。史学从经学中分出，未免削弱了"六艺"的主宰地位，或者说，削弱了"文、史、哲不分"的传统，但史学的蔚为大国，对于中国文化的发展无疑是件好事。

宋明理学受佛、道二教的影响，把儒家的"性与天道"思想极大地突显出来，把《大学》《中庸》从《礼记》中抽取出来，这对于先秦儒学和汉唐经学实也是一种分化。明清之际的唐甄批评程朱之学"精内而遗外"（《潜书·有为》），"至于宋则儒大兴而实大裂，文学为一涂，事功为一涂；有能诵法孔孟之言者别为一涂，号之曰道学"（《潜书·劝学》）。顾炎武也批评宋明理学的弊端，"终日言性与天道，而不自知其堕于禅学也"，"孔门弟子不过四科，自宋以下为学者则有五科，曰'语录科'"，"昔之清谈谈老庄，今之清谈谈孔孟……"（《日知录》卷七"夫子之言性与天道"条）。这些批评也有一定的道理，但是若无宋明理学对先秦儒学和汉唐经学的分化，哪里会有宋以后的儒学复兴？岂不仍是"儒门淡薄，收拾不住，皆归释氏焉"？

中国近现代以来的学科分化，当然有着不同于以往的"道术"、儒学和经学分化的背景，即它是在西方强势文化的背景下形成的。戊戌变法之后，"废科举，兴新学"，由此开始了中国近现代的学科分化。对于这种学科分化的整体评价，已远远超出"中国哲学的合法性"所讨论的范围。至于现代中国学术是否可以"乱象"概括之，或现代中国知识分子如何克服"文化信念"的危机，这就不仅是"中国哲学"而且是整个中国现代学术的"合法性"问题了。

近现代的学科分化有其利亦有其弊，东西方学人倡导的多学科或跨学科研究是补其弊的一种方式。对于"中国哲学"来说，问题当然比较复杂。中国古代有哲学的"实质上的系统"，"中国哲学"就是把这个系统从原有的子学、经学等等中"分化"出来，这种"分化"所带来的问题是"部分与整体"的关系问题。既然是某"部分"，它就"不该不遍"，是有局限的；充分认识到这种局限，是这个学科发展中的一个进步。欲弥补此局限，不是（也不可能）让"中国哲学"以及其他学科都回归那个"文、史、哲不分"的传统，而是各个学科更多地考虑彼此之间的联系（用现象学的话语说，各个学科之间有着一种彼此搭界的"晕圈"）。除了开展多学科或跨学科研究之外，那种比较"整全"的中国文化（包括"大文化"和"小文化"）、思想、儒学、经学、理学、道教、佛教等等的研究在中国学术界也一直在进行。"部分与整体"的研究可以相互促进，"解释学的循环"说明了这一点。

这里还存在着一个"中国哲学"对于"整体"的研究是否构成限制或曲解的问题。如果"中国哲学"只不过是把西方哲学的"形式系统"和"实质系统"搬到中国来，那么"中国哲学"对于中国文化、思想、儒学、经学、理学等等的研究的确是构成了限制或曲解，是给它们"穿了一件不合身的外衣"。这里仍牵涉到中国古代有无"哲学"的问题，而更根本的问题是：已有的中国哲学史著作是否或在何种程度上写出了中国哲学的特色？

三

要回答以上问题，会涉及一些学术上的争论。比如，牟宗三先生批评冯友兰先生的《中国哲学史》"不但未曾探得骊珠，而且其言十九与中国传统学术不相应"[①]。这种批评带有牟先生自己的哲学立场，不是我们所能接受的。冯先生的"三史""六书"——应该说（当然这里会有争议）——在相当大的程度上写出了中国哲学的特色。牟先生认为，中国哲学的特质是"以生命为中心的学问"，它特重"主体性与内在道德性"[②]，这当然也是应该肯定的。张岱年先生在《中国哲学大纲》的"自序"中说，他所注重的方法有四点，即"审其基本倾向""析其辞命意谓""察其条理系统"

①　牟宗三：《中国哲学的特质》，上海古籍出版社1997年版，第3页。
②　牟宗三：《中国哲学的特质》，上海古籍出版社1997年版，第4、7页。

"辨其发展源流"。关于第一点，他举例说："如不知道中国哲学不作非实在的现象与在现象背后的实在之别，便不能了解中国哲学中的宇宙论。不知道中国大部分哲学家以天人合一为基本观点，则不会了解中国的人生论。"关于第三点，他强调："求中国哲学系统，又最忌以西洋哲学的模式来套，而应常细心考察中国哲学之固有脉络。"① 用这样的方法写出的《中国哲学大纲》，当然也突出了中国哲学的特色。已有的中国哲学史著作不胜枚举，总的来说，它们都在一定程度上写出了中国哲学的特色。因此，提出中国哲学的"合法性"问题，归根结底是希望在更大的程度上或在更恰切的方式上表达出中国哲学的特色。

中国哲学的特色是什么？或它的"实质上的系统"是什么？中国哲学史界对此已有许多解答。我认为，讨论中国哲学的"合法性"问题，最终应该落实到对中国哲学的特色及其"实质上的系统"的继续深入探讨上。

我近来有一浅见，即认为探讨中国哲学的特色及其"实质上的系统"，还应回到中文"哲"字的原点，也就是"知人则哲"。此语出自《尚书·皋陶谟》，是古之"道术"尚未分裂时的一句话，但春秋战国时期的"哲学的突破"仍保留了这个"基因"。《皋陶谟》记述帝舜与皋陶、大禹讨论政务，皋陶说："在知人，在安民。"大禹说："知人则哲，能官人；安民则惠，黎民怀之。"这是讲帝王除了正德修身之外，还要做到"知人"和"安民"。大禹说，知人则明智，能任用贤人；安民则有恩惠，人民便感怀之。在这里，"知人则哲"是古之"道术"（政学不分）的一部分，其所谓"知人"即一般所说"知人善任"的意思，还称不上是"哲学"思想。但《论语·颜渊》篇载："樊迟问仁，子曰：'爱人。'问知（智），子曰：'知人。'"孔子所谓"爱人""知人"已经是古之"道术"分裂之后儒家的哲学思想，此思想与"知人则哲，能官人"有联系。且看，"樊迟未达"，孔子指点说："举直错诸枉，能使枉者直。"樊迟退，见子夏，问孔子所说"何谓也"，子夏说："富哉言乎！舜有天下，选于众，举皋陶，不仁者远矣；汤有天下，选于众，举伊尹，不仁者远矣。"孔子的指点和子夏的解说，就是"知人则哲，能官人"的意思。

① 张岱年：《中国哲学大纲》"自序"，中国社会科学出版社1982年版，第18～19页。

孔子所谓"智"在"知人"，相当于说"知人则哲"（"哲"的字义就是"智"或"大智"，《史记·夏本纪》将大禹所说"知人则哲"记作"知人则智"）。但孔子所谓"知人"，其义不仅在于"能官人"；"举直错诸枉，能使枉者直"只是孔子对"知"的指点语，而非定义语。《论语·雍也》篇也载"樊迟问知"，孔子说："务民之义，敬鬼神而远之，可谓知矣。"这仍是指点语。在《论语》中，"知"（智）与"仁"（及"勇"）并列，如"知者乐水，仁者乐山"，"知者不惑，仁者不忧，勇者不惧"，"仁者安仁，知者利仁"等等。孔子所谓"仁者爱人"，是对于"人"（类）的普遍之爱；其所谓"智"在"知人"，也是对于"人"（道）的普遍之知。孔子说："择不处仁，焉得知？""未知，焉得仁？""知"与"仁"应该是统一的。孔子又说："仁者必有勇，勇者不必有仁。""仁"与"勇"也应该是统一的。故《中庸》云："知、仁、勇三者，天下之达德也，所以行之者一也。"在此"三达德"的思想中，已经包含着中国哲学"合知行""同真善"的特色。

儒家哲学是以"知人"为中心，以"爱人"为宗旨（所谓"孔子贵仁"，"仁也者，仁乎其类者也"，"贵"即最高的价值取向），但儒家哲学又不仅限于"知人"和"爱人"。孔子说："四十而不惑，五十而知天命"，"不惑"是"知人"的境界（所谓"知者不惑"），其上还有"知天命"，这就不是"知人"所限了。《中庸》云："思知人，不可以不知天。"从"知"的范围来说，不仅是"知人"，而且是"知天"；从"知"的宗旨来说，"知天"亦是为了"知人"。孟子说："知者无不知也，当务之为急；仁者无不爱也，急亲贤之为务。尧舜之知而不遍物，急先务也；尧舜之仁不遍爱人，急亲贤也。"（《孟子·尽心上》）这里所谓"无不知"，当然是既"知天"也"知人"，但当务之急是"知人"，尤其是知人之"性善"；所谓"无不爱"，是要遍爱所有的人，但当务之急是"亲贤"，亦即"能官人"。从孟子对"尧舜之知"与"尧舜之仁"的表述中，我们仍能看到"知人则哲，能官人"的影响（这正表明"中国古代'哲学的突破'是以'王官之学'为其背景，而且'突破'的方式又复极为温和"[①]）。孟子又说："亲亲

[①] 余英时：《士与中国文化》，上海人民出版社 1987 年版，第 46 页。

而仁民，仁民而爱物。"这就是由"爱人"进而达到"爱物"了。

《易传·系辞上》云："明于天之道，而察于民之故。"此话的意思与《中庸》所谓"思知人，不可以不知天"相仿。这一"推天道以明人事"的哲学架构，是儒家与道家在思想的互动中共同建构起来的。虽然儒道两家的价值取向有所不同，他们对"天道"的认识也有所不同，但"推天道以明人事"是他们的共同哲学架构。老子说："孔德之容，惟道是从。"（《老子》二十一章）庄子说："知天之所为，知人之所为者，至矣。……且有真人而后有真知。"（《庄子·大宗师》）这也体现了道家的"一天人""同真善"的思想特点。

荀子主张"明于天人之分"，又说"唯圣人为不求知天"（《荀子·天论》），"道者，非天之道，非地之道，人之所以道也，君子之所道也"（《荀子·儒效》）。这是道家之"天道"与儒家之"人道"相综合或嫁接而产生的一种理论形态。《淮南子·人间训》云："知天之所为，知人之所行，则有以任于世矣。知天而不知人，则无以与俗交；知人而不知天，则无以与道游。"这也有"儒道互补"的思想特点。尽管儒道两家思想的综合、互补可以产生不同的理论形态，但司马迁所谓"究天人之际"仍是共同的哲学架构。

司马迁论六家要旨云："夫阴阳、儒、墨、名、法、道德，此务为治者也，直所从言之异路，有省不省耳。"（《史记·太史公自序》）即是说，六家的言路虽然有所不同，但"务为治"是相同的。他们都是为了人生的安顿、社会的治理而提出了各种学说，亦即在"究天人之际"的普遍模式中都是把"知人""为治"作为中心和宗旨。

汉代的儒学、经学大讲"天人感应"，而主张对神怪"曼云"的扬雄也说："通天、地、人曰儒。"（《法言·君子》）魏晋玄学家申论儒家的"名教"本于道家的"自然"，何晏见到王弼的《老子注》后赞叹说："若斯人可与论天人之际矣！"（《世说新语·文学篇》）宋代的邵雍说："学不际天人，不足以谓之学。"（《皇极经世·观物外篇》）这里的"学"虽然还不是"学科"的意思，但宋明道学家对"哲学"的精神确实有一种自觉的追求。清代的戴震说："天人之道，经之大训萃焉。"（《原善》卷上）戴震的宗旨是要追究"善"为何义，但"原善"必须讲明"天人之道"，此为儒家经书中的"大训"（大义）。职此之故，我认为，儒学、经学中作为"大训"的讲"天人之道"的那部分内容，就是儒家的哲学。统而言之，中国传统的哲学可称为"天人之学"。

从"知人则哲"发展到"思知人，不可以不知天"，这就是春秋战国时期（中国文化之"轴心时代"）的"哲学的突破"。中国哲学的"实质上的系统"，实也就是天论和人论以及如何"知天""知人"的知论所组成的系统。在这个系统中，"知人"是中心，"原善"（善即"爱人"）、"为治"（治即"安民"）是宗旨；就此而言，"知人则哲"可谓中国哲学的特色，"合知行""一天人""同真善"等等是被这一认知和价值的取向所决定的。

余敦康先生在《夏商周三代宗教》一文中引用了金岳霖先生《论道》对印度思想中的"如如"、中国思想中的"道"、古希腊思想中的"逻各斯"的比较，然后指出：

> 中国哲学对由是而之焉的"道"的追求，使理智与情感两方面都受到了抑制，在世界文化体系中走的是一条中间的道路。这也就是说，中国哲学在处理天人关系的问题上始终保持着一种必要的张力，既不像印度哲学那样完全取消天人界限，也不像希腊哲学那样使之截然二分，完全对立起来，而是合中有分，分中有合……

> 所谓天人关系问题，也就是关于宇宙的本质以及人类处境本身的问题，这是世界上三大哲学系列的共性。至于这三大哲学系列所表现出的不同的个性，关键在于它们在处理天人关系的问题上选择了不同的逻辑理路。①

以上论述非常重要。须知，中国哲学是取了一条不同于印度哲学和西方哲学的"中道"，因此，中国哲学虽然"合知行""一天人""同真善"等等，但知与行、天与人、真与善之间仍然是有"际"的张力的（"际"就是合中有分，分中有合）。又须知，宇宙论（天论）、人生论（人论）以及认识方法论（知论），即所谓"三分架构"，是中、西、印哲学的普遍架构，而不是将西方哲学的架构搬到中国来；中国哲学的特色是在这"三分架构"

① 余敦康：《夏商周三代宗教——中国哲学思想发生的源头》，《中国哲学》第24辑，辽宁教育出版社2002年版，第10～11页。

中选择了与印度哲学和西方哲学不同的"理路"，这个不同的"理路"可以说就是以"知人"为中心，以"原善""为治"为宗旨。

在《诗经》和《尚书》中有"哲人"一词，是指"贤智"之人。孔子临终时慨叹而歌："泰山坏乎！梁柱摧乎！哲人萎乎！"（《史记·孔子世家》）孔子临终把自己定位于"哲人"，然则孔子之学亦可称为"哲人之学"或"哲学"。

亚里士多德说，希腊哲学起于贵族生活之"闲暇"和对自然万物之"惊异"①。与此不同的是，儒家哲学的创始人周游列国，"席不暇暖"，他说："德之不修，学之不讲，闻义不能徙，不善不能改，是吾忧也。"（《论语·述而》）《易传·系辞下》亦云："《易》之兴也，其于中古乎？作《易》者，其有忧患乎？"中国哲学是起于春秋战国时期"士"阶层对社会离乱、道德沦丧的"忧患"。中西哲学之缘起的宗教、社会环境和知识主体有所不同，二者对"爱智"或"希哲"的根本态度也就有所不同，这是可以理解的。

也许是因为"哲学"这一学科比其他学科充盈了更多的"自由"精神，所以在现代学科体制中，"哲学"至今难以"定义"。瑞士学者皮亚杰在为联合国教科文组织写的一个关于"人文社会科学"的报告中，把探求"规律"的学科，如心理学、社会学、语言学、经济学等等，归于 A 组"正题法则"科学；把那些以重现和理解在时间的长河中展开的社会生活的全部卷画为己任的学科归于 B 组"人文历史科学"；C 组是具有"规范"意义的"法律科学"；"最后一组是极其难于分类的一组，即哲学学科，因为献身于这类学科的学者们对应归入这一名称之下的各分支的意义、范围，甚至统一性，意见颇不一致"。但他又说：

> 唯一肯定的命题——因为各学派看来都同意这一点，是哲学以达到人类各种价值的总协调为己任，也就是说达到一种不仅考虑到已获得的认识和对这些认识的批评，而且还考虑到人类在其一切活动中的各种信念与价值的世界观。②

---

① ［古希腊］亚里士多德：《形而上学》，吴寿彭译，商务印书馆 1981 年版，第 5 页。
② ［瑞士］皮亚杰：《人文科学认识论》，郑文彬译，中央编译出版社 1999 年版，第 8 页。

从以上所说哲学的"己任"及其思想形态来说，中国的"天人之学"虽然在近现代经历着调整和转型，但堪当"哲学"之名是无疑义的。

近读伍晓明先生的《吾道一以贯之：重读孔子》，其中评述了法国哲学家莱维纳斯（Lěvinas）对"哲学"的看法，即：

> 他深刻批判了西方哲学历来将伦理问题从属于本体问题的传统，而致力于建立或者恢复伦理问题相对于本体问题的优先地位。在他看来，西方哲学传统的价值等级应该被颠倒过来：不是伦理问题应该从属于本体问题，而是本体问题应该基于伦理问题。这就是说，与另一个人的关系，与他者的关系，才是哲学所应该关注的最根本的问题。严格意义上的伦理哲学而非本体哲学才应该是第一哲学。①

莱维纳斯与海德格尔同出于胡塞尔之门，他也曾受海德格尔思想的影响，但二者有所不同，即他不是把"人之在世"作为"基本本体论"，而是把"与他者的关系"作为哲学的最根本问题。如果说海德格尔的思想与中国道家相通，那么莱维纳斯的思想则与儒家相通。这只是从哲学的"根本态度"上说，按莱维纳斯对伦理哲学与本体哲学的关系的见解，中国的以"知人则哲"为特色的"天人之学"，比西方传统的哲学更堪当"哲学"之名。

（原载于《哲学动态》2004 年第 5 期）

---

① 伍晓明：《吾道一以贯之：重读孔子》，北京大学出版社 2003 年版，第 27 页。

中国哲学的系统及其特点

一、 哲学与中国哲学

中国古无"哲学"一词，亦可谓中国古代没有"哲学"这样一个"学科"；但是，在中国传统文化中实有哲学的思想，这就是"天人之道"或研究"天人之道"的"天人之学"。

"哲学"之名的引进，源于日本近代思想家西周用"哲学"来翻译西方的"philosophy"。西周先是把"philosophy"翻译为"希贤学"或"希哲学"，取宋儒周敦颐所谓"圣希天，贤希圣，士希贤"之意，将"philosophy"理解为"希求贤哲之智之学"①。在 1874 年出版的《百一新论》中，西周始把"philosophy"译为"哲学"，他说："将论明天道人道，兼立教法的 philosophy 译名为哲学。"② 应该说，"哲学"这个译名的成立一开始就具有了"会通中西"的特点。

将"philosophy"译名为"哲学"，与中国传统文化中本有"知人则哲"和"哲人"的表述当然有密切的关系。《尚书正义·皋陶谟》中"哲"的意思就是"智"或"大智"，而《尚书正义·伊训》中"哲人"乃指"贤智"之人。《史记·孔子世家》中孔子在临终时慨叹而歌："泰山坏乎！梁柱摧乎！哲人萎乎！"据此，孔学亦可谓"哲人之学"。

中国哲学与西方哲学有同有异，如何处理这里的同异关系是"中国哲

---

① 钟少华：《清末从日本传来的哲学研究》，《世界哲学》2002 年增刊。
② 卞崇道、王青：《明治哲学与文化》，中国社会科学出版社 2005 年版，第 14～23 页。

学（史）"学科建设中的一个非常重要的问题。在五四新文化运动之前已先有"中国哲学史"之名，如在北京大学哲学门讲学的陈黻宸著有"中国哲学史"讲义，谢无量亦著有公开出版的《中国哲学史》。据冯友兰先生回忆说："给我们讲中国哲学史的那位教授，从三皇五帝讲起，讲了半年，才讲到周公。"① 显然，这种讲法虽然用了哲学之"名"但离哲学之"实"还相差甚远。胡适在1919年出版《中国哲学史大纲》（卷上），其"特长"如蔡元培写的"序"所说，是"证明的方法""扼要的手段""平等的眼光""系统的研究"。这可以说是中国现代意义的"中国哲学史"学科建设的开始。因为"中国古代学术从没有编成系统的记载"，所以"我们要编成系统，古人的著作没有可依傍的，不能不依傍西洋人的哲学史"②。

冯先生在1931年出版《中国哲学史》（上册），他在"绪论"中指出，中国哲学虽然没有"形式上的系统"，但有"实质上的系统"，"讲哲学史之一要义，即是要在形式上无系统之哲学中，找出其实质的系统"。此所谓"找出"，仍不免要"依傍西洋人的哲学史"，即找出"中国之某种学问或某种学问之某部分之可以西洋所谓哲学名之者也"③。金岳霖先生在冯著的"审查报告"中认为，"中国哲学史"这个名称仍有"困难"，"所谓中国哲学史是中国哲学的史呢？还是在中国的哲学史呢？"他举出写中国哲学史至少有两个根本态度："一个态度是把中国哲学当作中国国学中之一种特别学问，与普遍哲学不必发生异同的程度问题；另一态度是把中国哲学当作发现于中国的哲学。""根据前一种态度来写中国哲学史，恐怕不容易办到"，而胡适和冯友兰都是取第二种态度，即"以中国哲学史为在中国的哲学史"④ 虽然金先生对冯著有比较高的评价，但冯先生未必同意金先生的观点。因为冯先生认为，中国古代所讲"性与天道"及其"为学之方"的那部分内容"约略相当于"西方哲学所讲的宇宙论、人生论和方法论。既然是"约略相当于"这里就有"异同的程度问题"，如果能讲出中国哲学之

---

① 冯友兰：《三松堂自序》，人民出版社1998年版，第189页。
② 胡适：《中国哲学史大纲》蔡元培"序"，商务印书馆1999年版，第1页。
③ 冯友兰：《三松堂全集》第2卷，河南人民出版社2000年版，第252～253页。
④ 冯友兰：《三松堂全集》第2卷，河南人民出版社2000年版，第617～618页。

"异"，那它就不仅是"在中国的哲学史"，而且是"中国哲学的史"。

金先生在冯著的"审查报告"中还说："现在的趋势，是把欧洲的哲学问题当作普通的哲学问题"，这虽然"有武断的地方，但是这种趋势不容易中止"①。据此，上述金先生所谓"普遍哲学"，实是把西方哲学"当作普通的哲学"。

冯著上册是 1931 年出版的，上下全书是 1934 年出版的。此书对张岱年先生写《中国哲学大纲》（1937 年完成）有重要的影响②。金先生对冯著提出的问题，正是张著在"序论"中首先要解决的。于是，不同于胡适《中国哲学史大纲》导言的先讲"哲学的定义"，也不同于冯友兰《中国哲学史》绪论的先讲"哲学之内容"，张岱年《中国哲学大纲》的序论首列"哲学与中国哲学"一节，也就是首先要解决哲学的普遍性和中国哲学的特殊性问题。张先生说："如所谓哲学专指西洋哲学，或认为西洋哲学是哲学的惟一范型，与西洋哲学的态度方法有所不同者，即是另一种学问而非哲学；中国思想在根本态度上实与西洋的不同，则中国的学问当然不得叫作哲学了。不过我们也可以将哲学看作一个类称，而非专指西洋哲学。可以说，有一类学问，其一特例是西洋哲学，这一类学问之总名是哲学。如此，凡与西洋哲学有相似点，而可归入此类者，都可叫作哲学。以此意义看哲学，则中国旧日关于宇宙人生的那些思想理论，便非不可名为哲学。"③

张先生把"对于哲学一词的看法"分为两种，第一种是以西方哲学为"哲学的惟一范型"，第二种是"将哲学看作一个类称"，西方哲学只是此类的一个"特例"。这后一种看法也就是要避免"武断"地把西方哲学当作"普遍哲学"。依后一种看法，中国古代关于宇宙、人生的思想即使"在根本态度上"与西方不同，也仍可"名为哲学"。它与西方哲学同属"家族相似"的一类，而各是其中的"特例"。《中国哲学大纲》又名《中国哲学问题史》，它所讲的不是"把欧洲的哲学问题当作普通的哲学问题"，而是讲"中国的哲学问题"。

---

① 冯友兰：《三松堂全集》第 2 卷，河南人民出版社 2000 年版，第 616 页。
②《张岱年全集》第 8 卷，河北人民出版社 1996 年版，第 463 页。
③ 张岱年：《中国哲学大纲》"序论"，中国社会科学出版社 1982 年版，第 2 页。

张先生针对"有许多人反对给中国哲学加上系统的形式",指出:"其实,在现在来讲中国哲学,最要紧的工作却正在表出其系统。给中国哲学穿上系统的外衣,实际并无伤于其内容……"这段话在前些时关于"中国哲学合法性"的讨论中常被当作批评的对象,其实是断章取义,因为在此后还有:"至多不过如太史公作《史记》'分散数家之事',实际并无伤于其内容。我们对于中国哲学加以分析,实乃是'因其固然',依其原来隐含的分理,而加以解析,并非强加割裂。"① 更重要的是在此书的"自序"中还有:"求中国哲学系统,又最忌以西洋哲学的模式来套,而应常细心考察中国哲学之固有脉络。"② 在"序论"的第三节,张先生讲"中国哲学之特色",如"合知行""一天人""同真善"等等,这就是讲中西哲学之"异",强调它是"中国系的哲学",而非"西洋系、印度系"的哲学。

有了哲学的"类名"与"特例"之分,"中国哲学"之名方可安立。金岳霖先生在 1943 年用英文写成《中国哲学》一文,提出中国哲学的特点是:"逻辑和认识论的意识不发达""天人合一""哲学与伦理、政治合一""哲学家与他的哲学合一"③,所论甚精。显然,金先生在 20 世纪 40 年代已经不认为"中国哲学"的名称有"困难"了(最近,陈卫平教授撰文,认为金先生在 20 世纪 40 年代承认有"中国哲学"当是受了张岱年先生《中国哲学大纲》"序论"的影响)。

现代新儒家牟宗三先生在《中国哲学的特质》中首讲"中国有没有哲学",认为"任何一个文化体系,都有它的哲学;否则,它便不成其为文化体系"④。他在《中国哲学十九讲》中首讲"中国哲学之特殊性问题",而此问题的前提就是"哲学的普遍性和特殊性的问题","一定要普遍性、特殊性两面都讲,不能只讲一面"⑤。这也是要安立"中国哲学"之名,虽然它有不同于西方哲学的"特质"或"特殊性",但从"普遍性"上讲它仍堪当"哲学"之名。

---

① 张岱年:《中国哲学大纲》"序论",中国社会科学出版社 1982 年版,第 4~5 页。
② 张岱年:《中国哲学大纲》"自序",中国社会科学出版社 1982 年版,第 18~19 页。
③ 金岳霖:《中国哲学》,中译文载《世界哲学》1985 年第 9 期。
④ 牟宗三:《中国哲学的特质》,上海古籍出版社 1997 年版,第 4 页。
⑤ 牟宗三:《中国哲学十九讲》,上海古籍出版社 1997 年版,第 2~3 页。

中国哲学与西方哲学不仅有"异"，而且有"相似点"。因为有"相似点"，所以才有"哲学"这个类名。"哲学"之名本身就与西方的 philosophy 有一种"连类"的关系，如果中国之"哲"与西方之"智"完全不搭界，那么就只有 philosophy，而没有"哲学"。我们现在讨论中国哲学的"合法性"问题，带有反对西方文化的"话语霸权"的意味。有此意味，就不应把西方哲学当作"哲学的惟一范型"。更何况从事实上说，西方哲学在20世纪20年代以后的发展（如怀特海的过程哲学、胡塞尔的现象学以及由此衍生出的海德格尔哲学和莱维纳斯哲学等等），为中西哲学提供了更多的"相似点"，甚至"在根本态度上"也有向东方靠近的倾向，中国古代有"哲学"当是无疑义的（除非固守 philosophy 的"话语霸权"，或对 philosophy 这个"学科"抱有成见①）。

二、 中国哲学是 "天人之学"

中国哲学的"实质上的系统"是什么？冯友兰先生认为，中国古代所讲"性与天道"及其"为学之方"的那部分内容"约略相当于"西方哲学所讲的宇宙论、人生论和方法论。这当然是"参用"了西方哲学的"三分法"②，但这种"三分法"是否就完全违背或曲解了中国哲学的"实质上的系统"呢？我认为，未必然也。

张岱年先生的《中国哲学大纲》，所注重的方法之一就是"察其条理系统"，亦即"细心考察中国哲学之固有脉络"③。张先生也认为，中国哲学所讲的主要内容"可以约略分为宇宙论或天道论，人生论或人道论，致知论或方法论"，"总此三部分，正相当于西洋所谓哲学"④。这里所说的"相当"，可以理解为中国哲学与西方哲学有"相似点"，或中西哲学共有的普遍性。如果中西哲学没有普遍性，那也就没有"哲学"这个类名，西周所谓"将论明天道人道，兼立教法的 philosophy 译名为哲学"也就不能成立了。

---

① 贾海涛：《从"合法性"到形而上学》，《文化中国》2006年第2期。
② 冯友兰：《三松堂全集》第2卷，河南人民出版社2000年版，第248~249页。
③ 张岱年：《中国哲学大纲》"自序"，中国社会科学出版社1982年版，第18~19页。
④ 张岱年：《中国哲学大纲》，中国社会科学出版社1982年版，第3页。

凡讲"系统"都要讲明系统中的"条理"或"部分"。中国哲学的"实质上的系统"可以说主要就是讲明"天道"与"人道",中国哲学的主题就是"究天人之际",中国哲学的一个主要特点就是"天人合一"。如汤一介先生所指出:"'天'与'人'是中国传统哲学中最基本的概念,'天人合一'是中国传统哲学的最基本的命题,在中国历史上许多哲学家都以讨论'天''人'关系为己任。"①

中国哲学是"天人之学",而其中心和宗旨则是"知人"和"爱人"。这在《尚书·皋陶谟》"知人则哲""安民则惠"的表述中已经开其端。《皋陶谟》记载帝舜与皋陶、大禹讨论政务,皋陶说:"在知人,在安民。"大禹说:"知人则哲,能官人;安民则惠,黎民怀之。"(意谓知人则明智,能任用贤人;安民则有恩惠,人民便感怀之)在这里,"知人则哲""安民则惠"是古之"道术"尚未分裂、"学在王官"的一部分,其所谓"知人"即一般所说"知人善任"的意思,还称不上是"哲学"思想。但是在春秋时期(雅斯贝尔斯所谓"轴心时代")的"哲学的突破"中,儒家思想仍然继承了这个"基因"。《论语·颜渊》载:"樊迟问仁,子曰:'爱人。'问知(智),子曰:'知人。'"孔子所谓"爱人""知人"已经是古之"道术"分裂之后儒家的哲学思想,此思想与"知人则哲,能官人"有联系。且看,"樊迟未达",孔子指点说:"举直错诸枉,能使枉者直。"樊迟退,见子夏,问孔子所说"何谓也",子夏说:"富哉言乎!舜有天下,选于众,举皋陶,不仁者远矣;汤有天下,选于众,举伊尹,不仁者远矣。"孔子的指点和子夏的解说,就是"知人则哲,能官人"的意思。而皋陶和大禹所说的"安民",在《论语·宪问》中则为"修己以安人"或"修己以安百姓"。

孔子所谓"智"在"知人",相当于说"知人则哲"("哲"的字义就是"智"或"大智",《史记·夏本纪》将大禹所说的"知人则哲"记为"知人则智")。但孔子所谓"知人",其义不仅在于"能官人";"举直错诸枉,能使枉者直"只是孔子对于"知"(智)的指点语,而非定义语。实际上,孔子所谓"仁者爱人"是对于"人(类)"的普遍之爱:其所谓"智"

---

① 汤一介:《我的哲学之路》,新华出版社 2006 年版,第 8 页。

在"知人"，也是对于"人（道）"的普遍之知。

儒家哲学是以"知人"为中心，以"爱人"为宗旨，但儒家哲学又不仅限于"知人"和"爱人"。《论语·为政》说"四十而不惑，五十而知天命"，"不惑"可谓是"知人"的境界，而"知天命"就不是"知人"所限了。《中庸》云："思知人，不可以不知天。"从"知"的范围来说，不仅是"知人"，而且是"知天"；从"知"的宗旨来说，"知天"也是为了"知人"。《孟子·尽心上》说："知者无不知也，当务之为急；仁者无不忧也，急亲贤之为务。尧舜之知而不遍物，急先务也；尧舜之仁不遍爱人，急亲贤也。"这里所谓"无不知"，当然是既"知天"也"知人"，但当务之急是"知人"，尤其是知人之"性善"；所谓"无不忧"，是要遍爱所有的人，但当务之急是"亲贤"，亦即"能官人"。从孟子对"尧舜之知"和"尧舜之仁"的表述中，我们仍能看到"知人则哲，能官人"的影响（这正如余英时先生所说，"中国古代'哲学的突破'是以'王官之学'为其背景，而且'突破'的方式又复极为温和"①）。《孟子·尽心上》又说："亲亲而仁民，仁民而爱物。"这就是由"爱人"而进至泛爱万物了。

郭店楚简的《语丛一》云："知天所为，知人所为，然后知道。""察天道以化民气。""《易》，所以会天道、人道也。"《易传·系辞上》亦云："明于天之道，而察于民之故。"《周易》的这一"推天道以明人事"的哲学架构，是儒家与道家在思想的互动中共同建构起来的（儒家的"天人之学"除受道家的影响外，也有其自身的思想根源，如《孟子·告子上》引《诗》云："天生蒸民，有物有则，民之秉彝，好是懿德。"接着引孔子曰："为此诗者，其知道乎！"）。虽然儒道两家的价值取向有所不同，他们对"天道"的认识也有所不同，但"推天道以明人事"是他们的共同哲学架构。《老子》二十一章说："孔德之容，惟道是从。"《庄子·大宗师》说："知天之所为，知人之所为者，至矣。……且有真人而后有真知。"这也体现了道家的"一天人""同真善""合知行"的思想特点。

《荀子·天论》主张"明于天人之分"，又说"唯圣人为不求知天"，

---

① 余英时：《士与中国文化》，上海人民出版社 1987 年版，第 46 页。

《荀子·儒效》讲"道者，非天之道，非地之道，人之所以道也，君子之所道也"。这是道家之"天道"与儒家之"人道"相综合或嫁接而产生的一种理论形态。《淮南子·人间训》云："知天之所为，知人之所行，则有以任于世矣。知天而不知人，则无以与俗交；知人而不知天，则无以与道游。"这也有"儒道互补"的思想特点。尽管儒道两家思想的综合、互补可以产生不同的理论形态，但司马迁所谓"究天人之际"仍是共同的哲学架构。

司马迁《史记·太史公自序》论先秦六家要旨云："夫阴阳、儒、墨、名、法、道德，此务为治者也，直所从言之异路，有省不省耳。"就是说，先秦六家的言路虽然有所不同，但"务为治"是相同的。他们都是为了人生的安顿、社会的治理而提出了各种学说，亦即在"究天人之际"的普遍模式中都是把"知人""为治"作为中心和宗旨。

汉代的儒学、经学大讲"天人感应"，而主张对神怪"曼云"的扬雄《法言·君子》也说："通天、地、人曰儒。"魏晋玄学家申论儒家的"名教"本于道家的"自然"，《世说新语·文学篇》中何晏见到王弼的《老子注》后赞叹说："若斯人可与论天人之际矣！"宋代的邵雍《皇极经世·观物外篇》说："学不际天人，不足以谓之学。"这里的"学"虽然还不是"学科"的意思，但宋明理学家对"哲学"的精神确实有一种自觉的追求。清代的戴震《原善》卷上说："天人之道，经之大训萃焉。"戴震的宗旨是要追究"善"为何义，但"原善"必须讲明"天人之道"，这是儒家经书中的"大训"（大义）。职此之故，我认为，儒学、经学中作为其"大训"的讲"天人之道"的那部分内容，就是儒家的哲学。统而言之，中国传统的哲学可称为"天人之学"。

从"知人则哲""安民则惠"发展到"思知人，不可以不知天""修己以安百姓"，这就是春秋战国时期的"哲学的突破"。中国哲学的"实质上的系统"，实也就是天论（宇宙论）和人论（人生论）以及如何"知天""知人"的知论（致知论或方法论）所组成的系统。在这个系统中，"知人"是中心，"原善"（善即"爱人"）、"为治"（治即"安民"）是宗旨。这个"三分"架构的系统，既与西方哲学有着"相似点"，实也体现了中国哲学固有的脉络和特色。

三、 中国哲学的几个主要特点

将中国哲学的"条理系统"分殊为天论、人论和知论三个主要部分，这是否"割裂"了这个系统的有机性或整体性呢？非也。须知中国哲学并非全然"天人不分"或"主客不分"的混沌，若全然"不分"，则没有"条理"，亦称不上是"系统"。"天人合一"的"合"就是有所分别才有合；"究天人之际"的"际"，就是分中有合，合中有分。而且，"天人"关系并不等于"主客"关系，前者是讲"天道"（天论）与"人道"（人论）的关系问题，后者则是讲知论中的主体与"天人之道"的关系问题。中国哲学的主要特点就体现在如何处理这些"条理"之间的关系。

余敦康先生在《夏商周三代宗教》一文中引用了金岳霖先生《论道》对印度思想中的"如如"、中国思想中的"道"、古希腊思想中的"逻各斯"的比较，然后指出："中国哲学对由是而之焉的'道'的追求，使理智与情感两方面都受到了抑制，在世界文化体系中走的是一条中间的道路。这也就是说，中国哲学在处理天人关系的问题上始终保持着一种必要的张力，既不像印度哲学那样完全取消天人界限，也不像希腊哲学那样使之截然二分，完全对立起来，而是合中有分，分中有合……所谓天人关系问题，也就是关于宇宙的本质以及人类处境本身的问题，这是世界上三大哲学系列的共性。至于这三大哲学系列所表现出的不同的个性，关键在于它们在处理天人关系的问题上选择了不同逻辑理路。"[1]

由此可见，天人关系的"合中有分，分中有合"亦是中国哲学的一个重要"个性"。中国哲学是取了一条不同于印度哲学和西方哲学的"中道"，因此，中国哲学虽然"一天人""同真善""合知行"，但其天与人、真与善、知与行之间仍然是有"际"的张力的。"天人合一"无疑是中国哲学最主要的特点，而这也决定了中国哲学的其他特点。如汤一介先生认为："中国传统哲学的价值，在真善美问题上的价值，可能是'天人合一''知行合

---

① 余敦康：《夏商周三代宗教——中国哲学思想发生的源头》，《中国哲学》第 24 辑，辽宁教育出版社 2002 年版，第 10～11 页。

一''情景合一'。因为中国哲学无论儒家、道家还是后来的禅宗，都是讲天人合一的……这是中国哲学中最核心的命题。而'知行合一''情景合一'是由它派生出来的。"①

从中国哲学即"天人之学"的条理系统来考虑，"天人合一"可以说就是"推天道以明人事"，这也是中国哲学的一个普遍架构（牟宗三先生认为"一心开二门"是中西哲学"共同的哲学架构"②，其实就中国哲学而言，"一心开二门"只是佛教哲学的特殊架构，而非中国哲学的普遍架构）。之所以要"推天道"，就是因为"思知人，不可以不知天"；而要"明人事"就是以"知人"为中心，以"原善""为治"为宗旨。由此而可论中国哲学的其他特点。

因为是"推天道以明人事"，所以中国哲学没有西方哲学和印度哲学的"自然之二分"（bifurcation of nature），亦即不是把世界分成"本体实而不现，现象现而不实"的"两层存有"。当然，从印度传入中国的佛教在此是个特殊，但佛教的"性空""假有""一心开二门"也是与其"出离世间""涅槃"的价值取向相统一的，这也可谓一种"推天道以明人事"，只不过其所明的"人事"是以"出离世间""涅槃"为宗旨。中国先秦的六家，没有古希腊哲学那样的"为求知而从事学术，并无任何实用的目的"③ 的传统，也没有佛教那样的"出离世间"的价值取向，而是"务为治者也"。因此，他们不以"人事"为假有，遂亦不以天地及其所生万物为虚幻，而是如《易传·系辞上》说"天地变化，圣人效之"，如《易传·象传》说"天行健，君子以自强不息""地势坤，君子以厚德载物"，这里没有"自然之二分"，而是把"天"与"人"看作连续、共通的"一个世界"，这个世界近于西方哲学自胡塞尔以来所讲的"生活世界"④。

"天人合一"的思想由来已久，但这个命题的第一次明确表述是出自宋代的新儒家张载。《正蒙·乾称》说："释氏语实际，乃知道者所谓诚也，

---

① 汤一介：《我的哲学之路》，新华出版社 2006 年版，第 27 页。
② 牟宗三：《中西哲学之会通十四讲》，上海古籍出版社 1997 年版，第 85 页。
③ ［古希腊］亚里士多德：《形而上学》，吴寿彭译，商务印书馆 1981 年版，第 5 页。
④ 尹树广、黄惠珍：《生活世界理论》，黑龙江人民出版社 2004 年版。

天德也。其语到实际，则以人生为幻妄，以有为为疣赘，以世界为荫浊，遂厌而不有，遗而弗存。就使得之，乃诚而恶明者也。儒者则因明致诚，因诚致明，故天人合一，致学而可以成圣，得天而未始遗人，《易》所谓不遗、不流、不过者也。"这段话中的"释氏语实际"，就是佛教以"性空""真如""涅槃"为终极真实；而"其语到实际，则以人生为幻妄，以有为为疣赘，以世界为荫浊"，就是佛教的"自然之二分"。针对此，张载提出"儒者则因明致诚，因诚致明，故天人合一，致学而可以成圣，得天而未始遗人"，可见"天人合一"的一个初始的、基本的含义就是贯通天人，没有"自然之二分"。

张岱年先生在《中国哲学大纲》中讲了"中国本根论之基本倾向"，指出："印度哲学及西洋哲学讲本体，更有真实意，以为现象是假是幻，本体是真是实。本体者何？即是惟一的究竟实在。这种观念，在中国本来的哲学中，实在没有。中国哲人讲本根与事物的区别，不在于实幻之不同，而在于本末、原流、根支之不同。万有众象同属实在，不惟本根为实而已。……在先秦哲学中，无以外界为虚幻者。佛教输入后，始渐有以现象为虚幻之思想，然大多数思想家都是反对佛家以外界为虚幻之思想的。"① 在 20 世纪 50 年代所作《中国古典哲学的几个特点》一文中，张先生首列了"本体与现象统一的观点"，以后在他晚年的多种著作中也多次强调了这一点②。应该肯定，没有"自然之二分"，本体与现实统一，或者说"存有的连续性"，抑或说"中国不把'天'看作外在于'人'"的"内在超越"③，是中国哲学的一个基本特点。

张岱年先生在《中国哲学大纲》中认为："中国古代哲学中，本根论相当于西方的 ontology，大化论相当于西方的 cosmology。"④ 这里的"相当"亦是有其"相似点"的意思。"ontology"一般翻译为"本体论"或"是论"，张世英先生指出：一般地说，在西方哲学史上，"本体论"指关于存

① 张岱年：《中国哲学大纲》，中国社会科学出版社 1982 年版，第 9~10 页。
②《张岱年全集》第 5 卷、第 7 卷，河北人民出版社 1996 年版，第 5 卷第 124、494 页，第 7 卷第 284 页。
③ 汤一介：《我的哲学之路》，新华出版社 2006 年版，第 13 页。
④ 张岱年：《中国哲学大纲》，中国社会科学出版社 1982 年版，第 92 页。

新，"本体论"或本体论的思想变得更为重要，特别是在现象学和存在主义哲学家如海德格尔那里。……"本体论"在西方哲学史上有两种用法：一是包括"宇宙论"（cosmology）在内，一是不包括"宇宙论"。"宇宙论"一词……在哲学史上一般指关于宇宙的起源、结构、发生史和归宿等等的研究。①

    按张世英先生的解说，我认为中国哲学的"本根论"因为没有"自然之二分"，也就并非只是研究现象背后的"存在本身（being as such）"，而是也研究"宇宙的起源、结构、发生史和归宿等等"，所以中国哲学的"本根论"可以称为"本体—宇宙论"（onto - cosmology），或"世界本原论"，而中国哲学的"大化论"则可称为"运动观"。因为中国哲学要"推天道以明人事"，所以中国哲学讲世界的"本原"亦必讲"阴阳大化"，《易传·系辞上》讲"一阴一阳之谓道，继之者善也，成之者性也"，或周敦颐《太极图说》讲"二气交感，万物化生……惟人也得其秀而最灵，形既生矣，神发知矣，五性感动而善恶分，万事出矣"。由此而言，本体论与宇宙论的统一亦应是中国哲学的一个重要特点。

    中国哲学的"天人之道"，常可略称为"性与天道"，可见人性论在中国哲学中占有重要的位置。中国哲学所讲的"性"，是相对于"习"而言，"人性"就是人的生而既有、与生俱来的本性。《中庸》所谓"天命之谓性"，《孟子·尽心上》"尽其心者知其性也，知其性则知天矣"，《正蒙·诚明》"性与天道合一存乎诚"，《程氏遗书》卷二十二上"性即理也"，可见"天人合一"的一个重要意义就是"性与天道合一"（此在道家就是"德"与"道"合一，在佛教就是"佛性"与"真如"合一）。人性论既是中国哲学的人论的首要内容，又是天论与人论交接（合一）的一个枢纽。从性善论的传统说，"性与天道合一"也就是真与善的合一。

    "推天道以明人事"，所谓"明人事"就是要确立一个行为的规范、价值的准则。有了这样的规范和准则，才能够"修己以安民""务为治者也"。

---

① 张世英：《哲学导论》"导言"，北京大学出版社 2002 年版，第 15 页。

因此，价值观或价值论（axiology）应该是中国哲学的核心和宗旨。中国哲学表达哲学意义之"价值"的字词是"贵"，所谓"和为贵"就是以和谐为最有价值，所谓"民为贵"就是以人民为最有价值，或者说以人民为国家、社会的价值主体。《吕氏春秋·不二》篇云"老聃贵柔，孔子贵仁，墨翟贵兼……"就是说老子、孔子和墨子的价值取向有不同。

人性论的理论形态是讲人的本性"是"怎样的，而价值观的理论形态是讲人"应该"怎样。人性源于天，且奠定了人将怎样生活或人应该怎样生活的基础。在"人性是怎样的"这个看似事实判断的命题中实蕴含了"人应该怎样"的价值预设。因此，除了"性与天道合一"之外，人性论与价值观的统一亦应是中国哲学的一个重要特点。周敦颐的《太极图说》在"五性感动而善恶分，万事出矣"之后紧接着说："圣人定之以中正仁义而主静，立人极焉。"所谓"立人极焉"，就是要确立一个最高的价值标准，这也是《太极图说》从"无极而太极"开始，最终推衍出来的一个理论归宿或宗旨（"横渠四句"中的"为天地立心，为生民立命"亦是如此）。周敦颐所讲的"五性"即仁义礼智信"五常之性"，此性是与他所要确立的"人极"相统一的。

中国哲学的知论（致知论或方法论），不是讲一般的认知，而是如何知天道、知人道的"知"。致知的取向、目的和方法已经被所要知的内容（"为道"还是"为学"，"德性之知"还是"见闻之知"）和价值取向所决定了。因此，"致知"与"涵养"并进，致知论也就是"工夫论"，"有真人而后有真知"，"真善合一"，"知行合一"，但"逻辑和认识论的意识不发达"，便也成为中国哲学的一个重要特点。

按梁漱溟先生在《东西文化及其哲学》中所说，文化是一个民族生活的"样法"，而中、西、印文化的不同就是其生活的"路向"有不同[1]。所谓"路向"主要就是一个民族的价值取向，它决定了一个民族的生活的"样法"（或者说"范式"paradigm）。中国传统文化的"样法"可以说主要是被中国哲学特别是儒家哲学的价值取向所决定的。由此决定的中国传统

---

[1] 梁漱溟：《东西文化及其哲学》，商务印书馆 1922 年版，第 24～53 页。

文化，可以如现代新儒家徐复观先生所说，是"道德性的人文主义"。说其是"人文主义"，是说它不同于希伯来文化和印度文化的宗教僧侣主义；说其是"道德性的人文主义"，是说它不同于古希腊文化的"以智力为基点的人文主义"。中国上古时期的三代文化和春秋战国时期的"反常"和"危机"孕育了中国传统哲学的特色；而中国传统哲学的特色，又主导了秦汉以来的中国传统文化。1840 年以后，中华民族又遭遇"三千年未有之变局"，这种"变局"使得中国传统文化和哲学处于近现代的转型之中。而这一转型在价值观上的主要变化，在我看来，就是由重视"正德、利用、厚生"的三事，进至文化的五要素即"正德、利用、厚生、致知和立制"，这里说的"致知"是指科学的认知，"立制"是指建立合理的群体制度即民主。我认为，传统的"三事"与现代的"科学和民主"的结合，是中国传统文化实现现代转型的一个正确方向。

（原载于《北京行政学院学报》2008 年第 2 期）

孔子与中国哲学"思想范式"

西方现代哲学家雅斯贝尔斯于 1949 年出版《论历史的起源与目的》，提出了"轴心时期"的理论；又于 1957 年出版《大哲学家》，首列苏格拉底、佛陀、孔子和耶稣为"思想范式的创造者"，并将老子列入"原创性形而上学家"。的确，孔子和老子可以作为"轴心时期"中国文化实现"哲学的突破"的两个杰出代表，是他们以及其他先秦诸子创建了中国哲学的"思想范式"，这一范式不同于苏格拉底、佛陀和耶稣所建立的思想范式，它使中国哲学有其自身的特点，而中国哲学在中国文化中所处的核心地位，也使秦以后的中国文化不同于印度文化、西方的古希腊罗马文化和基督教文化。

中国传统哲学可以称为"天人之学"，亦即对"天道""人道"以及对知天、知人之"知"的认识。"究天人之际"是贯穿中国传统哲学的主题，"推天道以明人事"是中国传统哲学的普遍架构，其"实质上的系统"就是由天论、人论以及知论所组成的系统，而人论是其中心（"知人则哲"），"原善"（善即"仁者爱人"）、"为治"（治即"安民则惠"）是其宗旨。它具有"天人合一""真善合一""知行合一"，以及本体论与宇宙论合一、人性论与价值观合一等特点。①

由中国传统哲学所主导的中国传统文化，不同于古印度和西方中世纪的宗教文化（以现世为人生之"寄寓"，以出世的彼岸世界为人生之归趋），它是以肯定现世生活为基点的"人文主义"；也不同于西方古希腊的"以智

---

① 参见李存山：《中国传统哲学纲要》"前言"，中国社会科学出版社 2008 年版。

力为基点的人文主义"，它是"道德性的人文主义"①。中国哲学和文化的精神就是"道不远人"，"极高明而道中庸"，"天地变化，圣人效之"，因此，"天行健，君子以自强不息"，"地势坤，君子以厚德载物"。这是"中华人文精神"的核心价值，在这种价值观中包含了对天地万物、生活世界之实在性的肯定，中华民族就是要在这个实在的生活世界中自强不息地追求和实现人生、社会的理想，以人为本，崇尚道德与和谐，宽容博大，生生日新。这种精神就使中华文化成为中华民族生生不息、团结奋进的不竭动力②。

孔子在中国哲学和文化史上的地位，可以概括为三点：一、他是"前轴心时期"中国文化的继承者和诠释者（《中庸》："仲尼祖述尧舜，宪章文武"；《史记·五帝本纪》："学者多称五帝，尚矣！然《尚书》独载尧以来"）。二、他是中国文化在"轴心时期"实现哲学突破的开创者。三、他是秦以后中国哲学和文化范式的奠定者。本文主要就第二点阐述孔子的哲学思想及其对"中华人文精神"的伟大意义。

一、 由 "礼" 进至 "仁"

春秋时期是"礼"的世纪③，而孔子所创建的儒学则为"仁"的学说。"仁"在孔子以前是众德目之一，而在孔子的思想中"仁"成为统率诸德目的"全德"之名。孔子说：

礼云礼云！玉帛云乎哉！乐云乐云！钟鼓云乎哉！（《论语·阳货》）

人而不仁，如礼何？人而不仁，如乐何？（《论语·八佾》）

孔子认为"礼乐"是重要的，"不学礼，无以立"（《论语·季氏》），"兴于诗，立于礼，成于乐"（《论语·泰伯》），但是"礼乐"绝非仅仅是玉帛往来、钟鼓奏鸣等等仪节形式，它内在的道德意识应该是"仁"。孔子

---

① 参见李存山：《中华精神与"道德性的人文主义"》，《国际儒学研究》第 13 辑，成都时代出版社 2004 年版。

② 参见李存山：《谈谈中国哲学的特殊性》，2009 年 3 月 24 日《人民日报》第 7 版。

③ 参见徐复观：《中国人性论史》，上海三联书店 2001 年版，第 41 页。

的这一思想无疑源自春秋时期的"礼"与"仪"之分。当晋女叔齐说鲁昭公之"无失礼"只是"仪"而"不可谓礼"时,孔子14岁;当郑子大叔说"揖让周旋之礼"只是"仪"而"非礼"时,孔子已34岁。女叔齐认为,礼的实质内涵是"守其国、行其政令、无失其民"(《左传·昭公五年》);子大叔则引述子产的话,认为礼是"天之经也,地之义也,民之行也"(《左传·昭公二十五年》)。孔子对此做了进一步的思考,他认为礼的实质应该是人的内在道德意识——"仁"。

孔子说:"为仁由己,而由人乎哉?"(《论语·颜渊》)这显然是一种道德的自觉和自律的思想。孔子又说:"仁远乎哉?我欲仁,斯仁至矣。"(《论语·述而》)这里的"我欲仁"就是说"仁"的观念和行为不是屈从于外在的规定,而是出于自我的道德选择和精神追求的自由意志。康德说:"自由概念的实在性既然被实践理性的一个必然法则所证明,所以它就成了纯粹的甚至思辨的理性体系的整个建筑的拱心石……""自由是道德法则的存在理由(ratio essendi),道德法则是自由的认识理由(ratio cognoscendi)……如果没有自由,那我们就不可能在自身发现道德法则。"① 黑格尔也说:"道德的意志是他人所不能过问的。人的价值应按他的内部行为予以评估,所以道德的观点就是自为地存在的自由。"② 虽然儒家的伦理思想与康德和黑格尔的伦理思想有着许多差异,但是它们都把意志自由作为道德观念和行为的前提则是相同的。

孔子所谓"仁",是一种自觉、自律、自由的道德意志,但它不是一种"纯粹形式"的伦理③,而是有着实质的内容。"仁"发端于血缘宗族或家庭成员之间的"亲亲"之情,所以,孔子的学生有若说:"孝弟也者,其为仁之本与!"(《论语·学而》)孔子也说:"弟子入则孝,出则弟,谨而信,泛爱众而亲仁。"(同上)孝悌为"仁"之本始,故"仁"就是由此"亲亲"之情扩充为"老吾老以及人之老,幼吾幼以及人之幼"(《孟子·梁惠

① [德]康德:《实践理性批判》,关文运译,广西师范大学出版社2002年版,第1、2页。
② [德]黑格尔:《法哲学原理》,范扬、张企泰译,商务印书馆1979年版,第111页。
③ 康德说:"一个有理性的存在者必须把他的准则思为不是依靠实质而只是依靠形式决定其意志的原理,才能思想那些准则是实践的普遍法则。""我们如果抽出法则的全部实质,即抽出意志的全部对象(当作动机看的),那么其中就单单留下普遍法则的纯粹形式了。"见氏著《实践理性批判》,关文运译,广西师范大学出版社2002年版,第12～13页。儒家伦理思想与康德的"纯粹形式"伦理思想并不相同。

王上》），进而扩充为"泛爱众"，即泛爱所有的人。

孔子说："里仁为美。择不处仁，焉得知（智）？"（《论语·里仁》）"仁者必有勇，勇者不必有仁。"（《论语·宪问》）可见"仁、智、勇"虽然为"三达德"，但是在孔子的思想中，"仁"统率了"智"和"勇"。孔子又说："刚毅、木讷，近仁。"（《论语·子路》）"樊迟问仁，子曰：'居处恭，执事敬，与人忠；虽之夷狄，不可弃也。'"（同上）"子张问仁于孔子，孔子曰：'能行五者于天下，为仁矣。''请问之？'曰：'恭、宽、信、敏、惠：恭则不悔，宽则得众，信则人任焉，敏则有功，惠则足以使人。'"（《论语·阳货》）可见在"仁"的概念中，不仅统率了"礼、孝、智、勇"，而且统率了"刚毅、木讷、恭、敬、忠、宽、信、敏、惠"等诸多德目。

《吕氏春秋·不二》篇云："孔子贵仁"，即孔子认为"仁"是最有价值的①。孔子思想以"仁"为核心，故孔子所创之儒学亦可称为仁学。

二、 "仁者爱人"

在《论语》中，孔子的弟子问"仁"处甚多，孔子一般是因材施教，随机指点，这也可见孔子所继承前人思想之丰富，以及他对"仁"之深刻内涵的多重思考。然而，"爱人"为"仁"之本质内涵，这验之于《论语》和其他历史文献是可以成立的。

樊迟问仁。子曰："爱人。"（《论语·颜渊》）

子曰："弟子入则孝，出则弟，谨而信，泛爱众而亲仁。"（《论语·学而》）

这里的"爱人""泛爱众"即是泛爱所有的人，亦即"爱类"。《吕氏春秋·爱类》篇云："仁于他物，不仁于人，不得为仁。不仁于他物，独仁于人，犹若为仁。仁也者，仁乎其类者也。"这说明在"仁"的道德意识中

---

① "贵"是中国古代表示"价值"的字词。如"礼之用，和为贵"（《论语·学而》），即认为礼之施用是以"和"为最有价值。孟子说："人人有贵于己者"（《孟子·告子上》），即认为每个人都有其自身固有的价值。《吕氏春秋·不二》篇云："老聃贵柔，孔子贵仁，墨翟贵兼……"即认为老子、孔子、墨子等有着不同的价值取向。

有着对"人"这个"类"的认识的高度自觉，仁者之爱人是泛爱人类所有的人。《吕氏春秋·贵公》篇云："荆人有遗弓者，而不肯索，曰：'荆人遗之，荆人得之，又何索焉？'孔子闻之曰：'去其荆而可矣。'老聃闻之曰：'去其人而可矣。'故老聃则至公矣。"这个故事说明，老子主张消泯人与自然的区别，而孔子强调超越国界的人类意识；老子的思想是物我合一的自然主义，孔子的思想则是以爱人类为中心的人文主义。

孔子主张泛爱人类，故樊迟在另一处"问仁"，孔子答："居处恭，执事敬，与人忠；虽之夷狄，不可弃也。"（《论语·子路》）在孔子的思想中，华夏与"夷狄"有着族类和文化的不同，但仁之"爱人"是不分族类、跨越文化的，因而"虽之适夷狄无礼义之处，亦不可弃而不行也"（《论语正义》邢昺疏）。人类意识的自觉，内在地包含着相互依存的两个方面，其一是对人与非人的区分，其二是对人类自身的认同。这两个方面在孔子的思想中有着鲜明的体现。《论语·乡党》篇载："厩焚，子退朝，曰：'伤人乎？'不问马。"朱熹对这句话的解释是"贵人贱畜，理当如此"（《论语集注》）。"贵人"就是以人为最"贵"，人的价值高于畜的价值。《论语·微子》篇载，孔子一行与隐者相遇，子路在把隐者的话告诉孔子后，孔子叹曰："鸟兽不可与同群，吾非斯人之徒与而谁与？天下有道，丘不与易也。"朱熹注："言所当与同群者，斯人而已，岂可绝人逃世以为洁哉？天下若已平治，则我无用变易之。正为天下无道，故欲以道易之耳。"（同上）这里的"同群"即认同之意，"斯人"即与鸟兽相区别的人类。孔子之栖栖皇皇，周游列国，"席不暇暖"，为的是使"天下（人）有道"（"天下"在古语中一般是指以华夏为中心的人类世界），孔子背负着为"天下人"而"行道"的高度使命感。

后期墨家对于"仁"有一个界说："仁，爱己者，非为用己也，不若爱马者。"（《墨子·经说上》）这里的"爱己"即爱人如己，"非为用己"就是并非以人为手段（不像"爱马"那样为了用马），而是以人为目的。这个界说也很符合孔子的思想。孔子之所以在马厩失火时只问"伤人乎"而"不问马"，就是因为只有人才具有内在的价值，"不问马"并非不爱马，而是因为"爱人"与"爱马"有着价值层次的不同（朱熹《论语集注》：孔子"恐伤人之意多"，故对于马"未暇问"）。墨子曾经"学儒者之业，受孔子之术"，后来"背周道而用夏政"（《淮南子·要略》），墨家与儒家虽然在"爱人"的方式上有所不同，但"爱人"即爱人类，是以人为目的而非手段，这一点两家是相同的。这也符合康德所说："在整个宇宙中，人所希冀和所能控制的一切东西都能够单纯用作手段；只有人类……才是一个自在目的（Zweck an sich selbst）。"[①] 道德行为的准则就是"要按照把每个有理性的存在（不论是你自己或是其他人）都只能当作目的而决不当作手段那样去行动"。

《中庸》引孔子曰："仁者，人也，亲亲为大。"即是说仁者爱人，以"亲亲"为仁之本始。孟子说："仁者爱人。"（《孟子·离娄下》）"亲亲，仁也；敬长，义也。无他，达之天下也。"（《孟子·尽心上》）这也是说仁之"爱人"要从"亲亲""敬长"开始，而"爱人"之"达之天下"就是泛爱人类所有的人。孟子又说："君子之于物也，爱之而弗仁；于民也，仁之而弗亲。亲亲而仁民，仁民而爱物。"（《孟子·尽心下》）这是说仁之"爱人"乃施由亲始，爱有差等，泛爱人类亦可推广到泛爱万物。

汉儒董仲舒说："以仁安人……仁之法在爱人……人不被其爱，虽厚自爱，不予为仁……质于爱民，以下至于鸟兽昆虫莫不爱。不爱，奚足谓仁？仁者，爱人之名也……故王者爱及四夷……"（《春秋繁露·仁义法》）显然，这里的"爱人"也是爱全人类的意思。唐儒韩愈说："博爱之谓仁"（《韩昌黎集·原道》），此不失为对"仁"的一个确切定义。宋代理学家因为区分"性"（"理"）与"情"，故说："爱自是情，仁自是性，岂可专以爱为仁？"（《程氏遗书》卷一八）"仁者，爱之理，心之德也。"（朱熹《论语集注·学而》）这里所谓"爱之理"亦是"博爱"之理，故张载说："爱必兼爱，成不独成"（《正蒙·诚明》），"民吾同胞，物吾与也"（《正蒙·乾称》）。二程说："仁者浑然与物同体，义礼智信皆仁也。"（《程氏遗书》卷二上）"仁之道，要之只消道一公字……只谓公则物我兼照，故仁所以能恕，所以能爱。恕则仁之施，爱则仁之用也。"（《程氏遗书》卷十五）

至近代，康有为说："仁者无不爱，而爱同类之人为先。……盖博爱之谓仁。孔子言仁万殊，而此以'爱人'言仁，实为仁之本义也。"（《论语

① ［德］康德：《实践理性批判》，关文运译，广西师范大学出版社2002年版，第79~80页。

注·颜渊》）在此，康有为说得对，以"爱人"言仁，确实是仁之本义。

西方的基督教也讲"爱人"，但其"爱人"是以"爱天主"为先，"爱人"只落在"其次"的第二义上。如《圣经·马太福音》载耶稣说："你要尽心、尽性、尽意，爱主你的神。这是诚命中的第一，且是最大的。其次也相仿，就是要爱人如己。"西方早期来华的传教士利玛窦曾以这样的"诚命"来比附儒家的"仁"，他说："仁也者，乃爱天主，与夫爱人者，崇其宗原而不遗其枝派，何以谓外乎？人之中，虽亲若父母，比于天主者，犹为外焉。"① 这就是说，"爱天主"是本（"宗原"），是最内在的，"爱人"只是末（"枝派"），孝敬父母比之于爱天主犹为外在的。"仁之德所以为尊"，利玛窦说，"其尊非他，乃因上帝"②；又说，"夫仁之大端，在于恭爱上帝"③。可以说，基督教的"爱人"是以神（上帝）为本或"神本主义"的。而基督教也有"人类中心主义"的思想，此即《圣经》中的"创世记"所说：神在创造了各种植物和动物之后，"就照着自己的形象造人……神就赐福给他们，又对他们说，要生养众多，遍满地面，治理这地，也要管理海里的鱼、空中的鸟和地上各样行动的活物……"这样一种思想就使西方文化把自然界视为一个"经济体系"，自然界的万物都要被人类所治理、所开发，为人类提供尽可能多的"经济价值"。这种思想既促进了西方近现代科学技术的发展，又是造成今日生态环境危机的一个原因。④

与西方的基督教不同，儒家的"仁者爱人"是以孝悌为本始，推扩至爱人类，进而泛爱万物。儒家有"尊天""敬天""畏天"之说，而没有"爱天"之说。这是因为"爱某"有"为某"，即以"某"为价值主体的意思。儒家所尊之"天"，其自身没有独立的内在价值，而是"天视自我民视，天听自我民听"，"民之所欲，天必从之"，故"尊天""敬天""畏天"的宗旨还在于"爱人"或"安民"，人民是真正的价值主体。因此，儒家学

　　①［意］利玛窦：《天主实义》，朱维铮主编《利玛窦中文著译集》，复旦大学出版社2001年版，第77页。

　　②［意］利玛窦：《天主实义》，朱维铮主编《利玛窦中文著译集》，复旦大学出版社2001年版，第79页。

　　③［意］利玛窦：《二十五言》，朱维铮主编《利玛窦中文著译集》，复旦大学出版社2001年版，第131页。

　　④参见［美］唐纳德·沃斯特：《自然的经济体系——生态思想史》，侯文蕙译，商务印书馆1999年版，第19~20、47~49页。

说不是"神本主义"而是人本主义或民本主义的。"仁者爱人"是儒家的第一义，而不是"其次"的第二义。儒家所讲的"爱物"，除了物有工具或使用价值之外，在"民胞物与""仁者浑然与物同体"的思想中也包含了"环境伦理"的意义。

三、"忠恕"之道

《论语·里仁》篇载，孔子对曾子说："参乎！吾道一以贯之。"曾子应答："唯。"孔子出。门人问曾子："何谓也？"曾子说："夫子之道，忠恕而已矣。"孔子所说的"吾道"，当然是指仁之道。"仁"作为"全德"之名，统率诸德目，"忠"与"恕"也在其内，但仁之道（严格地说是行仁之道）所"一以贯之"的又是"忠恕"，此亦为孔子思想的一个睿识卓见，因为"忠恕"乃是社会人际交往的一个最基本的道德准则，故它被称为道德的"金律"或"黄金规则"。

《论语·卫灵公》篇载："子贡问曰：'有一言而可以终身行之者乎？'子曰：'其恕乎！己所不欲，勿施于人。'"观此可知，"恕"就是"己所不欲，勿施于人"。《论语·雍也》篇载："子贡曰：'如有博施于民而能济众，何如？可谓仁乎？'子曰：'何事于仁！必也圣乎！尧舜其犹病诸！夫仁者，己欲立而立人，己欲达而达人。能近取譬，可谓仁之方也已。'"这里的"己欲立而立人，己欲达而达人"，也就是"推其（己）所欲以及于人"（朱熹《论语集注》），此即为"忠"。《论语·学而》篇载，曾子曰："吾日三省吾身，为人谋而不忠乎？与朋友交而不信乎？传不习乎？"此句中的"为人谋而不忠乎"，即是反省自己为别人打算是否做到了推己及人。所谓"仁之方"，何晏《论语集解》引孔安国曰："更为子贡说仁者之行。方，道也。"然则"仁之方"也就是践行仁的方法、道路，它"一以贯之"的就是"忠恕"。

朱熹《论语集注》释"忠恕"云："尽己之谓忠，推己之谓恕。"其实，"尽己"与"推己"并无实质的差别。"尽己之谓忠"，而"忠"亦是"推其（己）所欲以及于人"；"推己之谓恕"，而"恕"之"推己"也有"尽己"之意。"忠"与"恕"实只"一"道，故孔子说"吾道一以贯之"。

在孔子的"一"道中，包含着"己欲立而立人，己欲达而达人""己所不欲，勿施于人"的统一而深刻的意涵。因此，"忠"与"恕"有着相互补充、相互规定、相互包含的意思。只有把"忠"与"恕"统一起来，既做到"己欲立而立人，己欲达而达人"，又做到"己所不欲，勿施于人"，才是孔子的"一以贯之"的仁道。换言之，只有做到"己所不欲，勿施于人"，才是真正的"忠"；只有做到"己欲立而立人，己欲达而达人"，也才是真正的"恕"。

朱熹说："推己之谓恕"。其实，"推己"并没有把"恕"的意涵完全表达出来。"己所不欲，勿施于人"，包含着如何"推己"的重要思想。也就是说，"恕"之推己及人，首先强调的是不要强加于人。《论语·公冶长》篇载："子贡曰：'我不欲人之加诸我也，吾亦欲无加诸人。'子曰：'赐也，非尔所及也。'"这里的"加"即是侵加、强加之意。这段记载与前述子贡问曰"有一言而可以终身行之者乎？"子曰"其恕乎！己所不欲，勿施于人"，当有着直接的联系。"己所不欲，勿施于人"，其初始的意思就是：我不欲别人强加于我，我也不要强加于别人。孔子说"赐也，非尔所及也"，这里的"非尔所及"犹如孔子说"尧舜其犹病诸"。对于"尧舜"这样的圣人来说，若要做到"博施于民而能济众"并不容易；对于一般的"君子"来说，若要做到"己所不欲，勿施于人"也并不容易①。因此，孔子与子贡的两次对话，都说明了"恕"之重要。

"恕"之所以重要，乃是因为我与他人都是同"类"之人。我有独立意志，"不欲人之加诸我也"；他人也有独立意志，故我亦应该"无加诸人"。孔子说："三军可夺帅也，匹夫不可夺志也。"（《论语·子罕》）匹夫之"志"就是人人具有的独立意志，这是他人所不能侵夺的。因此，仁之"爱人"不仅是对他人有所帮助，把他人作为爱的"对象"，而且首先是尊重他人的独立意志，不要强加于人。这就是说，"忠恕"之道作为社会人际交往的一个基本道德准则，是建立在确认人与人之间的"交互主体性"的基础上。这种道德的"交互主体性"符合康德的"普遍道德律"，即："不论你

---

① 程颐说："'我不欲人之加诸我也，我亦欲无加诸人。'《中庸》曰'施诸己而不愿，亦勿施于人'，正解此两句。然此两句甚难行，故孔子曰'赐也，非尔所及也。'"（《程氏遗书》卷十八）

做什么，总应该做到使你的意志所遵循的准则同时能够成为一条永远普遍的立法原理。"① 当然，康德的"普遍道德律"是纯粹形式的，而儒家的"忠恕"则包含着要使人有所"立"、有所"达"的实质内容。

《中庸》引子曰："忠恕违道不远，施诸己而不愿，亦勿施于人。"此可见"忠"与"恕"有着内在统一的关系，所以单说一个"己所不欲，勿施于人"，也可称为"忠恕"。《中庸》接着说："君子之道四"，即"所求乎子，以事父"（吾欲子之孝我，吾亦以孝事父，下仿此）；"所求乎臣，以事君"（"臣"乃家臣）；"所求乎弟，以事兄"；"所求乎朋友，先施之"。这里包含了父子、君臣、兄弟、朋友之间的关系，此"君子之道四"都是从"忠恕"之道引申而来。

《大学》将"忠恕"之道又称为"絜矩之道"。朱熹《大学章句》："絜，度也；矩，所以为方也。""絜矩"在这里犹如言"规矩"，就是指基本的道德准则。《大学》云：

> 所恶于上，毋以使下；所恶于下，毋以事上；所恶于前，毋以先后；所恶于后，毋以从前；所恶于右，毋以交于左；所恶于左，毋以交于右。此之谓絜矩之道。

朱熹注："如不欲上之无礼于我，则必以此度下之心，而亦不敢以此无礼使之。不欲下之不忠于我，则必以此度上之心，而亦不敢以此不忠事之。至于前后左右无不皆然，则身之所处，上下四旁、长短广狭，彼此如一而无不方矣。彼同有是心而兴起焉者，又岂有一夫之不获哉？所操者约，而所及者广，此平天下之要道也。"（《大学章句》）这个"要道"也就是"忠恕"之道②。其中上下、前后、左右是喻指社会生活的一切人际关系，它特别突显了一种"角色互换"的意识。这正如主张"普遍规定主义"（universal prescriptivism）的西方现代伦理学家黑尔（Hare）所指出，在某一道德情境中，一个人必须时时问自己："在同样情况下，我是否愿意别人也对我做这种事？""假如这种事发生在我身上，我还会赞同这种事吗？"通过这种

---

① ［德］康德：《实践理性批判》，关文运译，广西师范大学出版社 2002 年版，第 17 页。
② 《礼记正义》郑玄注云："絜矩之道，善持其所有，以恕于人耳。治国之要尽于此。"孔颖达疏云："能持其所有，以待于人，恕己接物，即絜矩之道也。"

角色的互换，以达到道德的"可普遍化"要求①。

孟子说："得天下有道：得其民，斯得天下矣。得其民有道：得其心，斯得民矣。得其心有道：所欲，与之聚之；所恶，勿施尔也。"（《孟子·离娄上》）这里的"所欲"，包括"人情莫不欲寿""莫不欲富""莫不欲安""莫不欲逸"（朱熹《孟子集注》引晁错语）等等，因此，"所欲，与之聚之"，即是"推其所欲以及于人"，乃"忠"也；"所恶，勿施尔也"，即是"推其所不欲而勿施于人"，乃"恕"也。也就是说，君主对民实行仁政，其中也贯穿了"忠恕"之道。职此之故，孟子又说："古之人所以大过人者，无他焉，善推其所为而已矣。"（《孟子·梁惠王上》）

"忠恕"之道或"絜矩之道"是贯穿儒家仁学思想的"平天下之要道"，亦即实现"均无贫，和无寡，安无倾"（《论语·季氏》），"老者安之，朋友信之，少者怀之"（《论语·公冶长》）等等儒家之社会理想的和谐之道。

中国在现代国际关系中首发"和平共处五项原则"，按周恩来所说，和平共处、求同存异、不要将己见强加于人等等，是"来自我们的文化传统，不全是马克思主义的教育"②。我认为，这里的"文化传统"主要是"忠恕"之道："互相尊重主权和领土完整，互不侵犯，互不干涉内政"，此乃"己所不欲，勿施于人"；"平等互利"，则是"己欲立而立人，己欲达而达人"。"忠恕"之道，仍是现代的维护"世界和平"之道③。

四、"知人""安民"

"知人""安民"源于《尚书·皋陶谟》所谓"知人则哲，能官人；安民则惠，黎民怀之。"在《皋陶谟》中，这还只是"王官之学"的一部分；在孔子的思想中，则已将其提升为儒家的哲学思想。

《论语·颜渊》篇载：

① 参见孙伟平：《伦理学之后——现代西方元伦理学思想》，江西教育出版社 2004 年版，第 318 页。

② 《周恩来外交文选》，中央文献出版社 1990 年版，第 327~328 页，转引自戢斗勇《儒家全球伦理》，甘肃人民出版社 2004 年版，第 248 页。

③ 参见李存山：《忠恕之道与世界和平及环境保护》，《孔子研究》2005 年第 4 期。

樊迟问仁，子曰："爱人。"问知，子曰："知人。"樊迟未达。子曰："举直错诸枉，能使枉者直。"樊迟退，见子夏。曰："乡（向）也吾见于夫子而问知，子曰'举直错诸枉，能使枉者直'，何谓也？"子夏曰："富哉言乎！舜有天下，选于众，举皋陶，不仁者远矣；汤有天下，选于众，举伊尹，不仁者远矣。"

这里的"问知"，"知"读为"智"（朱熹《论语集注》："上知，去声，下如字"）。孔子所答"知人"与"爱人"相联系，仁者爱人，智者知人，"仁"与"智"是内在统一的。"智"就是"哲"（《尚书正义·皋陶谟》："哲，智也"），孔子所说的"智者知人"与"知人则哲"有着相承的关系。"樊迟未达"，孔子指点说："举直错诸枉，能使枉者直。"樊迟仍未理解，子夏遂举例说："舜有天下，选于众，举皋陶，不仁者远矣；汤有天下，选于众，举伊尹，不仁者远矣。"皋陶是舜所选任的贤臣，伊尹是汤所选任的贤臣。因此，孔子的指点和子夏的举例，包含着"知人则哲，能官人"的意思。但是，孔子所说"举直错诸枉，能使枉者直"，毕竟是指点语，而非定义语。在孔子的思想中，"爱人"是对人"类"的普遍之爱，"知人"亦是对人"道"的普遍之知。

孔子说："士志于道，而耻恶衣恶食者，未足与议也。"（《论语·里仁》）"朝闻道，夕死可矣。"（同上）孔子所谓"道"，也就是"仁道"或"人道"。此"道"作为"君子"的道德修养之道，也就是要把对"仁"之道义的追求作为人生的最高志向，有此志向则"君子之于天下也，无适也，无莫也，义之于比"。（同上）对道义的追求高于对个人利益的追求，故孔子说："富与贵，是人之所欲也，不以其道得之，不处也。贫与贱，是人之所恶也，不以其道得之，不去也。"（同上）这样，即便是处于"恶衣恶食"的艰苦物质生活中，因为有道义上的自足，故"乐亦在其中矣"（《论语·述而》）。孔子称赞颜回说："贤哉！回也。一箪食，一瓢饮，在陋巷，人不堪其忧，回也不改其乐。"（《论语·雍也》）此即后来宋明理学家所津津乐道的"孔颜乐处"。

儒家的"孔颜乐处"即是"道义之乐"①，它近似于康德所说的如果道德的动机"功夫纯熟，不加勉强"，那么也会在主观上产生一种"愉快的感情"或"自得之乐"②。这种"自得之乐"是由道义产生的，因此，它又内在地包含着道义的社会责任感和使命感，有着对社会的"忧患"意识。曾子说："士不可以不弘毅，任重而道远。仁以为己任，不亦重乎！死而后已，不亦远乎！"（《论语·泰伯》）如果说"孔颜乐处"为儒家提供了个人精神上的安身立命之地，那么道义的"弘毅"精神则塑造了中国士人精英的"以天下为己任"的社会情怀，合此二者就是儒家的"内圣外王"思想境界。

子贡说："夫子之文章，可得而闻也；夫子之言性与天道，不可得而闻也。"（《论语·公冶长》）在《论语》中，孔子只讲了一句"性相近也，习相远也"。他当时主要关注的是"为仁由己"的问题，还来不及建立人性与天道的理论联系。"性相近"表达了人人都是可育之材（故孔子"有教无类"），"习相远"则更强调了人之后天习行修养的重要。因此，从"性相近"不必上接天道。与人之德行相分离的天道，孔子是不关心的。这也就是《中庸》所说："道不远人。人之为道而远人，不可以为道。"然而，从子贡所说"性与天道"，可知这已经是孔门弟子所思考的问题，而孔子本人也说"五十而知天命"（《论语·为政》），"不知命，无以为君子"（《论语·尧曰》），子夏说"商闻之矣③：死生有命，富贵在天"（《论语·颜渊》）。循此，在郭店竹简中便有了讲天人关系的《五行》《性自命出》《穷达以时》等篇，至《中庸》则提出了"思知人，不可以不知天"，《易传》更是"推天道以明人事"，儒家遂完成了"天人之学"的理论建构。其间无疑受到了老子哲学的重要影响，但据孟子引《诗》曰："天生烝民，有物有则。民之秉彝，好是懿德。"又引孔子曰："为此诗者，其知道乎！"（《孟子·告子上》）儒学本身亦有建构"天人之学"的资源。在儒家的"天人之

① 宋儒范仲淹在其早年作诗云："瓢思颜子心还乐，琴遇钟君恨即销。"（《范文正公集》卷三《睢阳学舍书怀》）。至其晚年，"子弟以公有退志，乘间请治第洛阳，树园圃，以为逸老之地"，范仲淹说："人苟有道义之乐，形骸可外，况居室乎！"（《范文正公集·年谱》）周敦颐说：颜子之乐并非"乐于贫"，而是因为"天地间至尊者道，至贵者德"，"道义者，身有之则贵且尊"（《通书·师友》）。

② 参见［德］康德：《实践理性批判》，关文运译，广西师范大学出版社2002年版，第27、112页。

③ 朱熹《论语集注》谓"盖闻之夫子"。

上篇　传统文化与中国哲学

41

学"中，"知人"是中心，"知天"也是为了"知人"，这就是孔子所答"智者知人"对于儒家哲学的重要意义。

《论语·雍也》篇载："樊迟问知。子曰：'务民之义，敬鬼神而远之，可谓知矣。'"此处两个"知"都应读为"智"。朱熹《论语集注》："专用力于人道之所宜，而不惑于鬼神之不可知，知（智）者之事也。"这也是孔子回答智在"知人"的题中应有之义。"务民之义"即是如何"安民"的问题，"敬鬼神而远之"则是对宗教持一种敬而疏远的态度。《论语·先进》篇载："季路问事鬼神，子曰：'未能事人，焉能事鬼？''敢问死？'曰：'未知生，焉知死？'"孔子专注于人生、社会的问题，而对于鬼神和人死后的问题不给予明确的回答①。这种现世主义的价值取向，与春秋时期富辰所说"太上以德抚民"（《左传·僖公二十四年》），叔孙豹以立德、立功、立言为"三不朽"（《左传·襄公二十四年》），以及郤缺所说"正德、利用、厚生，谓之三事"（《左传·文公七年》），是完全一致的。生死问题或灵魂不朽的问题，是佛陀、耶稣所要解决的"终极关怀"问题，甚至苏格拉底也认为灵魂不朽"是不容置疑的"②，而孔子所开创的儒家哲学却将此降至可以敬而远之或存而不论。儒家因重视"丧祭"之礼，故不完全否认有"鬼神"，但"慎终追远"也是为了"民德归厚"（《论语·学而》），这仍是"道德性的人文主义"。

《论语·宪问》篇载："子路问'君子'，子曰：'修己以敬。'曰：'如斯而已乎？'曰：'修己以安人。'曰：'如斯而已乎？'曰：'修己以安百姓。修己以安百姓，尧舜其犹病诸！'"这里的"修己以敬"，就是君子首先注重自身的道德修养，此为"内圣"之事；在此基础上，"安人"和"安百姓"则为"外王"之事。"安人"之"人"是相对于自己而言，使他人有所"安"也就是能够"立人""达人"。"安百姓"即是"安民"，亦即"博施于民而能济众"，此为尧舜都恐做不到的最高事业，这也正体现了"太上以德抚民"的价值观。

总之，春秋时期民本思想的发展、"崇德"作为最高价值取向的确立，

---

① 《说苑·辨物》："子贡问孔子：'死人有知无知也？'孔子曰：'吾欲言死者有知也，恐孝子顺孙妨生以送死也；欲言无知，恐不孝子孙弃不葬也。赐欲知死人有知将无知也？死徐自知之，犹未晚也！'"

② ［德］雅斯贝尔斯：《大哲学家》，李雪涛主译，社会科学文献出版社2005年版，第75页。

以及"礼"与"仪"之分等等，都汇聚在孔子的以"仁者爱人"为核心的人文主义思想体系中。这一思想体系不是宗教的或僧侣主义的，也不是像古希腊那种"以智力为基点的人文主义"，而是一种"道德性的人文主义"。这就是孔子以"温和"的方式所实现的"哲学的突破"。

五、 对华夏文化的自觉认同

孔子思想的卓越之处还在于他对华夏文化的自觉认同。这对于保存和传续他所开创的"思想范式"，并使中华民族及其文化能够自强不息、厚德载物、历久而弥新地发展，具有重要的意义。

20 世纪 70 年代以后的中国考古学新发现，已经突破了以往长期形成的中华古文化"一脉相承"的单线起源论，提出了中国考古学文化的"区系类型"说，证明了中华古文化是多元起源的。就"中国"概念的形成来说，是从六大文化区系（以燕山南北长城地带为重心的北方，以山东为中心的东方，以关中、晋南、豫西为中心的中原，以环太湖为中心的东南部，以环洞庭湖与四川盆地为中心的西南部，以鄱阳湖—珠江三角洲一线为中轴的南方），逐渐走向"共识的中国"（五帝时代）、"理想的中国"（夏商周三代），以至"现实的中国"（秦汉帝国)[1]。"中华文明在相当早的时候，包括它刚在萌生的过程中，便有了颇为广泛的分布。……从南方到北方很广大的范围里，多种文化都有其共同点。这种情况，也可譬喻为形成了一个文化的'场'，其范围之广大在古代世界是罕与伦比的。……这个文化的'场'正是后来夏、商、周三代时期统一国家的基础。……民族的团结统一是我国传统文化的重要特点。虽然在漫长的历史上有过多次分裂，但最终归于统一。这样的民族精神，在史前时期已经露其端倪了。"[2]

虽然考古学家对夏、商、周三代文化的认识还不尽相同，但其间有一种连续性的发展，是不可否认的。孔子说：

> 殷因于夏礼，所损益，可知也；周因于殷礼，所损益，可知也。

① 参见苏秉琦：《中国文明起源新探》，辽宁人民出版社 2009 年版，第 35~36、161 页。
② 李学勤：《走出疑古时代》，辽宁大学出版社 1994 年版，第 45 页。

其或继周者，虽百世可知也。（《论语·为政》）

这里的"礼"已经不仅是一个道德的范畴，而是指夏、商、周三代既相"因"又有所"损益"的以崇尚道德为特点的华夏文化。这一文化虽然在春秋时期经历着"礼崩乐坏""诸侯力政"的考验，但孔子相信，"继周"者终会出现，它将世世代代地发展下去。孔子说："周监于二代，郁郁乎文哉！吾从周。"（《论语·八佾》）"从周"就是要把周代所传承的华夏文化继续传下去，孔子对此有着一种天命承当的意识，故他说："天生德于予，桓魋其如予何！"（《论语·述而》）"文王既没，文不在兹乎！天之将丧斯文也，后死者不得与于斯文也；天之未丧斯文也，匡人其如予何！"（《论语·子罕》）即使在历经困厄，"道之不行，已知之矣"的情况下，孔子也仍栖栖皇皇，行义不止。在他晚年更全身心地从事古代文献的整理和教育，删《诗》《书》，订《礼》《乐》，传《周易》，作《春秋》，"学者宗之，自天子王侯，中国言六艺者折中于夫子"（《史记·孔子世家》），他成为中国传统文化的伟大代表。

从《国语·周语》看，在周穆王时期，犬戎族就已构成了周的外患。至幽王被犬戎所杀，平王东迁洛邑，西周遂灭亡，中国历史进入了春秋时期。在周王权式微、诸侯力政的分裂局面下，夷狄不仅构成了对华夏族的军事威胁，而且构成了对华夏文化的威胁。于是，齐桓公、晋文公等打起"尊王攘夷"的旗号，建立了他们的霸业。孔子对此是给予肯定的，这种肯定一是说在处理华夏族内部的关系中，"桓公九合诸侯，不以兵车"，这有赖于"管仲之力"，故称赞其"如其仁！如其仁！"（《论语·宪问》）二是说在处理华夏族与夷狄各族的关系中，他们的尊周室，攘夷狄，不仅有利于民，而且保障了华夏文化的传续，使其免于沦为夷狄文化。因此，

> 子贡曰："管仲非仁者与？桓公杀公子纠，不能死，又相之。"子曰："管仲相桓公，霸诸侯，一匡天下，民到于今受其赐。微管仲，吾其被发左衽矣！岂若匹夫匹妇之为谅也，自经于沟渎，而莫之知也！"（《论语·宪问》）

按照一般的礼制，管仲既为公子纠之家臣，齐桓公杀公子纠，管仲就应该为公子纠死难，但他却做了桓公的国相，这违背了礼制，故可称其为"非仁"。然而，孔子从管仲有功于民，有功于华夏文化着眼，仍肯定其为

"仁"。"被发左衽"是夷狄风俗，孔子在这里是以此来突出夷、夏文化的区别。"微管仲，吾其被发左衽矣"，孔子已经深刻地认识到，在他以前的那个时期，华夏文化经历了一次劫难（或云"沟渎"），如果没有管仲的"相桓公，霸诸侯，一匡天下"，那么华夏文化就可能已沦为夷狄文化了。由此而言，管仲可谓"大仁"。这种评价不同于"匹夫匹妇之谅"，"谅"是只注意小节小信。当华夏文化"自经于沟渎"，许多人还"莫之知"的时候，孔子对此已经有了高度自觉的认识。

在孔子看来，"夷夏之辨"主要不是种族的区别，畜牧与农耕的不同也在其次，而主要是道德文明程度的高低。孔子说："夷狄之有君也，不如诸夏之亡（无）也。"（《论语·八佾》）夷狄文化也"有君"，但华夏文化之先进于夷狄文化，不在于是否"有君"，而在于华夏文化有着礼乐、道德、文明的更为丰富的内涵。孔子对于先进的华夏文化有着高度的自觉认同，并且大义凛然地进行捍卫。《史记·孔子世家》载：鲁定公十年（公元前500年），孔子为大司寇"摄相事"，陪鲁定公"会齐侯夹谷"。

> 献酬之礼毕，齐有司趋而进曰："请奏四方之乐。"景公曰："诺。"于是旄旌羽被矛戟剑拨鼓噪而至。孔子趋而进，历阶而登，不尽一等，举袂而言曰："吾两君为好会，夷狄之乐何为于此！请命有司！"有司却之，不去，则左右视晏子与景公。景公心怍，麾而去之。

随后，孔子又迫使齐景公制止了"优倡侏儒"之戏，对进献者予以严惩。"景公惧而动，知义不若，归而大恐，告其群臣曰：'鲁以君子之道辅其君，而子独以夷狄之道教寡人，使得罪于鲁君，为之奈何？'"在孔子的震慑下，齐景公归还侵鲁之田"以谢过"。这一事件是孔子在文化和外交上取得的一次胜利。

孔子说："天下有道，则礼乐征伐自天子出；天下无道，则礼乐征伐自诸侯出。"（《论语·季氏》）"齐景公问政于孔子。孔子对曰：'君君，臣臣，父父，子子。'"（《论语·颜渊》）在孔子的时代，民族的统一需要通过王权来实现，而华夏文化的伦理—政治文明又需要以"君臣、父子"等等人伦—政治秩序来体现（这里当然有历史的局限性）。因此，儒家对"序君臣父子之礼，列夫妇长幼之别"的重视（参见《史记·太史公自序》），除了其伦理—政治的意义，也还有其文化的意义。

孟子说："世衰道微，邪说暴行有作，臣弑其君者有之，子弑其父者有之。孔子惧，作《春秋》。……子成《春秋》而乱臣贼子惧。"（《孟子·滕文公下》）孔子所作的《春秋》经，体现了尊王权、尚统一和认同华夏文化的思想。这对于中华民族从夏商周三代"理想的中国"进入秦汉以后"现实的中国"，具有重要的意义。《公羊传》对《春秋》经"王正月"的解释是："大一统也"。汉儒董仲舒在《举贤良对策》中说："《春秋》大一统者，天地之常经，古今之通谊也。""大一统"的思想强化了中华民族的统一意识，虽然中国的历史不断出现"合久必分，分久必合"的循环往复，但统一总被认为是"常经""通谊"，那些为民族统一做出贡献的历史人物彪炳千古，而制造民族分裂者则身负千载骂名。

孔子认为，"夷夏之辨"主要不是种族和地域之别，而在于文化和文明程度的高低。按公羊学家对《春秋》经的解释，孔子"内诸夏而外夷狄"，寄希望于首先实现诸夏的统一，以传续华夏文化，进而影响周边各族，使"夷狄进至于爵"（《公羊传·隐公元年》何休注），以实现天下太平。华夏与夷狄主要是文化和文明程度的不同，而没有种族优劣之分。"孔子之作《春秋》也，诸侯用夷则夷之，进于中国则中国之。"（苏舆《春秋繁露义证》卷二）这种夷夏可以互易的思想，在中国历史上促进了华夏（汉）族与少数民族的相互融合与多元并存，以至最终凝聚成"多元一体"的中华民族及其文化①。

孔子是儒家哲学"思想范式"的开创者，也是华夏文化的自觉认同者。他所做的"夷夏之辨"，保障了中华民族及其文化在长久的历史发展中保持自身的"同一性"（identity）。"周虽旧邦，其命维新。"（《诗经·大雅·文王》）在春秋战国长达数百年的变乱中，华夏民族没有"被发左衽"，其文化继续走了一条"维新"的道路，这里有"管仲之力"，更有孔子之功！

相比于西方在古希腊文化之后有古罗马文化，在古罗马文化衰微时北方的"蛮族"入侵，欧洲原有的文明成果几乎丧失殆尽，取而代之的是中世纪的基督教文化，而孔子在"轴心时期"不仅实现了哲学的突破，而且其"夷夏之辨"的思想还保障了这一"哲学—文化"范式历久弥新地发展，

---

① 参见费孝通：《中华民族多元一体格局》，中央民族大学出版社1999年版，第13页。

其功绩是很伟大的。

孔子的"仁者爱人"即爱人类，是"世界主义"的；他对华夏文化的自觉认同，则是"民族主义"的。这两点的"折中"，对于中国现代处理民族与世界的关系也仍具有重要意义。近代以来的世界格局已经打破了中国传统的以华夏文化为"天下"之中心的思想，而中华民族在近代处于"落后挨打"乃至"亡国灭种"的危险中。孙中山首先提出了"振兴中华"的"民族主义"思想，而当时一些讲新文化的人"提倡世界主义，以为民族主义不合世界潮流"。孙中山针对此而强调："民族主义就是人类图生存的宝贝。""我们受屈民族，必先要把我们民族自由平等的地位恢复起来之后，才配得来讲世界主义。……我们要发达世界主义，先要民族主义巩固才行。如果民族主义不能巩固，世界主义也就不能发达。由此便可知世界主义实藏在民族主义之内……"（《三民主义》）孙中山的民族主义，也就是求中国统一、独立、富强，"要中国和外国平等的主义"（《在广东第一女子师范学校校庆纪念会的演说》）。因此，孙中山高瞻远瞩地指出，"中国如果强盛起来，我们不但是要恢复民族的地位，还要对于世界负一个大责任"，这个责任就是"济弱扶倾"，不能去学帝国主义"灭人国家"的覆辙，而是"对于弱小民族要扶持他，对于世界的列强要抵抗他"，"担负这个责任，便是我们民族的真精神"（《三民主义》）。可以说，孙中山提出了"振兴中华"的"民族主义"，同时也提出了中国"永不称霸"的"世界主义"。这无论对于中国过去处于"落后挨打"时，还是对于中国现在国势正转为强盛时，都具有重要意义。

蔡元培曾评论说："三民主义虽多有新义，为往昔儒者所未见到，但也是以中庸之道为标准。例如持国家主义的往往反对大同，持世界主义的往往又蔑视国界，这是两端的见解；而孙氏的民族主义，既谋本民族的独立，又谋各民族的平等，是为国家主义与世界主义的折中。"（《中华民族与中庸之道》）确实如此，孙中山的民族主义从方法上说继承了儒家的中庸之道，而在内容上则是孔子的世界主义与民族文化认同思想在新时代的发扬光大。

（原载于《国际儒学研究》第十七辑，九州出版社 2010 年 1 月）

老子哲学与中华精神

雅斯贝尔斯于 1949 年出版《论历史的起源与目的》，提出了"轴心时期"的理论；又于 1957 年出版《大哲学家》，首列苏格拉底、佛陀、孔子和耶稣为"思想范式的创造者"，并将老子列入"原创性形而上学家"。的确，孔子和老子是中国文化在"轴心时期"实现"哲学的突破"的两个开创性的伟大哲学家。

与苏格拉底、佛陀和耶稣不同，孔子所创建的"思想范式"不是古希腊哲学那样的思辨理性，也不是佛教的追求"涅槃"出世和基督教的依靠"上帝"的救赎，而是一种以"仁者爱人""智者知人"为中心的"道德性的人文主义"的思想范式。正如雅斯贝尔斯所说，"孔子坚持着他自己的使命，要在世间建立一种人道的秩序"①，"在他的思想中，引导他的是人间社会的统摄理念"②，他把自己的思想"限制在现世的可能性之中"③，他所追求的是在现世或世间"建立一个新世界"。这种人文主义的、坚持在现世或世间"自强不息"地追求和实现"厚德载物"的道德理想的精神，就是"中国的精神"或"中华精神"。④

老子作为"原创性形而上学家"，他的哲学虽然"原创性"地赋予了"道""德"以新的意义，主张"自然无为""柔弱不争"，提出了与儒家不同的价值取向，但亦如雅斯贝尔斯所说，"从世界历史来看，老子的伟大是同中国的精神结合在一起的"，"虽然两位大师放眼于相反的方向，但他们

----

① ［德］雅斯贝尔斯：《大哲学家》，李雪涛主译，社会科学文献出版社 2005 年版，第 144 页。
② ［德］雅斯贝尔斯：《大哲学家》，李雪涛主译，社会科学文献出版社 2005 年版，第 145 页。
③ ［德］雅斯贝尔斯：《大哲学家》，李雪涛主译，社会科学文献出版社 2005 年版，第 192 页。
④ 张岱年指出："中华精神"基本上凝结于《易传》的两句名言之中，即"天行健，君子以自强不息"，"地势坤，君子以厚德载物"。见《张岱年全集》第 6 卷，河北人民出版社 1996 年版，第 223 页。

实际上立足于同一基础之上"①。这"同一基础"就是老子与孔子都主张在现世实现人生和社会的理想，他们对于现世都"保持着乐观的心境"。"在这一心境之中，人们既不知道佛教轮回给人构成的威胁，因此也没有想要逃出这痛苦车轮的内心的强烈渴望，也没有认识到基督教的十字架，那种对回避不了的原罪的恐惧，对以代表着成为人类的上帝的殉道来救赎的恩典的依赖。"②

庄子说："自其异者视之，肝胆楚越也；自其同者视之，万物皆一也。"（《庄子·德充符》）我们可以说，仅从中国哲学内部视之，孔、老思想如"肝胆楚越也"；而若从世界历史或世界哲学的宏观眼光观之，则孔、老思想乃"立足于同一基础之上"，他们共同开创和奠定了中国哲学的思想范式和基本倾向。

孔子创建了一种以"仁者爱人""智者知人"为中心的"道德性的人文主义"的思想范式，而孔子对于"性与天道"的形而上学还没有系统的理论建构。老子的伟大就在于"原创性"地建构了一种"性与天道"的形而上学，这种形而上学"同中国的精神结合在一起"，成为儒道两家共同的"推天道以明人事"的普遍架构。

一、"道"是天地万物之"本根"

老子提出："有物混成，先天地生，寂兮寥兮，独立而不改，周行而不殆，可以为天下母。"（《老子》二十五章）在老子之前，"唯天为大"，此"天"虽然与"地"相对而言（因而含有"自然之天"的意义），但主要是指最高的神或"上帝"。③ 老子哲学的"原创性"，是在中国思想史上第一次提出了天地并不是恒久存在的，在天地产生之先就已经有"道"存在了。"道"是天地之"根"（《老子》六章），万物之"母"，"渊兮似万物之宗"（《老子》四章）。"宗"就是宗主、根本或根据。

---

　　① ［德］雅斯贝尔斯：《大哲学家》，李雪涛主译，社会科学文献出版社 2005 年版，第 149 页。
　　② ［德］雅斯贝尔斯：《大哲学家》，李雪涛主译，社会科学文献出版社 2005 年版，第 844 页。
　　③ 此"上帝"也仍然与"地"相对而言，如《中庸》云"郊社之礼，所以事上帝也"，朱熹《中庸章句》："郊，祀天；社，祭地。不言后土者，省文也。"

老子哲学的"道"，不仅是天地万物的总根源，而且是天地万物的总根据。如张岱年所说：

> 关于宇宙哲学，西方分为"本体论"和"宇宙论"两个部分。"本体论"（ontology）……讲万物存在的根据。"宇宙论"（cosmology）……讲天地起源、宇宙变化的过程。老子提出的"道"有这两个方面的含义，两者是相互结合的。①

"本体论"与"宇宙论"的结合，实际上是中国哲学的普遍模式，它与中国哲学"推天道以明人事"的普遍架构和理论宗旨是内在统一的。如果只讲"本体论"，而不讲"宇宙论"，那么"天道"与"人事"不免成为本体与现象的"两个世界"，陷入"本体实而不现，现象现而不实"的"自然之二分"②；如果只讲"宇宙论"而不讲"本体论"，那么"天道"只作为始源，而不足以成为"人事"应该如何的根据。只有把"本体论"与"宇宙论"结合在一起，中国哲学才肯定了"本根与事物的区别，不在于实幻之不同，而在于本末、原流、根支之不同。万有众象同属实在，不惟本根为实而已"③，而"天道"也才能成为"人事"应该如何的根据。

老子说："道冲而用之或不盈……吾不知谁之子，象帝之先。"（《老子》四章）这是用"诗"一样的语言否认了"帝"（上帝）的在先性及其最高权威地位，实际上否认了"帝"的存在。在老子哲学中，"道""天""地""人"谓之"四大"，它们都要"法自然"（《老子》二十五章）。因此，在老子哲学中没有"帝"或"神"的位置。老子可以说是中国古代第一位无神论的思想家。如徐复观所说：

> 在《诗经》《春秋》时代中，已露出了自然之天的端倪。老子思想最大贡献之一，在于对此自然性的天的生成、创造，提供了新的、有系统的解释。在这一解释之下，才把古代原始宗教的残渣，涤荡得一干二净；中国才出现了由合理思维所构成的形上学的宇宙论。④

---

① 《张岱年全集》第 5 卷，河北人民出版社 1996 年版，第 488 页。

② 西方哲学家怀特海批评西方传统哲学"把自然二分为两个系统"，如柏拉图以理念世界为"真实的世界"，"而与之对立的普遍经验的世界是完全不真实的"。参见［英］阿尔弗雷德·怀特海：《自然的概念》，张桂权译，中国城市出版社 2002 年版，第 45 页。

③ 张岱年：《中国哲学大纲》，中国社会科学出版社 1982 年版，第 9 页。

④ 徐复观：《中国人性论史·先秦篇》，上海三联书店 2001 年版，第 87 页。

老子哲学是"自然主义"的，但它同时是一种不同于宗教的"人文的自然主义"。因此，它与"道德性的人文主义"是统一和互补的。

老子说："道之为物，惟恍惟惚。惚兮恍兮，其中有象；恍兮惚兮，其中有物。窈兮冥兮，其中有精；其精甚真，其中有信。"（《老子》二十一章）此中"甚真""有信"，就是表征了"道"的实在性，亦即儒家所说的"诚者，天之道也"（《中庸》），"诚者，真实无妄之谓"（朱熹《中庸章句》）。如果"道"是真实无妄的，那么由"道""气"所产生的天地万物和人的生活世界也是真实无妄的（朱嘉《中庸章句》："阴阳合散，无非实者。"）而不是由"心"所变现出来的空幻的"假象"。

老子说："道生一，一生二，二生三，三生万物。万物负阴而抱阳，冲气以为和。"（《老子》四十二章）这里的"一生二，二生三，三生万物"，实即由一气分化出天地，然后由天地合气而化生万物（《老子》所谓"天地之间，其犹橐籥乎？虚而不屈，动而愈出"，"飘风不终朝，骤雨不终日。孰为此者？天地"，"天地相合，以降甘露"，就是讲由天地合气而化生万物），这也就是《易传》所说的"易有太极，是生两仪"（《系辞上》），"天地纲缊，万物化醇；男女构精，万物化生"（《系辞下》）。虽然儒道两家（以及道家学派内部）对于"道生一"或"道"与"气"的关系问题存在着不同的认识，但对于"气（阴阳）—天地—万物"（至战国中后期，在天地与万物之间加上"五行"）的宇宙生成模式是一致认同的，这成为儒道两家共用的"推天道以明人事"的理论架构。

在《诗经》中已有"悠悠昊天，曰父母且"（《小雅·巧言》）的诗句。庄子说："阴阳于人，不翅（啻）于父母。"（《庄子·大宗师》）《易传》所谓"男女构精，万物化生"就是以"天地"为人与万物的父母，其《说卦传》亦明言"乾，天也，故称父；坤，地也，故称母"。大约作于同时的《黄帝四经》亦有云"以天为父，以地为母"（《十大经·果童》）。自此之后，这一观念在儒道两家思想中一直延续，至宋代张载的《西铭》，其首句就是"乾称父，坤称母"，由此而形成"民吾同胞，物吾与也"的思想。

在"气（阴阳）—天地—万物"的宇宙生成模式中，"阴阳"是"气之大者"，"天地"是"形之大者"（《庄子·则阳》）。《易传》云："在天成象，在地成形，变化见矣"，"天地变化，圣人效之"（《系辞上》）。在这里，"天地变化"成为圣人效法的楷模，它是真实的且含有"大德"的（《系辞下》："天地之大德曰生。"），由此而有"天行健，君子以自强不息"，"地势坤，君子以厚德载物"（《象传》），这两句名言遂成为中华精神的集中表达。

二、　"孔德之容，惟道是从"

老子说："天得一以清，地得一以宁……万物得一以生，侯王得一以为天下贞。"（《老子》三十九章）这里的"一"就是"道"，而天、地、人、物之"得一"就是有了"德"。"道"与"德"的关系，相当于后来儒家所讲的"天道"（天命、天理）与"性"的关系。

老子说："孔德之容，惟道是从。"（《老子》二十一章）"孔"的意思是大，以形容"德"。"德"乃是天、地、人、物所得于"道"者。"道"寓于天、地、人、物之中，其体现和作用就是"德"。《庄子·天地》篇云："物得之以生，谓之德。"《管子·心术上》亦云："德者道之舍，物得以生……故德者，得也……以无为之谓道，舍之之谓德。故道之与德无间，故言之者不别也。间之理者，谓其所以舍也。"这就是说，"道"与"德"是同一的，它们的区别只在于"道"是"所以舍"，而"德"就是得于"道"，亦即"道"所舍（寓）于天、地、人、物之中者。这种"道"与"德"的同一关系相当于：《中庸》所谓"天命之谓性"；宋儒张载所谓"性与天道合一"（《正蒙·诚明》），"性即天道也"（《正蒙·乾称》）；程颐所谓"性即理也"（《程氏遗书》卷二十二上），"道与性一也"（《程氏遗书》卷二十五）。

《韩非子·解老》篇云："德者，内也"，"德者，道之功"。王弼《老子》三十八章注云："德者，得也。常得而无丧，利而无害，故以德为名焉。何以得德，由乎道也。"这就是说，"道"具有形而上的超越性，而"德"则是内在的，有形之物得到了"道"，或者说，"道"内在于天地万物之中，就是"德"；"道"因天地万物之"德"而体现和作用。苏辙《老子解》云："道无形也，及其运而为德，则有容矣。""容"就是德之容态、道之功能和体现。

老子说："道生之，德畜之，物形之，势成之。是以万物莫不尊道而贵德。道之尊，德之贵，夫莫之命而常自然。"（《老子》五十一章）老子所讲的"道"与"德"的关系，就是他所原创的"性与天道"的形而上学。老子建构这样一种形而上学，不是出于纯粹理性的思辨，而是要"推天道以明人事"，为其"自然无为"的价值主张做论证。"道生之，德畜之，物形之，势成之"，是讲本体—宇宙论；而据此讲"万物莫不尊道而贵德。道之尊，德之贵，夫莫之命而常自然"，就是讲"人事"应该如何的价值观。此即如王国维所说："夫老氏道德政治之原理，可以二语蔽之曰：'虚'与'静'是已。今执老子而问以人何以当虚当静，则彼将应之曰：天道如是，故人道不可不如是……由是其道德政治之说，不为无据矣。"[1]

"道之与德无间"，"性即天道也"，"性即理也"，这也是儒道两家共有的理论架构，而这也正是中国哲学的"天人合一"和"内在超越"的特点。"天人合一"有多种含义，其在哲学上的一个最重要含义就是"性与天道合一"。人性论是中国哲学的"天道"与"人道"相交接的枢纽，人性论所要回答的人性"是"什么的问题，实已蕴含着"人事"应该如何。朱熹曾明言："天命之谓性……性便是合当做的职事"，"性即理也，当然之理，无有不善者"（《朱子语类》卷四）。

"道"或"理"具有形而上的超越性，而"德"或"性"则是内在的。"性与天道合一"，就是"内在的超越"或"超越的内在"。这在西方哲学和宗教的背景下可以说是一个"不通"之论，因为"transcendence"（超越）与"immanence"（内在）是与西方传统的"自然之二分"（bifurcation of nature）为理论基础的。如安乐哲所说：

> 西方的 transcendence 的基本意义就是形上实在论（metaphysical realism），就是柏拉图主义（Platonism）。柏拉图是二元论思想家，他要将真实的世界与我们参与其中的现存世界截然划分开来。中国没有这种观念，中国哲学家关注我们参与其中的现存世界。……严格哲学意义上（strict philosophical meaning）的"超越"，指的是一种完整的、不变的、永恒的、时空之外的原则，这种"超越"与中国传统思想没有

---

①《王国维文集》第 3 卷，中国文史出版社 1997 年版，第 44 页。

关系。①

安乐哲的这个说法的确表达了"超越"在西方的"严格哲学意义",也的确表达了中国哲学与西方哲学的一个重要不同。因为有这种不同,也就有了"内在的超越"这一在西方哲学看来是"不通"或"悖论"式的表达。然而,与西方哲学和基督教相比,中国的"性与天道合一"确实是既超越又内在的。"天道"具有超越性,而其与人的生活世界又有着"存有的连续性"。② 这种"连续性"实际上是通过本体论与宇宙论的结合来实现的,倘若没有宇宙论的由"本根"而生成天地万物,那么"本体"就与"现象"或人的生活世界成为"自然之二分"。"德即道也","性即理也",超越的"天道"或"天理"内在于人之中,此即为人之"德"或"性"。就"德"或"性"在人之中而言,它是"内在的";就"德"或"性"与"天道"或"天理"相同一而言,它又是"超越的"。因为超越的"天道"或"天理"就在人之中,所以人可以依靠"自力"而不必依靠"上帝"的救赎来实现人生和社会的理想。

中国哲学的"天人合一"和"内在超越"的理论架构,最终指向"人事"应该如何。此即老子所说"是以万物莫不尊道而贵德。道之尊,德之贵,夫莫之命而常自然";至宋代的新儒家,周敦颐的《太极图说》在"无极而太极……五性感动而善恶分,万事出矣"之后推出"圣人定之以中正仁义而主静,立人极焉","人极"就是最高的价值准则。从本体—宇宙论,至人性论,再至价值观,此即中国哲学"推天道以明人事"的主要理论架构,这一架构的原创属于老子哲学。

三、 "反者道之动, 弱者道之用"

老子说:"道"的运行是"周行而不殆……大曰逝,逝曰远,远曰反"(《老子》二十五章)。"不殆"是言其无穷尽,"周行"就是循环往复,由

---

① 胡治洪、丁四新:《辨异观同论中西——安乐哲教授访谈录》,《中国哲学史》2006 年第 4 期。

② 杜维明先生发挥西方汉学家牟复礼(F. W. Mote)关于"惟独中国人显然没有创世神话"的观点,指出:"存有的连续性,是中国本体论的一个基调。"见《杜维明文集》第 3 卷,武汉出版社 2002 年版,第 222 页。

逝而远，由远而反（返）。这在《易传》中就是由"一阴一阳"所推动的"反复其道"，由"既济"而"未济"的循环，"复，其见天地之心乎"（《彖传》）。如雅斯贝尔斯所说："对于中国精神来讲世界乃是自然生起现象，生机勃勃的循环，静静运动着的宇宙。"① 在这种宇宙观中蕴含着对"辩证法"的深刻理解，它也为中华民族提供了刚柔相济、能屈能伸、"先天而天弗违，后天而奉天时"（《易传·文言》）、生生不息、永不穷竭的精神动力。

在宇宙的"生机勃勃的循环"中，各种相对峙的事物都相反而相成，如老子所说的"有无相生，难易相成，长短相形，高下相盈，音声相和，前后相随"（《老子》二章），"物或损之而益，或益之而损"（《老子》四十二章），"祸兮福之所倚，福兮祸之所伏"（《老子》五十八章）。老子认识到，这种相反相成的关系是宇宙的"常道"，而人之"明"就在于"知常"，依循这一"常道"而行事；如果"不知常，妄作"，那就会有"凶"灾发生（《老子》十六章）。因此，老子主张"法自然"（《老子》二十五章）、"处无为之事"（《老子》二章）。所谓"无为"并不是无所作为，而是不违反"自然"而"妄作"，要因顺"自然"而行事，由"无为"而达到"无不为"。

老子提出："反者道之动，弱者道之用。"（《老子》四十章）万物都朝相反的方向变化，这是客观规律；而"弱者道之用"则是对这一规律的把握和运用，即"用其光，复归其明，无遗身殃，是为袭常"（《老子》五十二章），这又体现了人之自觉明智和主观能动的精神。老子的一系列主张可以说都建立在"反者道之动，弱者道之用"这一原则的基础上，其要点可分述如下。

因为"物壮则老"（《老子》五十五章），物极必反，所以老子主张"保此道者，不欲盈"（《老子》十五章），"去甚，去奢，去泰"（《老子》二十九章），从而为事物的发展留有充分的余地。此亦如《易传》所说"人道恶盈而好谦，谦尊而光，卑而不可逾"（《彖传》），"谦也者，致恭以存其位者也"（《系辞上》）。

事物的发展及其朝相反方向的转化，都有一个从细小微弱开始的数量积累的过程，即老子所说"合抱之木，生于毫末；九层之台，起于累土；千里之行，始于足下"（《老子》六十四章）。因为"其安易持，其未兆易谋；其脆易泮，其微易散"，所以老子主张见微知著，居安思危，防患于未然，即"为之于未有，治之于未乱"（同上），此之谓"微明"（《老子》三十六章），亦是《易传》所说"几者，动之微，吉凶之先见者也"（《系辞下》）。

因为"人之生也柔弱，其死也坚强"（《老子》七十六章），所以若要保持旺盛的生命力，就要居守"柔弱"，而"守柔曰强"（《老子》五十二章），"天下之至柔，驰骋天下之至坚……吾是以知无为之有益"（《老子》四十三章）。"守柔"是"无为"的一种体现，是觉悟了"反者道之动"之后对这一"常道"的一种运用。因为"弱之胜强，柔之胜刚"（《老子》七十八章），所以"守柔"是保持自身活力而立于不败之地的真正的"强"。

"天下莫柔弱于水，而攻坚强者莫之能胜"（《老子》七十八章），"上善若水，水善利万物而不争，处众人之所恶……夫唯不争，故无尤"（《老子》八章），"夫唯不争，故天下莫能与之争"（《老子》二十二章）。因为"强梁者不得其死"（《老子》四十二章），所以"守柔"就是不与"强梁者"争强斗胜，而是像"水"那样处于众人所不愿处的低处，因其"善利万物而不争"，"故天下莫能与之争"，由此而"无尤"即立于不败之地。

作为应对"强梁者"的一种策略，可以避其锋芒，从反面入手而与之周旋，待其盛极而衰便可战而胜之。此即老子所说："将欲歙之，必故张之；将欲弱之，必故强之；将欲废之，必故兴之；将欲取之，必故与之"（《老子》三十六章）。这也体现了"微明"的智慧，是"曲则全，枉则直"（《老子》二十二章），从而"柔弱胜刚强"的一种策略。

老子说："事善能，动善时。"（《老子》八章）凡事物的发展及其朝相反方向的转化，都有一个数量积累的过程，因此，"处无为之事"，待时机而动，就是非常重要的。"物极必反"的观念，不仅指导人们在自身发展的过程中要见微知著、能屈能伸、居安思危、防患于未然，而且激励人们在最困难的条件下也永不绝望①，因为"物极必反"，总有"否极泰来"之时，所以虽临大难而不惧，虽百折而不挠，总是希望在前，抱着转危为安、衰而复起的坚定信念。如庄子所说："知穷之有命，知通之有时，临大难而不惧者，圣人之勇也。"（《庄子·秋水》）在此"圣人之勇"中，有着永不服输、坚忍不拔的精神。

老子说："大道废，有仁义。"（《老子》十八章）"天地不仁，以万物为刍狗；圣人不仁，以百姓为刍狗。"（《老子》五章）这标示了老子与儒家的不同价值取向，即其主张"自然无为"，"治大国若烹小鲜"（《老子》六十章），少干涉民间社会，而儒家的仁义教化、礼制规范在老子看来不过是"失道而后德，失德而后仁，失仁而后义，失义而后礼"（《老子》三十八章），是在素朴之"道德"散失之后的一种"等而下之"的治理方式。尤其是"礼"，因为"上礼为之而莫之应，则攘臂而扔之"，这就具有某种强迫性，失去了道德须是出于"自由意志"（孔子所谓"为仁由己"）的真实性，故老子说"夫礼者，忠信之薄而乱之首"（《老子》三十八章），又说"绝仁弃义，民复孝慈"（《老子》十九章）。在对仁、义、礼的批判中，又透露出老子与儒家具有某种相同的价值取向，即其所批判的仁、义、礼的虚伪和强制，是儒家道德在君主制下发生的某种"异化"现象，而其主张"忠信"之厚、"孝慈"之实是与儒家相同的。

老子虽然说"天地不仁""圣人不仁"，但又说"天道无亲，常与善人"（《老子》七十九章），"圣人常无心，以百姓心为心"（《老子》四十九章）。这说明老子所主张的"自然"在本质上仍是向善的，老子所推崇的"圣人"仍是以民为本的。这与儒家所崇拜的"天"是"皇天无亲，惟德是辅"（《尚书·蔡仲之命》），"民之所欲，天必从之"（《尚书·泰誓》），儒家所推崇的"圣人"亦在于"敬德保民"（《尚书·康诰》），又是相一致的。不同的是，老子说："善者，吾善之；不善者，吾亦善之；德善。信

---

① 对现实或现世生活的绝望，从而谋求以非现实的力量来得到救赎，或谋求一种超脱现世人生的境界，这正是宗教产生的根源。林语堂在《吾国与吾民》中说："幻灭的程度是与一个人遭受痛苦的程度成正比的。……佛教是人生斗争中一个潜意识的信号，从心理学角度讲，是一种类似自杀那样对人生的报复行为。""在乱世之秋，宗教盛行，宣布这个世界是虚幻的，并提供逃避世俗生活的痛苦与沉浮的庇护所。这也实在是可以理解的。"（引自单纯、张国运主编《中国精神·百年回声》，海天出版社1998年版，第314页）这里的"遭受痛苦的程度"可以理解为在遭受痛苦时对现实或现世生活的"绝望"程度。

者，吾信之；不信者，吾亦信之；德信。"（《老子》四十九章）老子对于善恶是非不像儒家那样持一种确然自信的态度，这从消极方面说易流于道德相对主义，而从积极方面说又避免了儒家道德的绝对化和其排斥"异端"的局限性。老子的"德善"或"德信"更具有"知常容，容乃公，公乃全，全乃天，天乃道"（《老子》十六章）的包容性。

《吕氏春秋·不二》篇说："老聃贵柔，孔子贵仁，墨翟贵兼……"先秦各家所"贵"（即以什么为最高价值）确实有不同，但亦如司马迁所说："《易大传》：'天下一致而百虑，同归而殊途。'夫阴阳、儒、墨、名、法、道德，此务为治者也，直所从言之异路，有省不省耳。"（《史记·太史公自序》）各家的言路虽有不同，但都是为了人生的安顿、社会的治理，这是相同的。老子的"贵柔"，从消极方面讲，如荀子所批评的"老子有见于诎（屈），无见于信（伸）"（《荀子·天论》），但它与儒家所推崇的刚健有为、积极进取亦形成互补的关系，这两者正是中国文化的"一阴一阳""刚柔相济"。《易传》云："夫大人者，与天地合其德……先天下而天弗违，后天而奉天时。"（《文言》）"君子知微知彰，知柔知刚，万夫之望。"（《系辞下》）老子的思想为中华民族"自强不息"的精神增强了柔韧耐久性，也为其"厚德载物"的精神增强了博大宽容性。

（原载于《江西社会科学》2013 年第 1 期）

中国哲学的特点与中华民族精神

哲学或宗教是民族文化的核心。在中国文化中，哲学与宗教相比，哲学更占有主导的地位。① 因此，中国哲学的特点更集中地体现了中华民族的主流价值取向，与中华民族精神有着更密切的关系。

一

如雅斯贝尔斯所说，在公元前500年左右出现了世界历史的"轴心时期"，古希腊、中东、南亚和东亚一些地区的文化实现了"哲学的突破"。中国文化也正是在春秋战国时期出现了先秦诸子，实现了"哲学的突破"。与其他文化不同，中国文化的"突破"不是以断裂的方式，而是以"极为温和"的方式②，也就是既有连续性又有质的飞跃的方式来实现的。这突出地表现在孔子的"祖述尧舜，宪章文武"，创立儒家学派，"自孔子以前数千年之文化，赖孔子而传；自孔子以后数千年之文化，赖孔子而开"③ 上。这种"突破"因为是连续性的，所以它也深受"孔子以前数千年之文化"的影响。

由胡适《中国哲学史大纲》（卷上）开始的中国现代研究中国哲学史的范式，其特点之一是"截断众流"，从老子、孔子讲起。这一范式有其长处，因为孔子确实是中国"思想范式的创造者"④，而老子则是"原创性形

① 戴震《原善》卷上云："天人之道，经之大训萃焉"；经书以及子、史、集中讲"天人之道"的"大训"，即为中国传统的哲学。

② 余英时：《士与中国文化》，上海人民出版社1987年版，第46页。

③ 柳诒徵：《中国文化史》，上海古籍出版社2001年版，第263页。

④ ［德］雅斯贝尔斯：《大哲学家》，李雪涛主译，社会科学文献出版社2005年版，第112～153页。

而上学家"①；但是也有其短处，如梁启超在《评胡适之〈中国哲学史大纲〉》中所说，"若连《尚书》《左传》都一笔勾销，简直是把祖宗遗产荡去一大半"②。

与胡适的《中国哲学史大纲》（卷上）相比较，梁启超在 1902 年作的《论中国学术思想变迁之大势》可补其缺。此书把黄帝时代至春秋之末称为中国学术思想的"胚胎时代"，把春秋之末和战国时期称为中国学术思想的"全盛时代"。梁启超说：

> 全盛时代，以战国为主，而发端实在春秋之末。孔北老南，对垒互峙；九流十家，继轨并作。如春雷一声，万绿齐茁于广野；如火山乍裂，热石竞飞于天外。壮哉盛哉！非特中华学界之大观，抑亦世界学史之伟迹也。③

这一段"笔端带有感情"的话，形象地描述了中国学术思想在"全盛时代"（亦即中国文化的"轴心时期"）实现的哲学突破，并且指出了这一突破在中国和世界文化史上的伟大意义。而梁启超对于中国学术思想之"胚胎时代"的论述是：

> 中国非无宗教思想，但其思想之起特早，且常倚于切实，故迷信之力不甚强……
>
> 各国之尊天者，常崇之于万有之外，而中国则常纳之于人事之中，此吾中华所特长也……凡先哲所经营想象，皆在人群国家之要务。其尊天也，目的不在天国而在世界，受用不在未来而在现在（现世）。是故人伦亦称天伦，人道亦称天道。记曰："善言天者必有验于人。"此所以虽近于宗教，而与他国之宗教自殊科也。
>
> 他国之神权，以君主为天帝之化身；中国之神权，以君主为天帝之雇役……他国所谓天帝化身者君主也，而吾中国所谓天帝化身者人民也。然则所谓天之秩序命讨者，实无异民之秩序命讨也……
>
> 要而论之，胚胎时代之文明，以重实际为第一义。重实际故重人事，其敬天也，皆取以为人伦之模范也；重实际故重经验，其尊祖也，

① [德] 雅斯贝尔斯：《大哲学家》，李雪涛主译，社会科学文献出版社 2005 年版，第 813～845 页。
② 《梁启超全集》第 13 卷，北京出版社 1999 年版，第 3986 页。
③ 梁启超：《论中国学术思想变迁之大势》，上海古籍出版社 2001 年版，第 18 页。

皆取以为先例之典型也。于是乎由思想发为学术。①

这些论述是从《尚书》《诗经》以及《左传》《国语》的史料中归纳出来的，是符合中国上古以及春秋时期中国文化变迁之主流倾向的。可以说，在孔子"祖述尧舜，宪章文武"所继承的中国上古文化中有三个主流的价值取向：其一是现世主义的价值取向，即"其尊天也，目的不在天国而在（现世或现实）世界"；其二是民本主义的价值取向，即"吾中国所谓天帝化身者人民也"，如"天聪明自我民聪明，天明畏自我民明畏"（《尚书·皋陶谟》），"民之所欲，天必从之"（《尚书·泰誓》）等等；其三是道德主义的价值取向，如"克明俊德"（《尚书·尧典》），"敬德保民""明德慎罚"（《尚书·康诰》）等等。这三个主流的价值取向在春秋时期的思想演进中得到强化，如说："所谓道，忠于民而信于神也……夫民，神之主也，是以圣王先成民而后致力于神"（《左传·桓公六年》）；"国将兴，听于民；将亡，听于神"（《左传·庄公三十二年》）；"太上以德抚民，其次亲亲以相及也"（《左传·僖公二十四年》）；"太上有立德，其次有立功，其次有立言"，此之谓"三不朽"（《左传·襄公二十四年》）；"正德、利用、厚生，谓之三事"（《左传·文公七年》）；等等。

西周末年至春秋时期在自然观方面亦有新的进展，如伯阳父以"天地之气"的失序论地震的发生（《国语·周语上》）；史伯以"五行"论"和"与"同"的区别（《国语·郑语》）；叔兴父认为陨星等现象是"阴阳之事，非吉凶所生也，吉凶由人"（《左传·僖公十六年》）；子产批评占星术，指出"天道远，人道迩，非所及也"（《左传·昭公十八年》）；单襄公说"天六地五（韦昭注：天有六气，地有五行），数之常也，经之以天，纬之以地，经纬不爽，文之象也"（《国语·周语下》）；等等。

春秋后期，"孔北老南"所实现的哲学突破，实际上是以上述主流的价值取向及其演进为背景和基础的，这同我们要探讨的中国哲学的特点与中华民族精神有着密切的关系。

---

① 梁启超：《论中国学术思想变迁之大势》，上海古籍出版社 2001 年版，第 11~13 页。

二

梁启超说:"孔北老南,对垒互峙;九流十家,继轨并作。"所谓"对垒互峙",表明儒道两家具有不同的价值取向,但是实际上两家思想在中国哲学的发展中又是协调互补的,它们共同构成了中国哲学的基本倾向。

孔子作为中国哲学"思想范式的创造者",其突破性的创建主要有以下几点:

(1)由"礼"进至"仁"。"礼云礼云!玉帛云乎哉!乐云乐云!钟鼓云乎哉!"(《论语·阳货》)"人而不仁,如礼何?人而不仁,如乐何?"(《论语·八佾》)"礼"不仅是外在的仪节典制,而且更应有内在的"仁"的道德意识。"为仁由己,而由人乎哉?"(《论语·颜渊》)"我欲仁,斯仁至矣。"(《论语·述而》)由此,孔子把"仁"提升到统率诸德目的最高范畴,亦把中国人的伦理道德提升到自由、自觉、自律的"仁"之境界。

(2)"仁者爱人"。"樊迟问仁,子曰:'爱人。'"(《论语·颜渊》)此"爱人"是以孝悌为本始,进而扩充,"老吾老以及人之老,幼吾幼以及人之幼",进而"达之天下",即"泛爱众",爱天下所有的人,也就是"爱类"(如《吕氏春秋·爱类》篇所云:"仁于他物,不仁于人,不得为仁……仁也者,仁乎其类者也。")。"仁者爱人"是以爱人为中心,亦可兼及爱物,即孟子所说"亲亲而仁民,仁民而爱物"。(《孟子·尽心下》)

(3)"忠恕"之道。所谓"忠恕"即是"己欲立而立人,己欲达而达人"(《论语·雍也》);"己所不欲,勿施于人"(《论语·卫灵公》)。此即是"仁之方",亦即实行仁的"一以贯之"的方法。忠恕之道,亦可称为"絜矩之道",其"所操者约,而所及者广,此平天下之要道也"(朱熹《大学章句》)。"所操者约",即其是人际间最基本的道德规律;"所及者广",即其是人际间最普遍的道德原则;此所以忠恕之道是人类道德所通行的"金律"。

(4)"知人""安民"。"樊迟问仁,子曰:'爱人。'问知,子曰:'知人。'"(《论语·颜渊》)此处的"知人"即是知普遍的人道,而从"樊迟未达",孔子以"举直错诸枉,能使枉者直"做解释,子夏又以"举皋陶""举伊尹"做解释,可知此处的"知人"又与《尚书·皋陶谟》的"知人则哲，能官人；安民则惠，黎民怀之"有着思想上的联系。"爱人""知人"就是"仁且智"，此为君子贤圣必需的修养。"子路问君子，子曰：'修己以敬'……'修己以安人'……'修己以安百姓'"（《论语·宪问》），此即是以"修身"为本而"内圣外王"。

总结以上几点，可以说孔子所创立的中国哲学"思想范式"，就是确立了以"仁者爱人"为宗旨，以"智者知人"为中心；虽然孔子尚没有建构起"性与天道"的形而上学，但是以后儒家的"推天道以明人事"，如《中庸》所谓"思知人，不可以不知天"，《易传》所谓"明于天之道，而察于民之故"，都是以"仁者爱人"为宗旨，以"智者知人"为中心。

雅斯贝尔斯对孔子所创立的"思想范式"有如下评价：

孔子坚持着他自己的使命，要在世间建立一种人道的秩序。

在他的思想中，引导他的是人间社会的统摄理念，只有在这样的社会中，人才能成为人。孔子热爱世间的美、秩序、真诚以及幸福，而这一切并不会因为失败或死亡而变得没有意义。

孔子把他的思想限制在现世的可能性之中，是因为他客观冷静的性格所致……他保持节度，并时刻修身以待，真正能打动他的并不是对权力的冲动，而是真正自主的意志。

孔子的性格乐天知命、开放、自然。他拒绝对他个人的任何神化。

简而言之，苏格拉底所走的乃是思想者之路，这可以看作是人类理性之路……佛陀想要通过毁灭现存的意志来消除这个世界。孔子则希望建立一个新世界。而耶稣可以说是世界的危机。[①]

与苏格拉底、佛陀、耶稣创立的思想范式相比，孔子创立的思想范式之最大特点在于：他要在"这个"世界（世间或现世）"建立一个新世界"，这是一个"天下有道"、德福一致、人与人之间以及人与自然之间相和谐的世界——此即是"中国的精神"。

老子作为中国哲学的"原创性形而上学家"，其突破性的创建有以下几点：

---

① ［德］雅斯贝尔斯：《大哲学家》，李雪涛主译，社会科学文献出版社 2005 年版，第 144～145、192 页。

（1）“道”是天地万物之“根”。在老子之前，“唯天为大”（《论语·泰伯》），老子原创性地提出“有物混成，先天地生”（《老子》二十五章），“玄牝之门，是谓天地根”（《老子》六章），“道冲而用之或不盈，渊兮似万物之宗”（《老子》四章）。从老子所说“道生一，一生二，二生三，三生万物”（《老子》四十二章）看，老子讲的是“宇宙论”；但从“道”是天地之“根”、万物之“宗”看，老子讲的又是“本体论”。“道”不仅是天地万物的总根源，而且是天地万物的总根据。正如张岱年先生所说：“关于宇宙哲学，西方分为‘本体论’和‘宇宙论’两个部分……老子提出的‘道’有这两个方面的含义，两者是相互结合的。”① 实际上，本体论与宇宙论的结合，不仅老子哲学是如此，而且这也成为以后中国哲学的普遍模式。

（2）“孔德之容，惟道是从。”（《老子》二十一章）在老子哲学中，“道”与“德”是统一的。老子说：“天得一以清，地得一以宁……万物得一以生，侯王得一以为天下贞。”（《老子》三十九章）这里的“一”就是“道”，而天、地、人、物之“得一”就是有了“德”。“道”与“德”的关系，相当于后来儒家所讲的“天道”（天命、天理）与“性”的关系。“天命之谓性”（《中庸》），“性与天道合一”（《正蒙·诚明》），“性即理也”（《程氏遗书》卷二十二上），这也成为以后中国哲学的普遍架构。“道”或“理”是超越的，而“德”或“性”则是内在的，中国哲学的“内在超越”由老子哲学而奠定。因为是“内在超越”，所以中国哲学和文化可以靠自力（其来源于“自性”）来追求和建立“一个新世界”，而不必祈灵于外在的救赎。

（3）“万物莫不尊道而贵德。”（《老子》五十一章）“尊”与“贵”都是彰显价值的语汇，老子的“道德经”不是纯粹理性的思辨，而是要“推天道以明人事”，落实到人“应该如何”的价值观。所谓“道生之，德畜之，物形之，势成之”，是讲本体—宇宙论，而由此推出的就是“万物莫不尊道而贵德”，“道之尊，德之贵，夫莫之命而常自然”（同上）。此后，《中庸》讲的“思知人，不可以不知天”，《易传》讲的“明于天之道，而察于民之故”，乃至宋儒周敦颐的《太极图说》从“无极而太极”最终推衍

①《张岱年全集》第 5 卷，河北人民出版社 1996 年版，第 488 页。

出"圣人定之以中正仁义而主静，立人极焉"（"人极"即人的最高价值标准），都是采取了"天道如是，故人道不可不如是"的论证方式。

（4）"反者道之动，弱者道之用。"（《老子》四十章）老子所创建的"形而上学"，深具辩证法的思想。万物都朝相反的方向变化，这是一种客观的规律，而"弱者道之用"则是对这一规律的把握和运用。因为"物壮则老"（《老子》五十五章），物极必反，所以老子主张"保此道者，不欲盈"（《老子》十五章），"去甚，去奢，去泰"（《老子》二十九章），从而为事物的发展留有充分的余地。因为"人之生也柔弱，其死也坚强"（《老子》七十六章），所以若要保持旺盛的生命力，就要居守"柔弱"，而"守柔曰强"（《老子》五十二章），"天下之至柔，驰骋天下之至坚……吾是以知无为之有益"（《老子》四十三章），"守柔"是效法自然、知常而无为的一种体现。因为物极必反，且又总有"否极泰来"之时，所以人们在最困顿、最危难时也永不绝望，虽临大难而不惧，虽百折而不挠，总是希望在前，抱着转危为安、时来运转、衰而复起的坚定信念，此所以中华民族有着永不服输、坚忍不拔、柔韧持久的精神。

老子与儒家持有不同的价值取向，所谓"大道废，有仁义"（《老子》十八章），"夫礼者，忠信之薄而乱之首"（《老子》三十八章）；但从老子主张"绝仁弃义（竹简本作'绝伪弃诈'），民复孝慈"（《老子》十九章）等等看，这又透露出老子与儒家有着某种相同的价值取向，即其所批判的只是仁、义、礼的虚伪和强制，是儒家道德在君主制下发生的一些"异化"现象，而其主张"忠信"之厚、"孝慈"之实则是与儒家相同的。老子虽然说"天地不仁""圣人不仁"（《老子》五章），但又说"天道无亲，常与善人"（《老子》七十九章），"圣人常无心，以百姓心为心"（《老子》四十九章），这说明老子所主张的"自然"在本质上仍是向善的，老子所推崇的"圣人"仍是以民为本的。荀子曾批评"老子有见于诎（屈），无见于信（伸）"（《荀子·天论》），但老子的"贵柔""大直若屈""进道若退"与儒家所推崇的刚健有为、积极进取实亦形成一种互补的关系，这两者正是中国文化的"一阴一阳""刚柔相济"，亦即《易传·系辞下》所说的"君子知微知彰，知柔知刚，万夫之望"。雅斯贝尔斯对老子哲学有如下评价：

从世界历史来看，老子的伟大是同中国的精神结合在一起的……在任何的苦痛之中老子保持着乐观的心境。在这一心境之中，人们既不知道佛教轮回给人构成的威胁，因此也没有想要逃出这痛苦车轮的内心的强烈渴望，也没有认识到基督教的十字架，那种对回避不了的原罪的恐惧，对以代表着成为人类的上帝的殉道来救赎的恩典的依赖。中国既没有印度人以及西方人在世界历史中的存在观，也缺乏非自然和不合理的东西，就好像这些早期的中国人很幸运，逃脱了恐怖幻想诸形态的摆布，而这些幻想是可能在中国人自然性的范围之中得以表现的。

对于中国精神来讲世界乃是自然生起现象，生机勃勃的循环，静静运动着的宇宙。所有对全体道的偏离都只是暂时的，瞬息即逝的，终究还是要回归至不朽的道那里去。

虽然两位大师（孔子与老子）放眼于相反的方向，但他们实际上立足于同一基础之上。两者间的统一在中国的伟大人物身上则一再得到体现，这并不是通过系统地统摄这两种思想于一体的哲学而予以反映，而是存在于中国人那乐于思考而又富于自我启发的生命智慧之中。[1]

雅氏所说孔、老"立足于同一基础之上"，"老子的伟大是同中国的精神结合在一起的"。笔者理解，这里的"同一基础"和"中国的精神"就是孔、老不同于佛教和基督教的价值取向，他们都是要在"这个"世界（世间或现世）"建立一个新世界"。庄子说："自其异者视之，肝胆楚越也；自其同者视之，万物皆一也。"（《庄子·德充符》）我们可以说，从中国哲学内部视之，孔、老思想是"对垒互峙"，犹如"肝胆楚越也"；而从世界哲学的眼光观之，孔、老思想又是统一互补的，它们共同奠定了中国哲学的基本倾向。

梁启超说，在孔、老之后，"九流十家，继轨并作"，这是符合中国哲学发展之实际的，无论是司马迁父子所评述的"六家"，还是《汉书·艺文志》所著录的"九流十家"，它们都是"继"孔、老思想之"轨"而又有所创作，其创作虽然也丰富多彩，但并未脱离孔、老的思想轨道，而只是

---

① ［德］雅斯贝尔斯：《大哲学家》，李雪涛主译，社会科学文献出版社2005年版，第844～845、149页。

这一轨道的进一步延伸以及各种错综复杂的交汇融合。此所以司马迁说先秦六家"直所从言之异路",但都是"务为治者也"(《史记·太史公自序》),而《汉书·艺文志》也说九流十家都是出于"王官",不过是各引"王道"之一端,"其言虽殊,辟犹水火,相灭亦相生也;仁之与义,敬之与和,相反而皆相成也"。不仅先秦如此,而且秦以后的"独尊儒术"和"儒道互补"也不外于此;当然,魏晋以后又增加了新的因素,即佛教的东传,形成儒、释、道三教鼎立的格局。

雅斯贝尔斯说:"就好像这些早期的中国人很幸运,逃脱了恐怖幻想诸形态的摆布,而这些幻想是可能在中国人自然性的范围之中得以表现的。"诚然,宗教是人类生活中的一种普遍现象,这种现象在中国上古的文化中就有所表现,只不过其表现得"与他国之宗教自殊科",或其与人文政事结合得更加紧密而已。汉代儒学为了节制君权,提出了"屈君而伸天"(《春秋繁露·玉杯》),这使得儒学中的宗教因素有所提升和发展,但是这种倾向也受到"合黄老之义"(《论衡·自然》)的自然哲学的抑制,至魏晋则转以玄学的"自然与名教"为主题。两晋之际,情况有所变化,"八王之乱",几个少数民族入主中原,衣冠南渡,至过江而佛大盛,从老庄思想衍生出来的道教也相应而兴。中国固有的思想虽然以人文主义为主要倾向,但是并不排斥宗教;而且,正因为是人文主义而非一种宗教独尊,所以中国文化可以涵容多种宗教,而没有一元宗教的排他性。"教"之本义在中国文化中就是"教化"(如《尚书·皋陶谟》所谓"敬敷五教",《孟子》所谓"谨庠序之教"等等),不同的宗教也是在"教化"的意义上被理解和接纳的。无论何种"教",只要它能满足一部分社会成员的精神需求,不对社会造成危害,它就有存在的理由。佛教就是这样被中国文化所接纳的,它丰富了中国文化,而其自身也在与中国固有文化的磨合中被逐渐中国化,如禅宗就把佛教的"涅槃寂静"演变成"勿离世间上,外求出世间"(《坛经》)的生活的艺术。六朝至隋唐,三教各有胜场,而宋代新儒学的兴起,则基本稳定了中国哲学和文化是以儒学为主的三教鼎立的格局。

综合以上发展历程,可以归纳中国哲学的特点。张岱年先生在《中国哲学大纲》中曾指出中国哲学之特点,重要的有三,即"合知行""一天人""同真善";次要的有三,即"重人生而不重知论""重了悟而不重论证""既非依附科学亦不依附宗教"。① 金岳霖先生在 1943 年用英文写成的《中国哲学》一文中，亦曾提出中国哲学的特点是："逻辑和认识论的意识不发达"；"天人合一"；"哲学与伦理、政治合一"；"哲学家与他的哲学合一"。② 这里的"一天人"或"天人合一"可以说是中国哲学最主要的特点，而"天人合一"亦可说是中国哲学的基本架构，即其"推天道以明人事"，并且主张"性与天道合一"。

笔者认为，中国哲学的特点还可表述为以下三点：

（1）本体论与宇宙论的合一。除了佛教哲学讲本体之实与现象之幻的"自然之两分"外，中国哲学的本根论"讲本根与事物的区别，不在于实幻之不同，而在于本末、原流、根支之不同。万有众象同属实在，不惟本根为实而已"③。这里的"本末、原流、根支"的关系，实就是把本体论与宇宙论结合起来。若无"本体论"的意涵，则"本根"不足以成为"人事"的根据；若只讲"本体论"而没有"宇宙论"之生生的意涵，则"万有众象"即非实在，而"人事"亦为幻，又何必"明"之？正因此，除了佛教哲学外，中国哲学的各家各派对本体论与宇宙论或有侧重（如汉代哲学主要讲宇宙论，而魏晋玄学主要讲本体论），但并无把本体论与宇宙论截然二分者。④ 正是因为把本体论与宇宙论结合起来，中国哲学的"推天道以明人事"才有意义。如《中庸》所谓"诚者天之道也，诚之者人之道也"，其前提即肯定了天与人的实在性（"诚者，真实无妄"），人道之"诚之"就是要在这个实在的世界中努力做到道德的真诚，所谓"立天下之大本，知天地之化育"是把本体论与宇宙论结合起来。《易传·系辞上》说，"易有太极，是生两仪"，"天地变化，圣人效之"，如果说"太极"是本体，那么"两仪"或"天地"就是本体所"生"者，只有这样才能保障"天地变化"的实在性，而"天地变化"若非实在，圣人又何必"效之"？魏晋王弼的贵

---

① 张岱年：《中国哲学大纲》，中国社会科学出版社 1982 年版，第 5~8 页。
②《金岳霖选集》，吉林人民出版社 2005 年版，第 67~75 页。
③ 张岱年：《中国哲学大纲》，中国社会科学出版社 1982 年版，第 9 页。
④ 汤一介先生在分析玄学家王弼的"万物皆由道生"时指出："有说此'生'只是说逻辑在先，而非谓时间在先。我想，这正是我们受西方哲学影响而有的一种诠释。我国古代哲学家或并无此说。我在讨论中国诠释学的论文中，曾说《系辞》本身很可能包含两个系统，一个本体论系统，一个宇宙生成论系统，而这两个系统在《系辞》中同时存在，《系辞》作者并不认为有什么矛盾。"见汤一介：《魏晋玄学记讲义》，鹭江出版社 2006 年版，第 137~138 页。

无论，强调"以无为本"，而他说"母，本也；子，末也"（《老子注》五十二章），"仁义，母之所生"，"守母以存其子，崇本以举其末"（《老子论》三十八章），这也是把本体论与宇宙论结合起来，不如此则其不足以讲"安者实安""存者实存""天地实大""仁德实著"。（《老子指略》）至于宋明理学的开山之作《太极图说》，其把本体论与宇宙论结合起来更不待详说。

（2）性与天道合一。自老子提出"孔德之容，惟道是从"，《中庸》提出"天命之谓性"，还有郭店楚简所谓"性自命出，命自天降"（《性自命出》），孟子所谓"知其性则知天"（《孟子·尽心上》），中国哲学即有了"性与天道合一"的特点。人性在中国哲学中即是指人之与生俱来、生而即有的本性，它源于天道（《荀子·性恶》亦云："凡性者，天之就也。"），又内在于人，故而人性论成为天道与人道相交接的枢纽，是中国哲学"推天道以明人事"的一个关键环节。如张载所说，"天人异用，不足以言诚"，"性与天道合一存乎诚"（《正蒙·诚明》）。在"性与天道合一"的形而上学中就已标示了天道与人道的实在性，由此而可以推明"人事"应该如何。

（3）人性论与价值观合一。人性论是讲人之本性"是"什么，在这一事实判断中就已蕴含了人"应该"如何，此即如老子所说"道生之，德畜之"，此中即蕴含了"尊道而贵德"的价值观。《中庸》说"天命之谓性"，此中即蕴含了"率性之谓道，修道之谓教"的价值观。而朱熹则明言"天命之谓性……性便是合当做的职事"，"性即理也，当然之理，无有不善者"。（《朱子语类》卷四）不仅性善论如此，而且非性善论也如此，只不过其讲人应该如何是基于对人之本性的一种矫治或改变。如荀子讲"人之性恶，其善者伪也"（《荀子·性恶》），"性者，本始材朴也；伪者，文理隆盛也"（《荀子·礼论》）。在他对人性恶的界定中就已蕴含了人必须"积思虑，习伪故"，"必将有师法之化、礼义之道"，然后才能有"出于辞让，合于文理而归于治"的价值主张。在荀子看来，"性善则去圣王，息礼义矣。性恶则与圣王，贵礼义矣。故櫽栝之生，为枸木也；绳墨之起，为不直也；立君上，明礼义，为性恶也"（《荀子·性恶》）。可见荀子所主张的"与圣王，贵礼义"或"立君上，明礼义"，是以其性恶论为理论基础的，二者是合一的。秦以后的儒家稀有持性恶论者，此中原因在于儒家毕竟主张"以德治国"，而性恶论意味着仁义道德是对人之本性的违逆，如孟子对告子的批评："将戕贼杞柳而以为桮棬，则亦将戕贼人以为仁义与？率天下之人而祸仁义者，必子之言夫！"（《孟子·告子上》）董仲舒以"中民之性"论人性，他也否认人之性善，"谓民性已善者，是失天意而去王任也"（《春秋繁露·深察名号》），在强调圣王教化的意义上董与荀是一致的，但是董仲舒说"天生民，性有善质而未能善，于是为之立王以善之，此天意也"（同上），虽非性善但是有善质，这就为儒家的"任德不任刑"或"德主刑辅"提供了人性论的依据。"性三品"说盛行于汉至唐，而宋代新儒学又提出"天命之性"与"气质之性"，此说"有功于圣门而惠于后学也厚矣"（朱熹《孟子或问》卷十一），其所以有如此高的评价，是因为它更符合儒家"以德治国"的政治理念，也更符合儒家"修己以敬""变化气质"的修养工夫论。

中国哲学作为中国文化的核心，其具有如上特点，尤其是它的理论架构、基本倾向实际上都是旨在讲明"人事"应该如何的价值观，此所以更体现了中华民族精神。

三

关于中华民族精神，它是与中华民族在近代的觉醒和对"民族国家"的自觉相联系的。孙中山在其三民主义中首倡"民族主义"，他说"民族主义就是国族主义"[①]，所谓"国族"就是对"民族国家"的自觉。他认为中国在近代之所以"一落千丈"，此中最大的原因"就是由于失了民族的精神"，"我们今天要恢复民族的地位，就先要恢复民族的精神"。他主张继承和发扬"中国固有的道德"，"首是忠孝，次是仁爱，其次是信义，其次是和平"，"我们固有的东西，如果是好的，当然是要保存，不好的才可以放弃"。比如"忠"的观念，"我们在民国之内，照道理上说，还是要尽忠，不忠于君，要忠于国，要忠于民，要为四万万人去效忠"。他又说："把仁爱恢复起来，再去发扬光大，便是中国固有的精神。""中国更有一种极好

---

①《孙中山全集》第9卷，中华书局1986年版，第185页。

的道德，是爱和平"，"这种特别的好道德，便是我们民族的精神"。"中国如果强盛起来，我们不但是要恢复民族的地位，还要对于世界负一个大责任"，"担负这个责任，便是我们民族的真精神"。① 孙中山对中华民族精神的论述，至今仍有重要的意义。

在中国现代哲学家中，从哲学与文化的高度来阐发中华民族精神的是张岱年先生。他在 20 世纪 30 年代不仅写了《中国哲学大纲》，而且发表了一系列哲学论文，并且精辟地指出：

> 惟用"对理法"（按即辩证法），才能既有见于文化之整，亦有见于文化之分；既有见于文化之变，亦有见于文化之常；既有见于文化之异，亦有见于文化之同。②

所谓"整"与"分"就是文化的系统性与文化发展中的可析取性；所谓"变"与"常"就是文化发展的变革、阶段性与继承、连续性；所谓"异"与"同"就是各民族文化的特殊性与存在于各民族文化中的世界性。依据这一文化的辩证法，张先生指出：

> 文化有世界性，然而也有民族性，即地域上的差异，虽在同一发展阶段，甲民族与乙民族的文化仍可有其不同的。其不同之点，即其独特的贡献；其特色的地方，即其独立的创造。
>
> 中国文化是世界中伟大的民族文化之一，是世界中伟大的独立发达的文化之一。以汉族为主的中国各民族，发挥其伟大的创造能力，在东亚的大陆上。独立地创造了自己的文化。
>
> 文化在发展的历程中必然有变革，而且有飞跃的变革。但是文化不仅是屡屡变革的历程，其发展亦有连续性和累积性。在文化变革之时，新的虽然否定了旧的，而新旧之间仍有一定的连续性。③

在张先生看来，中国文化在现代必然要有所变革，但是"变中有常"，此文化之"常"就是我们要继承和发扬的中国文化的优秀传统，这一传统也就是中国文化的特殊性或民族性。对此，张先生指出，与西方文化相较，"中国文化对全世界的贡献即在于注重'正德'，而'正德'的实际内容又

---

①《孙中山全集》第 9 卷，中华书局 1986 年版，第 242 ～ 247、253 ～ 254 页。
②《张岱年全集》第 1 卷，河北人民出版社 1996 年版，第 248 ～ 249 页。
③《张岱年全集》第 1 卷，河北人民出版社 1996 年版，第 230、153 页。

在于'仁'的理论与实践……从根本上说，'仁'是动的，是自强不息的。'仁'是在现实中体现理想，在日常生活中达到崇高的境界。中国古代哲人所苦心焦虑的就是如何使人们能有合理的生活，其结晶即'仁'。""中国人固有的崇高理想，考察起来，主要有三个：一是生活的合理，二是参赞化育，三是天下大同。"① 这里所说的注重"正德""'仁'的理论与实践""中国人固有的崇高理想"，也正是中华民族的精神。

张先生明确提出的问题是："中国文化中，是不是有些特点，并不只是农业文化的特点，而是一种根本的一贯的民族的特殊性征？"他对此做了肯定的回答："本来，在同一资本主义时代之中，英国文化与法国文化不同，法国文化与德国文化不同，英国有其英吉利精神，法国有其法兰西精神，德国又有其日耳曼精神。如无其特殊的精神，则其文化顶多只是一种别国文化附庸而已。中国文化，如是一种独立的文化，是应该有其独立的精神。"② 这个"独立的精神"就是中华民族精神。张先生在 20 世纪 30 年代对中华民族精神的论述还比较简略，但他在晚年（20 世纪 80 年代）对此更有新的阐发，并且最终确立了"中华精神"集中表现在《易传》的两句名言中，即"天行健，君子以自强不息"，"地势坤，君子以厚德载物"。张先生说：

> 中国文化持续发展，已有数千年之久，延续不绝，虽有时衰微而可以复盛，必然有其不断发展的精神支柱。这精神支柱可以称为中国文化的基本精神……我认为，中国文化的基本精神来自儒家哲学，来自儒家所提倡的积极有为、奋发向上的思想态度。

> 中华民族的精神文明的基本的主导思想意识可以称为"中华精神"……我认为，"中华精神"集中表现于《易传》中的两个命题。《易传》讲"天行健，君子以自强不息"，自强不息就是永远努力向上，绝不停止。这句话表现了中华民族奋斗拼搏的精神，表现一种生命力，不向恶劣环境屈服……《易传》中还有一句话："地势坤，君子以厚德载物。"就是说，要有淳厚的德性，能够包容万物，这是中华民族兼容

① 《张岱年全集》第 1 卷，河北人民出版社 1996 年版，第 155～156 页。
② 《张岱年全集》第 1 卷，河北人民出版社 1996 年版，第 232 页。

并包的精神……"自强不息""厚德载物"这两点可以看作是中华民族精神的主要表现。

近代西方国家都宣扬自己的民族精神。如法国人民鼓吹法兰西精神，德国人民提倡日耳曼精神等等。中华民族必有作为民族文化的指导原则的中华精神。古往今来，这个精神得到发扬，文化就进步；这个精神得不到发扬，文化就落后。正确认识这个民族精神之所在，是非常必要的。①

张先生晚年对"中华精神"的论述颇多，以上只是择其要者。笔者认为，如果把张先生早年与晚年的论述结合起来，那么可以看出，张先生早年所说中国文化特重"正德"，而"正德"的实际内容在于"仁"的理论与实践，"从根本上说，'仁'是动的，是自强不息的"，"仁"是在现实中体现理想，在日常生活中达到崇高的境界，中国人固有的崇高理想"一是生活的合理，二是参赞化育，三是天下大同"，这些论述与其晚年用"自强不息""厚德载物"来集中表达"中华精神"，在思想上是一致的。这种一致性也可以说"中华精神"就是要在"这个"世界（世间或现世）"自强不息"地建立一个"天下有道"、德福一致、人与人之间以及人与自然之间和谐相处的理想世界。

"自强不息""厚德载物"的精神，如果抽象地说，似乎也为其他民族所具有，但是具体而言，这种精神与中国哲学的特点密切相关。它源自中国哲学的"推天道以明人事"，即"天地变化，圣人效之"，有了"天行健""地势坤"，君子效法之，才有了"自强不息""厚德载物"的精神。此中所包含的一个哲理是，中国哲学肯定了"天地变化"以及万物化育、人的生活世界的实在性，由此才有了中国哲学和文化的"道不远人""极高明而道中庸"。（《中庸》）中华民族不是把"这个"世界看成一个虚幻的世界，也不是把"这个"世界看成一个侨寓的场所而最终要在另一个"彼岸"的世界寻求解脱。因为只有这"一个世界"，而且这个世界在本质上是一个

① 《张岱年全集》第 6 卷，河北人民出版社 1996 年版，第 62、168、225 页。

"万物并育而不相害，道并行而不相悖"（同上）的世界①，所以中华民族就是要在这个实在的世界中"自强不息"地追求和实现人生、社会的理想，以人为本，崇尚道德与和谐，宽容博大，兼容并包，与时俱进，生生日新。这种精神就使中国文化成为中华民族生生不息、团结奋进的不竭动力，它不仅指导中华民族创造了辉煌的古代文化，而且激励中华民族在近现代衰而复起，实现中华民族和中国文化的伟大复兴。

（原载于《哲学研究》2014 年第 12 期）

---

① 如董仲舒《春秋繁露·循天之道》："中者，天地之所终始也，而和者，天地之所生成也。夫德莫大于和，而道莫正于中……天地之道，虽有不和者，必归之于和，而所为有功；虽有不中者，必止之于中，而所为不失。"张载《正蒙·太和》："有象斯有对，对必反其为；有反斯有仇，仇必和而解。"

国学与中国哲学

自 1840 年以后，中国处在"数千年未有之变局"中。时变则学变，而学之名亦有相应的变化。这本是中国文化与时俱进的品格所使然。如"道教"一词，原指道德教化或以儒家经典为教（王充《论衡·率性》篇云"夫人之质犹郦田，道教犹漳水也"，牟子《理惑论》云"孔子以五经为道教"），而在佛教东传并扩大影响之后，则转指中国本土的神仙道教（顾欢《夷夏论》云"佛教文而博，道教质而精"，刘勰《灭惑论》云"佛法练神，道教练形"）。又如"道学"一词，原指道家或道教之学（《隋书·经籍志》著录道教类著作有"《道学传》二十卷"），而在宋代新儒学兴起之后，则转指"濂洛关闽"之学（《宋史》列有《道学传》）。中国近代所遭遇的变化，当然更甚于佛教东传和宋代新儒学的兴起，故学术之名亦有更重要的变化，"国学"与"中国哲学"等新名词遂在 20 世纪初得以成立。荀子曾说："必将有循于旧名，有作于新名。然则所为有名，与所缘以同异，与制名之枢要，不可不察也。"（《荀子·正名》）本文即考察"国学"与"中国哲学"之名的源起和发展，并在此基础上讨论当前学术界所关注的几个问题。

一、"国学"概念考

中国古代本有"国学"之名，其相对于地方的"乡学"而言，是指在国都设立的学校。如《春秋公羊传·宣公十五年》何休注："八岁者学小学，十五者学大学，其有秀者移于乡学，乡学之秀者移于庠，庠之秀者移于国学。"《孟子·滕文公上》云："夏曰校，殷曰序，周曰庠，学则三代共之。"朱熹《孟子集注》："庠以养老为义，校以教民为义，序以习射为义，皆乡学也。学，国学也。"在中国近代，东西方文化相激荡，"国学"则转指与"西学"相对而言的本国之学（"国"之本国义，与"国民""国语""国魂"等义同）。

称本国之学为"国学"，其源自日本。黄遵宪在《日本国志》中提到"处士高山正之、蒲生秀实、本居宣长等，或著书游说，或倡言国学，皆潜有尊王意"（《日本国志》卷二），"近世有倡为国学之说者，则谓神代自有文字，自有真理"（《日本国志》卷三十三）。日本的"国学"宣扬"日本固有之道"，是相对于汉学、西学而言。1897 年，在梁启超担任主笔的《时务报》第 22 册发表古城贞吉译自《东华杂志》的《汉学再兴论》，有云："明治以前，汉学最盛，士人所谓学问者，皆汉学耳……及政法一变，求智识于西洋，学问之道亦一变，贬汉学为固陋之学……然其衰既极，意将复变也。比年以来，国学勃然大兴，其势殆欲压倒西学，而汉学亦于是乎将复兴也。"在《时务报》第 23 册转载严复的《辟韩》一文后，张之洞指使其幕僚屠仁守作《辨（辟韩）书》，文中引据《汉学再兴论》的"谓国学勃兴，将压倒西学"，以反驳严复之说（屠文发表在《时务报》第 30 册，又被收入《翼教丛编》卷三）。1902 年，新任京师大学堂总教习的吴汝纶赴日本考察教育，古城贞吉曾以一言相赠，"劝勿废经史百家之学，欧西诸国学堂必以国学为中坚"[1]。受日本学界使用"国学"概念的影响，梁启超等中国学人遂转将"国学"指称"中国固有之学"。

1902 年，流亡日本的梁启超与黄遵宪函商倡办《国学报》，"谓养成国民，当以保国粹为主义，取旧学磨洗而光大之"。黄遵宪在回信中肯定"《国学报》纲目体大思精"，但提议先作一《国学史》，并指出："若中国旧习，病在尊大，病在固蔽，非病在不能保守也。今且大开门户，容纳新学。俟新学盛行，以中国固有之学，互相比校，互相竞争，而旧学之真精神乃愈出，真道理乃益明……"[2] 此信所说"中国固有之学"，即与"新学"（西学）相对而言的"国学"之内涵。同年，梁启超作《论中国学术

---

① 吴汝纶：《东游日记》壬寅六月三十日，转引自桑兵《晚清民国的国学研究》，上海古籍出版社 2001 年版，第 2 页。

② 丁文江、赵丰田：《梁启超年谱长编》，上海人民出版社 1983 年版，第 292～293 页。

思想变迁之大势》，其"总论"有云：

> 学术思想之在一国，犹人之有精神也，而政事、法律、风俗及历
> 史上种种之现象，则其形质也。故欲觇其国文野强弱程度如何，必于
> 学术思想焉求之。

> 我中华者，屹然独立，继继绳绳，增长光大，以迄今日，此后且
> 将汇万流而剂之，合一炉而冶之。

> 凡一国之立于天地，必有其所以立之特质。欲自善其国者，不可
> 不于此特质焉，淬厉之而增长之。

> 盖大地今日只有两文明：一泰西文明，欧美是也；二泰东文明，
> 中华是也。二十世纪，则两文明结婚之时代也。吾欲我同胞张灯置酒，
> 迓轮俟门，三揖三让，以行亲迎之大典。彼西方美人，必能为我家育
> 宁馨儿以亢我宗也。①

此论之总的精神是主张弘扬中国固有学术思想的优秀传统，将中国之
所以长久"屹然独立"的特质"增长光大"，并主张中西文明相结合，以创
生中国的新文明。梁启超在1902年只完成了此书的前六章，至1904年又续
写了"近世之学术"部分。在此书的结尾，梁启超说：

> 近顷悲观者流，见新学小生之吐弃国学，惧国学之从此而消灭。
> 吾不此之惧也。但使外学之输入者果昌，则其间接之影响，必将吾国
> 学别添活气，吾敢断言也。但今日欲使外学之真精神普及于祖国，则
> 当转输之任者，必邃于国学，然后能收其效。……此吾所以汲汲欲以
> 国学为我青年劝也。②

这是梁氏著作中首次使用"国学"一词，而先此他已倡办《国学报》，
他写的《论中国学术思想变迁之大势》亦可谓中国近代第一部"国学

---

① 梁启超：《饮冰室合集》第1册《文集》之七，中华书局1989年版，第1、3、4页。
② 梁启超：《饮冰室合集》第1册《文集》之七，中华书局1989年版，第104页。

史"①。

1904 年，邓实、黄节等在上海成立"国学保存会"，其宗旨是"研究国学，保存国粹"，翌年印行《国粹学报》，章太炎、刘师培等为其主要撰稿人。邓实在《国学讲习记》中说：

> 国学者何？一国所自有之学也。有地而人生其上，因以成国焉。有其国者有其学。学也者，学其一国之学以为国用，而自治其一国者也。……是故国学者，与有国以俱来，本乎地理，根之民性，而不可须史离也。君子生是国则通是学，知爱其国，无不知爱其学。（《国粹学报》第 2 年第 7 期）

邓实所说的"国学"，是就各国都有"本乎地理，根之民性"的"自有之学"而言。从其所列"国学"所包括的经学、史学、子学、理学、掌故学和文学等内容看，他所谓"国学"实亦指中国的"自有之学"。邓实等国粹派区分"君学"与"国学"，认为能够体现一国"自立之精神""本我国之所有而适宜焉者"是国粹，甚至认为"取外国之宜于我国而吾足以行焉者"亦是国粹（《国粹保存主义》，《壬寅政艺丛书》政学文篇卷五）。他们主张"研求古学，刷垢磨光，钩玄提要，以发现种种之新事理"（《古学复兴论》，《国粹学报》第 1 年第 9 期）。因此，国粹并不与西学和进化相对立："国粹也者，助欧化而愈彰，非敌欧化以自防，实为爱国者须臾不可离也"，"揆古衡今，国粹之说实不阻进化"（《论国粹无阻于欧化》，《国粹学报》第 1 年第 7 期）。邓实说，20 世纪既是东西文明"争存之时代"，也是"两大文明结婚之时代"（《东西洋二大文明》，《壬寅政艺丛书》政学文篇卷五）。显然，这一既保存国粹又迎取西学的主张，与当时梁启超的思想倾向是相同的。

1906 年，章太炎在东京留学生欢迎会上发表演说，提出"用国粹激动

---

① 在梁启超之前，张之洞也可能率先使用了"国学"一词。据章太炎在 1913 年写的《自述学术次第》，他在 1898 年到武昌谒见张之洞，"张尝言国学渊微，三百年发明已备，后生但当蒙业，不须更事高深"。按，黄遵宪的《日本国志》在 1887 年写成后，曾送李鸿章、张之洞各一部，当此书在 1895 年出版时，卷前收有李鸿章的《裹批》和张之洞的《咨文》。受《日本国志》的影响，张之洞在 1898 年以"国学"指称"中学"，不是没有可能的。但章太炎记此说是在 1913 年，又记他当时回应说："经有古今文，自昔异路，近代诸贤，始则不别，继有专治今文者作，而古文未有专业。此亦其缺陷也。"张之洞所谓"不须更事高深"，章太炎所谓"继有专治今文者作"，都是针对当时康有为的今文经学而言。张之洞所说"国学渊微"亦有可能本是"经学渊微"，而章太炎后来误记为"国学"。

种性，增进爱国的热肠"①。同年，留日青年成立"国学讲习会"，章太炎担任主讲，《民报》第 7 号发表的《国学讲习会序》有云：

> 夫国学者，国家所以成立之源泉也。吾闻处竞争之世，徒恃国学固不足以立国矣，而吾未闻国学不兴而国能自立者也。吾闻有国亡而国学不亡者矣，而吾未闻国学先亡而国仍立者也。

> 真新学者，未有不能与国学相挈合者也。国学之不知，未有可与言爱国者也。知国学者，未有能诋为无用者也。②

章太炎对"国学"的看法，同于国粹派所谓"国有学则虽亡而复兴，国无学则一亡而永亡"（《论国粹无阻于欧化》）。实际上，国粹派的观点深受章太炎的影响。在"国学讲习会"的基础上，不久又成立"国学振兴社"，章太炎自任社长。在此期间，章太炎一面从事革命宣传，一面从事国学研究和讲学，曾出版《国学讲习会略说》《国学振兴社讲义》等，至1910 年编定《国故论衡》。此后，章太炎又于 1913 年在北京开设国学会，其讲授内容由吴承仕整理为《菿汉微言》；1922 年在上海讲授国学，其内容由曹聚仁整理为《国学概论》；1934 年在苏州发起章氏国学讲习会，创办《制言》杂志，其讲学"周凡两次，连堂二小时，不少止，复听人质疑，以资启发"，至 1936 年临终病危时仍勉为讲论，谓"饭可不食，书仍要讲"③，其晚年的讲授内容由王乘六等记录为《国学讲演录》。

王国维早年从事中西哲学和美学研究，这方面的论文大多发表在由他主编的《教育世界》，而此后完成的《人间词话》则最初发表在由邓实主编的《国粹学报》。若依《国学保存会简章》所云"入会毋须捐金，惟须以著述（……）见赠于本会者，即为会员"（《国粹学报》第 2 年第 1 期），则王国维也算是国学保存会的会员之一。但实际上，王国维早年研究哲学的学术视角，使他对"国学"有着更为通达的看法，而与国粹派区别开来。王国维说：

> 凡欲通中国哲学，又非通西洋之哲学不易明也。……异日昌大吾

----

① 《东京留学生欢迎会演说录》，《革故鼎新的哲理：章太炎文选》，上海远东出版社 1996 年版，第142 页。

② 汤志钧：《章太炎年谱长编》，中华书局 1979 年版，第 215、216 页。这篇序文原署名《国学讲习会发起人》，收入《章士钊全集》第 1 卷，文汇出版社 2000 年版，此文当代表了章太炎的观点。

③ 汤志钧：《章太炎年谱长编》，中华书局 1979 年版，第 975 页。

国固有之哲学者，必在深通西洋哲学之人，无疑也。①

学术之发达，存于其独立而已。然则吾国今日之学术界，一面当破中外之见，而一面毋以为政论之手段，则庶可有发达之日欤？②

在王国维看来，中、西哲学是相通的，因此，要破除把中学与西学对立起来的"中外之见"。他所说的学术之"独立"，即以学术自身为目的，而不以其为手段，"必博稽众说而唯真理之从"，"哲学之所以有价值者，正以其超出乎利用之范围故也"③。这是从西方哲学中引入的学术观念，用这种观念来看待中学与西学，就更突出了学术的普遍性和超功利性。1911 年，王国维为罗振玉创办的《国学丛刊》作"序"云：

今之言学者，有新旧之争，有中西之争，有有用之学与无用之学之争。余正告天下曰：学无新旧也，无中西也，无有用无用也。④

王国维此论是建立在把"学"区分为科学、史学和文学的基础上，因为"古今东西之为学，均不能出此三者"，所以"学无新旧也，无中西也"。但王国维又指出："惟一国之民，性质有所毗，境遇有所限，故或长于此学，而短于彼学。"据此"学"还应是有中西之分的，只不过当时王国维所追求的是中西融汇，取长补短。关于科学的"事物必尽其真，而道理必求其是"，王国维说："圣贤所以别真伪也，真伪非由圣贤出也；所以明是非也，是非非由圣贤立也。"这实际上是以科学取代了以儒家之经学为真伪是非的标准。在王国维所列举的史学中，有"物理学之历史""哲学之历史""制度风俗之历史"，虽然哲学是"唯真理之从"，但"哲学之历史，空想居其半焉"。观此可知，王国维是把哲学也归入科学的（这与古希腊的学科分类相一致，亚里士多德即把哲学和物理学等归入"纯粹科学"）。关于科学与史学的关系，王国维说："治科学者，必有待于史学上之材料；而治史学者，亦不可无科学上之知识。"科学与史学相资，治史学者不可无科学知识，而其成果为科学提供"材料"，王国维实际上提出了一种科学的治史学或国学的新途径。关于学之有用与无用，王国维说："余谓凡学皆无用也，

---

① 《王国维文集》第 3 卷，中国文史出版社 1997 年版，第 5 页。
② 《王国维文集》第 3 卷，中国文史出版社 1997 年版，第 39 页。
③ 《王国维文集》第 3 卷，中国文史出版社 1997 年版，第 69 页。
④ 《王国维文集》第 4 卷，中国文史出版社 1997 年版，第 365 页。

皆有用也。……世之君子，可谓知有用之用，而不知无用之用者矣。"所谓
"有用之用"是指直接应用于农、工、商以及政治、教育等，所谓"学皆无
用"是指科学、史学和文学不能直接应用于经济和社会，而学"皆有用"
就是学之"无用之用"，如"农、工、商业之进步，固由于物理、化学之
兴"，政治、教育亦必有取于"心理、社会之学"。质言之，"无用之用"与
"有用之用"不过是讲了基础学科与应用技术的关系。王国维说："一切艺
术（技艺），悉由一切学问出，古人所谓'不学无术'，非虚语也。……事
物无大小，无远近，苟思之得其真，纪之得其实，极其会归，皆有裨于人
类之生存福祉。……学问之所以为古今中西所崇敬者，实由于此。凡生民
之先觉，政治教育之指导，利用厚生之渊源，胥由此出，非徒一国之名誉
与光辉而已。"① 王国维最终把学问之价值归于"人类之生存福祉"，归于
"政治教育之指导，利用厚生之渊源"，这实际上更多地体现了中国文化的
价值观。

"国学"在民国初年的通识教育中影响甚大，其可引据者是青年毛泽东
在 1915 年写的《致萧子升信》，信中除讲了严复译介的《群学肄言》等新
学外，又云："然尚有其要者，国学是也。……国学则亦广矣，其义甚深，
四部之篇，上下半万载之记述，穷年竭智，莫殚几何，不向若而叹也！
……顾吾人所最急者，国学常识也。昔人有言，欲通一经，早通群经。今
欲通国学，亦早通其常识耳。……仆观曾文正为学，四者为之科。曰义理，
何一二书为主（谓《论语》《近思录》），何若干书辅之。曰考据亦然；曰
词章曰经济亦然。……国学者，统道与文也。姚氏《类纂》畸于文，曾书
则二者兼之，所以可贵也。"②

五四新文化运动时期，胡适把"新思潮的意义"归结为"评判的态度"
或"重新估定一切价值"，而其具体内涵则为"研究问题，输入学理，整理
国故，再造文明"。所谓"整理国故"是针对"糊涂懵懂"地高谈"保存
国粹"，"若要知道什么是国粹，什么是国渣，先须要用评判的态度，科学
的精神，去做一番整理国故的工夫"③。1922 年，北京大学文科研究所设立

①《王国维文集》第 4 卷，中国文史出版社 1997 年版，第 366~368 页。
②《毛泽东早期文稿》，湖南出版社 1990 年版，第 24~25 页。
③《新思潮的意义》，《胡适文集》第 2 卷，北京大学出版社 1998 年版，第 558 页。

国学门。① 胡适在其主编的《国学季刊》作"发刊宣言"说：

> "国学"在我们的心眼里，只是"国故学"的缩写。中国的一切
> 过去的文化历史，都是我们的"国故"；研究这一切过去的历史文化的
> 学问，就是"国故学"，省称为"国学"。"国故"这个名词，最为妥
> 当；因为他是一个中立的名词，不含褒贬的意义。"国故"包含"国
> 粹"；但他又包含"国渣"。我们若不了解"国渣"，如何懂得"国
> 粹"？所以我们现在要扩充国学的领域，包括上下三四千年的过去文
> 化，打破一切的门户成见：拿历史的眼光来整统一切，认清了"国故
> 学"的使命是整理中国一切文化历史，便可以把一切狭陋的门户之见
> 都扫空了。②

当章太炎在 1903 年作《癸卯狱中自记》时说"上天以国粹付余……国
故民纪，绝于余手，是则余之罪也"③，"国故"与"国粹"大致是一个意
思。钱玄同在 1910 年作《刊行〈教育今语杂志〉之缘起》，内载其章程
"以保存国故，振兴学艺，提倡平民普及教育为宗旨"④，此中"保存国故"
也大致同于《国粹学报》的"保存国粹"。傅斯年后来在《历史语言研究所
工作之旨趣》中说"国故本来即是国粹，不过说来客气一点儿"⑤。所谓
"客气一点儿"就是有所"妥协"，在五四时期把"国故"变成了一个需要
整理和重新评估的"中立的名词"。胡适说"我们现在要扩充国学的领域"，
即认为"国故"包括中国"一切过去的文化历史"。在此之前，"国学"是
指中国固有之"学"（学术），至五四时期则其外延扩展到中国过去一切的
"文化"，"国学研究"遂成为"中国文化史"的研究。⑥

胡适说"国学"只是"国故学"的缩写，其意谓即把"国故"作为研
究的对象，而"国学"或"国故学"乃现代学者研究这一对象的学问。这
样就改变了原来"国学"的内涵，但实际上在"国学研究"或"研究国

---

① 在此影响下，东南大学于 1923 年、清华大学于 1925 年、厦门大学于 1926 年相继成立国学研究院。
②《〈国学季刊〉发刊宣言》，《胡适文集》第 3 卷，北京大学出版社 1998 年版，第 10 页。
③《章太炎全集》第 4 卷，上海人民出版社 1985 年版，第 144 页。
④《钱玄同文集》第 2 卷，中国人民大学出版社 1999 年版，第 312 页。
⑤《傅斯年全集》第 3 卷，湖南教育出版社 2003 年版，第 9 页。
⑥ 胡适说，"过去种种，上自思想学术之大，下至一个字，一只山歌之细，都是历史，都属于国学研
究的范围"，"国学的目的是要做成中国文化史"。见《〈国学季刊〉发刊宣言》，《胡适文集》第 3 卷，北
京大学出版社 1998 年版，第 11、14 页。

学"的表述中仍有许多学者自觉或不自觉地在原来的意义上使用"国学"概念，其间既有对"国学"的不同理解，亦有对"国学"或"国故"之价值评估的分歧。吴文祺因此在《重新估定国故学之价值》一文中提出："用分析综合比较种种方法，去整理中国的国故的学问，叫作国故学。""近人往往把国故学省称为国学，于是便引起了许多可笑的误会。……所以我们正名定义，应当称为'国故学'，不应当称为'国学'。"① 曹聚仁也在《国故学之意义与价值》一文中提出："'国故'与'国故学'非同物而异名也，亦非可简称'国故学'为'国故'也。'国故'乃研究之对象，'国故学'则研究此对象之科学也。"为了避免"国故学"与"国故""国学""国粹"等名词异文互训的"含糊与武断"，曹聚仁在《春雷初动中之国故学》一文中提出了"轰国学"②。

对于"国学"或"国故学"的不同理解更多表现在对其内容的分类上。章太炎在《国故论衡》中把"国故"分为小学、文学和诸子学；在《国学概论》中主要讲了经学、哲学和文学，其中亦有"经史非神话"以及治国学必须"通小学"等说；在晚年的《国学讲演录》中则有小学、经学、史学、诸子和文学等"略说"。可见，章太炎对国学的分类大致依从于传统的经、史、子、集。钱穆在 1928 年完成的《国学概论》中说，国学的"范围所及，何者应列国学，何者则否，实难论列"，"不得已姑采梁氏《清代学术概论》大意，分期叙述，于每一时代学术思想主要潮流所在，略加阐发"③。钱穆对国学的看法大致同于梁启超，即以国学为中国传统的"学术思想"。胡朴安在 1924 年发表的《研究国学之方法》一文中说，国学"即别于国外输入之学问而言，凡属于中国固有之学问范围以内者，皆曰国学"（此显然不同于胡适以"国学"为"国故学"之简称），他把"研究国学"区分为哲理类、礼教类、史地类、语言文字类、文章类和艺术类④。曹聚仁在 1926 年写成《国故学大纲》，他区分"国故"与"中国文化"，认为文化包括"言语、文学、信仰、礼拜、艺术、工艺、经济之创作之全体"，而国

---

① 许啸天：《国故学讨论集》上，上海书店 1991 年版，第 41 页。
② 许啸天：《国故学讨论集》上，上海书店 1991 年版，第 60、88 页。
③ 钱穆：《国学概论》"弁言"，商务印书馆 1997 年版，第 1 页。
④ 胡道静：《国学大师论国学》，东方出版中心 1998 年版，第 45、46 页。

故仅指"其以文字表现于纸片者而言"，此即"中华民族在过去三千年间以文字表达之结晶思想也"①。虽然曹聚仁亦提出"国故"不同于"中国学术"，但他实际上是以"国故"为五四运动以前的中国"学术思想"，他主张"破除经史子集之锢蔽"，而把"国故学"分类为文学、史学、哲学、政治学、文字学、论理（逻辑）学、心理学、天算学及其他科学、宗教和美术。

胡适把"国学研究"视为"中国文化史"的研究，其分类至少包括"（一）民族史；（二）语言文字史；（三）经济史；（四）政治史；（五）国际交通史；（六）思想学术史；（七）宗教史；（八）文艺史；（九）风俗史；（十）制度史"。这种分类就是把中国历史文化中的一切内容都囊括在内，"治国学的人应该各就'性之所近而力之所能勉者'，用历史的方法与眼光担任一部分的研究"，"因陋就简的先做成各种专史……他们的用处只是要使现在和将来的材料有一个附丽的地方"②。循此而发展，国学研究一方面转向了以新兴的"史学"为中心，另一方面其成为向现代学术"分科研究"转型的一个过渡形态。如顾颉刚就曾说，北大国学门"并不是（也不能）要包办国学的"，如果各学科发达，"中国方面的各科的材料都有人去研究，那么我们的范围就可缩小，我们就可纯粹研究狭义的历史，不必用这模糊不清的'国学'二字做我们的标名，就可以老实写作'中国历史学门'了"③。曹聚仁将这样一种观点称为国故学之"暗礁"，他说：

> 按之常理，国故一经整理，则分家之势即成，他日由整理国故而组成之哲学、教育学、人生哲学、政治学、文学、经济学、史学、自然科学……必自成一系统而与所谓"国故"者完全脱离。待各学完全独立以后，则所谓"国故"者是否尚有存在之余地？所谓国故学者，何所凭藉而组成为"学"？如斯诘难，诚"国故学"之暗礁。

曹聚仁对上述诘难的回答，就是认为"国故"中含蕴着与其他文化不同的"中华民族精神"，"国故虽可整理之以归纳于各学术系统之下，而与

① 曹聚仁：《国故学大纲》，上海梁溪图书馆 1926 年版，第 4、16～17 页。
②《〈国学季刊〉发刊宣言》，《胡适文集》第 3 卷，北京大学出版社 1998 年版，第 15 页。
③《一九二六年始刊词》，《北京大学研究所国学门周刊》第 2 卷第 13 期，转引自罗志田《国家与学术：清季民初关于"国学"的思想论争》，三联书店 2003 年版，第 373 页。

他文化系统下之学术相较，仍有其特点"，研究这些特点何在，何以会产生此特殊之学术，此学术与此民族之生活的关系如何，"此乃国故学独任之职务，亦彼之真实生命也"①。

尽管曹聚仁对"国故学之独立性"做了如此论证，但对它的质疑和否定仍很强烈。如许啸天在 1927 年为《国故学讨论集》写的"新序"，把"国故学"三个字看作是"浪漫不羁""粗陋、怠惰、缺乏科学精神"的表现，他认为把"国故"中所包含的各学科知识"一样一样的整理出来，再一样一样的归并在全世界的学术界里"，就可把这"虚无缥缈学术界上大耻辱的国故学名词取消"②。何炳松更在 1929 年发表《论所谓"国学"》，呼吁"中国人一致起来推翻乌烟瘴气的国学"，其四大理由是"国学"概念"来历不明""界限不清""违反现代科学的分析精神""以一团糟的态度对待本国的学术"③。许、何对"国故学"或"国学"的质疑和否定，实际上陷于只承认分析而不承认综合、只承认学术的普遍性而不承认中国传统学术之特殊性的偏颇。

站在中国传统学术立场的学者对"国学"概念也不免有微词。如马一浮在 1938 年讲授国学的《泰和会语》中说："今人以吾国固有的学术名为国学，意思是别于外国学术之谓。此名为依他起，严格说来，本不可用。今为随顺时人语，故暂不改立名目。"④ 按，"依他起"即依与外国学术发生关系的"因缘"而起，实际上，凡与其他事物发生关系而有所区别的概念无不是"依他起"。说其"严格说来，本不可用"，这是以佛教唯识学之无差别相的"圆成实性"或"胜义无性"为旨归。而马一浮即以儒家的六艺之学来"楷定国学名义"，谓六艺"统诸子"，"统四部"，"不唯统摄中土一切学术，亦可统摄现在西来一切学术"⑤。这显然是把儒家的经学绝对化了。

钱穆在其《国学概论》"弁言"的开头说："学术本无国界。'国学'一名，前既无承，将来亦恐不立，特为一时代的名词。"但钱穆一生的著述

① 曹聚仁：《国故学大纲》，上海梁溪图书馆 1926 年版，第 17~19 页。
② 许啸天：《国故学讨论集》上，上海书店 1991 年版，第 1、7 页。
③ 胡道静：《国学大师论国学》，东方出版中心 1998 年版，第 61、64 页。
④《马一浮集》第 1 册，浙江古籍出版社 1996 年版，第 9 页。
⑤《马一浮集》第 1 册，浙江古籍出版社 1996 年版，第 12、21 页。

都是讲"国学"，而并非"学术本无国界"。他在1975年出版的《中国学术通义》中明确修正此说，指出：

> 近代中国，与欧西文化接触，双方文化传统各不同，因此上而学术，下而风俗，双方亦各不同。近代国人，乃有国学一名词之兴起。或疑学术当具世界共同性，何可独立于世界共同性学术之外，而别标国学一名词。不知同属人类，斯必具人类之共同性，然亦何害于各人有各人之个性。

> 要之，中国学术之必有其独特性，亦如中国传统文化之有其独特性，两者相关，不可分割。……近人率多认文史哲诸科谓是属于人文方面，其实中国学术之有关此诸科者，其内涵精神亦复有其独特处。

> 本书取名中国学术通义，亦可简称国学通义。[①]

综上所述，"国学"是近代中国与西方文化相接触后产生的新名词，其相对于西学而言，是指中国传统学术，若扩展其外延，亦可指中国传统文化（学术与文化"不可分割"）。若将"国学"作为"国故学"之简称，则"国学"即指对中国传统学术或文化的研究（作为研究对象的"国学"与作为"国学研究"的"国学"，实亦如冯友兰先生提出的作为研究对象的"哲学史"与"写的哲学史"之分[②]）。"国学"概念并非"来历不明"，亦不能苛责其"界限不清"，若因学术"无国界"或因学术须分科研究而否认"国学"的正当性，则上引钱穆之说已明言其失。

二、"中国哲学" 概念考

"中国哲学"亦近代中国新起的名词。正如"国学"概念为新起，而"国学"所指中国传统学术已在中国有数千年之历史；同此，"中国哲学"所指中国的哲学思想也有数千年之历史。

1. "哲学"译名之源起

"哲学"作为一个"学科"而与中国发生关系，始于明朝末年耶稣会传

---

① 钱穆：《中国学术通义》，台湾学生书局1975年版，第2、4、5页。
② 冯友兰：《三松堂全集》第2卷，河南人民出版社2000年版，第256～257页。

教士向中国介绍西学。艾儒略在 1623 年刊刻的《西学凡》中介绍西方学术有"六科"，即文科、理科、医科、法科、教科和道科。其中"理科"即哲学，"谓之斐禄所费亚"。"理学者，义理之大学也。人以义理超于万物而为万物之灵。格物穷理，则于人全而于天近。然物之理藏在物中，如金在沙，如玉在璞，须淘之剖之以斐禄所费亚之学也。""理学"又称为"人学"，其相对于"道科"（Theologia，神学）又称为"天学"而言，"凡属人学所论性理，无不曲畅旁通，天学得此为先导"，"天学不得人学无以为入门先资，人学不得天学无以为归宿究竟"①。艾儒略所介绍的西学，使中国人既似曾相识，又有一些前所未闻的新意，其对"天学"与"人学"关系的论述，若参之以《中庸》的"思知人，而不可以不知天"，则可见中西之学有大致相同的架构，但在"归宿究竟"上又有着价值取向的分歧。

艾儒略将"神学"译为"天学"，这贯彻了利玛窦的"补儒易佛"传教策略。实际上，天主教的"Deus"（拉丁文"神"）与中国的"天"或"帝"并不完全对应。后来传教士内部发生"译名之争"乃至"礼仪之争"，教皇发布敕令禁止使用"天"或"上帝"的译名，又禁止教徒参加祭孔、祭祖之礼，康熙皇帝则还之以禁止其在中国传教，中西文化的接触遂中断了一百多年。当近代西方列强挟其船坚炮利之威而打上门来时，中国人就必须"师夷之长技"，进而必须"采西学"以自强，在此过程中"哲学"重新进入了中国人的视界。

郑观应在 1892 年写的《〈盛世危言〉自序》中说："考其（西方）风俗利病、得失盛衰之由，乃知其治乱之源，富强之本，不尽在船坚炮利，而在议院上下同心，教养得法。"所谓"轮船火炮"等等只是西学之"用"，而"育才于学堂，论政于议院"才是西学之"体"。② 由此，中国欲自强就必须学习西方的议院和教育体制。郑观应在《盛世危言》的《学校》篇介绍西方各国和日本的教育体制，提到德国的"大学院"设有四科："一经学，二法学，三智学，四医学。经学者，教中之学（即是耶稣、天主之类）

---

① ［意］艾儒略：《西学凡》，《四库全书存目丛书》子部第 93 册，第 630、631、634、637 页。
②《郑观应集》，上海人民出版社 1982 年版，第 233～234 页。

……智学者，格物、性理、文字语言之类……"① 此中"经学"即是神学，而"智学"即是哲学。《盛世危言》的五卷本于 1894 年刊行，在甲午战争后郑观应将此书增订为十四卷，其在《学校》篇增加的"附录"中有《英、法、俄、美、日本学校规制》，内云："日本自维新后，悉法泰西……以东京之帝国大学校为首善。帝国大学分五科：一法科，二医科，三工科，四文科，五理科。……文科分目四，曰哲学，曰本国文学，曰史学，曰博言学；理科分目六，曰数学，曰物理，曰化学，曰动物，曰植物，曰地质。"② 此中"哲学"之名与黄遵宪的《日本国志》所云"哲学"大约同时出现在中国学术界。

黄遵宪在《日本国志》卷三十二记载：日本的东京大学校在明治维新以后，"分法学、理学、文学三学部……理学分为五科，一化学科，二数学、物理学及星学科，三生物学科，四工学科，五地质学及采矿学科……文学分为二科，一哲学，谓讲明道义、政治学及理财学科，二和汉文学科，皆兼习英文或法兰西语或日耳曼语。"黄遵宪所说与郑观应所说略有差异，盖黄氏所说是 1887 年以前的情况，而郑氏所说是甲午战争前后的情况。后来王国维在 1903 年所作《哲学辨惑》一文中说："夫哲学者，犹中国所谓理学云尔。艾儒略《西学（发）凡》有'费禄琐非亚'之语，而未译其义。'哲学'之语实自日本始。日本称自然科学曰'理学'，故不译'费禄琐非亚'曰理学，而译曰'哲学'。"③ 其义当本于黄遵宪的《日本国志》。

"哲学"之名始于日本启蒙思想家西周对"philosophy"的翻译。他起初将其译为"希贤学"或"希哲学"，取宋儒周敦颐所谓"圣希天，贤希圣，士希贤"之意，即把"philosophy"理解为"希求贤哲之智之学"④。在 1874 年出版的《百一新论》中，西周始把"philosophy"译为"哲学"。他说："将论明天道人道，兼立教法的 philosophy 译名为哲学。"⑤ 由此可见，

①《郑观应集》，上海人民出版社 1982 年版，第 247 页。这段话见于《盛世危言》的五卷本（1894）和十四卷本（1895），而不见于 1900 年以后的 8 卷本。郑观应的德国大学有"四科"之说，可能源于德国传教士花之安在 1873 年所作《德国学校论略》，参见陈启伟：《"哲学"译名考》，《哲学译丛》2001 年第 3 期。

②《郑观应集》，上海人民出版社 1982 年版，第 259~260 页。

③《王国维文集》第 3 卷，中国文史出版社 1997 年版，第 3 页。

④ 参见钟少华：《清末从日本传来的哲学研究》，《世界哲学》2002 年增刊。

⑤ 卞崇道、王青：《明治哲学与文化》，中国社会科学出版社 2005 年版，第 23 页。

"哲学"这个译名的成立一开始就具有了东西文化会通的特点。"哲学"一词虽然为中国古语所无，但儒家经典中有"知人则哲"和"哲人"等表述，"哲"的意思就是"智"或"大智"（《尚书正义·皋陶谟》），而"哲人"乃指"贤智"之人（《尚书正义·伊训》）。孔子在临终时曾慨叹而歌："泰山坏乎！梁柱摧乎！哲人萎乎！"（《史记·孔子世家》）

1898 年，康有为在上奏光绪帝的《请开学校折》中提出废止科举，广开学校，其中亦讲德国的大学"其教凡经学、哲学、律学、医学四科"，欧西各国及日本"皆效法焉"①。康有为所说的"四科"与郑观应所说的"四科"相对应，只不过"哲学"取代了"智学"的译名，这是与戊戌变法时期流传黄遵宪的《日本国志》和郑观应的《盛世危言》相联系的。

2．"哲学"与"中国哲学"

戊戌变法失败后，梁启超于 1899 年在日本参加一次"哲学会"，他说，"窃闻吾师南海康有为先生所言哲学之一斑，愿得述之以就正于诸君"，"南海先生所言哲学有二端：一曰关于支那者，二曰关于世界者是也"②。在"哲学"译名成立后，康有为的一部分学说就已被称为"哲学"思想。两年之后，梁启超在《南海康先生传》中说："岁辛卯（1891），（先生）于长兴里设簧舍焉……乃尽出其所学，教授弟子，以孔学、佛学、宋明学为体，以史学、西学为用。"他做了一个"长兴学说"的学表，表中"学科"的义理之学中列有孔学、佛学、周秦诸子学和"泰西哲学"③。但据《康南海自编年谱》和《长兴学记》，康有为在长兴学舍期间并无讲授"泰西哲学"的记载，这可能是梁启超把当时讲"西学为用"的一部分内容附会为"泰西哲学"。不过，梁启超在《南海康先生传》中已称康有为是"天禀之哲学者"，谓其哲学是博爱派、主乐派、进化派、社会主义派之哲学也，其在"中国政治史，世界哲学史，必能占一极重要之位置"④。1902 年，梁启超在《论中国学术思想变迁之大势》中论及中国古代的"哲学"，他说：

中国之佛学，以宗教而兼有哲学之长。……中国人惟不蔽于迷信

①《中国近代史资料丛刊·戊戌变法（二）》，上海人民出版社 1957 年版，第 218 页。

② 梁启超：《论支那宗教改革》，《饮冰室合集》第 1 册《文集》之三，中华书局 1989 年版，第 55 页。

③ 梁启超：《饮冰室合集》第 2 册《文集》之六，中华书局 1989 年版，第 62、65 页。

④ 梁启超：《饮冰室合集》第 2 册《文集》之六，中华书局 1989 年版，第 71～73、88 页。

也，故所受者多在其哲学之方面，而不在其宗教之方面。而佛教之哲学，又最足与中国原有之哲学相补佐者也。中国之哲学，多属于人事上，国家上，而于天地万物原理之学，穷究之者盖少焉。英儒斯宾塞，尝分哲学为可思议、不可思议之二科。若中国先秦之哲学，则毗于其可思议者，而乏于其不可思议者也。自佛学入震旦，与之相备，然后中国哲学乃放一异彩。宋明后学问复兴，实食隋唐间诸古德之赐也。①

这是中文著述中首次出现"中国哲学"概念，它与"国学"概念同年出现，而且梁启超从一开始就明示了中国哲学"多属于人事上，国家上"之特点。梁启超以春秋末及战国时期为中国学术思想的"全盛时代"，他说：

> 全盛时代，以战国为主，而发端实在春秋之末。孔北老南，对垒互峙；九流十家，继轨并作。如春雷一声，万绿齐苗于广野；如火山乍裂，热石竞飞于天外。壮哉盛哉！非特中华学界之大观，抑亦世界学史之伟迹也。②

这段话浸润着任公笔端常带的感情，可以说是对中国文化在"轴心时期"发生"哲学突破"的壮观盛景及其伟大意义的一个最精彩的描述。

蔡元培也是最早使用"哲学"概念的先驱之一。1901 年，他在《自题摄影片》中说："少就举业，长习词章，经义史法，亦效末光。丁戊之间，乃治哲学。"③ 按，"丁戊之间"即 1897～1898 年，此间蔡元培的治学发生了从词章、经、史之学向"哲学"的转变，这也与当时流传的《日本国志》和《盛世危言》相关。1901 年 7 月，蔡元培在《拟绍兴东湖二级学堂章程》中是以经学、史学、词学、算学和物理学等为学科分类。而在同年 10 月所作《学堂教科论》中，他引入了"哲学"观念：

> 韩非子曰：理者，成物之文也，道者，万理之稽也。万物各异理，而道尽稽万物之理，是我国古学本分理、道两界。日本井上甫水，界今之学术为三：曰有形理学，曰无形理学（亦谓之有象哲学），曰哲学

① 梁启超：《饮冰室合集》第 2 册《文集》之七，中华书局 1989 年版，第 76～77 页。
② 梁启超：《饮冰室合集》第 2 册《文集》之七，中华书局 1989 年版，第 11 页。
③《蔡元培全集》第 1 卷，中华书局 1984 年版，第 126 页。

（亦谓之无象哲学，又曰实体哲学）。……彼云哲学，即吾国所谓道学也。①

借鉴于有形理学、无形理学和哲学的学术分类，蔡元培所构想的教育分科是：名（语言学和论理学），理（数学和物理等自然科学及体育），群（伦理学、地理学、史学、政治学、法学和经济学），道（哲学、心理学和宗教学），文（文学艺术）。蔡元培又引述《汉书·艺文志》所载刘歆《七略》，认为："六艺，即道学也，六艺为孔子手定，实孔氏一家之哲论……是故《书》为历史学，《春秋》为政治学，《礼》为伦理学，《乐》为美术学，《诗》亦美术学……皆道学专科也。《易》如今之纯正哲学，则通科也。""道家者流，亦近世哲学之类，故名、法诸家，多祖述焉。"其他如墨、阴阳、农、纵横、杂家、兵家、方技（医学）等亦可分别划归上述分科中。蔡元培认为，上述分科"符同刘氏（歆），固知公理不忒，古今一揆，转益多师，道在是矣"②。作为中国现代教育体制的开创者和奠基人，蔡元培坚决反对旧的科举制，而又认为新的教育体制与刘歆的《七略》有相通之"公理"。蔡元培说，他治哲学是以严复为"先觉"，甲午战争后"严氏译述西儒赫胥黎、斯宾塞尔诸家之言，而哲学亦见端倪矣"③。严复译述《天演论》是在 1897 年完成，其中将"philosophy"或译为"理学"，或音译为"斐洛苏非"（自注"译言爱智"）；当严复在 1901 年，写《斯密亚丹传》时，他就已接受了"哲学"的译名④。

在庚子之变和签订辛丑条约后，清政府迫于内外压力而宣示"新政"。1902 年颁布由管学大臣张百熙拟订的《钦定学堂章程》（壬寅学制），其中大学堂分科"略仿日本例"，设政治、文学、格致、农业、工艺、商务和医术等七科，在文学科中设经学、史学、理学、诸子学、掌故学、词章学和外国语言学⑤。1904 年又颁布由张之洞、荣庆、张百熙拟订的《奏定学堂章程》（癸卯学制），其中大学堂分为八科，即经学（附理学）、政法、文学、

①《蔡元培全集》第 1 卷，中华书局 1984 年版，第 142 页。
②《蔡元培全集》第 1 卷，中华书局 1984 年版，第 145、147 页。
③《蔡元培全集》第 1 卷，中华书局 1984 年版，第 155 页。
④《严复集》第 5 册，中华书局 1986 年版，第 1366、1373 页；《严复集》第 1 册，第 102、103 页。
⑤璩鑫圭、唐良炎：《中国近代教育史资料汇编——学制演变》，上海教育出版社 1991 年版，第 236～237 页。

医科、格致科、农科、工科和商科，在文学科中设中国史学、外国史学、中外地理学、中国文学以及外国文学。与当时日本的大学分科比较，"其商学即以政法学科内之商法统之，不立专门"，其文科内"有汉学科，分经学专修、史学专修、文学专修三类，又有宗教学，附人文科大学之哲学科、国文学科、汉学科、史学科内"，"今中国特立经学一门，又特立商科一门，故为八门"①。在此八科中突出了以经学为第一，而前后两次颁布的《钦定学堂章程》中都没有"哲学"。张百熙在 1903 年奉旨奏张之洞《次第兴办学堂折》中说："盖哲学主开发未来，或有骛广志荒之弊"，"哲学置之不议者，实亦防士气之浮嚣，杜人心之偏宕"②。据当时深悉内情的张绲光函告汪康年说，《钦定学堂章程》实际上并非原本："《大学堂章程》有二本，一详而得教育之方法，一略而合中国之时趋。政府意在略者，而谓哲学太新，国际学当删，医学不应入学堂，音乐学乃教戏子，至哲学之干例禁，更不待言，刻下尚无定议也。"③ 由此可见，当中国的新教育体制创生之时，清政府以及张之洞等人对"哲学"是深怀戒惧的。

王国维早年在汪康年主编的《时务报》担任编务，其"研究哲学，始于辛、壬（1901～1902）之间"④，即其在 1901 年夏从日本短期留学回国后，为罗振玉主编的《教育世界》编译《哲学丛书》，攻读耶方斯之《名学》、巴尔善（Paulsen）之《哲学概论》、文德尔班之《哲学史》等，1903年后又攻读康德、叔本华和尼采的著作，他是《教育世界》之"本社专攻哲学者"⑤。清政府两次颁布《钦定学堂章程》都没有"哲学"，其内情是王国维所知道的（罗振玉也曾参与《钦定学堂章程》的拟定）。他在 1903年发表《哲学辨惑》一文，指出："我国人士骇于其名，而不察其实，遂以哲学为诟病，则名之不正之过也。"他所力辨者有五点：（1）哲学非有害之学；（2）哲学非无益之学；（3）中国现时研究哲学之必要；（4）哲学为中国固有之学；（5）研究西洋哲学之必要。关于第二点，王国维引或者说

① 璩鑫圭、唐良炎：《中国近代教育史资料汇编——学制演变》，上海教育出版社 1991 年版，第 340、349 页。

② 朱有瓛：《中国近代学制史料》第 2 辑上册，华东师范大学出版社 1987 年版，第 66 页。

③《汪康年师友书札》第 2 册，上海古籍出版社 1986 年版，第 1789 页。

④《静安文集自序》，《王国维文集》第 3 卷，中国文史出版社 1997 年版，第 469 页。

⑤ 陈鸿祥：《王国维传》，人民出版社 2004 年版，第 35 页。

"哲学即令无害，绝非有益，非叩虚课寂之谈，即鹜广志荒之论"（这显然是引了张百熙之说）。针对此，王国维指出人之异于禽兽者在于有"理性"，"宇宙之变化，人事之错综，日夜相迫于前，而要求吾人之解释"，哲学即对宇宙和人事做出理性的解释。他引叔本华所谓"人为形而上学之动物"，又引巴尔善所谓"人心一日存，则哲学一日不亡"，反驳了哲学为"无益之学"。关于第三点，王国维针对"我国上下日日言教育，而不喜言哲学"，指出教育学实为哲学之应用，人之理想曰真、善、美，"哲学实综合此三者而论其原理者也"，教育的宗旨就是造就真、善、美之人物，故可谓"教育学上之理想"也就是"哲学上之理想"①。这与当时清政府颁布的《钦定学堂章程》规定"立学宗旨，无论何等学堂，均以忠孝为本，以中国经史之学为基，俾学生心术壹归于纯正，而后以西学瀹其智识，练其艺能，务期他日成材，各适实用"② 是很不相同的。可以说，如果没有新的"哲学"观念的引进，就没有日后中国新教育体制的灵魂。王国维又强调，"哲学为中国固有之学"，除了诸子学中有哲学思想之外，六经的"《易》之'太极'，《书》之'降衷'，《礼》之'中庸'"等等亦属哲学思想，宋学中"周子'太极'之说，张子'正蒙'之论，邵子之《皇极经世》，皆深入哲学之问题"。关于"研究西洋哲学之必要"，王国维说："余非谓西洋哲学之必胜于中国，然吾国古书大率繁散而无纪，残缺而不完，虽有真理，不易寻绎，以视西洋哲学之系统灿然，步伐严整者，其形式上之孰优孰劣，固自不可掩也。"此说已开中国哲学研究必须借鉴西方哲学之"形式系统"的先河。王国维说："欲通中国哲学，又非通西洋之哲学不易明也。……异日昌大吾国固有之哲学者，必在深通西洋哲学之人，无疑也。"③ 此说与梁启超所说"今日欲使外学之真精神普及于祖国，则当转输之任者，必邃于国学，然后能收其效"，可谓各讲了一个方面。要之，只有中学与西学贯通，才能既"昌大吾国固有之哲学"，又能收"使外学之真精神普及于祖国"之效。在1906年王国维更有针对性地写了《奏定经学科大学文学科大学章程书后》，

---

①《王国维文集》第 3 卷，中国文史出版社 1997 年版，第 3、4 页。

②璩鑫圭、唐良炎：《中国近代教育史资料汇编——学制演变》，上海教育出版社 1991 年版，第 289 页。

③《王国维文集》第 3 卷，中国文史出版社 1997 年版，第 5 页。

指出《钦定学堂章程》的根本之误在于"缺哲学一科而已",且明确地质问"南皮（张之洞）尚书之所以必废此科之理由如何"。在王国维看来,哲学"不可不特立一科",经学科和文学科亦"不可不授哲学"。他重申:"异日发明光大我国之学术者,必在兼通世界学术之人,而不在一孔之陋儒,固可决也。"①

承认"国学"中有中国固有之哲学,这是当时言"国学"者的共识。如章太炎在《东京留学生欢迎会演说录》中说:"中国科学不兴,惟有哲学,就不能甘居人下。"②同时期,刘师培在《国学发微》中说:古希腊的诡辩学派"与中国名家言相类",儒家中"子思、孟子一派,为中国儒教之宗,与希腊苏格拉底之学相近,亦诸子学术之合于西儒者也"。"周末诸子之书,有学有术。学也者,指事物之原理言也;术也者,指事物之作用言也。学为术之体,术为学之用。……夫子之文章……盖可得闻者为下学之事,不可得闻者为上达之事。下学即西人之实科,所谓形下为器也;上达即西儒之哲学,所谓形上为道也。"③在《周末学术史序》中,刘师培考述"诸子之义理学","采集诸家之言,依类排列,较前儒学案之例稍有别矣"。其所述有心理学史、伦理学史、论理学史、社会学史、宗教学史、政法学史、计（经济）学史、兵学史、教育学史、理科学史等等,并有"哲理学史"。关于后者,他说:"我国诸子之言哲理者,大抵皆瑜不掩瑕矣。惟《大易》《中庸》发明效实储能之理,中邦哲理赖此仅存。"又说诸子所"擅长之学,略有三端",一曰天演学派,二曰乐利学派,三曰大同学派④。后一点似有袭梁启超所论康有为之哲学。尽管刘氏所论不免有牵强附会的成分,但中国近代著述中,不同于传统的学案体,而对国学做分类（包括哲学史）研究和表述的是以刘氏《周末学术史序》为发端。

章太炎在1910年发起《教育今语杂志》,他在创刊号的"社说"中说,"中国头一个发明哲理的算是老子",老子"不相信天帝鬼神和占验的话",二百年后"庄子出来,就越发骏逸不群了"。他在同刊第3册发表《论教育

---

①《王国维文集》第3卷,中国文史出版社1997年版,第71页。
②《东京留学生欢迎会演说录》,《革故鼎新的哲理:章太炎文选》,上海远东出版社1996年版,第148页。
③《刘申叔遗书》,江苏古籍出版社1997年版,第480页。
④《刘申叔遗书》,江苏古籍出版社1997年版,第504～516页。

的根本要从自国自心发出来》，认为中国学术"历代也有盛衰，大势还是向前进步，不过有一点儿偏胜"。周朝的时候"懂得六艺（礼、乐、射、御、书、数）的多，却是历史政事，民间能够理会的很少，哲理是更不消说的；后来老子、孔子出来，历史政事哲学三件，民间渐渐知道了，六艺倒渐渐荒疏"①。从西周时期的"学在王官"，到春秋以降"道术将为天下裂"，孔老并出，诸子蜂起，由此中国文化才有了"哲学"。在五四时期胡适出版《中国哲学史大纲》（卷上）之后，中国哲学史的叙述都是从老子或孔子讲起，这一叙述模式在章太炎、梁启超的著述中已发其端。只不过，自胡适的《中国哲学史大纲》始，"截断众流"，很少溯及儒家的"祖述尧舜，宪章文武"（梁启超谓之中国学术思想的"胚胎时期"），则对先秦哲学的源头认识不清，亦不足以说明中国文化在"轴心时期"实现的是有连续性的"温和的突破"②。章太炎在 1922 年讲授《国学概论》时，讲了经学、文学和"哲学的派别"。他说：

> "哲学"一名词，已为一般人所通用，其实不甚精当。"哲"训作"知"，"哲学"是求知的学问，未免太浅狭了。不过习惯相承，也难一时改换，并且也很难得一比此更精当的。③

此说包含着对"哲学"一词"未免太浅狭"的批评，但如果充分认识到中国哲学的一个特点是"知行合一"，那么"哲学"之名亦可无弊。章太炎说："讨论哲学的，在国学以子部为最多，经部中虽有极少部分与哲学有关，但大部分是为别种目的而作的。"如《周易》，"其实是古代社会学，只《系辞》中谈些哲理"。《论语》中，"半是伦理道德学，半是论哲理的"。诸子中"和哲学最有关系的，要算儒、道二家，其他要算法家、墨家、名家了"。在两汉和魏晋，章太炎举出较有哲学思想的是扬雄、王充和何晏、王弼。隋唐时期，"讲哲理的只有和尚"。宋代以降，"周敦颐出，才辟出哲理的新境域"，而后有邵雍、张载、程、朱、陆、王、罗钦顺、戴震等④。

① 汤志钧：《章太炎年谱长编》，中华书局 1979 年版，第 323、328 页。
② 梁启超在《评胡适之〈中国哲学史大纲〉》中就曾批评："讲古代史，若连《尚书》《左传》都一笔勾销，简直是把祖宗遗产荡去一大半，我以为总不是学者应采的态度。"见《饮冰室合集》第 5 册《文集》之三十八，中华书局 1989 年版，第 53 页。
③ 章太炎：《国学概论》，上海古籍出版社 1997 年版，第 30 页。
④ 章太炎：《国学概论》，上海古籍出版社 1997 年版，第 30～48 页。

章太炎的"哲学史"叙述并不精到，且其偏好以佛教"唯识"之说判释儒、道。虽然对国学中的"哲学史"简择会有不同看法，但认为哲学思想只是经学、子学中的一部分，这是章太炎与梁启超、刘师培、王国维等人一致的见解。

蔡元培在 1907～1911 年留学德国期间撰写了《中国伦理学史》。他在"绪论"中说：

> 我国以儒家为伦理学之大宗。而儒家，则一切精神界科学，悉以伦理为范围。哲学、心理学，本与伦理有密切之关系。我国学者仅以是为伦理学之前提。……我国伦理学之范围，其广如此，则伦理学宜若为我国唯一发达之学术矣。[①]

作为"大宗"的儒家伦理学，把政治学、军事学、宗教学、美学等等也范围在内，这正体现了中国文化以道德为最高价值（所谓"太上有立德"）。其以哲学为"伦理学之前提"，此"前提"即理论基础之意，亦即蔡元培后来在《五十年来中国之哲学》中所说"哲学是文化的中坚"[②]。

辛亥革命以后，蔡元培为民国首任教育总长。他发表《对于新教育之意见》，针对旧教育体制"忠君与共和政体不合，尊孔与信教自由相违"，提出新教育当包含"隶属于政治"的军国民主义、实利主义和德育主义教育，亦应包含"超轶政治"的世界观和美育主义教育。[③] 依此精神，教育部颁布《教育宗旨令》，定教育宗旨为"注重道德教育，以实利教育、军国民教育辅之，更以美感教育完成其道德"；又颁布《大学令》和《大学规程》，规定大学分为文、理、法、商、医、农、工七科，其中"文科分为哲学、文学、历史学、地理学四门"[④]。由此，"哲学"作为一个学科，正式进入了中国的教育体制，它是共和国及其教育体制的一个标志性的成果。

3. "中国哲学（史）"学科的发展

1912 年，北京大学哲学门成立；1914 年，中国哲学门正式招生。当时担任中国哲学史主讲的是陈黻宸，他讲"诸子哲学"是从老子讲起，但讲

[①]《蔡元培全集》第 2 卷，中华书局 1984 年版，第 7 页。
[②]《蔡元培全集》第 4 卷，中华书局 1984 年版，第 382 页。
[③]《蔡元培全集》第 2 卷，中华书局 1984 年版，第 135、136 页。
[④] 璩鑫圭、唐良炎：《中国近代教育史资料汇编——学制演变》，上海教育出版社 1991 年版，第 651、697 页。

"中国哲学史"却从伏羲、神农讲起。他说："欧西言哲学者，考其范围，实近吾国所谓道术"，而儒学正是"尽力于道术，得其全者"，因此，"儒术者，乃哲学之极轨"。这是以儒学的全部内容为"哲学"。陈黻宸于1916年病逝，现存其"中国哲学史"讲义是讲到姜太公[1]。冯友兰先生晚年回忆："陈介石（黻宸）先生给我们讲，从前三皇、后五帝讲起，每星期四小时，讲了一个学期才讲到周公。……后来陈伯弢（汉章）先生接着讲，基本上就是《宋元学案》《明儒学案》那一套。"[2] 当时谢无量出版了一部《中国哲学史》，从羲、农"唐虞哲学"一直讲到清代哲学，可谓第一部"中国哲学史"通史。他在"绪言"中说：

> 哲学之名，旧籍所无，盖西土之成名，东邦之译语，而近日承学之士所沿用者也。虽然，道一而已。……道术即哲学也……古之君子，尽力于道术而得其全者，是名曰儒。扬子云曰："通天地人之谓儒，通天地而不通人之谓伎。"儒即哲学也，伎即科学也。在古之世，道术恒为士君子之学，称学而道在其中。及官失学散，乃谓之曰儒学，谓之曰道学，谓之曰理学，佛氏则谓之义学，西方则谓之哲学，其实一也。[3]

梁启超的《论中国学术思想变迁之大势》和蔡元培的《中国伦理学史》都是把上古三代称为"胚胎时期"，而谢无量（以及陈黻宸）不仅把儒学等同于哲学，而且把中、西哲学都归宗于三代的"道术"，这样就把"哲学史"混同于中国传统的"古史"或"经史之学"了。

改变这种局面的是胡适于1919年出版《中国哲学史大纲》（卷上），如蔡元培在"序"中所说，此书有四个特长，即"证明的方法""扼要的手段""平等的眼光""系统的研究"[4]。有这四个特长，就足以使胡适的《大纲》成为第一部现代意义的"中国哲学史"。胡适说："凡研究人生切要的问题，从根本上着想，要寻一个根本的解决：这种学问叫作哲学。"而人生切要的问题包括宇宙论、知识论、人生哲学、教育哲学和宗教哲学所探索

---

① 《陈黻宸集》上册，中华书局1995年版，第415、500页。

② 冯友兰：《五四前的北大和五四后的清华》，《中华文史资料文库》第17卷，中国文史出版社1996年版，第401页。

③ 谢无量：《中国哲学史》，台湾中华书局1976年版，第1页。

④ 《胡适文集》第6卷，北京大学出版社1998年版，第155～156页。

的问题。① 这样就把"中国哲学史"所研究的范围同中国传统的"经、史、子、集"之学区别开来，即它只是其中讲"人生切要问题"的那一部分。胡著的缺点是它脱胎于作者在美留学时期的博士论文《中国名学史》，过多注重于逻辑学、进化论和实用主义的"方法"②，而没有深入阐述先秦哲学的宇宙论和人生哲学的内容。至于蔡元培在"序"中所说"中国古代学术从没有编成系统的记载……我们要编成系统，古人的著作没有可依傍的，不能不依傍西洋人的哲学史"，这也是他在写《中国伦理学史》时的甘苦之言："我国伦理学者之著述，多杂糅他科学说。其尤甚者为哲学及政治学。欲得一纯粹伦理学之著作，殆不可得。此为述伦理学史者之第一畏途矣。"③在此之前，王国维也曾说："吾国古书大率繁散而无纪，残缺而不完，虽有真理，不易寻绎，以视西洋哲学之系统灿然，步伐严整者，其形式上之孰优孰劣，固自不可掩也。"既然中国传统学术有此"形式"上的弱点，那么"依傍"或借鉴西方哲学的"形式系统"就是有必要的，除非我们再多写出几部"大率繁散而无纪，残缺而不完"的古书。

　　1923 年，梁启超在东南大学演讲《治国学的两条大路》，第一条路是"文献的学问"，第二条路是"德性的学问"。关于第一条路，梁启超大致同于胡适等人"整理国故"的观点，即主张对国故"应该用客观的科学方法去研究"，而且他们都引用并发挥了章学诚的"六经皆史"之说。梁启超自道：

> "六经皆史"，这句话我原不敢赞成，但从历史家的立脚点看，说"六经皆史料"那便通了。既如此说，则何只六经皆史，也可以说诸子皆史，诗文集皆史，小说皆史；因为里头一字一句都藏有极可宝贵的史料，和史部书同一价值。④

依此观点，国学研究就走向了现代意义的史学研究。但除此之外，梁

---

①《胡适文集》第 6 卷，北京大学出版社 1998 年版，第 163 页。

② 蔡元培后来在《五十年来中国之哲学》中说，胡适的《中国哲学史大纲》"最注重的是各家的辩证法"，见《蔡元培全集》第 4 卷，中华书局 1984 年版，第 381 页。金岳霖则不客气地说"有的时候简直觉得那本书的作者是一个研究中国思想的美国人"，见其为冯友兰《中国哲学史》写的"审查报告"，《三松堂全集》第 2 卷，河南人民出版社 2000 年版，第 618 页。

③《蔡元培全集》第 2 卷，中华书局 1984 年版，第 7 页。

④ 梁启超：《饮冰室合集》第 5 册《文集》之三十九，中华书局 1989 年版，第 111 页。

启超认为还有一种"应用内省及躬行的方法"的"德性学"。他说：

> 诚然整理国故，我们是认为急务；不过若是谓除整理国故外，遂别无学问，那却不然。我们的祖宗遗予我们的文献宝藏，诚然足以傲视世界各国而无愧色。但是我们最特出之点，仍不在此。其学为何？即人生哲学是。

与西方哲学相比，儒家学问"纯以人生为出发点"，"专以研究'人之所以为道'为本"，主张"知行合一"，认为"宇宙、人生不可分"，"宇宙不是另外一件东西，乃是人生的活动"①。依此而论，儒学研究最重要的就是对其"人生哲学"的研究，这不仅具有哲学之"史"的意义，而且具有指导现实人生的哲学之"论"的价值。正是在此双重维度下，梁启超于1927年在清华大学做《儒家哲学》的演讲。他说：

> 西洋哲学由宇宙论或本体论趋重到论理学，更趋重到认识论。彻头彻尾都是为"求知"起见。所以他们这派学问称为"爱智学"，诚属恰当。

> 中国学问不然。与其说是知识的学问，毋宁说是行为的学问。中国先哲虽不看轻知识，但不以求知识为出发点，亦不以求知识为归宿点。直译的 philosophy，其含义实不适于中国。若勉强借用，只能在上头加上个形容词，称为人生哲学。②

所谓"人生哲学"，就是以人生为出发点和归宿点的哲学。但它既然被称为一种"哲学"，就不是只以研究人生为限，而是也言及"天人之际"，即宇宙与人生的关系问题。观王国维在《哲学辨惑》等文中论证哲学为中国固有之学，其所举之例如"《易》之'太极'，《书》之'降衷'，《礼》之'中庸'"以及"周子'太极'之说，张子'正蒙'之论，邵子之《皇极经世》"等等，他实是以言及天道和天人关系为中国之有哲学，此符合邵雍所说"学不际天人，不足谓之学"（《皇极经世·观物外篇》）。可以说，王国维虽然也注意到中国哲学的特殊性，但他更强调了哲学的普遍性；而梁启超虽然也说儒家认为"宇宙、人生不可分"，"论理学、认识论，儒家

---

① 梁启超：《饮冰室合集》第 5 册《文集》之三十九，中华书局 1989 年版，第 114～118 页。
② 梁启超：《饮冰室合集》第 12 册《专集》之一〇三，中华书局 1989 年版，第 2 页。

并不是不讲"，但他更强调了中国哲学的特殊性。

冯友兰在 1931 年出版《中国哲学史》（上册）并在 1934 年出齐上、下册，这是第一部现代意义的中国哲学通史。他在"绪论"中指出，哲学之内容大略可分为宇宙论、人生论和知识论。与胡适的《中国哲学史大纲》（卷上）相比，其略去了教育哲学和宗教哲学，这两部分实可被涵括在哲学的"三分法"之中。此"三分法"既是西方哲学所普遍流行，又约略与中国哲学讲"性与天道"以及"为学之方"相对应。他又指出，中国哲学虽然没有"形式上的系统"，但有"实质上的系统"，"讲哲学史之一要义，即是要在形式上无系统之哲学中，找出其实质的系统"。此所谓"找出"，仍不免要"依傍"或借鉴西方哲学史，即找出"中国之某种学问或某种学问之某部分之可以西洋所谓哲学名之者也"①。冯先生在这里较多地讲了中国哲学与西方哲学之相通的普遍性，因此，金岳霖先生在为冯著写的"审查报告"中就不免提出，"中国哲学史"这个名称仍有"困难"，"所谓中国哲学史是中国哲学的史呢？还是在中国的哲学史呢？"他举出写中国哲学史至少有两个根本态度："一个态度是把中国哲学当作中国国学中之一种特别学问，与普遍哲学不必发生异同的程度问题；另一态度是把中国哲学当作发现于中国的哲学。""根据前一种态度来写中国哲学史，恐怕不容易办到"，而胡适和冯友兰都是取第二种态度，即"以中国哲学史为在中国的哲学史"②。虽然金先生对冯著有较高的评价，但冯先生未必同意金先生的观点。因为冯先生认为，中国古代所讲的"性与天道"等等"约略相当于"西方哲学所讲的宇宙论、人生论，既然是"约略相当于"，这里就有"异同的程度问题"。如果能讲出中国哲学之"异"，那它就不仅是"在中国的哲学史"，而且是"中国哲学的史"。冯先生说：

> 盖中国哲学家多未有以知识之自身为自有其好，故不为知识而知识。

> 中国哲学家之不喜为知识而知识，然亦以中国哲学迄未显著的将

---

① 冯友兰:《三松堂全集》第 2 卷，河南人民出版社 2000 年版，第 252～253 页。

② 冯友兰:《三松堂全集》第 2 卷，河南人民出版社 2000 年版，第 617～618 页。所谓"在中国的哲学史"（philosophical history in China）即指在中国的"普遍哲学"的史。金岳霖说，"现在的趋势，是把欧洲的哲学问题当作普通的哲学问题"，故这里的"普遍哲学"实亦指西方哲学。

个人与宇宙分而为二也。

中国哲学家多未竭全力以立言，故除一起即灭之所谓名家者外，亦少人有意识地将思想辩论之程序及方法之自身，提出研究。故……逻辑，在中国亦不发达。

又以特别注重人事之故，对于宇宙论之研究，亦甚简略。

有时哲学中一问题之发生，或正以其研究者之人格为先决条件。

各哲学之系统，皆有其特别精神，特殊面目。一时代一民族亦各有其哲学。①

可见，冯先生也是讲了中国哲学的特殊性的。陈寅恪先生在为冯著写的"审查报告"中说："今欲求一中国古代哲学史，能矫傅会之恶习，而具了解之同情者，则冯君此作庶几近之。"② 尽管冯著亦有可商之处（如受西方新实在论的影响，把"一起即灭"的名家讲共相与殊相的关系当作中国哲学史的一个重点），但陈寅恪的评价，冯著亦可当之无愧。

冯先生的《中国哲学史》和金先生的"审查报告"对于张岱年先生在1937 年完成的《中国哲学大纲》有重要影响。金先生对冯著提出的问题，正是张著首先要解决的。于是，不同于胡适《中国哲学史大纲》（卷上）"导言"的先讲"哲学的定义"，也不同于冯友兰《中国哲学史》"绪论"的先讲"哲学之内容"，张岱年《中国哲学大纲》的"序论"首先有"哲学与中国哲学"一节，也就是首先要解决"哲学"的普遍性和"中国哲学"的特殊性问题。张先生说：

如所谓哲学专指西洋哲学，或认为西洋哲学是哲学的惟一范型，与西洋哲学的态度方法有所不同者，即是另一种学问而非哲学；中国思想在根本态度上实与西洋的不同，则中国的学问当然不得叫作哲学了。不过我们也可以将哲学看作一个类称，而非专指西洋哲学。可以说，有一类学问，其一特例是西洋哲学，这一类学问之总名是哲学。

---

① 冯友兰：《三松堂全集》第 2 卷，第 249～251、253～254 页。冯友兰在 1937 年亦作有《论民族哲学》一文，指出，"哲学或文学可以有民族的分别"，"一个民族的哲学是一个民族的民族性在理论上的表现"，"如此分别的民族哲学，对于一民族在精神上的团结及情感上的满足，却是有大贡献的"，"某一个民族的民族哲学是'接着'某一个民族的哲学史讲的"。见《三松堂全集》第 5 卷，河南人民出版社 2000 年版，第 270～274 页。

② 冯友兰：《三松堂全集》第 2 卷，河南人民出版社 2000 年版，第 613 页。

如此，凡与西洋哲学有相似点，而可归入此类者，都可叫作哲学。以此意义看哲学，则中国旧日关于宇宙人生的那些思想理论，便非不可名为哲学。①

张先生把"对于哲学一词的看法"分为两种，第一种是以西方哲学为"哲学的惟一范型"，依此见解，则中国就没有"哲学"；第二种是"将哲学看作一个类称"，西方哲学只是此类的一个"特例"，依此见解，则中国古代关于宇宙、人生的思想理论即使"在根本态度上"与西方哲学不同，也仍可名为"哲学"，它与西方哲学同属"哲学"之类，而各是其中的"特例"。《中国哲学大纲》又名《中国哲学问题史》，它所讲的不是"把欧洲的哲学问题当作普通的哲学问题"，而是"在探寻问题的时候，固然也参照了西方哲学，但主要是试图发现中国哲学固有的问题，因而许多问题的提法与排列次序，都与西方哲学不尽相同"②。关于中国哲学的"条理系统"，张先生肯定冯先生"谓中国哲学虽无形式上的系统，而有实质上的系统，实为不刊之至论"。《中国哲学大纲》的目的之一就是要"寻出整个中国哲学的条理系统"，张先生强调，"求中国哲学系统，又最忌以西洋哲学的模式来套，而应常细心考察中国哲学之固有脉络"，"我们对于中国哲学加以分析，实乃是'因其固然'，依其原来隐含的分理，而加以解析，并非强加割裂"③。显然，这里已经不是片面强调"依傍西洋人的哲学史"了。在《中国哲学大纲》"序论"的第三节，张先生讲"中国哲学之特色"，如"合知行""一天人""同真善"等等④，这就是讲中国哲学之"异"即特殊性，强调它是"中国系的哲学"，而非"西洋系、印度系"的哲学。

有了哲学的"类名"（普遍性）与"特例"（特殊性）之分，"中国哲学"之名方可安立。金岳霖先生在1943年用英文写成《中国哲学》一文，提出中国哲学的特点是："逻辑和认识论的意识不发达""天人合一""哲学

---

① 张岱年：《中国哲学大纲》"序论"，中国社会科学出版社1982年版，第2页。
② 张岱年：《中国哲学大纲》"新序"，中国社会科学出版社1982年版，第6页。
③ 张岱年：《中国哲学大纲》，中国社会科学出版社1982年版，"自序"第18~19页，"序论"第4~5页。
④ 张先生说：中国哲学之特点，重要的有三，即"合知行""一天人""同真善"，次要的有三，即"重人生而不重知论""重了悟而不重论证""既非依附科学亦不依附宗教"，并注明关于"合知行""同真善""重了悟而不重论证"的解说，"颇采熊十力先生之意"。参见《中国哲学大纲》"序论"第5~9页。

与伦理政治合一""哲学家与他的哲学合一"①，所论甚精。显然，金先生在20世纪40年代已经不认为"中国哲学（史）"的名称有"困难"了。

三、 关于 "国学" 与 "中国哲学" 的几个问题

"国学"与"中国哲学"之名都是中西文化相遇、中国学术从传统走向现代的产物。"中西古今"之争是中国近代以来文化发展所要解决的主要问题，因有这一主题性的争论，所以"国学"与"中国哲学"也都遇到了所谓"合法性"的质疑。在回顾了以上"国学"与"中国哲学"之名的源起和发展之后，本文将对以下当前学术界所关注的几个问题展开讨论。

1. 国学与中国文化

如前所述，"国学"之名在20世纪初兴起，至五四时期"国学研究"成为"中国文化史"的研究，至20年代中后期"国学"或"国故学"受到质疑。在清华国学院和北大国学门相继于1929、1932年停办以后，虽然作为通识教育的国学著作仍不断涌现（30年代颇多，至1947年仍有曹伯韩的《国学常识》出版），但"国学"逐渐淡出了学术研究的主流。如史家所论：

> 在尊西趋新和民族主义这两大20世纪主流趋势的互动下，从保存国粹到整理国故这一演化进程竟然以不承认国学是"学"为结果，实在意味深长。

> 正是"国学"的淡出进一步确立了"中国文化"这一称谓的主流地位……惟"中国文化"也继承了当年伴随"国学"的问题：什么是中国文化、中国文化是否妨碍中国"走向世界"以及中国文化自身怎样"走向世界"乃成为学界思想界关注、思考和争辩的问题，虽时隐时显，仍贯穿了整个20世纪，并带入21世纪。②

由此可知，"国学"研究实乃"中国文化"研究之生母也。这与20世纪八九十年代先有"文化热"后有"国学热"正好次序相反，这也"实在意味深长"！"欲存其子，必守其母"，从"文化热"到"国学热"正说明

---

① 金岳霖：《中国哲学》，中译文载《哲学研究》1985年第9期。
② 罗志田：《国家与学术：清季民初关于"国学"的思想论争》，三联书店2003年版，第401、403页。

国学研究对于中国文化研究的必要。

"国学"之所以淡出学术研究的主流，除了尊西趋新和民族主义追求学术之实用外，其遇到的一个"暗礁"就是"整理国故"者认为"国故"一经整理就可分别归入西方学术分类的"分科研究"，即所谓"文学的归文学，哲学的归哲学，史学的归史学"，因为"学无国界"，所以"国学"只是"一时代之名"，当"国故"被分别归入各个学科之后，此名就可不立。现在反思起来，把中国传统的"经、史、子、集"或"义理、考据、辞章、经济"之学分别归入现代学科，这的确是时代的一个进步，但现代的分科是否已经把中国传统的学术分尽了呢？而且，在分科之后是否还需要有综合性的跨学科研究呢？中国传统文化的特质及其价值取向等等是否通过分科研究就可以穷尽其学了呢？为什么在西方发达国家还有区域研究如"东方学""中国学"，在美国还有"美国学"呢？

在 20 世纪 80 年代的"文化热"之后，我国的教育和科研机构设置了一些中国文化研究中心、儒学研究中心等等，也推出了多种关于中国文化史、学术史、儒学史、经学史等著作，这些恐怕都不能只归入"史学"，而是带有综合性的跨学科研究的性质。"国学"研究实即属于综合性的跨学科研究，它不可能取代现有学科体制下的文、史、哲等分科研究，但在现有学科体制中设置一个综合性的"国学研究"平台还是有必要的。从"文化热"走向"国学热"，正说明对中国文化的认识仍需要以"国学研究"来解决。虽然中国文化由多种因素组成，但它又是一个有机的系统（此即文化的"分"与"整"①）。中国文化既与其他民族文化有着相通的普遍性，又有着不同于其他民族文化的特殊性（此即文化的"同"与"异"）。"文化"不可无"学"，就"文化"有其特殊性而言，"学"也并非全无"国界"（虽然"国"与"国"之间仍可相通）。"国学"即以综合性的跨学科的形式来研究中国文化的特点，弘扬"中华民族精神"，如曹聚仁所说，此乃国学"独任之职务，亦彼之真实生命也"。如果我们既讲"中国文化的特质及其价值取向"，又否认"国学"概念的"合法性"，那就是咄咄怪事了。

---

① 张岱年先生在 20 世纪 30 年代运用"对理法"（即辩证法）提出"文化之实相"，他说："惟用'对理法'，才能既有见于文化之整，亦有见于文化之分；既有见于文化之变，亦有见于文化之常；既有见于文化之异，亦有见于文化之同。"见《张岱年全集》第 1 卷，河北人民出版社 1996 年版，第 248～249 页。

2. 国学与学术分科

一般来说，"文化异，斯学术亦异，中国重和合，西方重分别"①。这里既有中西文化的不同特点，又有着时代性的差异。实际上，中国文化"重和合"，其中也潜含着学术分科的因素。中国近代以来的学术体制受西方学术分类的影响，走向分科教学和研究，此亦中国文化走向现代化所必须，从一定意义上说，亦符合中国学术发展的逻辑。

中国文化在上古时期"学在王官"，"六经皆史也……六经皆先王之政典也"（章学诚《文史通义》卷一《易教上》）。在此官学一统、政教不分的时期，亦无所谓学术分类。孔子开创"私学"，"以《诗》、《书》、礼、乐教"，设有"德行""言语""政事""文学"四科（《论语·先进》）。此后诸子蜂起，百家争鸣，至汉初"独尊儒术"，至两汉之际乃有图书的分类。《汉书·艺文志》承刘歆的《七略》，分为六艺略、诸子略、诗赋略、兵书略、数术略、方技略。此中六艺略、诸子略是在"独尊儒术""表彰六经"的背景下以学派划分，而诗赋略、兵书略等则带有"分科"著录的性质。西晋时期，荀勖、张华编成《晋中经簿》，开创四分法：

> 一曰甲部，纪六艺及小学等书；二曰乙部，有古诸子家、近世子家、兵书、兵家、术数；三曰丙部，有史记、旧事、皇览簿、杂事；四曰丁部，有诗赋、图赞、汲冢书。（《隋书·经籍志》）

此中新创的是"丙部"（史部），其原在六艺略的《春秋》类，因汉代以后史书发达，故自《晋中经簿》始从六艺分出，蔚然别为一家；其另一改动是把兵书、数术、方技合入诸子，遂使"分科"著录的性质大为减弱。东晋时期，李充"因荀勖旧簿四部之法，而换其乙丙之书，没略众篇之名，总以甲乙为次"（《广弘明集》卷三《七录序》），由此史书称为"乙部"。南北朝时期，宋元嘉十五年（438），儒学、玄学、史学、文学"四学并建"（《宋书·隐逸列传》），此"四学"既以学派划分又有"分科"的意义；宋元徽元年（473），王俭又别撰《七志》：

> 一曰经典志，纪六艺、小学、史记、杂传；二曰诸子志，纪今古诸子；三曰文翰志，纪诗赋；四曰军书志，纪兵书；五曰阴阳志，纪

---

① 钱穆：《现代中国学术论衡》"序"，三联书店 2001 年版，第 1 页。

阴阳图纬；六曰术艺志，纪方技；七曰图谱志，纪地域及图书；其道、佛附见，合九条。（《隋书·经籍志》）

此中把史书又合入经典，是一倒退；把兵书、数术、方技又从诸子中别出，则具有复原"分科"著录的意义；其另立"图谱志"，其后不传，是中国文化发展中的一个遗憾；其附录道、佛之书，反映了儒、释、道三教并立的情况。南梁普通年间（520~527），阮孝绪更为《七录》：

一曰经典录，纪六艺；二曰记传录，纪史传；三曰子兵录，纪子书、兵书；四曰文集录，纪诗赋；五曰技术录，纪数术；六曰佛录；七曰道录。（《隋书·经籍志》）

此中恢复了史书别为一录，但把兵书又合入诸子，把数术、方技合为"技术录"，删掉了"图谱志"。在《隋书·经籍志》以后才正式形成了"经、史、子、集"的四部分法，一直延续到清代的《四库全书》。

四部分法是中国传统图书分类的主流，其主要体现了汉代以后"独尊儒术"和中国文化"重和合"的特点，而其缺陷是减弱了中国文化也含学术分科的因素。在四部分法流行后，亦有一些学者提出批评，其最卓越者如南宋的郑樵，他在《通志·艺文略》中把图书分为 12 大类，82 小类，442 种。12 大类中，经类为第一，但抽出礼、乐和小学各为一类，然后是史类、诸子类，但把天文、五行、艺术、医方、类书从诸子中抽出而各为一类，最后是文类（相当于集部）。"盖郑氏根本不守四部成规"①，他的图书分类较多体现了"分科"的特点。在《通志·校雠略》中，郑樵说：

学之不专者，为书之不明也。书之不明者，为类例之不分也。有专门之书则有专门之学，有专门之学则有世守之能。人守其学，学守其书，书守其类，人有存没而学不息，世有变故而书不亡。以今之书校古之书，百无一存，其故何哉？士卒之亡者，由部伍之法不明也。书籍之亡者，由类例之法不分也。②

其所谓"专门之学"即是中国古代的分科之学，其中的一大部分中道失传，在郑樵看来，此中原因在于"书籍之亡"，而"书籍之亡"又是由于

① 许世瑛：《中国目录学史》，中国文化大学出版部 1982 年版，第 191 页。
② 郑樵：《通志二十略》，中华书局 1995 年版，第 1804 页。

"类例之法不分"，这是很深刻的见解。郑樵又在《通志·图谱略》中批评自刘歆的《七略》以来，除了王俭的《七志》，余皆"只收书，不收图"，"图既无传，书复日多，兹学者之难成也"。他将图谱总括为天文、地理、宫室、器用等16类，指出："天文、地理，无图有书，不可用也……凡宫室之属，非图无以作室……凡器用之属，非图无以制器……"① 他所说的"图谱之学"亦属中国古代的分科之学，特别是有关中国古代的科学技术。目录学家认为，"郑樵建成的新的分类体系是最杰出的一种……是我国分类学史上的一大突进。可惜后人没有继续发展，直到西方资产阶级的分类表输入，才建成了更完整的体系，但郑樵实际上已经进入那种完整体系的大门"②。在郑樵之后，敢于突破四部分法的还有清代的孙星衍。他在《四库全书》编成不久，公然提出新的图书分类，即以经学、小学、诸子、天文、地理、医律、史学、金石、类书、词赋、书画、小说"分部十二"（《孙氏祠堂书目》序）。孙氏的分类亦重视分科，与郑樵的分类精神相通。

宋代学术留下历史遗憾的还有范仲淹、胡瑗所倡"明体达用之学"。范仲淹最重视"举县令，择郡守"和"慎选举，敦教育"，由他推行的庆历新政就是以整饬吏治为首要，以改革科举、兴办学校、砥砺士风、培养人才为本源。在教育的内容和宗旨上，他主张："先之以六经，次之以正史，该之以方略，济之以时务，使天下贤俊翕然修经济之业，以教化为心，趋圣人之门，成王佐之器。"（《范文正公集》卷九《上时相议制举书》）胡瑗是范仲淹门下的"贤士"，他贯彻范仲淹的教育思想，在"始于苏、湖，终于太学"的教育实践中以"明体达用之学"授诸生：

> 其教人之法，科条纤悉具备，立经义、治事二斋。经义则选择其心性疏通、有器局可任大事者，使之讲明六经。治事则一人各治一事，又兼摄一事，如治民以安其生，讲武以御其寇，堰水以利田，算历以明数是也。（《宋元学案·安定学案》）

这里的"治事"斋就是分科教学。"明体"主要是通识性的道德教育，而"达用"就是把学到的具体知识"举而措之天下，能润泽斯民，归于皇

① 郑樵：《通志二十略》，中华书局1995年版，第1826、1828～1829页。
② 王重民：《中国目录学史论丛》，中华书局1984年版，第165页。

极（大中之道）"。此教育方针也得到二程、朱熹的肯定，如朱熹在《学校贡举私议》一文中主张"立德行之科以厚其本，罢去词赋，而分诸经、子、史、时务之年以齐其业"。其"分诸经、子、史"就已是分科，而"时务之大者，如礼乐制度、天文地理、兵谋刑法之属，亦皆当世所须而不可阙，皆不可以不之习也"（《朱文公文集》卷六十九）。元仁宗皇庆元年（1312），理学家吴澄"用宋程颢学校奏疏、胡瑗六学教法、朱熹《学校贡举私议》，约之为教法四条，一曰经学，二曰行实，三曰文艺，四曰治事，未及行"（《元史纪事本末》卷二）；而皇庆二年，元朝就"专立德行明经科，以此取士"（《元史·选举志一》）。此后，元、明、清三代都是专以"德行明经"的八股文取士，其弊端乃至如顾炎武所说，"今代止进士一科，则有科而无目矣"（按"无目"即取消了分科），"八股之害等于焚书，而败坏人材有甚于咸阳之郊所坑者"（《日知录》卷十六"科目""拟题"）。

在中国近代的学制转变中，胡瑗的教学之法、朱熹的《学校贡举私议》等曾起到促进作用。如1896年《礼部议复整顿各省书院折》，其关于"定课程"有云：

宋胡瑗教授湖州，以经义、治事分为两斋，法最称善。宜仿其意分类为六：曰经学，经说、讲义、训诂附焉；曰史学，时务附焉；曰掌故之学，洋务、条约、税则附焉；曰舆地之学，测量、图绘附焉；曰算学，格致、制造附焉；曰译学，各国语言文字附焉。士之肄业者，或专攻一艺，或兼习数艺，各从其便。①

1902年，张百熙《进呈学堂章程折》有云：

自司马光有分科取士之说，朱子《学校贡举私议》于诸经、子、史及时务皆分科限年，以齐其业；外国学堂有所谓分科、选科者，视之最重，意亦正同。②

由此可知，中国近现代走向分科教学和研究，虽然主要受西方学制的

---

① 舒新城：《中国近代教育史资料》上册，人民教育出版社1981年版，第71页。

② 舒新城：《中国近代教育史资料》上册，人民教育出版社1981年版，第193～194页。关于司马光的"分科取士"之说，见《宋史·选举志六》："一曰行义纯固可为师表科……二曰节操方正可备献纳科……三曰智勇过人可备将帅科……四曰公正聪明可备监司科……五曰经术精通可备讲读科……六曰学问该博可备顾问科……七曰文章典丽可备著述科……八曰善听狱讼尽公得实科……九曰善治财赋公私俱便科……十曰练习法令能断请谳科"。

影响，但亦符合中国文化发展的逻辑。正确处理通识性的道德教育、综合性的跨学科研究与分科教学和研究的关系，仍是我们现在需要解决的问题。即使从世界学术发展的普遍视角看，综合性的跨学科研究也是十分必要的，如皮亚杰在 1970 年为联合国教科文组织写的《人文社会科学研究的主要趋势》研究报告中，不仅对人文社会科学的各个学科做了分类，而且提出了"跨学科研究的一般性问题和共同机制"，指出"跨学科研究的真正目的，就是通过实际上是建构性重新组合的一些交流，改造和改组知识的各个领域"①。

3. 国学中的中国哲学

"哲学"作为一个"学科"，是中国近代从西方引进的；但如王国维所说，"哲学为中国固有之学"，这是从"哲学"的思想内容而言。王国维对"哲学"的理解，侧重于"哲学"的普遍意义，故他有"学无中西"之说。在这里，中国思想家是否讲"天道"或"形而上学"，实为王国维判别其有无哲学思想的一个标准。而中国哲学的特殊性，就在于中国思想家讲"天道"不是"为知识而知识"，而是以其为"人道"的根柢，是以人生的安顿（"原善"）、社会的治理（"为治"）为归趋，此即中国哲学"推天道以明人事"的特点。

梁启超在 1902 年所作《新史学》中说："于今日泰西通行诸学科中，为中国所固有者，惟史学。"② 即使这一仅有的与西方诸学科相通的"史学"，在中国近代也经历了从"旧史学"向"新史学"的转变。而"哲学"学科为中国传统学术分类所没有，这就必须参照西方哲学以建立。不仅"哲学"是如此，其他学科（包括"文化史""学术史""思想史"等等）也概莫能外。

从思想内容上说，"哲学为中国固有之学"，这当然不仅要参照西方哲学，还须以"辨章学术，考镜源流"的方式来证明之。就国学的"经、史、子、集"分类而言，章学诚的"六经皆史"说在中国近现代被许多学者所引用和发挥，而刘咸炘的《推十书》是其中的佼佼者。他说：

---

① ［瑞士］皮亚杰：《人文科学认识论》，郑文彬译，中央编译出版社 1999 年版，第 154，231 页。
② 梁启超：《饮冰室合集》第 3 册《文集》之九，中华书局 1989 年版，第 1 页。

六经皆史，而经孔子手订，器殊而道一……官失道裂，而为诸子，道家最高，出于史官……是故史、子皆统于经。

书籍虽多，不外子、史两种。集乃子、史之流，不能并立。经乃子、史之源，而今文家认为子，古文家认为史，所以纷争。章先生开宗明义，言六经皆史，即是认定本体，其说与今古文两家皆不同。①

这就是说，中国传统学术皆源于"学在王官"时期的"六经皆史"，而春秋以降"官失道裂"，此后的中国古书"不外子、史两种"。"集乃子、史之流"，故"集"在学术分类上可归并于子、史。"经乃子、史之源"，经学的今古文之争不过是或认经为子，或认经为史，章学诚的"六经皆史"说就是认定经之"本体"，以解决此纷争。如此分析，虽然"史、子皆统于经"，但"六经皆史"，故四部之分皆可统一于广义的"史"。刘咸炘又说：

吾之学，其对象可一言以蔽之，曰史；其方法，可一言以蔽之，曰道家。何故舍经而言史，舍儒而言道，此不可不说。吾侪所业乃学文之学，非《论语》首章所谓学也。此学以明事理为的，观事理必于史。此史是广义，非但指纪传编年，经亦在内。子之言理，乃从史出。周秦诸子，亦无非史学而已。横说谓之社会科学，纵说则谓之史学，质说括说谓之人事学可也。

他所谓"史"并非传统的"纪传编年"之史，亦非狭义（纵说）的史学，而是广义的可以称为"人事学"的"史学"。其"横说谓之社会科学"，这相当于我们现在所说的"论"（理论）；而"纵说则谓之史学"，这相当于现在所谓"论从史出"的"史"。他说"子之言理，乃从史出"，又云"世间止有事与理，故书亦只有史与子"②，这就是说，中国传统学术不外"史"与"论"两种，而"史"与"论"又都统一于广义的"人事学"。实际上，刘咸炘所谓"人事学"并不限于"社会科学"，而是统"宇宙—人生"而言之。他说：

盖《易》者，言宇宙之大理者也。宇宙无非事，事之所在无非理之所在。特事有大小，则理有浅深，局于小与少者浅，而通于大与多

---

① 刘咸炘：《推十书》，成都古籍书店1996年版，第9、24页。
② 刘咸炘：《推十书》，成都古籍书店1996年版，第32、110页。

者深。

> 所谓史学者，其广义即人事学也。人事广矣，而史则其聚也。宇宙皆事，史者载事者也。为史学者至于高深，每欲求史之定律。人事万端，其律何可尽举？必求其律，其惟《易》乎！虽不能尽其细，而大略具矣。盖《易》者，史之抽象者也；史者，《易》之具体者也。①

统"宇宙—人生"而言之的"人事学"或广义的"史学"，即相当于包括"自然观"在内的"历史观"②。《易》言"宇宙之大理"，如郭店楚简《语丛一》所说"《易》所以会天道人道也"，此即中国传统的哲学。刘咸炘说"观事理必于史"，"子之言理，乃从史出"，这从中国传统学术的发生学上说是正确的，对于我们反思中国学术如何与时变（历史的发展）俱进也是极重要的见解。但在中国传统学术中的确还有另一种论说方式，即所谓"《易》之为书，推天道以明人事者也"（《四库全书总目提要·易类序》）。此中"推天道"即中国传统哲学的宇宙论，而"明人事"即中国传统哲学的人生论。"推天道以明人事"，不仅《周易》是如此，而且中国传统哲学的普遍架构就是如此。

王国维在1906年所作《书辜氏汤生英译〈中庸〉后》一文中，把是否讲"性与天道"作为判别是否有"哲学"的标准，认为"孔子教人，言道德，言政治，而无一语及于哲学……儒家之有哲学，自《易》之《系辞》《说卦》二传及《中庸》始"③。他又说，《中庸》之讲"哲学"是受到老子、墨子的影响。老子的道德政治原理是主张"虚"与"静"，"今执老子而问以人何以当虚当静，则彼将应之曰：天道如是，故人道不可不如是"。墨子的道德政治原理是主张"爱"与"利"，"今试执墨子而问以人何以当爱当利，则彼将应之曰：天道如是，故人道不可不如是"。孔子的道德政治原理是主张"仁"与"义"，"今试问孔子以人何以当仁当义，孔子固将由

---

① 刘咸炘：《推十书》，成都古籍书店1996年版，第83、85页。

② 马克思、恩格斯在《德意志意识形态》中说："我们仅仅知道一门唯一的科学，即历史科学。……只要有人存在，自然史和人类史就彼此相互制约。"见《马克思恩格斯选集》第1卷，人民出版社1972年版，第21页。

③《王国维文集》第3卷，中国文史出版社1997年版，第44页。王国维在1907年所作《孔子之学说》中对此有所修正："夫子晚年所最研钻者为《易》，读之'韦编三绝'。虽有谓《易·十翼》非孔子之作者，然余欲述孔子之形而上学，姑引用而论断之。""是书孔子尝极力研究之，故得视为夫子之思想。"见《王国维文集》第3卷，中国文史出版社1997年版，第109、116页。

人事上解释之。……若子思则生老子、墨子后，比较他家之说，而惧乃祖之教之无根据也，遂进而说哲学以固孔子道德政治之说。今使问子思以人何以当诚其身，则彼将应之曰：天道如是，故人道不可不如是……其所以为此说者，岂有他哉，亦欲以防御孔子之说，以敌二氏而已"①。王国维在这里说的"天道如是，故人道不可不如是"，即中国传统哲学"推天道以明人事"的特点。他在同期所作《论哲学家与美术家之天职》中说：

> 披我中国之哲学史，凡哲学家无不欲兼为政治家者，斯可异己！……岂独哲学家而已，诗人亦然。……夫然，故我国无纯粹之哲学，其最完备者，唯道德哲学与政治哲学耳。至于周、秦、两宋间之形而上学，不过欲固道德哲学之根柢，其对形而上学非有固有之兴味也。其于形而上学且然，况乎美学、名学、知识论等冷淡不急之问题哉！②

王国维说的"可异"，正是中国传统哲学的一个特点（金岳霖在《中国哲学》一文中讲到中国哲学的一个特点就是"哲学和政治思想交织成一个有机整体，使哲学和伦理不可分"，"每一位哲学家都认为自己是潜在的政治家"）。此即如司马迁论六家要旨所说："夫阴阳、儒、墨、名、法、道德，此务为治者也，直所从言之异路，有省不省耳。"（《史记·太史公自序》）王国维说的"纯粹之哲学"，即西方的视学术本身为目的、唯真理之是求的哲学。他在《论近年之学术界》中说："学术之发达，存于其独立而已。然则吾国今日之学术界，一面当破中外之见，而一面毋以为政论之手段，则庶可有发达之日欤？"西方哲学的引进，为中国文化增加了学术之真与艺术之美，有其独立价值的思想，这是很值得肯定的。但在"真、善、美"的价值权衡上，中国哲学仍会有自身的特点，况西方哲学中亦有康德所说哲学乃"求达至善之术"，实践理性比思辨理性占有"优先地位"，现代的莱维纳斯则提出了"伦理学作为第一哲学"。

王国维曾专论《国朝汉学派戴阮二家之哲学说》，亦指出其哲学"皆有实际的性质"，"代表国朝汉学派一般之思想，亦代表吾国人一般之思想者也"③。戴震在《原善》一书中说："天人之道，经之大训萃焉。"因戴震讲

---

①《王国维文集》第3卷，中国文史出版社1997年版，第44~45页。
②《王国维文集》第3卷，中国文史出版社1997年版，第7页。
③《王国维文集》第3卷，中国文史出版社1997年版，第240、241页。

"天人之道"，所以他无疑是一位哲学家。儒家的经书（经学）并不全是哲学，而其中所萃集的关于"天人之道"的"大训"（大理、精义）乃是儒家的哲学；同此，子、史、集中讲"天人之道"的义理亦是中国传统的哲学（观刘师培在《周末学术史序》中考述"诸子之义理学"，分述心理学史、伦理学史、社会学史、宗教学史、政法学史、经济学史、哲理学史等等，可知诸子的义理学也不全属于哲学）。中国传统哲学即可称为"天人之学"，此与"哲学"译名的原意——"将论明天道人道，兼立教法的 philosophy 译名为哲学"——正相符合。如此理解，中国哲学与西方哲学有相通的普遍性，而中国哲学的首旨在于"原善"，这又是中国哲学的特殊性。

刘咸炘说："西人立此（真、善、美）三纲最当。"他认为，中国的考据之学即求真，义理之学即求善，词章之学乃求美，"三者异途不可混"，可见中西之学是相通的。但他又说："三者自有轻重，方法虽三，总的当一，以一包二，宜云善、真、美，不宜云真、善、美。"[1] 在此轻重先后的权衡安排中，透显出中国哲学的特色是不可磨灭的。

因中国哲学有其固有的不同于西方哲学的特色，所以，如果认为西方哲学是哲学的"惟一范型"，那么就可谓中国没有"philosophy"（这里不可说"哲学"，因为一说"哲学"就已牵涉到"哲学"译名的原意）。在执此论者中，常有人引据西方后现代主义思想家德里达对中国读者说的一番话：

> 说中国的思想、中国的历史、中国的科学等等没有问题，但显然去谈这些中国思想、中国文化穿越欧洲模式之前的中国"哲学"，对我来说则是一个问题。……我对这种非欧洲的思想绝不缺乏敬意，它们可以是十分强有力的、十分必不可少的思想，但我们不能将之称为严格意义上的"哲学"。[2]

我们应感谢德里达对中国文化的"敬意"，但以此作为中国文化中没有"哲学"的一个依据，实在是太勉强了。他所谓"严格意义上的'哲学'"，就是以西方的"与一种有限的历史相联""对所谓希腊语中的那个大写逻各斯的某种承认与臣服"为唯一范型的"哲学"。既已设定此前提，则中国文

① 刘咸炘：《推十书》，成都古籍书店 1996 年版，第 16 页。
② ［法］德里达：《书写与差异》"访谈代序"，张宁译，三联书店 2001 年版，第 10 页。

化中没有"严格意义上的'哲学'"就已是前提中的本有之意。德里达还说："文学（littérature）是一个具有某种欧洲历史的概念。可能很多非常伟大的思想文本或诗文本不属于这个'文学'范畴。"① 我们能据此说中国文化中也没有"文学"吗？德里达受到后现代主义的"哲学终结"论的影响，而他所做的工作是处在"解构哲学"与"不放弃哲学"的两极之间。他所要解构的就是那种"严格意义上的'哲学'"，而其不放弃的就是由此衍生的一种新形态的"哲学"。既然德里达可以持这样的"可能看起来相互矛盾或不兼容"的态度，我们又何必执守那种"严格意义上的'哲学'"，而否认中国文化中有既与西方哲学相通又具有自己特色的哲学呢？

德里达说："在哲学与非哲学之间并不存在一种静态的、明晰的界限。"② 这在西方哲学的发展中是一个事实，而其对于理解中国哲学尤有重要的意义。因为国学中没有"哲学"这样一个"学科"，所以在中国哲学与其他思想之间就更没有静态的、明晰的界限，毋宁说在它们之间有着层层的"晕圈"。明乎此，我们在研究中国哲学时，就要在中国哲学与其"外围"之间保持必要的张力。如果认识到中国哲学的特点是其与伦理、政治相合一，与哲学家的人格相合一，那么在研究一个（或一派）哲学家的思想时，"知其人，论其世"就是十分必要的。而且，德里达还经常提到"文学对哲学的挑战"，以"超哲学"的方式来"思考哲学"，这对于我们理解中国哲学也很重要。也许，这正说明中国哲学史研究还需要与中国学术史、思想史、文学史等方面的研究形成互补，还需要有一个综合性的跨学科研究的平台。

4. 中国哲学的"史"与"论"

中国传统哲学是国学中讲"天人之道"的那一部分，它亦可谓中国传统文化的"中坚"。在中国现代学术体制中，中国哲学是哲学学科下的一个二级学科，它曾被称为"中国哲学史"，在改革开放以后去"史"而称为"中国哲学"，"西方哲学史"也同样是如此。去掉了"史"字的"中国哲学"和"西方哲学"，就不仅是"史"，而且兼含着"论"。

---

① ［法］德里达：《书写与差异》"访谈代序"，张宁译，三联书店2001年版，第20页。
② ［法］德里达：《书写与差异》"访谈代序"，张宁译，三联书店2001年版，第9页。

在西方哲学中本有"哲学"与"哲学史"之分，一般而言，"哲学是哲学史的总结，哲学史是哲学的展开"。但在传自苏联的僵化的"马克思主义哲学"中，"哲学史"被简化为唯物主义与唯心主义两条路线斗争的历史，而作为哲学史之总结的"哲学"就只有"马克思主义哲学"。这样，中国哲学和西方哲学就只是"史"而没有"论"（意谓"史"只是历史上的"材料"，而"论"都已被包含在马克思主义哲学中）。在破除了对马克思主义哲学的僵化理解之后，"中、西、马"对话，中国哲学和西方哲学就不仅是"史"而且是"论"。中国化的马克思主义，在改革开放的实践中，在"中、西、马"的对话中，已经获得了划时代的发展；这里的"中国化"，最根本的就是提出了"以人为本"、"和谐社会"、崇尚道德等理念。而"以人为本"、"和谐社会"、崇尚道德等理念，正是继承和发展了中国文化及其哲学的一以贯之而具有"常道"性质的"论"。

中国文化及其哲学的一以贯之的"常道"是什么，这也正是中国哲学"史"的研究需要解决的问题。在传统的儒家乃至近代提出"中体西用"的张之洞等人看来，中国文化相"因"而不可变革的就是"三纲五常"。然而，通过中国哲学"史"的研究，可知"三纲五常"是汉代儒家才提出来的，即便在最初提出"三纲"与"五常"的董仲舒的论述中，它们还没有与三代相"因"、"天不变，道亦不变"联系起来（参见《汉书·董仲舒传》载其《举贤良对策三》），至东汉后期的马融才在对《论语》的注释中提出了"所'因'，谓三纲五常也"（见何晏《论语集解》），此后对《论语》中所谓"因革损益"的注释都循马融之说，至近代康有为的《论语注》才发生了根本的转变。"三纲五常"实际上并非三代相"因"、"天不变，道亦不变"的"常道"，而是儒家的一种历史建构。儒家"祖述尧舜，宪章文武"，在唐虞三代乃至先秦儒家的思想中还没有"三纲五常"之说。虽然唐虞三代和历代儒家学说都有其时代性的内容，但贯穿始终、延续不绝的"常道"应该就是"以人为本"、"和谐社会"、崇尚道德（《易传》所谓"精义入神，以致用也；利用安身，以崇德也；过此以往，未之或知也"）。

在儒家的经学史上，"三纲五常"的确曾被认为是中学之"体"（胡瑗的"明体达用"之说亦谓"君臣父子，仁义礼乐，历世不可变者，其体也"）。但在中国近代，郑观应就已提出要学习西学之"体"，严复针对"中体西用"之说，讥其为"以牛为体，以马为用"，指出"君臣之伦，盖出于不得已也！唯其不得已，故不足以为道之原"①。王国维在《孔子之学说》中亦曾指出"孔子之说，其可取者，不在其（讲君臣之伦的）政治上，而在其道德上"②。先秦儒家讲的"君臣之伦"在现代尚不可取，汉代以后讲的"君为臣纲"当然更不可取。要之，"三纲五常"只是儒家的一时代之"体"，今日应对其取分析的态度（如有的学者提出"三纲不能留，五常不能丢"），这也正是张岱年先生提出的文化和道德的"变"与"常"③。今日应通过中国哲学"史"的研究来确立中国文化及其哲学的真正的"常道"是什么，由此才能使中国哲学在现代更多更好地发挥其"论"的作用。

近来刘笑敢教授归纳诸说，总结出中国哲学在现代学术文化中有"现代学科""民族文化""生命导师"的"三种身份"。他不无忧虑地指出：

> 如果对于中国哲学的这三种身份毫无分辨，那么所谓中国哲学的方法问题、合法性问题、反向格义问题都会错综纠缠、茫无头绪，莫衷一是。中国哲学要发展，无论是作为哪一种身份，都离不开严肃的、细致的、超功利的、有创造力的研究，而其"现代学术身份"很可能是其他两种身份的根基和命脉。④

我认为，这里的关键还是要区分中国哲学的"史"与"论"。中国哲学所要承担的"民族文化""生命导师"的身份，即属于中国哲学中的仍适用于现代社会生活的"论"的范畴；而中国哲学的"现代学科"身份则兼有"史"与"论"两种意义。如果其"民族文化""生命导师"的身份不是短时期的或限于一少部分人的"虚热"，那就要以"现代学科"的身份从事"史"与"论"的研究，来为"民族文化""生命导师"的身份提供坚实的根基和畅通的命脉；当然，反过来说，在中国哲学的"论"的研究中，也少不了从"民族文化""生命导师"的身份（实即现代社会生活的需要）中吸取光热和营养。在这里，归根结底还是要以中国哲学的"史"与"论"的研究为其根基和命脉。

---

① 《辟韩》，《严复集》第 1 册，中华书局 1986 年版，第 34 页。
② 《王国维文集》第 3 卷，中国文史出版社 1997 年版，第 151 页。
③ 参见《张岱年全集》第 1 卷，河北人民出版社 1996 年版，第 159～162，249 页。
④ 刘笑敢：《诠释与定向》，商务印书馆 2009 年版，第 7 页。

刘咸炘说："子之言理，乃从史出"，"书籍虽多，不外子、史两种"。这在现代意义下即可谓天下之书不外"史"与"论"两种，哲学之书亦是如此。但在中国古代，"史"与"论"的区分并不显明，且先秦与秦后的著作形态有很大不同。冯友兰先生的《中国哲学史》（上、下册）以先秦时期为"子学时代"，秦以后至清末则为"经学时代"。"子学时代"可谓诸子百家争鸣而创"论"的时代，"经学时代"则可谓"旧瓶装新酒"即注释和诠释经典之"史"的时代。在经学之"史"的时代仍有"论"，这是没有疑义的，但其著作形态是以注释和诠释经典为最高，而子书以及后儒之"论"的著作并不受重视，此所以中国古代思想家大多以注释和诠释经典来表达自己的"论"。刘笑敢教授提出的注释和诠释经典的"两种定向"（一者为"面向文本与历史的客观性定向"，一者为"面向当下和现实的主观性定向"），也因此出现"紧张和冲突"①。这种"紧张和冲突"是通过"史"的研究才揭示出来，而在原有的经学注疏形式上则并不表现出来，因为无论是"我注六经"还是"六经注我"，其前提都预设了"我"与"六经"的义理相同，朱熹所谓"惟本文本意是求，则圣贤之指得矣"（《朱文公文集》卷四十八《答吕子约》），陆九渊所谓"解书只是明他大意，不入己见于其间，伤其本旨，乃为善解书"（《陆九渊集·年谱》），就是此意。正因如此，清儒在反对宋儒的义理时，不是批评其"论"，而是批评其对经的解释，所谓"经学即理学也"。无论经学史上的今古文之争、汉宋之争，还是理学内部的朱陆之争，实际上都不能通过"经学"的模式来解决，而只有通过"观事理必于史"来解决（即在"史"的意义上都给以"同情的理解"）。

在清朝末年，对子、史之书的重视渐成风尚，由此逐渐突破了"经学时代"。蔡元培在《中国伦理学史》的"绪论"中即提出了"伦理学史与伦理学根本观念之别"。他说：

> 伦理学以伦理之科条为纲，伦理学史以伦理学家之派别为叙。其体例之不同，不待言矣。而其根本观念，亦有主观、客观之别。伦理

---

① 参见刘笑敢：《挣扎游走于两种定向之间》，《中国哲学与文化》第 3 辑，广西师范大学出版社 2008 年版，第 108 页。

学者，主观也，所以发明一家之主义者也。各家学说，有与其主义不合者，或驳诘之，或弃置之。伦理学史者，客观也。在抉发各家学说之要点，而推暨其源流，证明其迭相乘除之迹象。各家学说，与作者主义有违合之点，虽可参以评判，而不可以意取去，漂没其真相。此则伦理学史根本观念之异于伦理学者也。①

蔡元培提出的两种"体例"和两种"根本观念"（同于刘笑敢所说"两种定向"）之分，也是被以后的中国哲学研究所肯定的。如冯友兰在《中国哲学史》（上册）的"绪论"中提出"哲学史"与"写的哲学史"之分，"事情之自身可名为历史，或客观的历史；事情之记述可名为'写的历史'，或主观的历史"，"写的历史随乎历史之后而记述之，其好坏全在于其记述是否真实，是否与所记之实际相合"②。质言之，"写的哲学史"虽然是主观的，但评价其好坏的标准仍是客观的。正因为冯先生的《中国哲学史》贯彻了这样一种认识，所以陈寅恪在此书的"审查报告"中一方面指出"凡著中国古代哲学史者，其对于古人之学说，应具了解之同情"，另一方面又批评"此种同情之态度，最易流于穿凿傅会之恶习"，"今日之谈中国古代哲学者，大抵即谈其今日自身之哲学者也……其言论愈有条理系统，则去古人学说之真相愈远"，与此不同，"今欲求一中国古代哲学史，能矫傅会之恶习，而具了解之同情者，则冯君此作庶几近之"③。在《中国哲学史》之后，冯友兰开始建构自己的哲学体系。他在《论民族哲学》一文中说，"某一个民族的民族哲学是'接着'某一个民族的哲学史讲的"，"'接着'哲学史讲哲学，并不是'照着'哲学史讲哲学"④。此中"接着讲"即是哲学之"论"，而"照着讲"即是哲学之"史"。冯友兰的《中国哲学史》是"照着讲"，而其《新理学》则是"'接着'宋明以来的理学讲的，而不是'照着'宋明以来的理学讲的"⑤。这里有两种"体例"和"定向"之分。不仅冯友兰的中国哲学研究是如此，张岱年的《中国哲学大纲》与其《天人五论》，冯契的《中国古代哲学的逻辑发展》与其《认识世界和认

① 《蔡元培全集》第2卷，中华书局1984年版，第7页。
② 冯友兰：《三松堂全集》第2卷，河南人民出版社2000年版，第254～257页。
③ 冯友兰：《三松堂全集》第2卷，河南人民出版社2000年版，第612～613页。
④ 冯友兰：《三松堂全集》第5卷，河南人民出版社2000年版，第274、275页。
⑤ 冯友兰：《三松堂全集》第4卷，河南人民出版社2000年版，第4页。

识自己》等等，也都有此"史"与"论"的区分。

从西方哲学说，"史"与"论"有体例和定向之不同，"不待言矣"。如黑格尔的《哲学史讲演录》、文德尔班的《哲学史教程》、罗素的《西方哲学史》，虽然其中也贯注了他们的哲学思想，但对其哲学史著作的评价并不同于对他们的哲学理论著作的评价。只是在西方的伽达默尔的诠释学理论输入中国后，对文本理解的"偏见"或"成见"才获得了认可的"合理性"。如刘笑敢所说："伽达默尔的哲学诠释学是哲学，是存有论，核心问题是人的此在或亲在（Dasein），不是方法论，不是任何学科的研究方法。"① 在此意义下，其哲学诠释学似更适宜于哲学"接着"哲学史讲，而不能无限制地将其作为哲学史之"照着讲"的研究方法。我同意刘笑敢所说：我们"不能否定和放弃将中国哲学经典当作某种客观对象来研究的态度和方法"，不能"连基本的求真、求实的科学精神、理性精神完全否定和抛弃"，"不能将诠释者的任意想象当作创造性诠释"②。这里的"不能"主要是就中国哲学之"史"的研究而言，至于其"论"，则更主要是以现代社会生活的需要、以民族和人类的福祉为评价标准。

清代的朴学家段玉裁曾经说：

> 校书定是非最难，是非有二：曰底本之是非，曰立说之是非。必先定底本之是非，而后可断其立说之是非。……何谓底本？著书者之稿本是也。何谓立说？著书者所言之义理是也。……不先正底本，则多诬古人；不断其立说之是非，则多误今人。（《经韵楼集·与诸同志论校书之难》）

以今日言之，中国哲学研究也最难，其是非有二：曰"写的哲学史"之是非，曰评断古人之立说是否仍适用于现代社会生活之是非。不先正"写的哲学史"之是非，则多诬古人；不评断其立说之是非，则多误今人。

（原载于《中国哲学年鉴2010》，哲学研究杂志社2010年7月）

---

① 刘笑敢：《诠释与定向》，商务印书馆2009年版，第13页。
② 刘笑敢：《诠释与定向》，商务印书馆2009年版，第22~23页。

反思经学与哲学的关系

近些年，在"国学热"的背景下，经学研究重新受到重视，其势方兴未艾；而对中国哲学"合法性"的质疑，虽然高潮已过，但至今未有停歇。这一兴一疑不仅反映了学界的现状，而且更蕴含了中国文化曲折发展的多重思想内涵，从而使得我们有必要在新的形势下对经学与哲学的关系做一历史性的反思。

一

一般认为，经学始于汉武帝"独尊儒术""表章六经"以后。如有学者曾指出，"经学是中世纪中国的统治学说"，"它特指西汉以后，作为中世纪诸王朝的理论基础和行为准则的学说"。① 但经学之经典无疑在汉代以前就已经有了。《史记·孔子世家》载："孔子以诗、书、礼、乐教，弟子盖三千焉，身通六艺者七十有二人。"一般认为，孔子删《诗》《书》，订《礼》《乐》，序《周易》，作《春秋》，这里的《诗》《书》无疑是孔子以前的文献，《礼》《乐》亦应有以前的文献作根据（《史记·孔子世家》：经孔子的整理，"《礼》《乐》自此可得而述，以备王道，成六艺"），《周易》的卦爻辞并非如今文经学家所言是孔子所作，而《春秋》则是孔子据鲁国旧史笔削编纂所成。据郭店竹简《六德》和《语丛一》，儒家在战国中前期已经形

---

① 朱维铮：《中国经学史十讲》，复旦大学出版社 2002 年版，第 2、9 页。

成了六经的排列。① 孔子以前有经书，此即章学诚所说："六经皆史也……六经皆先王之政典也。"（《文史通义·易教上》）正是从"六经皆史"，即在上古"王官之学"时代"六经皆先王之政典"的意义上说，经学之经典是中国文化的源头。

孔子"祖述尧舜，宪章文武"（《中庸》）。他说："殷因于夏礼，所损益可知也；周因于殷礼，所损益可知也。其或继周者，虽百世可知也。"（《论语·为政》）"周监于二代，郁郁乎文哉！吾从周。"（《论语·八佾》）孔子删述六经，即自觉地"因革损益"了中国上古时期的文化。他的"述而不作"，实即述而有作，亦即有继承亦有创作。如关于《书》，孔子"独存其善，使人知所法"；关于《春秋》，孔子"严其褒贬之辞，使人知所惧"（许谦《读书丛说》卷一）；关于《周易》，孔子说："不占而已矣"（《论语·子路》），"我观其德义耳也"（马王堆帛书《要》）。通过这样一种有继承亦有创作的方式，孔子以及其他先秦诸子实现了中国文化在"轴心时期"的"温和"的"哲学的突破"②。雅斯贝尔斯说，"假如我们关心哲学史，那么轴心期向我们提供了研究我们自己思想的最富有成果和最有收益的领域"，"那是些完成了飞跃的民族，这种飞跃是他们自己过去的直接继续。对他们来说，这一次飞跃如同是第二次诞生"；"中国和印度居有与西方平起平坐的地位，不仅因为它们存活了下来，而且因为它们实现了突破"。③ 正是因为看到了先秦诸子实现"哲学的突破"对于中国文化发展的伟大意义，雅斯贝尔斯在《大哲学家》一书中把孔子和苏格拉底、佛陀、耶稣并列为"思想范式的创造者"，又把老子列入"原创性形而上学家"④，这是符合中国文化及其哲学发展之实际的。

章学诚认为，"六艺皆周公之政典，故立为经"（《文史通义·经解下》），"周公成文、武之德，适当帝全王备，殷因夏监，至于无可复加之际，故得藉为制作典章"，"集大成者，周公所独也"，"孔子有德无位，即

---

①《六德》篇云："观诸《诗》《书》则亦在矣，观诸《礼》《乐》则亦在矣，观诸《易》《春秋》则亦在矣。"《语丛一》云："《易》所以会天道人道也，《诗》所以会古今之诗也者，[《书》□□□□]者也，《春秋》所以会古今之事也，《礼》交之行述也，《乐》或生或教者也。"

② 余英时：《士与中国文化》，上海人民出版社1987年版，第46页。

③［德］雅斯贝尔斯：《历史的起源与目标》，华夏出版社1989年版，第62、64页。

④［德］雅斯贝尔斯：《历史的起源与目标》，华夏出版社1989年版，第112、813页。

无从得制作之权，不得列于一成，安有大成可集乎？"（《文史通义·原道上》）此见解似远逊于雅斯贝尔斯。而梁启超在 1902 年所作《论中国学术思想变迁之大势》中，率先使用了"中国哲学"概念，其谓"中国之哲学，多属于人事上，国家上，而于天地万物原理之学，穷究之者盖少焉……自佛学入震旦，与之相备，然后中国哲学乃放一异彩"①。他以中国上古时期为中国学术思想之"胚胎时代"，以春秋战国为中国学术思想之"全盛时代"。他说："全盛时代，以战国为主，而发端实在春秋之末。孔北老南，对垒互峙；九流十家，继轨并作。如春雷一声，万绿齐苗于广野；如火山乍裂，热石竞飞于天外。壮哉盛哉！非特中华学界之大观，抑亦世界学史之伟迹也。"② 这一"笔锋带有情感"的描述，可谓先雅斯贝尔斯而有见于中国文化在先秦时期的"哲学的突破"。

秦汉的政治统一结束了先秦诸子的百家争鸣。汉武帝采纳董仲舒的建议，"卓然罢黜百家，表章六经"（《汉书·武帝纪》）。此后，经学成为"中国的统治学说"，由孔子以及其他先秦诸子所创建的"思想范式"进入了经学诠释的核心，中国文化遂在经学的统率下继续发展。"诸不在六艺之科、孔子之术者"实际上并没有"皆绝其道"，而是皆置于经学的统率之下。《汉书·艺文志》即将"六艺略"统率诸子略、诗赋略、兵书略、数术略和方技略，至《隋书·经籍志》乃正式形成"经、史、子、集"的四部分类，经部无可动摇地处于史、子、集的统率地位。

《汉书·艺文志》有诸子皆出于"王官"之说，又谓"今异家者各推所长，穷知究虑，以明其指，虽有蔽短，合其要归，亦六经之支与流裔"。章学诚的"六经皆史"说与此并不相违，他说："周衰文弊，六艺道息，而诸子争鸣……战国之文，其源皆出于六艺。何谓也？曰：道体无所不该，六艺足以尽之。诸子之为书，其持之有故而言之成理者，必有得于道体之一端，而后乃能恣肆其说，以成一家之言也。"（《文史通义·诗教上》）"六经皆史"的"史"，并非与"经"分类而言的史书。章学诚说："《尚书》一变而为左氏之《春秋》……左氏一变而为史迁之纪传……迁书一变而为

---

① 梁启超：《饮冰室合集》第 2 册《文集》之七，中华书局 1989 年版，第 76～77 页。
② 梁启超：《饮冰室合集》第 2 册《文集》之七，中华书局 1989 年版，第 11 页。

班氏之断……"（《文史通义·书教下》）自司马迁以下才有后世的史书，而《史记》原被归于"六艺略"的《春秋》类："史之大原，本乎《春秋》"（《文史通义·答客问上》），这也是符合中国史学发展之实际的。至于四部分类中的集部，章学诚说："子、史衰而文集之体盛，著作衰而辞章之学兴"（《文史通义·诗教上》），即谓"集"乃子、史之流衍。民国时期的刘咸炘发挥章学诚之说，谓"史、子皆统于经"，"经乃子、史之源"，"集乃子、史之流"①，这很可以说明"经"在中国传统文化中的根源和统率地位。

　　冯友兰先生在其旧著《中国哲学史》中把由孔子至《淮南子》称为"子学时代"，把汉武帝"独尊儒术"以后至清末的康有为、廖平称为"经学时代"。此说近来颇遭一些学人所诟病。其实，所谓"经学时代"的本义并非如批评者所说，谓在"经学时代"只有经学中才有哲学，亦非谓"中国两千年中思想无大变化"②，而是说在"经学时代"，"大多数著书立说之人，其学说无论如何新奇，皆须于经学中求有根据，方可为一般人所信爱"③，"诸哲学家无论有无新见，皆须依傍古代即子学时代哲学家之名，大部分依傍经学之名，以发布其所见"，"此即以旧瓶装新酒也"④。在冯先生的著述中，并没有把魏晋玄学、宋明理学等都"简单地归入经学"，亦并非认为从两汉经学、魏晋玄学到宋明理学"中国思想无大变化"，而只是说在形式上"旧瓶装新酒"，不仅儒家或新儒家哲学要依傍经学，而且魏晋玄学或新道家哲学也要依傍《周易》《老》《庄》。这也大体符合秦汉以后中国哲学发展的实际。之所以要依傍经学而"旧瓶装新酒"，这是由经学在"经学时代"所处的"独尊"的统率地位所决定的。《四库全书总目提要·经部总叙》云："经禀圣裁，垂型万世，删定之旨，如日中天，无所容其赞述，所论次者，诂经之说而已……盖经者非他，即天下之公理而已。"由圣人所裁定的"经"既已被确立为"天下之公理"，那么其他学说"无论如何新奇"，都要以"诂经之说"的形式出现（即便是解经最有创意的朱熹和陆九渊、王阳明等也概莫能外），这就是"经学时代"的特点。

　　① 刘咸炘：《推十书》，成都古籍书店 1996 年版，第 9、24 页。
　　② 余英时：《余英时教授谈宗教、哲学、国学与东西方知识系统》，《中国哲学与文化》第 7 辑，广西师范大学出版社 2010 年版，第 231 页。
　　③ 冯友兰：《三松堂全集》第 2 卷，河南人民出版社 2000 年版，第 609 页。
　　④ 冯友兰：《三松堂全集》第 3 卷，河南人民出版社 2000 年版，第 7 页。

二

1840 年以后，中国处在"数千年未有之变局"中。为了应对此"变局"，晚清兴起的今文经学家打起"通经致用""托古改制"的旗帜，魏源提出了"师夷之长技以制夷"（《海国图志·筹海篇一》）。继之，洋务派的思想家冯桂芬提出了"以中国之伦常名教为原本，辅以诸国富强之术"（《校邠庐抗议·采西学议》），此说开"中体西用"思想的先河。所谓"中体西用"，从中国近代文化转型的意义上说就是在保持中国文化的核心价值（"体"或"本"）不变的前提下，吸纳涵容西方文化的富强之术（"用"或"末"）。这本是一种文化面对另一种强势文化的入侵时所能采取的正常反应和理想模式。然而，在这一模式中也蕴含着突破其自身的潜在因素，此即因富强之术并非只通过学习西方文化的器物层面（制造工艺等）所能学到手而致其功。由此中国近代的文化转型必从器物层面达至制度层面，进而引起核心观念层面的变革。

1884 年，中法战争失利，担任两广总督的淮军将领张树声在临终前留下的《遗折》云："夫西人立国，自有本末，虽礼乐教化远逊中华，然驯致富强，具有体用。育才于学堂，论政于议院，君民一体，上下一心，务实而戒虚，谋定而后动，此其体也；轮船、大炮、洋枪、水雷、铁路、电线、此其用也。中国遗其体而求其用，无论竭蹶步趋，常不相及，就令铁舰成行，铁路四达，果足恃欤！"（《张靖达公奏议》卷八）这就是说，西方文化的富强之术亦有体有用，其体即教育制度的"育才于学堂"和政治制度的"论政于议院"，因此，中国欲达致富强，不能"遗其体而求其用"，学习西方文化的制度层面也是必要的。

1892 年，郑观应在《盛世危言》的"自序"中有慨于"六十年来，万国通商，中外汲汲，然言维新，言守旧，言洋务，言海防，或是古而非今，或逐末而忘本。求其洞见本原，深明大略者有几人哉？"他自谓："幼猎书史，长业贸迁。愤彼族之要求，惜中朝之失策。于是学西文，涉重洋，日与彼都人士交接，察其习尚，访其政教，考其风俗利病得失盛衰之由。乃知其治乱之源，富强之本，不尽在船坚炮利，而在议院上下同心，教养得法。"① 郑观应得出了与张树声同样的结论，即西方的富强之术亦有其"本"，此"本"就是议院和学校。郑观应在"自序"中引用了上述张树声的《遗折》认为此"诚中的之论也"。②

在《盛世危言》的《学校》篇，郑观应介绍西方各国"学校规制大略相同，而德国尤为明备"，其大学设有四科，即"一经学、二法学、三智学、四医学"③，此中"经学即神学"，而"智学"即哲学。甲午战争后，郑观应将《盛世危言》的五卷本（1894）增订为十四卷本（1895），在《学校》篇增加的"附录"中有"英、法、俄、美、日本学校规制"，内云："日本自维新后，悉法泰西……以东京之帝国大学校为首善。帝国大学分五科：一法科，二医科，三工科，四文科，五理科……文科分目四，曰哲学，曰本国文学，曰史学，曰博言学……"④ 此中"哲学"之译名与黄遵宪的《日本国志》所云"哲学"大约同时出现在中国学术界。"哲学"译名始于日本启蒙思想家西周，他在1874年出版的《百一新论》中"将论明天道人道，兼立教法的 philosophy 译名为哲学"⑤。黄遵宪的《日本国志》写成于1887年，曾分送李鸿章、张之洞各一部，但迟至甲午战败后的1895年才出版。此书记载：日本东京大学校在明治维新以后"分法学、理学、文学三学部"，其中"文学分为二科，一哲学，谓讲明道义、政治学及理财学科，二和（即"大和"——引注）汉文学科，皆兼习英文或法兰西语或日耳曼语"（《日本国志》卷三十二）。从以上历史背景而言，对"哲学"之名不能等闲视之：它是在甲午战败后中华民族陷入深重的民族危机之时才进入了中国学术界，和它一同出现的就是呼吁中国进行教育制度和政治制度的改革。

郑观应说："按古今中外各国，立教养之规，奏富强之效，原本首在学校。今日本师泰西教养之善，培育人才，居然国势振兴，我国胡可不亟力行之？一语为之断曰：不修学校，则人才不出；不废帖括（即科举之八股

---

① 郑观应：《郑观应集》上册，上海人民出版社1982年版，第233页。
② 郑观应：《郑观应集》上册，上海人民出版社1982年版，第234页。
③ 郑观应：《郑观应集》上册，上海人民出版社1982年版，第246、247页。
④ 郑观应：《郑观应集》上册，上海人民出版社1982年版，第259～260页。
⑤ 卞崇道、王青：《明治哲学与文化》，中国社会科学出版社2005年版，第23页。

——引注），则学校虽立，亦徒有虚名而无实效也！"① 虽然郑观应也主张"设议院"，但议院之设"惟必须行于广开学校人材辈出之后，而非可即日图功也"②。因此，教育制度的改革在当时更被视为急务。

严复在1895年所作《论事变之亟》中指出：西方列强的"汽机兵械之伦，皆其形下之粗迹"，而其"命脉"乃在"于学术则黜伪而崇真，于刑政则屈私以为公"，中西文化的根本差别又在"自由不自由异耳"③。在同年所作《原强》篇中，严复把西方文化的根本长处概括为"以自由为体，以民主为用"，在"自由为体"中包括"其为事也，又一一皆本之学术；其为学术也，又一一求之实事实理"；"第由是而观之"，中国欲图自强，"非标本并治焉，固不可也"④。这里所谓"标本并治"，已包含"体用兼改"的意思。因此，后来严复讥评"中体西用"之说是"以牛为体，以马为用"，而他主张"别择之功……必将阔视远想，统新故而视其通，苞中外而计其全，而后得之"⑤。这是一种比"中体西用"更为深刻而合理的综合创新的思想。

在《原强》篇中，严复所主张的"治本"就是"开民智，鼓民力，新民德"，"三者又以民智为最急"。"欲开民智，非讲西学不可；欲讲实学，非另立选举之法，别开用人之涂，而废八股、试帖、策论诸制科不可"。此即主张教育制度的改革（同年所作《救亡决论》提出中国变法"莫亟于废八股"）。至于"新民德"，严复提出"平等义明，故其民知自重而有所劝于为善"，"以公治众而贵自由"，"设议院于京师，而令天下郡县各公举其守宰……欲民之忠爱必由此，欲教化之兴必由此……"⑥ 这就把"新民德"与政治制度的改革联系在一起了。

严复在《原强》篇中介绍了达尔文、斯宾塞的进化论思想，他于1896年译述赫胥黎的《天演论》，其中将"philosophy"或译为"理学"，或音译为"斐洛苏非"⑦。在1898年所作《保教余义》一文中，严复说："孔教之

① 郑观应：《郑观应集》上册，上海人民出版社1982年版，第261页。
② 郑观应：《郑观应集》上册，上海人民出版社1982年版，第316页。
③《严复集》第1册，中华书局1986年版，第2页。
④《严复集》第1册，中华书局1986年版，第11、14页。
⑤《严复集》第3册，中华书局1986年版，第558~560页。
⑥《严复集》第1册，中华书局1986年版，第14、27、40、30~32页。
⑦《严复集》第5册，中华书局1986年版，第1366、1373页。

中国传统哲学与中华民族精神

高处，在于不设鬼神，不谈格致，专明人事，平实易行。而大《易》则有费拉索非之学，《春秋》则有大同之学。苟得其绪，并非附会，此孔教之所以不可破坏也。"当严复在1901年写《斯密亚丹传》时，他就已接受了"哲学"的译名①。蔡元培曾自述，他治哲学是以严复为"先觉"，甲午战争后"严氏译述西儒赫胥黎、斯宾塞尔诸家之言，而哲学亦见端倪矣"②。

康有为在1882年曾"道经上海之繁盛，益知西人治术之有本……大购西书以归讲求焉……自是大讲西学，始尽释故见"③。1888年，康有为入京参加科举考试，第一次向清帝上书，提出"变成法，通下情，慎左右"三条纲领，当他讲到"先王之治，于理财至精"时，是以《周礼》的"三农生九谷"云云为依据④，这更像是一个近代的"王安石"，而不是今文经学家。1889年，康有为在广州会晤今文经学家廖平，受其《辟刘篇》《知圣篇》的影响，于此后写成《新学伪经考》《孔子改制考》《礼运注》等，把西方的进化论和民主思想融入《春秋》公羊学的"三统""三世"之说和《礼运》的"大同""小康"之说中，由此形成了康有为托今文经学之"古"而"改制"的思想。

甲午战争后，康有为领导在京举人"公车上书"，力主"迁都练兵，变通新法"。在"新法"的措施中有"富国之法"和"养民之法"，然后讲到"尝考泰西之所以富强，不在炮械军兵，而在穷理劝学"，"夫才智之民多则国强，才智之士少则国弱"，"故今日之教，宜先开其智"。此即主张改革学制，兴办学校，"凡天文、地矿、医律、光重、化电、机器、武备、驾驶分立学堂，而测量、图绘、语言、文字皆学之"。除此之外，康有为又提出"今宜亟立道学一科，其有讲学大儒，发明孔子之道者，不论资格，并加征礼……"⑤ 这里所谓"道学"，就是康有为仿效西方的"神学"而要建立的使"儒教"成为"国教"的"经学"。

1898年，在德国强占胶州湾、沙俄强占旅顺大连，中国即将被列强"瓜分豆剖"的严峻形势下，康有为再次上书，敦请光绪帝"明定国是，与

---

① 《严复集》第1册，中华书局1986年版，第85、102、103页。
② 《蔡元培全集》第1卷，中华书局1984年版，第126、155页。
③ 康有为：《康南海自编年谱》，中华书局1992年版，第12～13页。
④ 康有为：《上清帝第一书》，《康有为政论集》上册，中华书局1981年版，第55页。
⑤ 康有为：《上清帝第二书》，《康有为政论集》上册，中华书局1981年版，第130～132页。

海内更始……尽革旧俗，一意维新"。其中关于政治改革，提出"采择万国律例，定宪法公私之分"；关于学制改革，提出"变科举，广学校，译西书以成人材……创农政商学，以为阜财富民之本"①。是年6月11日，光绪帝颁布"明定国是"的诏书，决定变法。6月16日，光绪帝召见康有为，"特许专折奏事"。6月17日，康有为上书《请废八股试帖楷法试士改用策论折》，内云："臣窃惟今变法之道万千，而莫急于得人才；得才之道多端，而莫先于改科举；今学校未成，科举之法未能骤废，则莫先于废弃八股矣。"② 6月23日，光绪帝下诏自下科始，废八股而改试策论。6月19日，康有为上书《请尊孔圣为国教立教部教会以孔子纪年而废淫祀折》，其中批评近人"妄称孔子为哲学、政治、教育家"，而他要使孔子成为国人共同尊崇祭拜的"教主"。③ 六七月间，康有为上书《请开学校折》，其中讲到德国"创国民学，令乡皆立小学，限举国之民，自七岁以上必入之……县立中学，十四岁而入……其初等科二年，高等科二年……凡中学专门学卒业者，皆可入大学，其教凡经学、哲学、律学、医学四科"，欧西各国及日本"皆效法焉"。"今各国之学，莫精于德，国民之义，亦倡于德，日本同文比邻，亦可采择。"据此，康有为敦请光绪帝"远法德国，近采日本，以定学制，乞下明诏……"④。这是中国近代第一个系统的学制改革方案，其中德国大学的"四科"同于郑观应在《盛世危言》中所介绍，"经学"即神学，亦康有为所要建立的"道学"，而"哲学"原被译为"智学"。似乎可以"假设"，倘若戊戌变法得以成功，则中国的近现代史就是另一种格局；倘若康有为的学制改革方案得以施行，则中国的近现代学术就可形成"经学"与"哲学"并立的局面。但历史不允许"假设"，由于中国历史文化及其近现代转型的特殊性，戊戌变法终以"百日维新"而失败，中国的近代史终由改良而走向革命，中国近代的学制改革亦形成了经学与哲学的冲突之局。

在庚子之变和签订辛丑条约后，清政府迫于内外压力而宣示"新政"。1902年颁布由管学大臣张百熙拟订的《钦定学堂章程》（壬寅学制），其中

① 康有为：《上清帝第五书》，《康有为政论集》上册，中华书局1981年版，第207页。
② 康有为：《上清帝第五书》，《康有为政论集》上册，中华书局1981年版，第268页。
③ 康有为：《上清帝第五书》，《康有为政论集》上册，中华书局1981年版，第282页。
④ 康有为：《上清帝第五书》，《康有为政论集》上册，中华书局1981年版，第305~306页。

大学堂分科"略仿日本例"，设政治、文学、格致、农业、工艺、商务和医术等七科，在文学科中设经学、史学、理学、诸子学、掌故学、词章学和外国语言学①。1904 年又颁布由张之洞、荣庆、张百熙拟订的《奏定学堂章程》（癸卯学制），其中大学堂分为八科，即经学（附理学）、政法、文学、医科、格致科、农科、工科和商科，在文学科中设中国史学、外国史学、中外地理学、中国文学以及外国文学。与当时日本的大学分科比较，"今中国特立经学一门，又特立商科一门，故为八门"②。在此八科中突出了以经学为第一，而前后两次颁布的"学堂章程"中都没有"哲学"。张百熙在1903 年奉旨奏张之洞《次第兴办学堂折》中说，"盖哲学主开发未来，或有骛广志荒之弊"，"哲学置之不议者，实亦防士气之浮嚣，杜人心之偏宕"③。据当时深悉内情的张缉光函告汪康年说《钦定学堂章程》实际上并非原本："《大学堂章程》有二本，一详而得教育之方法，一略而合中国之时趋。政府意在略者，而谓哲学太新，国际学当删，医学不应入学堂，音乐学乃教戏子，至哲学之干例禁，更不待言，刻下尚无定议也。"④ 由此可见，当中国的新教育体制创生之时，清政府以及张之洞等人对"哲学"是深怀戒惧而严加排拒的。

与清季学制改革不同的是，"哲学"观念在戊戌变法之后日益深入一批新学人的思想。如梁启超在 1901 年作《南海康先生传》，不仅称康有为是教育家、宗教家，而且称其为"天禀之哲学者"，其哲学是博爱派、主乐派、进化派、社会主义派之哲学也，其在"中国政治史，世界哲学史，必能占一极重要之位置"⑤。如前所述，梁启超在 1902 年所作《论中国学术思想变迁之大势》中不仅使用了"哲学"概念，而且率先使用了"中国哲学"概念。实际上，随着"哲学"观念的引入，梁启超的思想发生了重大变化。他把先秦时期的百家争鸣称为中国学术思想的"全盛时代"，谓学派与国家

① 璩鑫圭、唐良炎：《中国近代教育史资料汇编——学制演变》，上海教育出版社 1991 年版，第236～237 页。

② 璩鑫圭、唐良炎：《中国近代教育史资料汇编——学制演变》，上海教育出版社 1991 年版，第340、349 页。

③ 朱有瓛：《中国近代学制史料》第 2 辑上册，华东师范大学出版社 1987 年版，第 66 页。

④《汪康年师友书札》第 2 册，上海古籍出版社 1986 年版，第 1789 页。

⑤ 梁启超：《饮冰室合集》第 2 册《文集》之六，中华书局 1989 年版，第 71～73、88 页。

不同，"国家分争而遂亡，学术分争而益盛"，"夫进化之与竞争相缘者也，竞争绝则进化亦将与之俱绝"，在秦汉以后的"儒学统一时代"，"中国学术所以不进化，曰惟宗师一统故"，"故儒学统一者，非中国学界之幸，而实中国学界之大不幸也"。他评价康有为的"三世"进化之说，其意义在于"解二千年来人心之缚，使之敢于怀疑，而导之以入思想自由之途径而已"。"自董仲舒定一尊以来，以至康南海《孔子改制考》出世之日，学者之对于孔子，未有敢下评论者也……（康南海之后）夫至于取其性质而研究之，则不惟反对焉者之识想一变，即赞成焉者之识想亦一变矣。所谓脱羁轭而得自由者，其几即在此而已。"① 显然，梁启超的《论中国学术思想变迁之大势》已是中国近代第一部挣脱了"经学时代"的束缚而抱持学术独立、思想自由观念的中国学术史著作。这就是"哲学"观念引入中国学界以后的重大变化。此后，梁启超在《清代学术概论》中说，"启超自三十以后，已绝口不谈'伪经'，亦不甚谈'改制'。而其师康有为大倡设孔教会定国教祀天配孔诸义，国中附和不乏。启超不谓然，屡起而驳之"，"然持论既屡与其师不合，康、梁学派遂分"。② 所谓"自三十以后"，即从其1902年作《论中国学术思想变迁之大势》算起（梁生于1873年）；所谓"康、梁学派遂分"，实即今文经学的"托古改制"与"哲学"观念引入后的现代学术观念之分。

　　蔡元培在戊戌变法期间身居北京，"历见其终始"，虽然未曾与康、梁谋面，但变法失败后愤然离京南下，"有人说我是康党，我也不与辩"③。他在当时较多受到严复、谭嗣同的影响，而在学术上发生了从词章、经史之学向哲学的转变。如他在1901年的《自题摄影片》中说："少就举业，长习词章，经义史法，亦效末光。丁戊之间，乃治哲学。侯官浏阳，为吾先觉。"④ 此中"丁（酉）戊（戌）之间"即1897～1898年，"侯官浏阳"即严复和谭嗣同。1901年10月，蔡元培在《学堂教科论》中引入"哲学"观念，借鉴于日本学者井上甫水的"有形理学""无形理学""哲学"的学

　　① 梁启超：《饮冰室合集》第2册《文集》之七，中华书局1989年版，第24～25、39、99～100页。
　　② 梁启超：《清代学术概论》，东方出版社1996年版，第78、80～81页。
　　③《蔡元培全集》第7卷，中华书局1989年版，第283页。
　　④《蔡元培全集》第1卷，中华书局1984年版，第126页。

术分类构想了一个新的教育分科体系，即分为名（语言学和论理学）、理（数学和物理等自然科学及体育）、群（伦理学、地理学、史学、政治学、法学和经济学）、道（"道学之纯者，为今之哲学，心理、宗教，其附庸耳"）、文（文学艺术）等诸科。蔡元培又引述《汉书·艺文志》所载刘歆之说，其"以六艺为纲，诸子为目"，"六艺，即道学也"，认为其与新的分科体系有相通之"公理"。但他又说："《书》为历史学，《春秋》为政治学，《礼》为伦理学，《乐》为美术学，《诗》亦美术学……皆道学专科也。《易》如今之纯正哲学，则通科也。近世哲学名家斯宾塞氏有综合哲学原理，为通科。又有生物学原理，心理学原理，社会学原理，道德学原理，为专科，亦其例矣。"① 细思这个新的分科体系，蔡元培实际上是以哲学这一"通科"取代了"六艺为纲"的位置，除了《易》之外，其他的五经都被分属于各个"专科"了——这是民国以后废止"经学"科的原因之一。

王国维早年在汪康年主编的《时务报》担任编务，其"研究哲学，始于辛、壬（1901～1902）之间"②，即其在1901年夏从日本短期留学回国后，为罗振玉主编的《教育世界》编译《哲学丛书》，攻读耶方斯之《名学》、巴尔善（Paulsen）之《哲学概论》、文德尔班之《哲学史》等，1903年后又攻读康德、叔本华和尼采的著作，他是《教育世界》之"本社专攻哲学者"③。清政府两次颁布的"学堂章程"都没有"哲学"，其内情是王国维所知道的（罗振玉也曾参与"学堂章程"的拟定）。他在1903年发表《哲学辨惑》一文，即针对《钦定学堂章程》而发，指出"我国人士骇于其名，而不察其实，遂以哲学为诟病"。他所力辨者有五点：其一，哲学非有害之学；其二，哲学非无益之学；其三，中国现时研究哲学之必要；其四，哲学为中国固有之学；其五，研究西洋哲学之必要。关于第二点，王国维针对张百熙之言："哲学即令无害，绝非有益，非叩虚课寂之谈，即骛广志荒之论"，指出人之异于禽兽者在于有"理性"，"宇宙之变化，人事之错综，日夜相迫于前，而要求吾人之解释"，哲学即对宇宙和人事做出理性的解释。他引叔本华所谓"人为形而上学之动物"，又引巴尔善所谓"人心一

---

① 《蔡元培全集》第1卷，中华书局1984年版，第145页。
② 《静安文集自序》，《王国维文集》第3卷，中国文史出版社1997年版，第469页。
③ 陈鸿祥：《王国维传》，人民出版社2004年版，第35页。

日存，则哲学一日不亡"，反驳了哲学为"无益之学"。关于第三点，王国维针对"我国上下日日言教育，而不喜言哲学"，指出教育学实为哲学之应用，人之理想曰真、善、美，"哲学实综合此三者而论其原理者也"，教育的宗旨就是造就真、善、美之人物，故可谓"教育学上之理想"也就是"哲学上之理想"①。这与当时清政府颁布的"学堂章程"规定"立学宗旨，无论何等学堂，均以忠孝为本，以中国经史之学为基……务期他日成材，各适实用"②是很不相同的。可以说如果没有新的"哲学"观念的引进，也就没有日后中国新教育体制的灵魂。王国维又强调，"哲学为中国固有之学"，除了诸子学中有哲学思想之外，六经的"《易》之'太极'，《书》之'降衷'，《礼》之'中庸'"等等亦属哲学思想，宋学中"周子'太极'之说，张子'正蒙'之论，邵子之《皇极经世》皆深入哲学之问题"。关于"研究西洋哲学之必要"，王国维说："余非谓西洋哲学之必胜于中国，然吾国古书大率繁散而无纪，残缺而不完，虽有真理，不易寻绎，以视西洋哲学之系统灿然，步伐严整者，其形式上之孰优孰劣，固自不可掩也。"此说已开中国哲学研究必须借鉴西方哲学之"形式系统"的先河。王国维说："欲通中国哲学，又非通西洋之哲学不易明也……异日昌大吾国固有之哲学者，必在深通西洋哲学之人，无疑也。"③ 在1906年，王国维更有针对性地写了《奏定经学科大学文学科大学章程书后》，指出"学堂章程"的根本之误在于"缺哲学一科而已"，并且直点其名地质问"南皮（张之洞）尚书之所以必废此科之理由如何"。在王国维看来，哲学"不可不特立一科"（民国后我国大学设哲学系，即实现了"哲学"为特立之一科），经学科和文学科（包括史学）亦"不可不授哲学"。王国维重申："欲完全知此土之哲学，势不可不研究彼土之哲学。异日发明光大我国之学术者，必在兼通世界学

132

---

① 《王国维文集》第3卷，中国文史出版社1997年版，第3、4页。王国维在同年所作《论教育之宗旨》一文中更明确提出：教育之宗旨"在使人为完全之人物"，即使人的精神能力与身体能力"发达且调和"，培养人的精神能力包括"智育、德育、美育"，"三者并行而得渐达真善美之理想。又加以身体之训练（体育）斯得为完全之人物"。见王国维：《王国维文集》第3卷，中国文史出版社1997年版，第57～59页。

② 璩鑫圭、唐良炎：《中国近代教育史资料汇编——学制演变》，上海教育出版社1991年版，第289页。

③ 《王国维文集》第3卷，中国文史出版社1997年版，第5页。

术之人，而不在一孔之陋儒，固可决也。"① 在这里，王国维表达了中、西哲学之相通，而中国学术亦属"世界学术"之一部分的思想，此即后来王国维在《国学丛刊序》中所说"学无新旧也，无中西也"②。也就是说，随着"哲学"观念的引进，一种普遍的"世界学术"观念也在中国学界建立起来。

王国维是当时治哲学最专、对哲学之精神领会最深的学者。他在 1905 年所作《论哲学家与美术家之天职》中说："天下有最神圣、最尊贵而无与于当世之用者，哲学与美术是已。天下之人嚣然谓之曰'无用'，无损于哲学、美术之价值也……夫哲学与美术之所志者，真理也。真理者，天下万世之真理，而非一时之真理也……唯其为天下万世之真理，故不能尽与一时一国之利益合，且有时不能相容，此即其神圣之所存也。"③ 哲学的价值在于探索普遍的"真理"，而不是取决于"当世之用"或"一时一国之利益"，此即哲学的学术独立精神。由此反思中国传统的哲学，王国维说："披我中国之哲学史，凡哲学家无不欲兼为政治家者，斯可异已！……岂独哲学家而已，诗人亦然……夫然，故我国无纯粹之哲学，其最完备者，唯道德哲学与政治哲学耳。至于周、秦、两宋间之形而上学，不过欲固道德哲学之根柢，其对形而上学非有固有之兴味也。其于形而上学且然，况乎美学、名学、知识论等冷淡不急之问题哉！"④ 王国维对"我国无纯粹之哲学"的批评，实也正是中国传统哲学的一个特点⑤。对于此批评，我们可做不同的评价，如"纯粹理性"与"实践理性"的关系问题，真、善、美之价值权衡的先后轻重问题⑥，以及"真"之限度或"哲学"之限度的问题，都是我们现在需要考虑的。但可以肯定的是，哲学家之求真与美术（艺术）

---

①《王国维文集》第 3 卷，中国文史出版社 1997 年版，第 71 页。

②《王国维文集》第 4 卷，中国文史出版社 1997 年版，第 365 页。

③《王国维文集》第 3 卷，中国文史出版社 1997 年版，第 6 页。

④《王国维文集》第 3 卷，中国文史出版社 1997 年版，第 7 页。

⑤ 司马迁评论先秦六家要旨云："此务为治者也，直所从言之异路，有省不省耳。"（《史记·太史公自序》）金岳霖在 1943 年所作《中国哲学》一文中指出：中国哲学的一个特点就是"哲学和政治思想交织成一个有机整体，使哲学和伦理不可分"，"每一位哲学家都认为自己是潜在的政治家"。此文原为英文，其中译文载《哲学研究》1985 年第 9 期。

⑥ 刘咸炘曾说："西人立此（真、善、美）三纲最当"，中国传统的考据之学即求真，义理之学即求善，词章之学乃求美，"三者异途不可混"。但他又说："三者自有轻重，方法虽三，总的当一，以一包二，宜云善、真、美，不宜云真、善、美。"见刘咸炘：《推十书》，成都古籍书店 1996 年版，第 16 页。

家之求美应有其相对独立的价值，而不必唯政治与道德之是从。王国维说"哲学为中国固有之学"，这应理解为在中国固有学术中包含着形而上学、道德哲学与政治哲学等哲学思想，而"纯粹之哲学"、学术之求真与艺术之求美有其独立之价值，这样的观念是随着"哲学"这一"学科"的引进而建立起来的。

在同年所作《论近年之学术界》一文中，王国维批评康有为、谭嗣同等都是"于学术非有固有之兴味，不过以之为政治上之手段"①。他强调："欲学术之发达，必视学术为目的，而不视为手段而后可。"②"学术之发达，存于其独立而已。然则吾国今日之学术界，一面当破中外之见，而一面毋以为政论之手段，则庶可有发达之日欤？"③ 在《奏定经学科大学文学科大学章程书后》中，王国维也强调："余谓不研究哲学则已，苟有研究之者，则必博稽众说而唯真理之从。"④"今日之时代，已入研究自由之时代，而非教权专制之时代。苟儒家之说而有价值也，则因研究诸子之学而益明其无价值也，虽罢斥百家，适足滋世人之疑惑耳……若夫西洋哲学之于中国哲学，其关系亦与诸子哲学之于儒教哲学等。"⑤ 学术之独立，也就是"唯真理之从"；而"研究自由之时代"，即已非"独尊儒术，罢黜百家"的经学时代。欲探求真理，必"博稽众说"。因此，不仅儒家哲学有研究的价值，而且诸子哲学、西方哲学也同样有研究的价值。

1911年，王国维在为《国学丛刊》作的"序"中提出："学无新旧也，无中西也，无有用无用也。"因为学术之求真有其独立的价值，而不必视其为手段，所以学"无有用无用也"。王国维又说："圣贤所以别真伪也，真伪非由圣贤出也；所以明是非也，是非非由圣贤立也。"⑥ 这就是以学术之求真的标准取代了以儒家之经学为真伪是非的标准。尽管学术之求真有其自身的标准和独立的价值，但王国维又指出："事物无大小，无远近，苟思之得其真，纪之得其实，极其会归，皆有裨于人类之生存福祉……学问之

---

①《王国维文集》第3卷，中国文史出版社1997年版，第37页。
②《王国维文集》第3卷，中国文史出版社1997年版，第38页。
③《王国维文集》第3卷，中国文史出版社1997年版，第39页。
④《王国维文集》第3卷，中国文史出版社1997年版，第69页。
⑤《王国维文集》第3卷，中国文史出版社1997年版，第71页。
⑥《王国维文集》第4卷，中国文史出版社1997年版，第366页。

所以为古今中西所崇敬者，实由于此。凡生民之先觉，政治教育之指导，利用厚生之渊源，胥由此出，非徒一国之名誉与光辉而已。"① 这就是说，真与善在"极其会归"的意义上是统一的。在这里，既有对中国文化传统价值观（所谓"正德、利用、厚生谓之三事"）的继承，又彰显了学术独立与自由精神的新因素。

王国维自谓："以余之力，加之以学问，以研究哲学史，或可操成功之券。然为哲学家，则不能；为哲学史，则又不喜，此亦疲于哲学之一原因也。"② 王国维以后从研究哲学转向了文学和史学，其中有多种原因，而哲学的学术独立与自由精神则贯彻其始终。因此，陈寅恪在《清华大学王观堂先生纪念碑铭》中说："先生之著述，或有时而不彰；先生之学说，或有时而可商。惟此独立之精神，自由之思想，历千万祀，与天地而同久，共三光而永光。"③ 可以明确的是，学术的"独立之精神，自由之思想"是在"哲学"学科引进之后才建立起来的。

除了梁启超、蔡元培和王国维之外，"哲学"观念在章太炎、刘师培等人的国学研究中也占有重要地位。如章太炎在 1906 年《东京留学生欢迎会演说录》中说："中国科学不兴，惟有哲学，就不能甘居人下。"④ 他在 1910 年为《教育今语杂志》创刊号写的"社说"中指出，"中国头一个发明哲理的，算是老子"；在同刊第 3 册他发表《论教育的根本要从自国自心发出来》，认为周朝的时候"懂得六艺（礼、乐、射、御、书、数）的多，却是历史政事"，"后来老子、孔子出来"方有"历史、政事、哲学三件"。⑤ 五四运动以后的"中国哲学史"叙述模式一般都是从老、孔（或孔、老）讲起，这一叙述模式昉自梁启超和章太炎。蔡元培曾评论说："这时代的国学大家里面，认真研究哲学，得到一个标准，来批评各家哲学的，是余杭章炳麟"，他所作《检论》中的《订孔》《道本》《道微》《原墨》《通程》《议王》《正颜》等篇"都可当哲学史的材料"。⑥ 在同时期，刘师

① 《王国维文集》第 4 卷，中国文史出版社 1997 年版，第 367～368 页。
② 《静安文集自序二》，《王国维文集》第 3 卷，中国文史出版社 1997 年版，第 473 页。
③ 《陈寅恪集·金明馆丛稿二编》，三联书店 2001 年版，第 246 页。
④ 《章太炎学术文化随笔》，中国青年出版社 1999 年版，第 99 页。
⑤ 汤志钧：《章太炎年谱长编》，中华书局 1979 年版，第 323、328 页。
⑥ 《五十年来中国之哲学》，《蔡元培全集》第 4 卷，中华书局 1984 年版，第 377、380 页。

培著有《国学发微》（1905），他认为：古希腊的诡辩学派"与中国名家言相类"，儒家中"子思、孟子一派，为中国儒教之宗，与希腊苏格拉底之学相近，亦诸子学术之合于西儒者也"。又说："周末诸子之书，有学有术……学为术之体，术为学之用……夫子之文章……盖可得闻者为下学之事，不可得闻者为上达之事。下学即西人之实科，所谓形下为器也；上达即西儒之哲学，所谓形上为道也。"① 他又著有《周末学术史序》（1905）考述"诸子之义理学"，"采集诸家之言，依类排列，较前儒学案之例稍有别矣"。在他的考述中有心理学史、伦理学史、论理（逻辑）学史、社会学史、宗教学史、政法学史、计（经济）学史、兵学史、教育学史、理科学史等等，并有"哲理学史"。关于后者，他说："我国诸子之言哲理者，大抵皆瑜不掩瑕矣。惟《大易》《中庸》发明效实储能之理，中邦哲理赖此仅存。"又说诸子所"擅长之学，略有三端"，一曰天演学派，二曰乐利学派，三曰大同学派。② 后一说似有袭梁启超所论康有为之哲学。尽管刘师培所论不免有牵强附会的成分，但在中国近代著述中，不同于传统的学案体，而对国学做分类（包括哲学史）研究和表述的，是以刘师培《周末学术史序》为发端。

以上材料说明，自甲午战争之后，中华民族陷入深重的民族危机，随着"哲学"观念的引进，中国的政治制度与教育制度的改革已是历史的必然趋势，这种改革又必然带来中国文化之思想观念的更新。终于在1911年，辛亥革命推翻了帝制，蔡元培任民国政府首任教育总长，他发表《对于新教育之意见》针对旧教育体制"忠君与共和政体不合，尊孔与信教自由相违"，提出新教育当包含"隶属于政治"的军国民主义、实利主义和德育主义教育，亦应包含"超轶政治"的世界观和美育主义教育③。依此精神，教育部颁发《教育宗旨令》，定教育宗旨为"注重道德教育，以实利教育、军国民教育辅之，更以美感教育完成其道德"；又颁发《大学令》和《大学规程》，规定大学分为文、理、法、商、医、农、工七科，其中"文科分为哲

---

①《刘申叔遗书》，江苏古籍出版社1997年版，第480页。

②《刘申叔遗书》，江苏古籍出版社1997年版，第504~516页。

③《五十年来中国之哲学》，《蔡元培全集》第2卷，中华书局1984年版，第135、136页。

学、文学、历史学、地理学四门"①。由此，"哲学"作为一个学科，正式进入了中国的教育体制，北京大学哲学门于1912年成立，中国哲学门于1914年正式招生，而"经学"不在新的教育分科之内。

三

清季的学制改革，在学科设置上的根本之误在于"缺哲学一科而已"。民国初年的学制改革，实现了哲学"不可不特立一科"，而新的教育体制废止了"经学"科。此中复杂的历史原因和多重的思想文化内涵是需要我们做深刻反思的。

第一，清季的学制改革是在戊戌变法失败和辛丑条约签订之后，清政府迫于内外压力而宣示"新政"，在君主制及其恶瘤痼疾——太后专权的统治下，由张之洞、张百熙等人主持拟订方案的。张百熙在1902年《进呈学堂章程折》中说："值智力并争之世，为富强致治之规。朝廷以更新之故而求之人才，以求才之故而本之学校，则不能不节取欧美日本诸邦之成法，以佐我中国二千余年旧制，固时势使然。"② 这就是说，当时的学制改革是在世界列强"智力并争"的压力之下，以"富强致治"为目的而求人才、兴学校；其改革方案只是对欧美日本的教育制度"节取"之，最终目的是以此"西学"来辅佐"中国二千余年旧制"，此乃时势所不得不然。显然，清季的学制改革采取了"中体西用"的模式，其"中体"即是"中国二千余年旧制"，而"西用"不得与此"旧制"相冲突，故只能"节取"之，此亦《奏定学堂章程》中所说"其于中国不相宜者缺之"，"一切邪说诐词，严拒力斥"。③ 这里所缺和所拒斥的就是"哲学"以及"自由、民权"等说。如本文之前所述，在清政府以及张之洞等人看来，"哲学主开发未来"，不免引起"士气之浮嚣，人心之偏宕"，更主要的是"哲学之干例禁"，实即"哲学"的学术独立和自由精神与中国二千余年的"旧制"相冲突。此

----

① 璩鑫圭、唐良炎：《中国近代教育史资料汇编——学制演变》，上海教育出版社1991年版，第651、697页。

② 舒新城：《中国近代教育史资料》上册，人民教育出版社1981年版，第193页。

③ 舒新城：《中国近代教育史资料》上册，人民教育出版社1981年版，第195、197页。

"旧制"从政治制度上说就是君主集权制，从教育制度上说就是"经学"的统率地位。

清季的学制改革不仅在大学堂首设"经学"科，而且《学务纲要》规定"中小学堂宜注重读经以存圣教"，其云："外国学堂有宗教一门。中国之经书，即是中国之宗教。若学堂不读经书，则是尧舜禹汤文武周公孔子之道，所谓三纲五常者尽行废绝，中国必不能立国矣。学失其本则无学，政失其本则无政。其本既失，则爱国爱类之心亦随之改易矣。安有富强之望乎？故无论学生将来所执何业，在学堂时经书必宜诵读讲解……"① 清季的学制改革对于"经学"之意义的强调，即是把"经学"视为中国的"国教"，又把儒家从尧舜至孔子的"道统"归结为"三纲五常"。这也正是民国以后废止"经学"科（以及中小学之"读经"课程）的一个主要原因。

张之洞的《劝学篇》即主张"旧学为体，新学为用"，"中学为内学，西学为外学"，"今欲强中国，存中学，则不得不讲西学"，清季的学制改革就是以此为思想纲领。《劝学篇》首言《同心》，谓"保国、保教、保种，合为一心"，"保种必先保教，保教必先保国"，"盖政教相维者，古今之常经，中西之通义"，"然则舍保国之外，安有所谓保教保种之术哉？"其言"政教相维"，就是要使儒教成为"国教"；其强调"保国"，就是首先要保卫大清国。《劝学篇》次言《教忠》，谓"自汉唐以来国家爱民之厚，未有过于我圣清者也"，"教忠"就是要教化民众忠于"圣清"之君主。讲"忠君"莫过于讲"三纲"，故《劝学篇》第三讲《明纲》，其言："君为臣纲，父为子纲，夫为妻纲……董子所谓'道之大原出于天，天不变，道亦不变'……圣人所以为圣人，中国所以为中国，实在于此。故知君臣之纲，则民权之说不可行也；知父子之纲，则父子同罪免丧废祀之说不可行也；知夫妇之纲，则男女平权之说不可行也。"观此可知，张之洞的"中体西用"思想虽然采西学与戊戌变法相通，但在政治上实为对戊戌变法的一种反动，而与当时正在涌动的反清和民主革命思潮更是针锋相对。

1906 年，清政府进一步明确"教育宗旨"。《学部奏请宣示教育宗旨折》云："窃谓中国政教之所固有，而亟宜发明以距异说者有二：曰忠君，

① 舒新城：《中国近代教育史资料》上册，人民教育出版社 1981 年版，第 200 页。

曰尊孔。中国民质之所最缺，而亟宜箴砭以图振起者有三：曰尚公，曰尚武，曰尚实。"前两项尤其被强调，因其"本圣贤之经旨，申明礼教之大防，用以激励人心，挽回风俗，而学术之端实基于此"。于是，清廷颁布"上谕"："兹据该部所陈忠君、尊孔与尚公、尚武、尚实五端，尚为扼要……著该部即照所奏各节通饬遵行。"① 这个"教育宗旨"被列入"大清教育新法令"，而此时"大清"以及中国数千年的君主制已经到了末日。

第二，民国政府成立后，蔡元培发表《对于新教育之意见》，所谓"忠君与共和政体不合，尊孔与信教自由相违"，就是针对清政府的"教育宗旨"而发。"尊孔"之所以"与信教自由相违"，就是因为当时的"尊孔"不仅规定"无论大小学堂，宜以经学为必修之课目"，而且要把孔教立为"国教"。反对"尊孔"并不是"反孔"，蔡元培解释说："孔子之学术，与后世所谓儒教、孔教当分别论之。嗣后教育界何以处孔子，及何以处孔教，当特别讨论之……"② 所谓"分别论之"，就是要把"子学时代"的"孔子之学术"与"经学时代"的儒教、孔教加以区分。在"思想自由，兼容并包"的教育思想下，"教育界何以处孔子，及何以处孔教"是可以讨论的，但孔教不能违背思想自由、信教自由的原则而成为"国教"。如果说君主制下的旧教育之"体"是以"经学"为统率，那么共和国的新教育之"体"则是"思想自由，兼容并包"。这是当时废止"经学"科的一个重要原因。

蔡元培说："教育有二大别：曰隶属于政治者，曰超轶乎政治者。专制时代（兼立宪而含专制性质者言之），教育家循政府之方针以标准教育，常为纯粹之隶属政治者。共和时代，教育家得立于人民之地位以定标准，乃得有超轶政治之教育。"③ 所谓"隶属于政治者"，在"专制时代"就是清政府"教育宗旨"提出的"忠君、尊孔与尚公、尚武、尚实"，其中"忠君、尊孔"已与"共和时代"的教育相违，故在弃除之列，但"尚公、尚武、尚实"仍是"共和时代"的教育所需要的。在民国教育部颁发的《教育宗旨令》中，"注重道德教育，以实利教育、军国民教育辅之"，其中"道德教育"即是"尚公"，"实利教育"即是"尚实"，"军国民教育"原

① 舒新城：《中国近代教育史资料》上册，人民教育出版社 1981 年版，第 217、222 页。
② 《蔡元培全集》第 2 卷，中华书局 1984 年版，第 136 页。
③ 《蔡元培全集》第 2 卷，中华书局 1984 年版，第 130 页。

是清政府在讲"尚武"时所提出。因此，共和国的新教育对于专制时代的旧教育是既有弃除又有继承的。关于"道德教育"，新旧教育体制都讲"尚公"，而共和国的"道德"又称为"公民道德"。蔡元培说："何谓公民道德？曰法兰西之革命也，所标揭者，曰自由、平等、亲爱。道德之要旨，尽于是矣。孔子曰：匹夫不可夺志。孟子曰：大丈夫者，富贵不能淫，贫贱不能移，威武不能屈。自由之谓也。古者盖谓之义。孔子曰：己所不欲，勿施于人。子贡曰：我不欲人之加诸我也，吾亦欲毋加诸人。《礼·大学记》曰：所恶于前，毋以先后，所恶于后，毋以从前；所恶于右，毋以交于左；所恶于左，毋以交于右。平等之谓也。古者盖谓之恕……孔子曰：己欲立而立人，己欲达而达人。亲爱之谓也。古者盖谓之仁。三者诚一切道德之根源，而公民道德教育之所有事者也。"[①] 在这里，"公民道德"的"自由、平等、亲爱"与儒家的"义、恕、仁"相通。可见儒家的道德不仅包含具有时代局限性的、共和国应当弃除的"三纲"，而且也包含具有普遍恒常性的、共和国的道德仍以之为根源的"义、恕、仁"。这就是儒家道德的"变"与"常"。

蔡元培提出，"共和时代"教育所区别于"专制时代"教育的是其还有"超轶政治之教育"，此即"世界观和美育主义"之教育。在蔡元培看来，"世所谓最良政治者，不外乎以最大多数之最大幸福为鹄的"，而世界观和美育主义则要超越"现象世界"之功利性，而达致"实体世界"之超功利的思想境界。所谓"世界观"本指哲学与宗教，而蔡元培主张"以美育代宗教"，故这里的"世界观"只是指哲学。蔡元培在其晚年所作《我在教育界的经验》中回忆："四十六岁（民国元年），我任教育总长，发表《对于教育方针之意见》，据清季学部忠君、尊孔、尚公、尚武、尚实的五项宗旨而加以修正，改为军国民教育、实利主义、公民道德、世界观、美育五项。前三项与尚武、尚实、尚公相等，而第四、第五两项却完全不同，以忠君与共和政体不合，尊孔与信仰自由相违，所以删去。至提出世界观教育，就是哲学的课程，意在兼采周秦诸子、印度哲学及欧洲哲学以打破二千年来墨守孔学的旧习。提出美育，因为美感是普遍性，可以破人我彼此的偏

① 《蔡元培全集》第 2 卷，中华书局 1984 年版，第 131～132 页。

见；美感是超越性，可以破生死利害的顾忌，在教育上应特别注重。"① 观此可知。共和国的新教育体制与旧教育体制的最根本区别就是以"哲学"和"美育"取代了"忠君"和"尊孔"。由此可以反思，当王国维在论述"哲学家与美术家之天职"时，这一新的观念对于中国的新教育体制之重要。哲学"必博稽众说而唯真理之从"，因此，蔡元培所主张的"世界观"教育"循思想自由言论自由之公例，不以一流派之哲学一宗门之教义梏其心"②，"兼采周秦诸子、印度哲学及欧洲哲学以打破二千年来墨守孔学的旧习"，这就是以"哲学"的学术独立与自由精神取代了"经学"的统率地位。民国初年之废止"经学"科，主要原因亦在于此。

蔡元培把道德教育（即"公民道德"教育）归在"隶属于政治之教育"，但他又说："吾国古代之道德教育，则间有兼涉世界观者，当分别论之。"③ 儒家道德的"义、恕、仁"与公民道德的"自由、平等、亲爱"相通，而儒家道德中亦有"超轶政治"的"兼涉世界观者"，也就是说儒家道德与儒家哲学有着统一的关系。因此，在共和国的道德教育中应有儒家道德，而在共和国的"世界观"教育中亦应有儒家哲学。可见，新的教育体制对于儒家道德和儒家哲学并不是一概排斥的。

按理说，依"思想自由，兼容并包"的原则，"经学"亦应在学术研究的范围之内。但"经学"科被废止，在当时另有"学理"上的原因，此即蔡元培所说："清季学制，大学中仿各国神学科的例，于文科外又设经科。我以为十四经中，如《易》《论语》《孟子》等，已入哲学系，《诗》《尔雅》，已入文学系；《尚书》、三《礼》、《大戴记》、春秋三《传》，已入史学系；无再设经科的必要，废止之。"④ 清季学制的"经学"科本有仿德国的"神学"科之义，但各国大学对于是否设"神学"并不一致，如法国的大学就不设"神学"，蔡元培力主"以美育代宗教"，更反对以孔教为"国教"，他在1916年发表的《华法教育会之意趣》的演说中就指出："现今世界之教育，能完全脱离君政及教会障碍者，以法国为最……中国教育之不

①《蔡元培全集》第7卷，中华书局1989年版，第196~197页。
②《蔡元培全集》第2卷，中华书局1984年版，第134页。
③《蔡元培全集》第2卷，中华书局1984年版，第134~135页。
④《蔡元培全集》第7卷，中华书局1989年版，第198页。

受君政、教会两障碍，固与法国为同志也。"① 这是当时废止"经学"科在政治和宗教方面的考虑。除此之外，从"学理"上说，把儒家的经书分别纳入新的分科体系，以此作为废止"经学"科的理由，现在看来是有问题的。因为《易》《论语》《孟子》等并不只是"哲学"，《诗》并不只是"文学"，《尚书》、三《礼》、三《传》等也并不只是"史学"，所以从中国文化"重和合"的特点着眼，对"经学"做综合性的或跨学科的研究仍是有必要的。

第三，儒家经学的"厄运"不止于辛亥革命，对它更致命的打击还在后面。辛亥革命以后，"尊孔读经""立孔教为国教"与北洋军阀政府的"假共和"乃至复辟帝制联系在一起；在此期间，"经学"与"哲学"的并立曾经昙花一现，但随之而来的便是五四新文化运动对儒学以及经学的激烈批判。

辛亥革命以后，康有为认为"共和政体不能行于中国"，而主张"虚君共和"的君主立宪。1912 年 10 月，陈焕章等在上海发起组织"孔教会"，并上书参众两院"立孔教为国教"。康有为在《孔教会序》中说："中国立国教千年，礼义纲纪，云为得失，皆奉孔子之经，若一弃之，则人皆无主，是非不知所定，进退不知所守，身无以为身，家无以为家，是大乱之道也。"②"然则君臣之道，不能须臾离，而孔子之教，无可毫厘疑也。"③"今欲存中国，先救人心，善风俗，拒诐行，放淫辞，存道揆法守者，舍孔教末由已。"④ 康有为的尊孔教、立国教与其政治上的主张君主立宪而反对共和政体密切联系在一起，而立国教又必须仰仗当权者。这样，本来被康有为斥为有"弑君之罪""谋篡之心"的袁世凯，却因其窃夺了民国大总统的权位而成为康有为的同路人。

1913 年，袁世凯向康有为发出几封《大总统电》，请其进京"主持名教"，声言："比者大教凌夷，横流在目，问俗觇国，动魂惊心。匪有大哲，孰为修明。执事毅然以此自任，其于正人心、培国本之功，又岂今之从政

① 《蔡元培全集》第 2 卷，中华书局 1984 年版，第 414～415 页。
② 汤志钧：《康有为政论集》下册，中华书局 1981 年版，第 733 页。
③ 汤志钧：《康有为政论集》下册，中华书局 1981 年版，第 739 页。
④ 汤志钧：《康有为政论集》下册，中华书局 1981 年版，第 740 页。

者所可拟。"康有为在《复总统电》中则说："尊圣卫道，想公同心，冀公援手，圣教幸甚。"① "伏望明公亲拜文庙，或就祈年殿尊圣配天，令所在长吏，春秋朔望，拜谒礼圣，下有司议，令学校读经，必可厚风化，正人心。"②

袁世凯对于康有为的瞩望似乎"言听计从"了。1914 年元月，袁世凯授意御用"政治会议"，通过了祭孔、祭天两个决议案；同年 9 月，袁世凯颁布《祭孔告令》，于 9 月 28 日"本大总统谨率百官，举行祀孔典礼"；同年 12 月，袁世凯颁布《祭天告令》，于 12 月 23 日到天坛举行祭天大典。在教育上，同年 12 月，由教育部拟订的《整理教育方案草案》规定："中小各学校修身国文教科书，采取经训，以保存固有之道德；大学院添设经学院，以发挥先哲之学说。"1915 年 1 月，袁世凯颁布《特定教育纲要》，在"教育要言"中规定"各学校均应崇奉古圣贤以为师法，宜尊孔以端其基，尚孟以致其用"，在学科设置中规定"中小学校均加读经一科"，在大学中设"经学院"，强调"经学院必须独立建设，专以阐明经义发扬国学为主，按照各经种类，分立科门"，又规定"国立文科大学，宜注重研究中国文学、哲学、史学，并佐以考古院，以发扬国学之精神"。③ 这样，在袁世凯治下的教育体制中就形成了"经学"与"哲学"并立的局面。同年 7 月和 11 月，袁世凯发布《大总统申令》，包括《国民学校令》《高等小学校令》《预备学校令》等，都将"读经"列入教学科目，而到了这一年的 12 月，袁世凯就接受所谓"国民代表大会"的推戴，成为"中华帝国"的"皇帝"，宣布第二年改元为"洪宪元年"。

1916 年 1 月，教育部"呈准"公布《国民学校令》和《高等小学校令》的"施行细则"，明确规定在国民学校（初小）和高等小学校设置"修身、读经、国文、算术、手工、图画、唱歌、体操"等各科，"读经要旨在遵照《教育纲要》，使儿童熏陶于圣贤之正理，兼以振发人民爱国之精神"，国民学校"宜按照学年程度讲授《孟子》大义"，高等小学校"宜遵

---

① 汤志钧：《康有为政论集》下册，中华书局 1981 年版，第 922 页。

② 汤志钧：《康有为政论集》下册，中华书局 1981 年版，第 925 页。

③ 璩鑫圭、唐良炎：《中国近代教育史资料汇编——学制演变》，上海教育出版社 1991 年版，第 736、750、752、756～757 页。

照《教育纲要》讲授《论语》",并规定"本细则自洪宪元年九月一日施行"。然而,袁世凯只当了83天的"皇帝",就于3月22日被迫取消帝制,于6月6日一命呜呼。于是,在1916年10月教育部颁发的几项"修正"条令中就有了"删去'读经'二字""洪宪元年改为民国五年"等条文。[①]"读经"随着短命的"洪宪"王朝的覆灭,很快就被废止了。

当袁世凯做"皇帝"而陷入内外交困之时,康有为曾发表《请袁世凯退位电》,称袁世凯为"总统老弟",对"两年来承公笃念故人,礼隆三聘,频电谘访"之"厚意"表示感谢,但严厉谴责袁世凯:"自公为总统以来,政权专制,过于帝者,以共和之国,而可以无国会、无议员,虽德帝不能比焉"[②],"忽闻公改行帝制……行事太反,内外震骇"[③],"国民忧亡,必大愤怒"。康有为奉劝袁世凯"自行高蹈"而退位。[④] 盖袁世凯根本就不是康有为所希望的"虚君",康有为只是想利用袁世凯窃夺的权力来"立孔教为国教";他反对袁世凯的"帝制自为"也不是真反对帝制,而是想望着清皇室的复辟。很快,1917年7月1日张勋率"辫子军"入京发动政变,拥立废帝溥仪复辟,颁布上谕:"以纲常名教为精神之宪法,以礼义廉耻收溃决之人心。"康有为事先为这次复辟写了《拟复辟登极诏》,内云:"督军及百官等以民主政体只能攘乱,不能为治,不适于中国。请朕复正大统……朕与吾国民愿用英国君民同治之政……永削满、汉之名,以除畛域之界,统名中华帝国,以行立宪政体,大开国民会议以议宪法……庶几中国乂安,生民乐业,朕有厚望焉。"[⑤] 按照康有为的"虚君共和"设想,清室复辟后"用中华帝国名号,不用大清,其言动系立宪,事事当闻内阁",所谓"皇帝"只如"木偶神"耳。但这只是康有为的"书生"之见,不是张勋和其他遗老的"愚忠"所能接受的。再者,他以皇帝为"木偶神",又怎能与儒教的"君为臣纲"相容呢? 这次复辟只持续了12天就宣告失败,康有为从此次失败中得出的教训只是"张绍轩(勋)忠肝义胆,敢行复辟,然误于

---

① 璩鑫圭、唐良炎:《中国近代教育史资料汇编——学制演变》,上海教育出版社1991年版,第787、796、798、799、810页。

② 汤志钧:《康有为政论集》下册,中华书局1981年版,第933页。

③ 汤志钧:《康有为政论集》下册,中华书局1981年版,第934页。

④ 汤志钧:《康有为政论集》下册,中华书局1981年版,第939页。

⑤ 汤志钧:《康有为政论集》下册,中华书局1981年版,第990~991页。

左右，不听吾言，遂自致败"。当复辟失败后康有为逃进美国使馆而被北洋政府所通缉时，他作为护身符的就是揭发新任大总统冯国璋也是主张并参与复辟的，应该一同"赴案听审"。①

辛亥革命以后的"尊孔读经""立孔教为国教"与北洋军阀政府的"假共和"乃至复辟帝制联系在一起，这是五四新文化运动兴起的直接和主要的原因。在中国仍面临着"外迫于强敌，内逼于独夫"的严峻形势下，陈独秀说："吾人于共和国体之下，备受专制政治之痛苦。"他认识到，民主共和"果能实现与否，纯然以多数国民能否对于政治，自觉其居于主人的主动的地位为唯一根本之条件"，"吾人果欲于政治上采用共和立宪制，复欲于伦理上保守纲常阶级制……绝对不可能之事"，因而继"政治的觉悟"之后，"伦理的觉悟，为吾人最后觉悟之最后觉悟"。② 在这里，所谓"伦理的觉悟"就是要以适应民主共和制的"自由平等独立"之说取代儒家的纲常名教。针对当时的"尊孔"与"复辟"逆流，陈独秀说，"孔教与帝制，有不可离散之因缘"，"盖主张尊孔，势必立君；主张立君，势必复辟"，"去君臣之大伦而谬言尊孔，张（勋）、康（有为）闻之，必字之曰'逆'"。因此，若要"诚心巩固共和国体"，就必须"将这班反对共和的伦理文学等等旧思想，完全洗刷得干干净净不可，否则不但共和政治不能进行，就是这块共和招牌也是挂不住的"。③ 五四新文化运动之反对尊孔，其直接和主要目的就是要"巩固共和国体"。这是历史和当时的政治形势使然：正是因为历史上的"孔子之道"包含有"君臣之大伦"的思想，而当时的守旧派又认为"三纲"是万世不易的"古今之常经"，"君臣之道不能须臾离，而孔子之教无可毫厘疑"，所以五四新青年认为尊孔与共和不能两立。

胡适在1919年说："新思潮的根本意义只是一种新态度。这种新态度可叫作'评判的态度'。""'重新估定一切价值'八个字便是评判的态度的最好解释。"④ "重新估定一切价值"出于尼采的思想，但尼采是以"超人"

---

① 汤志钧：《康有为政论集》下册，中华书局1981年版，第994、997、1016、1011页。
② 《陈独秀著作选》第1卷，上海人民出版社1993年版，第206、176、178、179页。
③ 《陈独秀著作选》第1卷，上海人民出版社1993年版，第217、339、297页。
④ 《胡适文集》第2卷，北京大学出版社1998年版，第552页。

的非理性、非道德来否定西方的传统价值，而五四时期则是律以科学的理性精神，用"现代社会生活的价值"来重新估定传统的价值。陈独秀说："吾人所欲议论者，乃律以现代生活状态，孔子之道是否尚有尊从之价值是也。"① "我们相信政治、道德、科学、艺术、宗教、教育，都应该以现在及将来社会生活进步的实际需要为中心。"② 他在与时人讨论"宗教与孔子"问题时亦云："吾人讲学，以发明真理为第一义……但求别是非，明真伪而已……"③ 在这里，不是"信天法古"，不是"以孔子之是非为是非"，不是以圣人裁定的经书为"天下之公理"，而是"以现在及将来社会生活进步的实际需要为中心"，"以发明（客观的）真理为第一义"，只有确立了这样一个标准，儒家的"纲常名教"才不再是万世不易，所谓"中学之体"才是可以重新评估并随着社会的发展而变化发展的。我们由此可以想见，王国维所说"今日之时代，已入研究自由之时代，而非教权专制之时代。苟儒家之说而有价值也，则因研究诸子之学而益明其无价值也，虽罢斥百家，适足滋世人之疑惑耳"④，"圣贤所以别真伪也，真伪非由圣贤出也；所以明是非也，是非非由圣贤立也"⑤，这样一种学术独立与思想自由的精神，对于中国文化以及儒学的近现代转型具有何等重要的意义！

无可否认，五四时期对于中国文化以及儒学的价值评估存在着不少偏激和片面的观点（如"废汉文""把线装书扔到茅厕里"等等）。仅就其片面性而言，其最大的失误在于只强调了儒家道德的时代局限性（所谓"变"），而忽视了儒家道德中亦有普遍恒常性（所谓"常"），换言之，只强调了道德发展的历史阶段性，而忽视了道德发展的继承连续性。当唯物史观的"经济基础与上层建筑"理论输入中国时，它无疑更加强化了对所谓"天不变，道亦不变"的儒家教条的冲击（因而具有重要的历史价值），但也更加强化了把道德、文化（所谓"上层建筑"）的发展看成是断裂的（而不是既有阶段性又有连续性的），历史的发展就像一幢幢分隔开的"楼房"，农业社会"基础"上的"上层建筑"已完全不适应工业社会"基础"

---

① 《陈独秀著作选》第 1 卷，上海人民出版社 1993 年版，第 231 页。
② 《陈独秀著作选》第 2 卷，上海人民出版社 1993 年版，第 41 页。
③ 《陈独秀著作选》第 1 卷，上海人民出版社 1993 年版，第 309 页。
④ 《王国维文集》第 3 卷，中国文史出版社 1997 年版，第 71 页。
⑤ 《王国维文集》第 4 卷，中国文史出版社 1997 年版，第 366 页。

上的"上层建筑"，我们要在新的"经济基础"上创造出一种全新的"上层建筑"。这样的简单化理解实际上并不符合唯物史观的"辩证法"①。这种片面性在当时虽是政治形势使然，但它对以后儒学以及经学的研究和评价却造成了不利的影响。

第四，经过五四运动的洗礼，"科学与民主"进入了中国新文化的核心观念层面，此即"中学之体"发生了变化（当然，新的"中学之体"并非仅仅是"科学与民主"，它还应包含中国传统的"正德、利用、厚生"等等②），像康有为那样的以其重新诠释的经书为权威真理的思想逐渐退出了历史舞台。此后，对于儒学以及经学"取其性质而研究之，则不惟反对焉者之识想一变，即赞成焉者之识想亦一变矣"③。康有为的"新学伪经""孔子改制"之说对于这种变化曾起了促进的作用，但中国文化的近现代转型最终"脱羁轭而得自由"，把康有为的今文经学也抛在了历史的后面。

五四时期，胡适提出"用评判的态度，科学的精神，去做一番整理国故的工夫"④。他在1923年为北京大学《国学季刊》写的"发刊宣言"中批评清代的学术，"一切古学都只是经学的丫头……学者的聪明才力被几部经书笼罩了三百年"。针对此，他提出"扩大研究的范围"，从而使国学研究成为"中国文化史"的研究。他主张对中国文化史做"专史式的整理"，这些专史包括"经济史、文学史、哲学史、数学史、宗教史"⑤等等，在他列出的专史中没有"经学史"。

顾颉刚早年曾受到康有为今文经学的影响，在读了康有为的《新学伪经考》后，认为"它的论辩的基础完全建立于历史的证据上"。此后他又受胡适的影响，对于胡适讲授中国哲学的"结胎时代"，"用《诗经》作时代的说明，丢开唐、虞、夏、商，径从周宣王以后讲起"，觉得"胡先生讲得

---

① 恩格斯晚年就曾指出："每一个时代的哲学作为分工的一个特定的领域，都具有由它的先驱者传给它而它便由此出发的特定的思想资料作为前提……经济在这里并不重新创造出任何东西，但是它决定着现有思想资料的改变和进一步发展的方式，而且这一作用多半也是间接发生的。"（《马克思恩格斯选集》第4卷，人民出版社1972年版，第485页）针对一些人把经济的作用绝对化认为经济发展可以创造出一种全新的哲学或文学，恩格斯指出："所有这些先生们所缺少的东西就是辩证法。"（同上，第486页）

② 李存山：《"三事"之说与文化的五要素》，《炎黄文化研究》第4辑，大象出版社2006年版，第206～209页。

③ 梁启超：《饮冰室合集》第2册《文集》之七，中华书局1989年版，第100页。

④《胡适文集》第2卷，北京大学出版社1998年版，第558页。

⑤《胡适文集》第3卷，北京大学出版社1998年版，第下10、15页。

的确是不差，他有眼光，有胆量，有断制，确是一个有能力的历史家"①。1920 年，钱玄同多次对顾颉刚说："今文家攻击古文经伪造，这话对；古文家攻击今文家不得孔子的真意，这话也对。我们今天，该用古文家的话来批评今文家，又该用今文家的话来批评古文家，把他们的假面目一齐撕破，方好显露出他们的真相。"顾颉刚觉得"这是一个极锐利、极彻底的批评"②。在这样的影响下，顾颉刚打破"经书即信史"的成见，提出了中国上古史是"层累地造成"之说，而且"立志要澄清"汉代以后包括今、古文在内的"谬妄的经说"③。

1925～1926 年间，北洋军阀段祺瑞、孙传芳又有提倡"读经"之举。受此刺激，顾颉刚的学生周予同发表了《僵尸的出祟》，文中写道："这'读经'的僵尸，在民国作祟，已不止一次了！民国四年……编制教育纲要，添置读经……但不久袁世凯也就由总统变成皇帝了。去年（1925）……又要在学校里添设读经……但不久段祺瑞枪杀学生的'三一八惨案'又就随着发生了……第一次的帝制，第二次的惨案，固然不能说全原于读经，但它的确是反动行为的预兆呢！"在这样的政治与学术密切相关的背景下，周予同主张："经是可以研究的，但是绝对不可以迷恋的；经是可以让国内最少数的学者去研究……但是绝对不可以让大多数的民众，更其是青年的学生去崇拜……"④ 周予同的这篇文章可以说是五四运动以后"经学史"研究的发端，而它同时宣告"经学"已经成为"僵尸"。此后，周予同多次强调，"中国经学研究的现阶段，是在用正确的史学来统经学"，"由了解'经学'而否定'经学'"，"五四运动以后，'经学'退出了历史舞台，但'经学史'的研究却急待开展"。⑤

范文澜早年曾有"山穷水尽的经学"之说，他于 20 世纪 40 年代在延安做过关于中国经学史的讲演，据说"深受毛泽东的称道"，而当时毛泽东对经学的评价，"大意是非但中国经学必须全盘否定，即使清代乾嘉汉学家

---

① 顾颉刚：《古史辨》第 1 册，海南出版社 2005 年版，"自序"第 15～20 页。
② 顾颉刚：《秦汉的方士与儒生》"序"，上海古籍出版社 2005 年版，第 3～4 页。
③ 顾颉刚：《古史辨》第 1 册，海南出版社 2005 年版，"自序"第 28 页。
④《周予同经学史论著选集（增订版）》，上海人民出版社 1995 年版，第 593、603 页。
⑤《周予同经学史论著选集（增订版）》，上海人民出版社 1995 年版，第 624、644、661 页。

的经学研究，也仅有负面价值，属于烦琐哲学，必须批判"①。在五四运动以后的革命战争年代（所谓"居马上得天下"的时期），毛泽东对经学做出这样的评价似不足怪。

1949 年以后，新中国的教育体制中仍没有"经学"，而且在"史学"名下的"经学史"研究也一度中断了。1956 年起，由周予同主持重建"中国经学史学科"，并将这一"专题"列入了"国家科学十二年远景规划"。1959 年起，周予同为复旦大学历史系中国古代史专业开设了"中国经学史"课程，"这是当时全国大学文科中独一无二的一门课程"②。1961 年，周予同发表《经、经学、经学史》一文，提出："经"和"经学"是"我国文化遗产的一部分"，经学史的研究"同中国哲学史、中国思想史、中国文化史的研究，都有着密切的联系，而且有相互共通之处……它也决不能为哲学史、思想史、文化史所'概括'，它有着特定的科学研究内容，是一门独立的学科"。又提出："要批判和继承我国的文化遗产，就脱离不了'经学'。这就是说：要弃其糟粕，取其精华，要通过咀嚼消化，批判吸收。"③这是当时难能可贵的一篇文章，因为它既指出了中国经学史与哲学史、思想史、文化史有着密切的联系，也指出了经学史并不能完全划归于哲学史、思想史、文化史，而应该是一门"独立的学科"。而且，此文不再把"经学"看作"僵尸"，而是提出了"要批判和继承"。同一时期，范文澜在1963 年给《红旗》杂志等单位做中国经学史的讲演时，也说："经学虽然为封建统治阶级服务，但也起了一些好的作用。例如……它起了反对宗教的作用。"④ 这是 1949 年以后重新评价经学的开始，但这种重新评价很快就被十年内乱所打断。

第五，改革开放以后，中国学术界同其他领域一样都获得了思想解放，中国哲学史、思想史、文化史等等的研究不断有新的成果问世，而中国儒学史、经学史等也日益被学界所重视，已经出版和发表了多种论著。这些论著的确是文、史、哲等分科或中国哲学史、思想史、文学史等所不能完

①《周予同经学史论著选集（增订版）》"前言"，上海人民出版社 1995 年版，第 6 页。
②《周予同经学史论著选集（增订版）》，上海人民出版社 1995 年版，第 980 页
③《周予同经学史论著选集（增订版）》，上海人民出版社 1995 年版，第 658～659、661 页。
④ 范文澜：《经学史讲演录》，《历史学》1979 年第 1 期，第 1 页。

全涵盖的，它们既有其相对集中的特殊研究领域，又带有综合性的跨学科研究的性质。

继 20 世纪 80 年代的"文化热"之后，自 90 年代始逐渐形成"国学热"，而国学研究"实乃中国文化研究的深入发展"①，其目的或宗旨都是要重新认识中国文化的特质并重估其价值，以达到对民族文化的自觉，促进中国新文化的发展。在中国传统文化或传统学术中，儒学和经学无疑占有主流和统率的地位，此即伴随"文化热"和"国学热"，儒学研究和经学研究愈来愈成为"显学"的原因。在中国传统"经、史、子、集"的分类中，儒学与经学虽然有所区分，但就其思想内容而言，二者又有着很大程度的重合关系。"六经皆先王之政典"，而经学是由儒家所创建和发展的（魏晋玄学家也曾参与经学的发展），先秦儒家的一些重要著作如《四书》《孝经》等后来也被纳入经书；儒家不仅是子学中的一个学派，而且其思想贯注到经学、史学和集部著作中。儒学与经学的这种重合关系也体现了中国传统学术"重和合"的特点，将其纳入现代学术的文、史、哲分科研究中，势必会受到局限。这种局限并不意味着现代的分科研究不重要，而是说分科研究的不足要由综合性的跨学科研究来补充。

就中国哲学史研究与经学史研究的关系而言，前者当然不能涵盖后者的全部内容，但"天人之道，经之大训萃焉"（戴震《原善》卷上），中国哲学史所主要研究的正是经学中（也包括子学、史学和集部中）讲"天人之道"的那部分"大训"，即其重要的义理，而这部分义理也正符合"哲学"译名之本义，即"将论明天道人道，兼立教法的（philosophy）译名为哲学"。学界一部分学者对"中国哲学合法性"的质疑，我总认为，与其说是对中国哲学研究之"以西释中"的质疑，毋宁说是以西方对 philosophy 的某种说法②来质疑"中国哲学"概念。因为中、西哲学都既有哲学的普遍

---

① 从时间顺序上说，先有 20 个世纪初的国学研究，后有五四时期的中国文化研究；而在八九十年代则是先有中国文化研究，后有国学研究。此中意蕴可参见拙文《国学与中国哲学》第三部分关于"国学与中国文化"的论述。

② 如德里达认为，"严格意义上的'哲学'"是与西方的"一种有限的历史相联"。（参见［法］德里达：《书写与差异》，张宁译，三联书店 2001 年版，第 10 页）德里达还说："文学（littérature 是一个具有某种欧洲历史的概念。可能很多非常伟大的思想文本或诗文本不属于这个'文学'范畴。"（同上，第 20页）若依此说，则"中国文学"亦有"合法性"问题。

性，又有各自的特殊性（张岱年先生在《中国哲学大纲》中提出的哲学之"类称"与"特例"之说已经解决了这一问题），所以中、西哲学可以互释，在这种互释中又可各自认明自身的特殊性。20世纪初梁启超所说"今日欲使外学之真精神普及于祖国，则当转输之任者，必邃于国学，然后能收其效"①。王国维所说"欲通中国哲学，又非通西洋之哲学不易明也……异日昌大吾国固有之哲学者，必在深通西洋哲学之人，无疑也"②，这两种说法在当今中、西哲学研究中仍有其重要意义。事实上，经过一个世纪的中国哲学研究，我们对中国文化、儒家思想、经学义理的认识已经超过了汉、唐以及宋、元、明、清之儒。如果舍去近代以来新输入的哲学观念，那么我们的著述水平至多达到《宋元学案》《明儒学案》《皇清经解》那样的水平，连康有为的今文经学、梁启超的《论中国学术思想变迁之大势》或《清代学术概论》那样的水平都达不到。当然，中国哲学研究亦有其学科范式以及历史的或认识水平的局限，所谓"中国哲学合法性"问题，应该转换为对这种局限性的讨论并着手补充，而不是对其"合法性"的质疑。

经学史的研究是十分必要的，原因仍在于："六经皆史……六经皆先王之政典"，在六经中蕴含了中国上古时期文化传统的精华，而孔子"祖述尧舜，宪章文武"，删述六经，即以"温和"的方式实现了"哲学的突破"，由儒家所创建的经学对中国上古时期的文化既有"相因"的继承，又有"损益"的发展，而且与时俱进，通过对经典的不断诠释，使中国文化既保持了连续性，又适应历史的变化而生生日新。在经学中有"天人之道"之"大训"，有中国古代的考据、训诂和诠释学传统，"经者常也"，即在经学中有中国文化、儒家思想之"常道"。经学在中国传统学术中居于统率地位，欲研究"子、史、集"中的内容，亦不能不了解经学。因此，经学史的研究应是中国文化研究或国学研究中的一个重要的"分科"，它与中国哲学史的研究有着交叉和互补的关系。

周予同曾区分"经学"与"经学史"，谓"'经学'退出了历史舞台，但'经学史'的研究却亟待开展"③。所谓"经学'退出了历史舞台"，现

---

① 梁启超：《饮冰室合集》第1册《文集》之七，中华书局1989年版，第104页。

②《王国维文集》第3卷，中国文史出版社1997年版，第5页。

③《周予同经学史论著选集》，上海人民出版社1995年版，第661页。

在应理解为以经书为"天下之公理"的那种思维方式和立说方式已经退出了学术研究的历史舞台（当然，本着"信教自由"的原则，仍可有一部分人对经书采取非学术的信仰态度），而经学中所蕴含的中国文化、儒家思想的精华或"常道"，仍是我们现在需要继承和弘扬的。只不过，何为经学中的精华或"常道"，这需要有经学史、儒学史和哲学史等等的学术研究才能确定。就此而言，取代经学之思维方式和立说方式的正是哲学观念输入以后的学术独立和自由精神。倘若没有哲学，没有哲学史的研究，那么中国学术就会回到以前的"所论次者，诂经之说而已"，经学史的研究亦不过重复以前的今、古文之争，汉、宋之争，以及宋学中的朱、陆之争等等。倘若因循秦汉以后把"三纲"视为中国文化、儒家思想的"常道"[①]，又欲以"立国教"的方式来"尊孔读经"，那么历史的经验教训已经证明，其尊君权、尊孔教、尊经学，导致把儒学置于历史潮流的对立面，而使儒学受到最致命的打击。

富有启发意义的是，民国时期的刘咸炘对于章学诚的"六经皆史"说有一种新的诠释。他说："书籍虽多，不外子、史两种。集乃子、史之流，不能并立。经乃子、史之源，而今文家认为子，古文家认为史，所以纷争。章先生开宗明义，言六经皆史，即是认定本体，其说与今古文两家皆不同。"[②] 他在这里说的"史"有两种意义："经乃子、史之源"，此"史"是经、史、子、集分类中的"史"；而"书籍虽多，不外子、史两种"，此"史"包括了所谓"六经皆史"的"史"，即"此史是广义，非但指纪传编年，经亦在内"[③]。用"子、史两种"概括一切书籍，则"子"就相当于我们现在所说"论从史出"的"论"。经学内部的今、古文之争，不过是今文经学家认经为"子"（论），而古文经学家认经为"史"。刘咸炘认为，章学诚提出"六经皆史"说就是认定经之"本体"，以解决今、古文的纷争。

刘咸炘又说："吾之学，其对象可一言以蔽之，曰史……吾侪所业乃学文之学……学以明事理为的，观事理必于史……子之言理，乃从史出。周

---

① 关于"三纲"并非中国文化、儒家思想的"常道"，而其真正的"常道"应是崇尚道德、以民为本、仁爱精神、忠恕之道、和谐社会等等，我已另作《反思儒家文化的"常道"》一文（未刊稿）。
② 刘咸炘：《推十书》，成都古籍书店1996年版，第24页。
③ 刘咸炘：《推十书》，成都古籍书店1996年版，第32页。

秦诸子，亦无非史学而已。横说谓之社会科学，纵说则谓之史学，质说括说谓之人事学可也。"刘咸炘进一步扩大了"史"的含义，因为"观事理必于史"，"子之言理，乃从史出"，所以"周秦诸子"从本质上说亦属于广义的"史学"。其"横说谓之社会科学"，即相当于我们现在所说的"论"（理论）；而"纵说则谓之史学"，即相当于"论从史出"的"史"。而"史"与"论"又都统一于广义的"人事学"。

刘咸炘所谓"人事学"实际上并不限于"社会科学"，而是统"宇宙——人生"而言之。他说："盖《易》者，言宇宙之大理者也。宇宙无非事，事之所在无非理之所在。特事有大小，则理有浅深，局于小与少者浅，而通于大与多者深。""所谓史学者，其广义即人事学也。人事广矣，而史则其聚也。宇宙皆事，史者载事者也。为史学者至于高深，每欲求史之定律。人事万端，其律何可尽举？必求其律，其惟《易》乎！虽不能尽其细，而大略具矣。盖《易》者，史之抽象者也；史者，《易》之具体者也。"① 统宇宙——人生而言之的"人事学"或广义的"史学"，即相当于包括"自然观"在内的"历史科学"②。"宇宙皆事"，广义的"史学"即是记载宇宙——人生之"事"。而《易》言"宇宙之大理"，此即中国传统的哲学。此哲学之"论"不过是"史"之记载宇宙——人生之"事"的一种"抽象"，因此，它并非绝对的"天下之公理"，而是"观事理必于史"，"子之言理，乃从史出"，也就是说，"史"所记载的宇宙——人生之"事"是第一性的，而哲学之"论"应根据宇宙——人生之"事"的变化而发展，不断做出新的"抽象"。持这样一种"六经皆史"说，庶几既重视历史文化，又能使之与时俱进，从而使经学的重要价值与哲学的学术独立和自由精神能够并行而不悖，相得而益彰。

（原载于《哲学研究》2011 年第 1～2 期）

---

① 刘咸炘：《推十书》，成都古籍书店 1996 年版，第 83、85 页。

② 马克思、恩格斯在《德意志意识形态》中说："我们仅仅知道一门唯一的科学，即历史科学。……只要有人存在，自然史和人类史就彼此相互制约。"（《马克思恩格斯选集》第 1 卷，人民出版社 1972 年版，第 21 页。）

发扬中国哲学的实在论和道德论传统

一

自 19 世纪中叶以来，中国社会与文化经历了"三千年未有之变局"。洋务运动的失败和戊戌变法的夭折，使中华民族带着屈辱和血泪进入了 20 世纪。经辛亥革命推翻帝制，五四运动开创中国文化发展的新格局，1949年建立中华人民共和国，1978 年后实行改革开放，当中华民族迈入 21 世纪的门槛时，我们眼前已呈现出实现现代化、实现中华民族的伟大复兴的光辉前景。

中国文化既是中国社会政治经济形态的反映，又是规范和指导中国社会发展的"样法"（梁漱溟语）或"范式"（借用库恩的科学哲学术语）。中国哲学则是中国文化的核心与精华（此与西方、印度和阿拉伯等文化的基本动力是宗教不同）。正如在科学革命时期科学的范式要发生转变，当中国社会在经历变局和转型时，中国文化及其哲学也必然发生转型。在转型中，传统的范式先是与新经验进行妥协（洋务运动的"中体西用"），继而传统与新经验发生激烈的冲突（辛亥革命和五四运动时期的"新旧之争"），随即代表新经验的新文化因素进入范式的核心层次（民主与科学成为两面"旗帜"，马克思主义成为"指导思想"），由此范式成为"新旧"多元的，转型的完成则是传统与现代的多元文化因素进行整合、创新的文化有机体。

自五四新文化运动以后，中国文化及其哲学即已形成多元的格局，所谓中、西、马成为三大思想潮流。经半个多世纪的风云激荡，交锋洗礼，三大潮流之间的紧张关系已经逐渐化解（虽然仍有冲突），马克思主义在与中国的国情相结合的过程中日益中国化，西方文化中的民主、科学、自由、人权和法治等等价值观念被愈来愈多地接纳，而中国传统文化中落后于时代的消极因素或糟粕不断被社会运动以及新的理论建构所淘汰，其精华部分或优良传统则愈发显露并受到人们的珍视。在21世纪，三大思想潮流之间的"对话"是非常重要的，由此产生"良性的互动"，实现中国文化的"综合创新"。

中国文化在从传统走向现代的过程中，虽然加进了许多新的因素，但仍有其"一贯"者在。此"一贯"者并非洋务运动所谓"中学之体"，而是中国传统文化所内蕴的具有超时代意义的价值观。所谓"超时代"，并非与时代性内容完全无涉，而是存在于时代性内容之特殊性中的普遍性，或者说是可以随着时代的发展而扬弃旧时的内容、改变原有的形式、能与新时代的文化因素相协调、在新时代仍具有重要价值的优良传统。这种具有超时代意义的价值观，集中体现在中国传统哲学的精华中。在我看来，中国传统哲学的精华，最重要的是其实在论和道德论的传统。

二

关于实在论此处不是指西方哲学强调"理念"或"共相"实在的新、老实在论，它或可谓之"诚"论（朱熹《中庸章句》："诚者，真实无妄"），或可谓之"实有"论（王夫之《尚书引义》卷三："夫诚者，实有者也"）。其基本意义是说：我们所生活的这个世界是实在（真实）的，而非幻妄的。中国哲学中的唯物论传统无疑属于实在论，但实在论并不限于唯物论。可以说，除了从印度传入的佛教哲学外，中国哲学各派都属于实在论。中国哲学的实在论，有以下几个主要特点。

（1）本原与现象的统一，即本原与现象都是实在的，而不是如西方哲学和印度哲学那样强调"自然之两分"，"本体实而不现，现象现而不实"。张岱年先生在《中国哲学大纲》中指出：

> 印度哲学及西洋哲学讲本体，更有真实意，以为现象是假是幻，本体是真是实。本体者何？即是惟一的究竟实在。这种观念，在中国本来的哲学中，实在没有。中国哲人讲本根与事物的区别，不在于实

幻之不同，而在于本末、原流、根支之不同。万有众象同属实在，不惟本根为实而已。……先秦哲学中，无以外界为虚幻者。佛教输入后，始渐有以现象为虚幻之思想，然大多数思想家都是反对佛家以外界为虚幻之思想的。中国哲学家大都主张：本根是真实的，由本根发生的事物亦是真实的，不过有根本不根本之别而已。①

中国哲学有"本根"论或"本原"论（"本根"词出《老》《庄》，"本原"词出《管子·水地》篇），此与西方哲学的"本体论"有别。在西方哲学中，"本体论"（ontology）与"宇宙论"（cosmology）是截然两分的（本体论不讲宇宙的生化、演变）。而中国哲学的本原论，如老庄的道论、《易传》的太极说、宋明道学的理气论等等，都是既讲本体，又讲宇宙的演化；虽然有的哲学形态在本体论与宇宙论之间有所侧重，如汉代的元气论主要讲宇宙论，而魏晋玄学主要讲本体论，但是凡论及本体的——除佛教哲学外——都不能脱尽宇宙论的内容，如王弼的本无论也要讲"母"和"子"的关系（《老子》一章注："凡有皆始于无……及其有形有名之时，则长之、育之、亭之、毒之，为其母也"，《老子》三十八章注："守母以存其子，崇本以举其末"）。中国哲学的本原论或可称为"本体—宇宙论"，即本体论与宇宙论是结合在一起的。其所以如此，原因在于中国哲学的本原论不仅要肯定"本原"（形而上）的真实，而且也要讲"本原"的生化，从而肯定"现象"（形而下）的真实。归根结底，中国哲学的本原论是要为"现象世界"（"现世"）应该如何做论证的。除了佛教的主张"出世"外，中国哲学各派只有肯定"现世"的真实，才能肯定在"现世"实现人生的理想是有意义的。

（2）实体与关系的统一，或谓实体与"场有"②的统一，即是说中国哲学所谓"实体"并非可以脱离"关系"而存在的"孤立的存有"，而是与"关系"共在的，实体与关系俱为实有。以老子的"道"而论，其"常无"与"常有""同出而异名，同谓之玄"（《老子》一章），虽然道是作为万物之本原的"绝对"（实体），但它并非只是"虚无"，而是其中"有象"

① 张岱年：《中国哲学大纲》，中国社会科学出版社1982年版，第9～10页。
② "场有"语出唐力权先生的场有论，参见其书《周易与怀德海之间——场有哲学序论》，辽宁大学出版社1991年版。

"有物""有精""有信"（《老子》二十一章），若没有"有无"的关系，则道也就没有"玄德"，不是"众妙之门"了。以"气"而论，张载说"一物两体者，气也"（《正蒙·参两》），气不能脱离"两体"（阴阳）的关系而存在，即所谓"有两则有一，是太极也"（《易说·说封》），"不有两则无一"（《正蒙·太和》）。王廷相说："不可知其所至，故曰太极；不可以为象，故曰太虚；非曰阴阳之外有极有虚也。二气感化，群象显设，天地万物所由以生也，非实体乎?"（《慎言·道体》）气既是实体，又非"阴阳（关系）之外"别有所谓实体，气与阴阳是一而二，二而一的。以"五行"而论，戴震说"阴阳五行，道之实体也"，"举五行即赅阴阳，五行各具阴阳也"（《孟子字义疏证》卷中），五行是实体，但此实体也包含着阴阳，它们也不能脱离五行"相生""相克"的关系而存在。戴震又说："有实体，故可分；惟分也，故不齐。"（同上）所谓"可分"，即"分于阴阳五行以有人物"，人与物都是由阴阳五行的各种关系组合而化生，不仅阴阳五行是实在的，而且其各种关系组合也是实在的。中国哲学的实在论并无还原论（即唯本原为实在）的思想。或谓中国哲学的气（阴阳）与五行等范畴是"功能"范畴，而非"实体"范畴；我认为，这种沿用西方哲学的"实体"与"功能"的二分并不符合中国哲学的实际情况。"功能"在中国哲学中可谓"用"，"体以致用，用以备体"，没有无体之用，亦没有无用之体，中国哲学的根本精神是"体用一源，显微无间"（程颐：《易传·序》），"体用胥有而相需以实"（王大之：《周易外传》卷二），即体与用（实体与功能、作用）是统一的，都是实在的。可以说，在中国哲学中，实体与场有相即不离、圆融无碍，"实体观不碍场有论，场有论不废实体观"①。

（3）"天"与"人"或自然与人为的统一，即是说自然与人之修养、作为（实践）都是实在的。《中庸》云："诚者，天之道也；诚之者，人之道也。"孟子也说："诚者，天之道也；思诚者，人之道也。"（《孟子·离娄上》）天之道是本然之"诚"，人之道是努力做到"诚"，天道与人的道德

---

① 参见李存山：《气、实体与场有》，《场与有——中外哲学的比较与融通（一）》，东方出版社 1994 年版。

实践都是"真实无妄"的。《中庸》又云："唯天下至诚，为能尽其性；能尽其性，则能尽人之性；能尽人之性，则能尽物之性；能尽物之性，则可以赞天地之化育；可以赞天地之化育，则可以与天地参矣。"在《中庸》作者看来，人能够参赞天地之化育，将己之性、人之性和物之性充分实现出来，也就是"合外内之道"，这才达到了"至诚"。《易传》也讲"财（裁）成天地之道，辅相天地之宜"，人之"裁成""辅相"是"天地之道"的进一步的发展，自然与人为同为实在，如果没有人的有目的的作为，则自然之天地并不圆满。荀子同样强调"参于天地"，即"天地生之，圣人成之"（《荀子·富国》），天地之生有待于圣人之成才能达到圆满。王夫之反对"语相天之大业，则必举而归之于圣人"（《续春秋左氏传博议》卷下），他认为平常人也应该承担起"相天之大业"。与儒家不同，道家反对人之"有为"，崇尚自然之"无为"，但其目的是要人效法自然，以达到"无为而无不为"（《老子》四十八章），"为无为则无不治"（《老子》三章）。《庄子·天下》篇评述老子之学，谓其"以濡弱谦下为表，以空虚不毁万物为实……常宽容于物，不削于人，可谓至极"。在道家看来，人的"有为"与"无为"都是实在的，"无为"也是要在现实世界中实现人生和社会的理想。张载在批判佛教的"语到实际，则以人生为幻妄，以有为为疣赘，以世界为荫浊"时说："儒者则因明致诚，因诚致明，故天人合一，致学而可以成圣，得天而未始遗人……"（《正蒙·乾称》）所谓"得天而未始遗人"，即儒家不像佛教那样唯以"真如"为"实际"，而以人生、现实世界为幻妄，儒家认为天与人是统一的（"天人合一"），自然与人为均为实有，因此儒家的"致学成圣"才是有意义的。

宋明道学中有所谓"理气之辨"，即气本论与理本论的不同。究实言之，张载的气本论是认为"圣人之意莫先乎要识造化，既识造化然后其理可穷，彼（佛教）惟不识造化，以为幻妄也"（《易说·系辞上》），即首先要肯定这个世界是实在的，然后肯定这个世界是道德的；程朱的理本论则是主张"学者须先识仁"（《程氏外书》卷十二），理为气本，即首先要肯定这个世界是道德的，然后肯定这个世界是实在的。"气"在张载和程朱的思想中都是表示客观实在的范畴，他们在现世的道德的价值取向上本无不同。宋明道学中又有陆王的心本论，究实言之，程朱与陆王的区别主要在于道德体认方法的"支离"（"格物致知"）与"易简"（"精神全要在内"，"致良知"），陆王虽然较多受到佛教的影响，但他们并没有真正否认现实世界的实在性。陆九渊说："宇宙便是吾心，吾心即是宇宙。"（《象山年谱》）这是认为吾心所含之理与宇宙之理是等同的，"心之体甚大，若能尽我之心，便与天同"（《象山语录下》），他并没有否认宇宙或天的实在性。王阳明对"心"说了一些夸张的话，如谓"心外无物"（《与王纯甫》），但其所谓"物"是指道德之"事"，"物者事也……意之所在之事谓之物"（《大学问》），"如意在于事亲即事亲便是一物，意在于事君即事君便是一物……所以某说无心外之理，无心外之物"（《传习录上》）。王阳明说："大人者，以天地万物为一体者也，其视天下犹一家，中国犹一人焉。"（《大学问》）这里讲的是仁的道德境界，虽然"天下犹一家，中国犹一人"，但"天下""中国"并非只存在于"心"之中。

从印度传入的佛教主张"出世""寂灭"，进入"涅槃"，其对现实世界的看法不仅是"苦"，而且是"集"（众因缘所集，无自性，故不真、幻妄）。这与中国本有的价值取向与世界观有着重大区别。佛教初传中国，先是被看作一种神仙方术，继而其思想经玄学的接引，通过"格义"的方法而被中土人士所接受。佛教为中国文化增加了新的因素，它使中国文化原已比较薄弱的宗教向度得到了加强，为人们超脱生活中的苦难和生死的"轮回"提供了一种新的精神追求。魏晋以后，儒、释、道三教发挥着不同的社会功能，而佛教在与中国本土思想的冲突中也经历了日益中国化的过程，至隋唐时期形成了天台宗、华严宗和禅宗等中国特色的佛教宗派。天台宗的"三谛圆融"，华严宗的"理事无碍"，特别是禅宗的"自性悟，众生即是佛"，"勿离世间上，外求出世间"（《坛经》），都减少了佛教与中国本土思想的紧张。但是，"儒释之辨"仍是儒家的一大题目。现代新儒家熊十力先生，其思想从佛教唯识学入手，创新唯识论，他批评佛教"以空寂言体，而不悟生化……缘其始终不脱宗教性质故也"（《读经示要》卷二）。有评论者说："熊氏即以生生不息大用流行的《大易》观念注入，以替代寂灭观。这是儒佛的根本判别处。"[1] 熊先生在《新唯识论》中主张"摄用归

---

[1] 吴汝钧：《当代中国哲学》，《鹅湖》月刊 1990 年第 1 期。

体",而在其晚年所作《乾坤衍》中则主张"摄体归用":"摄用归体者,如佛氏之归于寂灭,老氏之返于虚无,有种种恶影响……摄体归用,则现象真实,万物真实,人生真实,世界真实……孔子倡导裁成天地,辅相万物诸弘论,实从其摄体归用之根本原理而出也"[①]。我认为,熊先生的"摄用归体",更体现了其思想从佛教唯识学入手的特点;而"摄体归用",则是儒家更本真的思维方式。

中国哲学的实在论,既是世界观,也是价值观。它肯定现实世界的真实,即其价值取向是"现世主义"的,它主张在现世的生活世界中实现人生的道德理想,故中国哲学的实在论与道德论是统一的或互补的。就世界观而言,中国哲学的实在论不免带有"素朴"的性质,在新的时代会经历理论形态的转型,其根本精神将得到继承与发扬;就价值观而言,"现世主义"将继续是中国文化长远发展的主流。

三

关于道德论,主要是儒家的道德论,但道家和佛教也不乏道德的思想。如老子亦崇尚"善"(《老子》八章:"上善若水,水善利万物而不争"),并且肯定"孝慈"(《老子》十九章:"绝仁弃义,民复孝慈",楚简本作"绝伪弃虑,民复孝慈")、"忠信"(《老子》三十八章:"夫礼者,忠信之薄而乱之首……是以大丈夫处其厚而不居其薄")等等。中国佛教除主张"八正道"之外,其宣扬"善恶报应"更突出了在现世"劝善"的功能,其力持的"五戒"常被比附为儒家的"五常",宋代以后佛教更多地吸收儒家伦理,认为儒、佛"不当两相非,而当交相赞","儒以孝为百行之本,佛以孝为至道之宗"等等[②]。儒家的"天人之学",其中心是人学,其旨归是人在现世的道德。"崇德"是儒家哲学的根本价值取向,《易传·系辞下》云:"精义入神,以致用也;利用安身,以崇德也。过此以往,未知或知也。"儒家哲学虽有一定的"宗教性"或"超越性",但其"宗教性"也是

---

① 参见郭齐勇:《熊十力思想研究》,天津人民出版社1993年版,第87~94页。
② 参见卢升法:《佛学与现代新儒家》,辽宁大学出版社1994年版,第214~228页。

为现世的道德服务的（《易传·彖》："圣人以神道设教而天下服矣"），其"超越"亦非出离世间，而是在现世生活中的"内在超越"。《中庸》云："道不远人。人之为道而远人，不可以为道。"或谓儒教是"道德的宗教""人文的宗教"，其宗教性不是为了"出世"，而是一种在现世"安身立命"的"终极关怀"①。

儒家的道德论，最根本的思想是仁爱，即所谓"樊迟问仁，子曰：爱人"（《论语·颜渊》）、"仁者人也"（《中庸》），"仁者爱人"《孟子·离娄下》。"爱人"即是"泛爱众"（《论语·学而》），亦即"爱类"（《吕氏春秋·爱类》："仁也者，仁乎其类者也"），爱天下所有的人。孔子的学生有若说："孝弟也者，其为仁之本与！"（《论语·学而》）孟子也说："事亲，事之本也。"（《孟子·离娄上》）"亲亲，仁也；敬长，义也。无他，达之天下也。"（《孟子·尽心上》）儒家的"爱人"是本之于亲亲之情，由此推扩出去，以致"老吾老以及人之老，幼吾幼以及人之幼（《孟子·梁惠王上》），"亲亲而仁民，仁民而爱物"（《孟子·尽心下》），"民吾同胞，物吾与也"（《正蒙·乾称》）。仁爱精神就是善待他人，并且善待自然之物。唐代的韩愈说："博爱之谓仁"（《原道》），"圣人一视同仁"（《原人》），"博爱"也就是"泛爱"。宋代的张载说："圣人尽性，不以闻见梏其心，其视天下无一物非我。"（《正蒙·大心》）程颢也说："仁者以天地万物为一体，莫非己也。认得为己，何所不至！"（《遗书》卷二上）后来王阳明也说："大人者，以天地万物为一体者也，其视天下犹一家，中国犹一人焉。"（《大学问》）这些已是宋明道学中讲的"极高明"的境界，而此境界仍不离"道中庸"，其实质仍是在现世生活中爱人与爱物。

孔子说："吾道一以贯之。"曾子说："夫子之道，忠恕而已矣。"（《论语·里仁》）"忠恕"即是儒家能近取譬、推己及人的为仁之方，也就是："己欲立而立人，己欲达而达人"（《论语·雍也》），"己所不欲，勿施于人"（《论语·卫灵公》）。在现世生活中，各种道德的教义、规则和戒律等等也许数不胜数，但是最基本的、也是最普遍的，可以"一以贯之"的规则即是"忠恕"。古今中外的道德学说都不能脱离此精神，因此"忠恕"或

---

① 参见郑家栋：《断裂中的传统》，中国社会科学出版社 2001 年版，第 233～251 页。

"恕道"被称为道德的黄金律。

儒家的道德亦重视"礼"，孔子说："克己复礼为仁。"（《论语·颜渊》）又说："人而不仁如礼何？"（《论语·八佾》）"礼"除了一般性的礼节、礼仪的意义外，还反映了封建社会等级尊卑秩序的人伦关系。孔子一方面承认"礼"的社会合法性，另一方面强调"礼"的外在的行为规范要本之于内在的仁心。儒家的道德理念是与具体的社会人伦关系密切结合在一起的。所谓"人伦"，在孔子看来，就是"君君，臣臣，父父，子子"（《论语·颜渊》）；在孟子看来，就是"父子有亲，君臣有义，夫妇有别，长幼有序，朋友有信"（《孟子·滕文公上》）；荀子则强调对于"君臣之义，父子之亲，夫妇之别"（《荀子·天论》）。秦以后，受法家思想的影响，并且适应君主集权的需要，汉儒立"三纲""五常"之名，"纲常名教"遂被视为儒家思想的核心，近代的洋务派则称其为"中学之体"。"纲常"反映了儒家伦理的时代性，而"五常"中亦有超时代的内容。儒家伦理需经转型才能适用于现代，其转型不能只是"返本"，求诸"内圣"或"天理"，而须与新的社会经验相作用、相协调，由"百世不可变更"的"体"转变为随着社会的发展而发展的"用"。历史上的儒家，在其"性与天道"的思想中本来包含着时代性的制度化伦理的内容，如董仲舒说"王道之三纲，可求于天"（《春秋繁露·基义》），程颢说"为君尽君道，为臣尽臣道，过此则无理"（《遗书》卷五）；现代的新儒学则把儒家道德分为心性的层面和制度化伦理的层面[1]，这种理论调整实是受到时代发展的影响，而新儒学要在现代社会发挥较大的作用，走出"魂不附体"的局面，还需深入社会现实，将其超越性的道德理念同现代社会具体的经济、政治体制和行为规范结合起来。

儒家的道德论强调"义利之辨"。孔子说："君子义以为上"（《论语·阳货》），"君子喻于义，小人喻于利"（《论语·里仁》）。孟子在回答梁惠王"将有以利吾国乎"的发问时说："王何必曰利，亦有仁义而已矣。"（《孟子·梁惠王上》）孔、孟的义利之辨是强调道德的价值高于物质性的功利，而社会的整体利益也高于个人的私利。《汉书·董仲舒传》记董仲舒有

---

① 参见郑家栋：《断裂中的传统》，中国社会科学出版社 2001 年版，第 19～21 页。

"正其谊（义）不谋其利，明其道不计其功"之说，宋明道学家对此极为重视，将义利之说视为"儒者第一义"。程颐说："不独财利之利，凡有利心便不可。"（《遗书》卷一六）朱熹说："凡事不可先有个利心……圣人做处，只向义边做。"（《语类》卷五一）王阳明也说："仁人者正其谊不谋其利，明其道不计其功。一有谋计之心，则虽正谊明道亦功利耳。"（《与黄诚甫》）由义利之辨又有天理人欲之辨，朱熹说："学者须是革尽人欲，复尽天理，方始是学。"（《语类》卷一三）王阳明说："必欲此心纯乎天理而无一毫人欲之私，此作圣之功也。"（《传习录》中）对功利的排斥和对人欲的遏制，在中国历史上起了消极作用。在当今市场经济下，功利和物质欲望成为经济活动的主要动机。但市场经济仍有其道德维度，社会的进步有赖于在公平与效率、道义与功利、理性与欲望之间取得平衡。

张岱年先生在 20 世纪 30 年代曾提出"理生合一"的命题："所谓生，即是生命、生活；所谓理，即是当然的准则，或道德的规律"。理与生应该并重，"理离开生，便是空洞的；生离开理，必至于卤莽灭裂"①。在 20 世纪 40 年代，他将人生之道概括为"充生以达理"，"胜乖以达和"②，亦即充实、发展人的内在的生命力，克服生之冲突、乖违，以达到生之合理、和谐的道德理想境界。在张先生的"理生合一""充生达理"的命题中，内在地包含着中国传统哲学范畴德与力、义与利、理与欲的矛盾的合理解决，即主张德力具足，珍生务义，遵义兴利，以理节欲。

张岱年先生提出：中国哲学之一个新路"当是将唯物、理想、解析综合于一"③。他认为，唯物与理想的综合是符合中国哲学的根本倾向的。他说：

> 唯物论虽不是中国的正统思想，但中国哲学有一些根本倾向，颇合于唯物义。在宇宙论，中国哲学之基本倾向是不将现象与实在分为二事，现象即实在，实在即现象。……在知识论，中国哲学根本不认为存在依附于心……更根本承认外界是可知的。中国哲学更多将知与行合为一。在人生论，中国哲学不喜出世的理想，而讲不离乎日常生活的宏大而平实的生活

---

① 《张岱年文集》第 1 卷，清华大学出版社 1989 年版，第 194、195 页。
② 《张岱年文集》第 3 卷，清华大学出版社 1992 年版，第 201 页。
③ 《张岱年文集》第 1 卷，清华大学出版社 1989 年版，第 21 页。

准则。中国哲学家所认为最高境界者，是在日常生活中表现至理。这些都是中国哲学之基本倾向，而是有合于唯物义的。

中国过去的哲学，更有一根本倾向，即是自然论与理想论之合一。中国哲学家大部分讲自然论的宇宙观，而更讲宏大卓越的理想。西洋的自然主义与理想主义那种决然对立的情形，在中国是没有的。由此，我们也可以说，综合唯物与理想，实正合于中国哲学之根本倾向。①

张先生在这里说的是"中国哲学之根本倾向"，这些倾向不限于唯物论，但"颇合于唯物义"。我认为，这种"颇合于唯物义"而不限于唯物论的传统，也就是中国哲学的实在论传统。张先生所说的"自然论与理想论之合一"，也可以说就是实在论与道德论的统一和互补。

四

发扬中国哲学的实在论和道德论传统，对于中国与世界在 21 世纪的发展具有重要意义。

中国哲学的实在论（尤其是唯物论）传统，是马克思主义哲学在中国生根和发展的文化土壤。五四新文化运动时期，中国选择西方文化中的民主与科学，选择马克思主义，而非选择西方文化中的宗教，这与中国哲学的实在论传统有着世界观及其价值取向上的趋同。陈独秀在 1915 年所作《今日之教育方针》一文中首标"现实主义"，批评"印度诸师，悉以现象世界为妄觉，以梵天真如为本体"，又批评基督教"以人生为神之事业"，其说荒诞；他的看法是，"觉官有妄，而物体自真；现象无常，而实质常住"，"现实世界之内有事功，现实世界之外无希望"②。这虽然是借西方近代的科学和哲学以为据，但与中国的实在论传统有着文化上的或哲学思维方式上的继承关系。胡适是崇尚美国的实用主义的，但他也逸出实用主义的围域，而肯定"中国固有的自然主义"，主张"不妨老实自居为'无神论者'"，"不妨冲进那不可知的区域里"，将所谓"科学的人生观"称作"自

① 《张岱年文集》第 1 卷，清华大学出版社 1989 年版，第 220 页。
② 吴晓明：《德赛二先生与社会主义——陈独秀文选》，上海远东出版社 1994 年版，第 14~15 页。

然主义的人生观"①。他所谓"自然主义"，其实也就是中国的实在论。

中国的道德论传统，使中国在近代最终不是肯定将生物进化的法则扩延到社会领域，而是提出："物种以竞争为原则，人类则以互助为原则。社会国家者，互助之体也；道德仁义者，互助之用也。人类顺此原则则昌，不顺此原则则亡。"② 中国选择社会主义的发展道路，是与中国哲学追求现世的道德理想或"大同社会"有密切关系的。李大钊在《我的马克思主义观》一文中，对马克思的唯物史观和"阶级竞争"学说给予肯定，但他也强调："马氏并非承认这阶级竞争是与人类历史相终始的，他只把他的阶级竞争说应用于人类历史的前史，不是通用于过去、现在、未来的全部。"当这一段"历史的前史"告终时，"马氏所理想的人类真正历史，也就从此开始。马氏所谓真正历史，就是互助的历史，没有阶级竞争的历史"③。中国选择社会主义的发展道路，就是追求人类的"真正历史"，进入一个"崭新光明的互助的世界"。李大钊说："我信人类不是争斗着、掠夺着生活的，总应该是互助着、友爱着生活的。阶级的竞争，快要息了。互助的光明，快要现了，我们可以觉悟了。"④ 这里所体现的正是一种"胜乖以达和"的精神。

民主与科学、马克思主义和社会主义道路，是中国社会与文化的转型所需要的。发扬中国哲学的实在论和道德论传统，可以促进中、西、马三大思想潮流之间的对话与交流，从而产生"良性的互动"，走"综合创新"之路，实现中国的现代化，实现中华民族在 21 世纪的伟大复兴。

在"全球化"时代，发扬中国哲学的实在论和道德论传统，可以促进世界不同文明之间的对话，促进"全球伦理"的建立。我认为，中国文化之形成儒、释、道三教并存的多元格局，是与中国哲学重视现世生活的价值取向相联系的，因为现世生活的实际需要有多种，并非一元文化所能满足，所以多元的和各种不同层次的文化各有其位置与作用。相反，如果把人们的价值祈求集中到来世的"救赎"上，那么对唯一"上帝"的虔诚或

---

① 张君劢、丁文江等：《科学与人生观》"序"，山东人民出版社 1997 年版，第 17、24 页。
②《孙中山选集》，人民出版社 1956 年版，第 156 页。
③《李大钊文集》第 3 卷，人民出版社 1999 年版，第 30、35 页。
④《李大钊文集》第 2 卷，人民出版社 1999 年版，第 337 页。

迷狂，就会将其他宗教或教派视为"异端"，从而引发宗教冲突。当今世界不同宗教、文明的对话，不可能改变彼此不同的宗教信仰，而是以整个人类之现世生活的共同利益和实际需要为价值基点。因此，中国文化的现世主义的道德取向有益于不同文明的对话。而儒家的仁爱精神、忠恕之道，已经被许多有识之士认作为"全球伦理"的基本内容。继《法国人权宣言》《世界人权宣言》之后，国际社会正在拟定《世界人类义务宣言》（此宣言在"人道的基本原则"中强调："所有赋有理性和良知者都要根据互助精神对所有的人、家庭、共同体、民族和宗教承担责任；己所不欲，勿施于人"）。权利与义务的统一，是中西文化互动与综合的结果。如果说自由、民主、人权、法治是西方文化对于人类的贡献，那么，"絜矩之道"即人类社会的和谐发展，是中国文化贡献于世界的最大价值。

（原载于《东吴哲学》2002 年卷）

气论对于中国哲学的重要意义①

中国古代的气论思想内容非常广泛，我曾将其概括为"一气涵五理"，即"气"概念中包含着哲理、物理、生理、心理和伦理等方面的内容。② 从气论在哲理上的意义而言，它是中国哲学自然观的主要形态。因为中国哲学的一个主要特点是"天人合一"或"推天道以明人事"，所以气论与儒家的仁学、道家的道论等等共同构成了中国哲学的基本倾向或特质。本文就此而论述气论对于中国哲学的重要意义。

一

就儒家哲学而言，气论主要表征了这个世界的实在性，而仁学就是要在这个实在的世界中高扬仁义的道德理想。《中庸》云："诚者，天之道也；诚之者，人之道也。""诚"的基本含义就是"真实无妄"，这个"真实无妄"既是讲天地万物与人的生活世界的实在性，也是讲人要在这个实在的世界中努力做到个人道德修养的"真诚无伪"，进而努力实现整个社会乃至整个世界的道德和谐。

《中庸》云：

> 诚者，物之终始，不诚无物……故至诚无息，不息则久，久则征，征则悠远，悠远则博厚，博厚则高明。博厚所以载物也，高明所以覆物也，悠久所以成物也。博厚配地，高明配天，悠久无疆……天地之

---

① 本文是作者为清华大学主办的"海峡两岸气论与中国哲学"研讨会提供的论文，亦是作者承担的"中国哲学的实在论与道德论"课题的阶段性成果。

② 参见李存山：《"气"概念的几个层次意义的分殊》，《哲学研究》2006 年第 9 期。

道，可壹言而尽也：其为物不贰，则其生物不测。

朱熹对上引第一句的解释是："天下之物，皆实理之所为，故必得是理，然后有是物。所得之理既尽，则是物亦尽而无有矣。"（《中庸章句》）这种解释当然与程、朱认为"天下无实于理者"（《程氏遗书》卷三）或"道莫实于理"（《朱子语类》卷九十五）的思想相联系。朱熹对"至诚无息"的解释是"既无虚假，自无间断"（《中庸章句》）。这里的"自无间断"正是中国哲学的本体—宇宙论和"推天道以明人事"的一个重要特点。虽然"天下无实于理者"，但"理之所为"，即其所生之天下万物，也是"自无间断"，而具有"真实无妄"的"存有之连续性"①。天之高明，地之博厚，以及天地之生万物的"不贰"（一贯的确定性）与"不测"（难以测度的复杂性），之所以是"真实无妄"，当然不仅在于有"实理"，而且在于有"实气"。倘若没有"实气"，那就只剩下朱熹所谓"理却无情意，无计度，无造作"的一个"净洁空阔的世界"（《朱子语类》卷一），这在中国哲学中几乎是不可想象的。因此，朱熹注《中庸》"诚之不可掩"，指出"诚者，真实无妄之谓。阴阳合散，无非实者"。显然"阴阳合散"就是"气"之聚散。朱熹说："物之终始，莫非阴阳合散之所为，是其为物之体。"（《中庸章句》）

在《中庸》的本体—宇宙论中，似乎无涉"气"的范畴。但《中庸》有云："天之所覆，地之所载，日月所照，霜露所队（坠），凡有血气者，莫不尊亲，故曰配天。"所谓"凡有血气者"，即指人与动物（禽兽）。"血气"是中国哲学和医学中作为人与动物之生理基础的范畴。春秋时期的周定王曾说："夫戎狄冒没轻儳，贪而不让，其血气不治，若禽兽焉。"（《国语·周语中》）齐国的晏婴亦曾说："凡有血气，皆有争心。"（《左传·昭公十年》）战国时期的荀子认为，水火、草木、禽兽和人都"有气"，"禽兽有知而无义，人有气、有生、有知、亦且有义"（《荀子·王制》）。荀子又说："有血气之属必有知，有知之属莫不爱其类。今夫大鸟兽则失亡其群匹，越月踰时，则必反铅（沿）……故有血气之属莫知于人，故人之于其

① 杜维明先生曾发挥西方汉学家牟复礼（F. W. Mote）关于"惟独中国人显然没有创世神话"的观点，指出："存有的连续性，是中国本体论的一个基调"。见《杜维明文集》第3卷，武汉出版社2002年版，第222页。

亲也，至死无穷。"（《荀子·礼论》）荀子所说的"有血气之属……莫不爱其类"，与《中庸》所说的"凡有血气者，莫不尊亲"是相同的。"血气"是中国哲学普遍性之"气"概念的一个分殊范畴。《中庸》既然讲"血气"，则在其"天之所覆，地之所载，日月所照，霜露所坠"中就已隐含了"有血气者"与"无血气者"的区分（宋代的李侗曾教示朱熹"有有血气者，有无血气者，更体究此处"——见朱熹著《延平答问》），而"无血气者"也是有普遍性之"气"的。

《中庸》的著作年代与《易传》大约同时。《中庸》所说的"至诚无息……博厚所以载物也，高明所以覆物也……博厚配地，高明配天，悠久无疆"，与《易传》所说的"大哉乾元，万物资始，乃统天"，"至哉坤元，万物资生，乃顺承天。坤厚载物，德合无疆"（《彖传》），"天行健，君子以自强不息"，"地势坤，君子以厚德载物"（《象传》），显然是处在同一个思想语境中。《易传》云：

> 二气感应以相与……天地感而万物化生……（《彖传》）
>
> 天地絪缊，万物化醇。男女构精，万物化生。（《系辞下》）

观此可知，在《易传》的思想中，天地所化生的万物必是由阴阳二气的合和而产生的。这与老子所说"二生三，三生万物。万物负阴而抱阳，冲气以为和"（《老子》四十二章），"天地之间，其犹橐龠乎？虚而不屈，动而愈出"（同上，五章），"故飘风不终朝，骤雨不终日。孰为此者？天地"（同上，二十三章），"天地相合，以降甘露"（同上，三十二章），以及庄子所说"阴阳于人，不翅于父母"（《庄子·大宗师》），"至阴肃肃，至阳赫赫。肃肃出乎天，赫赫发乎地，两者交通成和而物生焉"（《庄子·田子方》），显然也有着本体—宇宙论的共同架构。

《中庸》仍延续了孔子所说"唯天为大"（《论语·泰伯》）的思想，而《易传》则已受到老子"有物混成，先天地生"（《老子》二十五章）思想的影响。故《易传·系辞上》云：

> 易有太极，是生两仪，两仪生四象，四象生八卦，八卦定吉凶，吉凶生大业。是故法象莫大乎天地，变通莫大乎四时，悬象著明莫大乎日月……

对这段话历来有不同的解释，形成了中国易学史和哲学史上的不同流派。我认为，就《易传》本文的原意来说，这里的关键是对"两仪"的解释。从句中"法象莫大乎天地"看，则"两仪"就是指"天地"。在宋代的邵雍以画卦说解释"两仪"之前，古注对"两仪"的解释也都是指"天地"。如《易纬·乾凿度》云"易始于太极，太极分而为二，故生天地"，郑玄注："易始于太极，气象未分之时，天地之始也。"李鼎祚《周易集解》引虞翻说："太极，太一也，分为天地，故生两仪也。"孔颖达《周易正义》说："太极谓天地未分之前元气混而为一……混元既分即有天地，故曰太极生两仪。"周敦颐《太极图说》亦有云"分阴分阳，两仪立焉"，此"两仪"也只能是指"天地"。即便在邵雍的《观物吟》中也说"一气才分，两仪已备，圆者为天，方者为地"。如果明确"两仪"是指"天地"，那么"两仪"之前的"太极"就只能是指包含着"阴阳"在内的"淳和未分之气"①，而不能以"太极"为"无"或"理"。因为如果以"太极"为"无"或"理"，那就是在"太极"与"两仪"之间另加了"太极"先生"气"再生"两仪"（天地）的环节，而无论玄学家还是理学家都不可能认为由"无"或"理"直接生出"天地"。②

在中国古代哲学中，"天地"要么是本来固有的，要么是由阴阳二气分化而成的。老、庄、《易传》的思想即属于后者。这里的区别在于，道家有"道生一"或"无生有"之说，朱熹亦有"理生气"之说，而《易传》以及张载、罗钦顺、王廷相、王夫之、戴震等则就以"气"为世界的本原。尽管有此区别，但在"气（阴阳）—天地—万物"这一本体—宇宙论的基本架构上，诸家是相同的。有了这一基本架构，则儒、道两家都以天地万物为实有，而万物中包括人，只不过人是"得其秀（气）而最灵"者。因此，中国哲学的一个基本倾向就是肯定了天地万物与人的生活世界的实在性，儒道两家的价值理想都是要在这个实在的"存有之连续性"的"一个世界"中来实现。

张岱年先生在《中国哲学大纲》中论述"中国本根论之基本倾向"，

---

① 《文选》卷十九注引郑玄曰："极中之道，淳和未分之气也。""未分"是指天地未分，而"太极之中，不昧阴阳之象"（王夫之《张子正蒙注·参两》），此即张载所说"一物两体，气也"（《正蒙·参两》），"一物而两体，其太极之谓与"（《正蒙·大易》）。

② 参见李存山：《从"两仪"释"太极"》，《周易研究》1994 年第 2 期。

指出：

> 印度哲学及西洋哲学讲本体，更有真实意，以为现象是假是幻，本体是真是实。本体者何？即是惟一的究竟实在。这种观念，在中国本来的哲学中，实在没有。中国哲人讲本根与事物的区别，不在于实幻之不同，而在于本末、原流、根支之不同。万有众象同属实在，不惟本根为实而已。①

这一论断可以说是深中肯綮、"颠扑不破"。在儒、道两家哲学中，虽然有道本论、理本论和气本论等不同，但它们无一不肯定天地万物与人的生活世界的实在性。此即中国哲学的"至诚无息"，"既无虚假，自无间断"，亦即中国哲学的"存有之连续性"，而没有西方哲学和印度哲学的所谓"本体实而不现，现象现而不实"的"自然之两分"。②

《中庸》肯定了"诚者，天之道"，于是提出"诚之者，人之道"。儒家的宗旨在于"爱人"和"知人"（《论语·颜渊》："樊迟问仁，子曰：'爱人'。问知，子曰：'知人'"），而《中庸》提出"思知人，不可以不知天"，于是此"天道"就成为"人道"的本体——宇宙论的根据。《中庸》所讲的"天"，似主要是指"义理之天"。但《中庸》亦云："郊社之礼，所以事上帝也。"朱熹注："郊，祀天。社，祭地。不言后土者，省文也。"（《中庸章句》）既然讲"上帝"，当然是宗教意义的"主宰之天"。但此"主宰之天"又与"地"（后土）联系在一起，从而有天之高明、地之博厚，以及天地之生万物的"不贰"与"不测"。也就是说《中庸》所讲的"义理之天""主宰之天"是与"自然之天"结合在一起的③。因此，《中庸》所讲的"诚者，天之道"，不仅是道德、宗教意义的，而且包含着对天地万物的自然意义之实在性的肯定。

《易传》云："一阴一阳之谓道，继之者善也，成之者性也……显诸仁，

---

① 张岱年：《中国哲学大纲》，中国社会科学出版社1982年版，第9页。

② 西方哲学家怀特海批评西方传统哲学"把自然二分为两个系统"，如柏拉图以理念世界为"真实的世界"，"而与之对立的普遍经验的世界是完全不真实的"。参见［英］怀特海：《自然的概念》，张桂权译，中国城市出版社2002年版，第45页。

③ 儒家似一直不对此做严格的区分，而保持着一种文化哲学的"战略的模糊性"。如二程虽然提出"天者理也"，但又云"以形体言之谓之天，以主宰言之谓之帝，以功用言之谓之鬼神，以妙用言之谓之神，以性情言之谓之乾"（《程氏遗书》卷二十二上）。就此而言，二程的"天理"也是与主宰之天、自然之天结合在一起的。

藏诸用，鼓万物而不与圣人同忧，盛德大业，至矣哉！"（《系辞上》）这里的"继之者善"，当指在"太极生两仪"之后的"天地之大德曰生"（《系辞下》），亦即"大哉乾元，万物资始"，"至哉坤元，万物资生"（《彖传》），"乾始能以美利利天下"（《文言》）。《易传》又云："天地变化，圣人效之。"（《系辞上》）圣人所效法的"天地变化"就是"天行健""地势坤"，由此而有"君子以自强不息"和"君子以厚德载物"。这里所说的"天地变化"和圣人君子的效法，当然主要是指其道德的意义，但其中也蕴含着对"天地变化"之客观实在性的肯定。如果"天行健""地势坤"只是不实的假象或现象，那么，圣人君子又有什么值得效法呢？在这里，"天地变化"之所以具有真实无妄的客观实在性，正是因为天地是"太极"所生，而"太极"就是"淳和未分之气"。即便如玄学家和理学家那样，以"无"或"理"解释"太极"，在天地分化之前也必须有"气"。就此而言，"气"正是中国哲学表征天地万物与人的生活世界之实在性的范畴。

因为天地万物与人的生活世界是实在的，而不是神创的或幻妄的，所以儒家的仁学不是像基督教那样要到"上帝"的彼岸世界去寻求解脱，也不是像佛教那样去追求超脱六道轮回的"涅槃"境界。中国传统哲学没有"自然之两分"，而只有一个"存有之连续性"的世界，故中华民族的精神①就是要在这个世界中"自强不息"、永不绝望、前赴后继、依自（人）不依他（神）地"厚德载物"，努力实现个人、社会乃至整个世界的道德理想。

二

秦以后，中国哲学自然观的一个"大本营"是"阴阳五行"之说。②虽然"五行"概念在《尚书·洪范》中就已是"九畴"之首，春秋时期亦有"天六地五"和"天有三辰，地有五行"之说（见《左传》和《国

---

① 张岱年先生曾指出，"中华精神"凝结于《易传》的两句名言中，即"天行健，君子以自强不息"，"地势坤，君子以厚德载物"。参见《张岱年全集》第6卷，河北人民出版社1996年版，第223页。
② 梁启超在《阴阳五行说之来历》一文中说："阴阳五行说，为二千年来迷信之大本营。"（梁启超：《古史辨》第5册，海南出版社2005年版，第199页）此谓之"迷信"过分，谓之"大本营"则是合适的。

语》），但至战国中期，《老子》《庄子》《易传》等皆不言"五行"①，其原因在于本属地上的"五行"还没有被纳入气论的思想体系。到了战国中后期，阴阳五行家始提出"五行"是"阴阳"所生，并将"五行"配在四方、四时。《管子·四时》篇有云："道生天地……德始于春，长于夏，刑始于秋，流于冬。"《史记·孟荀列传》记载邹衍"称引天地剖判以来，五德转移，治各有宜，而符应若兹。"观此可知，阴阳五行家是在"天地剖判"以后才讲由"阴阳"生出"五行"。《易传》的宇宙生成模式是"气（阴阳）—天地—四时—万物"，阴阳五行家是在"天地—四时"之间加进了"五行"的环节。秦以后，阴阳五行家的思想被儒道两家普遍吸收，于是有了"气（阴阳）—天地—（阴阳）五行—万物"的普遍架构。这一气论的普遍架构，与儒家的仁学、道家（以及道教）的道论等等结合在一起，而贯穿秦以后中国哲学的始终。

在儒家的汉唐经学中贯穿着元气论的"阴阳五行"之说，这已毋庸细论。即便在魏晋玄学贵无论的思想中，也不免要有"阴阳五行"的思想。如《周易》乾卦《文言》从"潜龙勿用，阳气潜藏"至"乾元用九，乃见天则"，王弼《周易注》云："此一章全说天气以明之也。"其注《周易》复卦"反复其道，七日来复"，亦云："阳气始剥尽，至来复时，凡七日。"王弼《周易略例》有云："通乎昼夜之道而无体，一阴一阳而无穷。"其《老子指略》有云："是故天生五物，无物为用；圣行五教，不言为化。"此中"五物"即是"五行"。王弼虽然持"以无为本"之论，但其目的又在于"守母以存子"。在他看来，"绝圣而后圣功全"，"弃仁而后仁德厚"，只有持其本，守其母，才可以"安者实安……存者实存……天地实大……圣功实存……仁德实著……"（《老子指略》）这里虽然存在着逻辑上的"吊诡"，但他对天地万物与人的生活世界显然亦持实在论的观点，而不是以"母，本也"为真实，以"子，末也"为虚假。与佛教的般若学相比，如余敦康先生所说："佛教的般若学是一种以论证现实世界虚幻不实为目的

---

①《庄子》书中只有《说剑》篇讲到"制以五行，论以刑德"，而这一篇恰是学术界公认的非庄子后学的作品，其乃"战国策士游谈"混入《庄子》书中。参见陈鼓应：《庄子今注今译》，中华书局1983年版，第805页。

的出世间的宗教哲学，而玄学则是一种充分肯定现实世界合理性的世俗哲学。"①

　　玄学家中的阮籍、嵇康持元气论的自然观，这也毋庸细论。即便是郭象的"独化""性分"之说，实也是以"气"为本的。如郭象《庄子注》有云："今气聚而生，汝不能禁也；气散而死，汝不能止也。"（《知北游》注）"虽变化相代，原其气则一。"（《寓言》注）"殊气自有，故能常有，若本无之而由天赐，则有时而废。"（《则阳》注）"夫松柏特禀自然之钟气，故能为众木之杰耳"，尧舜等圣人则"特受自然之正气者至希也"（《德充符》注）。"遗耳目，去心意，而符气性之自得，此虚以待物者也。"（《人间世》注）所谓"气性之自得"，就是每个人或物所"特禀"的"性分"。郭象又说："其理固当，不可逃也。故人之生也，非误生也；生之所有，非妄有也。"（《德充符》注）观此可知，郭象对天地万物与人的生活世界亦持实在论的观点。佛教认为万物都是因缘合和而没有"自性"，故万物都是空幻的；郭象则认为万物都是禀气而成，各有自己的"性分"，故万物都是实有且"其理固当"的。

　　冯友兰先生在《中国哲学史》（下册）中说，在佛教传入中国之前，"中国人对于世界之见解，皆为实在论。即以为吾人主观之外，实有客观的外界。谓外界必依吾人之心，乃始有存在，在中国人视之，乃非常可怪之论"。② 自佛教传入中国后，因佛、道二教相争，佛教学者中辨别佛、道之异亦有深中肯綮者，如南北朝时期谢镇之反驳顾欢《夷夏论》中"佛是老子，老子是佛"的折中之说，写了《与顾道士书》，有云：

　　　　佛法以有形为空幻，故忘身以济众；道法以吾我为真实，故服食以养生……若深体三界为长夜之宅，有生为大梦之主，则思觉悟之道，何贵于形骸？假使形之可练，生而不死，此则老宗本异，非佛理所同。（《弘明集》卷六）

　　道教之所以"以吾我为真实"，故"服食""练形"以追求养生成仙③，

　　① 余敦康：《魏晋玄学史》，北京大学出版社 2004 年版，第 429 页。
　　② 冯友兰：《三松堂全集》第 3 卷，河南人民出版社 2000 年版，第 142 页。
　　③ 道教的神仙世界虽然超脱了世俗生活，但其成仙之羽化飞升，形神俱往，"长与日月星辰相睹"，亦只是居于重霄之上，与人的生活世界仍有着"存有之连续性"。

正是因为在道教的教义中仍有"气（阴阳）—天地—（阴阳）五行—万物"这一中国哲学的普遍架构。自《周易参同契》以来，道教就把这一普遍架构用于师法天地之造化，以人身为"小宇宙"，服食丹药（或外丹或内丹），依照"顺而生人"的顺序来追求"逆而成仙"，至宋代则有了传自陈抟的《先天图》或《太极图》。

唐代的华严宗五祖宗密在《原人论》中指出，儒道二教都有"元气生天地，天地生万物"，"万物与人，皆气为本"的思想。而佛教则认为，唯一真实的是"真一之灵心"，"究实言之，心外的无别法，元气亦从心之所变"（《原人论·会通本末》）。他更指出："元亨利贞，乾之德也，始于一气；常乐我净，佛之德也，本乎一心。"（《圆觉经略疏·序》）这里的"始于一气"与"本乎一心"，确实是中国固有思想与佛教"唯心"之论的一个重要区别。因为儒家、道家以及道教都有"始于一气"的思想，所以在佛教传入中国以前"中国人对于世界之见解，皆为实在论"。而像佛教那样以天地万物为"不真"的"假有"，"这种观念，在中国本来的哲学中，实在没有……佛教输入后，始渐有以现象为虚幻之思想，然大多数思想家都是反对佛家以外界为虚幻之思想的"。[①] 在这一思想背景下，我们可以重新认识气论对于宋明理学的重要意义。

三

儒家与道家、道教都有"元气生天地，天地生万物"的思想，这是儒道两家共有的本体—宇宙论架构。两家所不同者，是道家、道教在"元气"之前还有"道生一"或"无生有"。儒家对于这一不同的自觉，始于宋代的张载，即所谓"圣人仰观俯察，但云知幽明之故，不云知有无之故"（《正蒙·太和》），"大《易》不言有无，言有无，诸子之陋也"（《正蒙·大易》）。但是在张载之前，儒家尚未达到这种自觉，或者说并未将此看得有多么严重。如《易纬·乾凿度》说"易始于太极，太极分而为二，故生天地"，但其又有"太易""太初""太始""太素"之说，所谓"太易者，未

---

① 张岱年：《中国哲学大纲》，中国社会科学出版社 1982 年版，第 9～10 页。

见气也；太初者，气之始也"，郑玄注："太易，无也；太极，有也。"《乾凿度》和郑玄虽然采用了道家的"无生有"之说，但其讲"人生而应八卦之体，得五气以为五常，仁义礼智信是也"，故其仍属于儒家。从儒道两家都有"阴阳五行"的本体—宇宙论架构，而其区别主要在于价值取向的不同看，作为宋明理学之开山的周敦颐《太极图说》，确实在理学的思想体系建构中具有开创的地位。而辨别《太极图》的来源以及"无极"与"太极"的关系，则是后人用张载、二程以后的观点来求全于周敦颐，朱熹对《太极图说》的解释亦是以后人所求之全或他本人的思想体系创造性地诠释了《太极图说》。

《四库全书总目提要》评论毛奇龄的《太极图说遗议》，认为"周子《太极图说》本'易有太极'一语，特以'无极'二字启朱陆之争"，毛奇龄又考证此图的渊源以及"无极"等语不是儒书所有，其立议"不为无因"。"惟是一元化为二气，二气分为五行，而万物生息于其间，此理终古不易。儒与道共此天地，则所言之天地，儒不能异于道，道亦不能异于儒。"就此而言，毛奇龄"不论所言之是非，而但于图绘字句辨其原出于道家，所谓舍本而争末者也"。《四库》编者的这一评论是有见地而中肯的。本来儒道两家共有"阴阳五行"的架构，儒家要"推天道以明人事"也不能舍此架构而不用。如果不论周敦颐在用此架构时的价值取向如何，而只是辨此图"原出于道家"，那就是"舍本而争末"。

《太极图说》首句"无极而太极"最有争议，陆氏兄弟在与朱熹辩论时就已因"无极"一词出于《老子》而疑《太极图说》"非周子所为"，"或其少时所作"（《与朱元晦》，见《陆九渊集》卷二）。朱熹对"无极"做了"不言无极则太极同于一物，而不足为万化之根"（《答陆子美》，见《朱文公文集》卷三十六）的辩护。此辩护失于勉强，因为自《易传》以来儒家只言"太极"而不言"无极"者多矣，而此"太极"即已"足为万化之根"而不"同于一物"。《太极图说》讲"无极而太极"，又讲"太极动而生阳……静而生阴……阴阳一太极也，太极本无极也"，这里应有道家、道教的思想因素，而周敦颐当时并不以此辨别儒、道，也就是并不将此看得有多么严重。朱熹把"无极而太极"解释为"无形而有理"，指出"非太极之外，复有无极也"（《太极图说解》），这实际上是用朱熹所理解的二程的理本论来诠释《太极图说》；也正因为此，才确立了周敦颐在"伊洛渊源"中的开山地位。

程颢说："昔受学于周茂叔，每令寻颜子、仲尼乐处，所乐何事。"（《程氏遗书》卷二上）"某自再见茂叔后，吟风弄月以归，有'吾与点也'之意。"（同上，卷三）这与程颐在《明道先生行状》中所说"先生为学，自十五六时，闻汝南周茂叔论道，遂厌科举之业，慨然有求道之志"（《程氏文集》卷十一）是相符合的。但仅此还不能确立周敦颐在理学中的开山地位，因为"孔颜乐处"的话题在宋代并非始于周敦颐，而是始于范仲淹所谓"瓢思颜子心还乐，琴遇钟君恨即销"（《睢阳学舍书怀》，见《范文正公集》卷三），"儒者自有名教可乐"（《宋史·张载传》），"人苟有道义之乐，形骸可外，况居室乎"（《范文正公集·年谱》）。宋代新儒学的兴起似可分为两步：其一是儒家的价值取向的确立，此即由范仲淹、欧阳修和胡瑗等人来完成；其二是新儒家的本体—宇宙论、心性论和功夫论思想体系的建构，此即以周敦颐的《太极图说》为其开端。有了这第二步，周、张、二程等才成为宋代"新儒中之新儒"[1]。

史料未载周敦颐的《太极图说》作于何时，但起码在程颐写《颜子所好何学论》之前就已授予二程了。朱熹在《伊川先生年谱》中记载：程颐"年十四五，与明道同受学于春陵周茂叔先生。皇祐二年，年十八上书阙下……不报，闲游太学，时海陵胡翼之先生方主教导，尝以《颜子所好何学论》试诸生，得先生所试，大惊即延见，处以学职"。（《程氏遗书》附录）此中"皇祐二年"当是"嘉祐二年"（1057）之误。[2] 此时程颐二十五岁，写了长篇的《上仁宗皇帝书》，"劝仁宗以王道为心，生灵为念，黜世俗之论，期非常之功，且乞召对，面陈所学"。因上此书后"不报"，程颐乃"闲游太学"，主持太学的胡瑗以《颜子所好何学论》试诸生，于是程颐所试得到胡瑗的高度赏识。程颐在《颜子所好何学论》中写道：

> 颜子所独好者，何学也？学以至圣人之道也……学之道如何？曰：
> 天地储精，得五行之秀者为人，其本也真而静，其未发也五性具焉，

---

① 钱穆先生说："理学兴起以前，已先有一大批宋儒，此一大批宋儒，早可称为是新儒。""而北宋之理学家，则尤当目为新儒中之新儒。"（钱穆：《朱子学提纲》，三联书店2002年版，第8、16页）

② 参见李存山：《范仲淹与胡瑗的教育思想》，《杭州研究》2010年第2期。

曰仁义礼智信。形既生矣，外物触其形而动于中矣。其中动而七情出焉，曰喜怒哀乐爱恶欲。情既炽而益荡，其性凿矣。是故觉者约其情始合于中，正其心，养其性，故曰性其情……（《程氏文集》卷八）

在这段话中，从"天地储精"到"形既生矣，外物触其形而动于中矣"，是有取于《太极图说》所云"二五之精，妙合而凝……惟人也得其秀而最灵。形既生矣，神发知矣，五性感动而善恶分，万事出矣"。后面所说的"性其情"云云，则是有取于胡瑗的《周易口义》。①

二程实际上受到《太极图说》的影响，但只是节取了"二五之精"以下的话，而不讲"无极而太极……分阴分阳，两仪立焉"。朱熹曾论及二程思想与《太极图说》的相承关系：

程氏之书亦皆祖述其意，而《李仲通铭》《程邵公志》《颜子好学记》等篇乃或并其语而道之。（《再定太极通书后序》，见《朱文公文集》卷七十六）

在朱熹举证的程氏三篇中，以程颐的《颜子所好何学论》为最早。《程邵公墓志》是程颐在其次子去世的熙宁元年（1068）所作，有云："夫动静者阴阳之本，况五气交运，则益参差不齐矣。"《李寺丞（仲通）墓志铭》是程颐写于熙宁七年（1074），有云："二气交运兮，五行顺施；刚柔杂揉兮，美恶不齐……"（《程氏文集》卷四）这两篇也只是讲"阴阳""五行"，而不讲"无极""太极""是生两仪"。可见，朱熹所说"程氏之书亦皆祖述其意"，实际上只是"祖述"了《太极图说》的"二五之精"以下的内容，而起始的"无极而太极"至"两仪立焉"是二程所要回避的。

因为"无极"一词源于道家，二程又终生不讲"无极"和"太极"②，所以《太极图说》首句难有确切的解释。如果说"无极而太极"就是"无形而有理"，那么程颢就不该说"吾学虽有所受，天理二字却是自家体贴出来"（《程氏外书》卷十二）。如果绕过《太极图说》，另据《通书》把周敦

---

① 胡瑗《周易口义》卷一："盖性者天生之质，仁义礼智信五常之道，无不备具，故裹之为正性。喜怒哀乐爱恶欲七者之来，皆由物诱于外，则情见于内，故流之为邪情。唯圣人则能使万物得其利，而不失其正者，是能性其情，不使外物迁之也。"

② 现传《二程集》中的《周易程氏传》在《易传序》之后又有一篇《易序》，有云"太极者道也……极，无极也"。此篇《易序》亦是朱熹《周易本义》的《序》，可能是朱熹所作（宋代熊节编《性理群书句解》载此《易序》，题目下有"文公先生"），而不是出自程颐。

颐的"太极"解释为"心即是理"的"诚体"①，那也是不切合《通书》本文之原意的。《通书》论"诚"云：

> 诚者，圣人之本。"大哉乾元，万物资始"，诚之源也。"乾道变化，各正性命"，诚斯立焉。纯粹至善者也。故曰："一阴一阳之谓道，继之者善也，成之者性也。"（《诚上》）

> 圣，诚而已矣。诚，五常之本，百行之源也。（《诚下》）

所谓"圣人之本"并不意味着"诚"就是作为世界本原的"实体"。"诚"之源头在于"大哉乾元，万物资始"。"诚"之建立在于"乾道变化，各正性命"。此"纯粹至善"当是继"一阴一阳"的变化才有的，也就是说"诚"的根源还在于《太极图说》所谓"分阴分阳，两仪立焉"。"诚"是"五常之本，百行之源"，"五常"即《太极图说》中源自"五气"（五行）的"五性"，而"百行"是指人的诸种德行。因此，在周敦颐的思想中，"诚"并不是作为世界本原的"实体"。

《太极图说》云："惟人也得其秀而最灵。形既生矣，神发知矣，五性感动而善恶分，万事出矣。"这里的头一句是源于《礼记·礼运》所谓"故人者，其天地之德，阴阳之交，鬼神之会，五行之秀气也"。而"形既生矣，神发知矣"即是人的心知的产生，亦即荀子所说"形具而神生"（《荀子·天论》）。有知之"神"是指人的心神，而无知之"神"只能是"阴阳不测"的"神"。在"无极之真，二五之精，妙合而凝"，从而产生了人的形体之后，才有了人的心知。因为有了心知，所以才有"五性感动"，亦即有了"情"，于是"善恶分，万事出"。程颐在《颜子所好何学论》中讲"其未发也五性具焉，曰仁义礼智信"，然后讲"形既生矣，外物触其形而动于中矣。其中动而七情出焉"，这是符合《太极图说》之本意的。此后，张载说"合性与知觉，有心之名"（《正蒙·太和》），有了"知觉"也就有了"情"，心统合"性与知觉"也就是"心统性情"（朱熹说："伊川'性即理也'，横渠'心统性情'，二句颠扑不破。"——《朱子语类》卷五）。在周、程、张以及朱熹的本体—宇宙论中都没有"心即是理"的思想。

二程终生不讲"无极""太极""是生两仪"，这应是二程不传《太极

---

① 牟宗三：《心体与性体》，上海古籍出版社 1999 年版，第 300 页。

但对《易传·系辞》中的"天地设位，而易行乎其中"，二程却多次加以发挥（见《程氏遗书》卷二上、卷十一、卷十二等）。这说明在二程的思想中，天地是本来固有的，所以没有"太极生两仪"的问题。至于"动静者阴阳之本""二气交运兮，五行顺施"云云，就是"天地储精""天地设位，而易行乎其中"了。由此可以理解《程氏经说》中程颐作《易说·系辞》有云："道者，一阴一阳也。动静无端，阴阳无始。非知道者，孰能识之？"① 因为天地是本来固有的，所以天地之间的"一阴一阳"也就"动静无端，阴阳无始"了。在程颐的《易说·系辞》中已有云"有理则有气，有气则有数"，这里说的"有理"是否就是指天地之间的"有理"呢？程颐在《周易程氏传·上下篇义》首句说"乾、坤，天地之道，阴阳之本……坎、离，阴阳之成质……"如果程颐说的"有理则有气"就是指"天地之道"为"阴阳之本"（程颢说"动静者阴阳之本"），那么二程的思想就不是在天地之本原意义上的"理本论"。

二程不讲"太极生两仪"，而从"天地储精""天地设位，而易行乎其中"讲起，这不仅是二程不传《太极图说》的一个重要原因，而且可能也决定了二程对张载之学的态度。二程对张载的《西铭》评价甚高，而对张载讲的"太虚即气"或所谓"清虚一大"则认为有"过"。在张载去世前，程颐在《答横渠先生书》中说"观吾叔之见，志正而谨严，如'虚无即气则无无'之语深探远赜，岂后世学者所尝虑及也？然此语未能无过。"（《程氏文集》卷九）程颐在信中不及明说"过"在何处。张载去世之后，吕大临东见二程，遂在"东见录"中有如下之说：

> 《订顽》一篇，意极完备，乃仁之体也。学者其体此意，令有诸已，其地位已高。到此地位，自别有见处，不可穷高极远，恐于道无补也。（《程氏遗书》卷二上）

> 学者须先识仁。仁者，浑然与物同体。义、礼、知、信皆仁也。识得此理，以诚敬存之而已，不须防检，不须穷索……《订顽》意思，乃备言此体。以此意存之，更有何事？（同上）

---

① 这段话中的"动静无端，阴阳无始。非知道者，孰能识之"被朱熹多次引用，并被编入《近思录》。而"道者，一阴一阳也"因不是程颐"所以一阴一阳是道"的规范表述，故不被朱熹采用。

横渠教人本只是谓世学胶固，故说一个"清虚一大"，只图得人稍损得没去就道理来，然而人又更别处走，今日且只道敬。（同上）

二程认为，张载的《西铭》（即《订顽》）"意极完备"，已"备言此（仁）体"，这与洛学的"须先识仁"是相符合的。而且，《西铭》是从"乾称天，坤称母"讲起，这也与二程从"天地设位，而易行乎其中"讲起是相符合的。但张载于此之外又讲"太虚即气""由太虚有天之名"等等，这就是"穷高极远，恐于道无补"，"而人又更别处走"了。

张载与二程分歧的起点在于主张"先识造化"，"既识造化然后其理可穷"（《横渠易说·系辞上》），此即针对佛教的"诬世界乾坤为幻化"和老氏的"有生于无"之说，主张首先在本体—宇宙论上与佛、老划清界限，从而提出"太虚即气则无无"，"太虚无形，气之本体，其聚其散，变化之客形尔"（《正蒙·太和》）。在张载看来，"惟太虚无动摇，故为至实"（《张子语录》中），而"太虚无形"就是"气化本然之体段"（熊节编《性理群书句解》卷十二《正蒙》熊刚大注："气之本体"），"太虚之气"的一阴一阳就是"易"，"易，造化也"，"彼惟不识造化，以为幻妄也"，"不识造化则不知性命"。（《横渠易说·系辞上》）因此，张载的思想体系是气本论，在肯定这个世界的实在性的基础上再讲"太虚为清，清则无碍"，"至静无感，性之渊源"（《正蒙·太和》），从而也为儒家的道德性命提供了本体—宇宙论的依据。

张载以及后来王夫之的思想属于"气一元论"，亦可称为"唯物论"，此说不是始于张岱年先生，而是始于熊十力先生。熊先生弟子在《尊闻录》中记录熊先生1924至1927年的论学语录有云：

他（张载）的形而上学，是主张气为实体的，也可叫作气一元论。我尝说他是儒家的唯物论派……船山宗气一元论，推衍其说，以为神者气之灵，理者气之理，确是子厚先生的本旨……他们这唯物论，却不主张机械论，此又异于西洋唯物论者矣。①

张岱年先生在1936年发表的《哲学上一个可能的综合》一文中说"宋以后哲学中，唯物论表现为唯气论，唯气论成立于张横渠……唯气论其实

① 《熊十力全集》第1卷，湖北教育出版社2001年版，第626页。

即是唯物论。"① 他在《中国哲学大纲》中也说："张子以太虚为气之原始……张子的本根论，确实可以说是一种唯物论。"②《尊闻录》是在1930年由熊先生自印150部行世。张先生与熊先生相识始于1932年，以后虽有较多交往，但从未提到过《尊闻录》。他与熊先生都提出张载的思想是气一元论、唯气论或唯物论，当是先后各自独立有所见。

二程对张载之学的评价，后来成为朱熹推测二程不传《太极图说》亦不言"太极"的一个理由。如云：

> 《太极图》立象尽意，剖析幽微，周子盖不得已而作也。观其手授之意，盖以为唯程子为能受之。程子之秘而不示，疑亦未有能受之者尔……及"东见录"中论横渠"清虚一大"之说"使人向别处走，不若且只道敬"，则其微意亦可见矣。（《答张敬夫》，见《朱文公文集》卷三十一）

> 二程不言"太极"者，用刘绚记程言，"清虚一大，恐人别处走，今只说敬"，意只在所由只一理也。一理者，言仁义中正而主静。（《朱子语类》卷九十三）

其实，二程不传《太极图说》并非"未有能受之者"，其真正的原因应是二程主张"须先识仁"，"学者不必远求，近取诸身，只明人理，敬而已矣，便是约处"（《程氏遗书》卷二上），而不主张在"天地设位"之外再"穷高极远"，讲"太极"或"太虚"等等。

《太极图说》在南宋的流传，端赖程门弟子侯仲良。（参见《周子全书》载祁宽《通书后跋》）；而最先把周敦颐、邵雍、二程和张载（所谓"北宋五子"）罗列在一起的，是曾师从侯仲良的胡宏。（参见《横渠正蒙序》，见胡宏《五峰集》卷三）朱熹受湖湘学派的影响"始知太极蕴"，在他"己丑之悟"的同年（1169）重编周敦颐的《太极通书》。朱熹的创见是据潘清逸的《濂溪先生墓志铭》叙周敦颐著有"太极图易说易通数十篇"，把原作为《通书》最后一章的《太极图说》移到《通书》之前，提出："盖先生之学，其妙具于太极一图。《通书》之言，皆发此图之蕴。而程先生兄弟语

① 《张岱年全集》第 1 卷，河北人民出版社 1996 年版，第 272 页。
② 《中国哲学大纲》，中国社会科学出版社 1982 年版，第 49 页。

中国传统哲学与中华民族精神

及性命之际，亦未尝不因其说。"（《太极通书后序》建安本）由此确立了周敦颐在"伊洛渊源"中的开山地位。继而朱熹作《太极图说解》《西铭解》，编《伊洛渊源录》和《近思录》，从而集宋代理学之大成。从一定意义上说"濂洛关闽"的理学谱系正是通过朱熹的创造性诠释而确立的（如果朱熹是"别子为宗"，那么"濂、洛、关"的谱系实也成为问题）。

在"濂洛关闽"的理学谱系中，确实存在着理本论与气本论的不同。气本论主张"先识造化"，即首先肯定这个世界是实在的，然后肯定这个世界是道德的；理本论则主张"先识仁"，即首先肯定这个世界是道德的，同时说"有理则有气"，即也肯定这个世界是实在的。由此可以理解《宋元学案·序录》所说："横渠先生勇于造道，其门户虽微有殊于伊洛，而大本则一也。"

程朱理学与陆王心学的主要不同，与其说在本体—宇宙论上，毋宁说在"格物致知"的工夫论上，此即陆九渊主张"易简工夫"，而其批评朱熹则为"支离事业"。这一分歧实亦源自先秦时期的孟子：朱熹的"格物致知"论可以说即孟子所谓"知者无不知也，当务之为急"（《孟子，尽心上》）；而陆王的"格物致知"论可以说即孟子所谓"学问之道无他，求其放心而已矣"（《孟子·告子上》）。这里涉及知识与道德的关系问题，二者应该互补而不可偏废。

陆九渊在与朱熹辩论"无极""太极"时说："一阴一阳已是形而上者，况太极乎""易之为道，一阴一阳而已……今顾以阴阳为非道而直谓之形器，其孰为昧于道器之分哉？"（《与朱元晦》，见《陆九渊集》卷二）此可见心学在理气关系问题上从一开始就是倾向于气学的，至明末的刘宗周、黄宗羲则明确肯定"理即是气之理"（《宋元学案·师说》），"天地间只有一气充周，生人生物……心即气之灵处……心即气也"（《孟子师说》卷二）。王阳明虽然说"心外无物""心外无理"，"天地鬼神万物离却我的灵明，便没有天地鬼神万物了"，但他所说亦是"人心与物同体……如此便是一气流通的"。有问："天地鬼神千古见在，何没有我的灵明便俱无了？"王阳明答："今看死的人，他这些精灵游散了，他的天地鬼神万物尚在何处。"（《传习录》下）也就是说，所谓"心外无物"只是就个体之心与"物"或"事"的意向性关系而言：王阳明并不否认在某一个体死后，其他的个体与

"天地鬼神万物"仍然存在，而个体之心与"物"或"事"之所以是"同体"的，实亦因为有"一气流通"。

综上所论，宋明理学虽然有理学、气学和心学的不同，但都肯定了天地万物与人的生活世界的实在性。"乾称天，坤称母……民吾同胞，物吾与也"（张载《西铭》），"仁者，浑然与物同体"（《程氏遗书》卷二上），"大人者，以天地万物为一体者也"（王阳明《大学问》），他们都是要在这个实在的世界中追求道德的理想，此即气论对于宋明理学的重要意义。

（原载于《哲学研究》2012 年第 3 期）

下篇

儒家传统文化的当代价值

文化的全球化与多元发展

——兼论儒学在全球文化对话中的作用

一

"全球化"（globalization）首先是经济的全球化，但其意义并不仅仅是经济的，毋宁说，它是由经济全球化所推动的人类活动的"时空伸延"或"时空压缩"①，是世界范围内人类在经济、政治、文化等各个方面相互联系交流和互动的强化。人类的社会关系真正具有全球或世界的性质，是从工业革命开始的，即如马克思和恩格斯在《共产党宣言》中所说，资本主义的大工业"开拓了世界市场，使一切国家的生产和消费都成为世界性的了。……新的工业的建立已经成为一切文明民族的生命攸关的问题……过去那种地方的和民族的自给自足和闭关自守状态，被各民族的各方面的互相往来和各方面的互相依赖所代替了。物质的生产是如此，精神的生产也是如此"②。自此之后，人类社会进入了"世界历史"，全世界各族人民都被卷入了由西方资本主义的殖民扩张所形成的世界体系之中，各个民族或民族—国家（nation – state）的经济、政治和文化都愈来愈多、愈来愈深地与西方、工业化或现代化发生着联系。

---

① 王逸舟：《全球化时代的国际安全》，上海人民出版社 1999 年版，第 6~9 页。
②《马克思恩格斯选集》第 1 卷，人民出版社 1972 年版，第 254~255 页。

由于西方社会内部的矛盾以及它与非西方民族—国家的矛盾，世界逐渐形成了社会主义与资本主义相抗衡的"冷战"格局。20世纪90年代初的东欧剧变改变了这一格局，于是有人提出"历史的终结"（弗朗西斯·福山），自此之后将是"西方自由民主制的普及"，是欢欣而和谐的"一个世界"①。改革开放的社会主义中国以及改变了社会主义性质的苏联和东欧国家都由计划经济体制转入了"市场经济"，参与世界经济交流的国家已经是全球性的，而新的科学技术尤其是电子通信技术正迅猛发展，跨国经营、国际贸易、金融和资本流通获得空前的自由，这些都加速了世界经济的"一体化"。于是，"全球化"或"经济全球化"成为90年代中期以来使用频率愈来愈高的一个关键词。与以前相比，全球化进入了一个程度更深、影响更大、发展也更为迅速的全新阶段。

然而，冷战的结束并没有结束西方与非西方的矛盾，当东西方之间的铁幕拉开之时，南北之间即发达国家与发展中国家之间的矛盾更加突显了。"西方文明"远没有被世界各族人民接受为"普世文明"，相反人们愈来愈认识到现代化并不就是西方化，民族文化认同和复兴的潮流日益强劲。经济全球化无论对于发展中国家还是发达国家都是一把双刃剑，它既提供了机遇，又形成了挑战②，而且它比较迅速地改变着各个地区和国家之间的力量对比。世界经济和政治的格局出现了较大的变化，而民族与文化的问题更加突显了。一些西方学者（如亨廷顿）认识到西方中心主义已经没落，"西方文明"只是西方的一种特殊文明，世界正走向"一个多极和多文化的世界"；他认为，冷战之后的世界政治格局将是七大或八大文明（西方文明、中华文明、日本文明、伊斯兰文明、印度文明、东正教文明、拉美文明，或还有非洲文明）之间的冲突③。

与经济全球化相伴随的必然是各民族文化之间相互联系、交流和互动的强化。电子通信技术的日益发展和普及，国际商务、旅游、移民等等现象的增多，以及大众传媒的扩散，这些都推动着文化的全球化。当然，文化的全球化绝不是某一种文化的全球普及，而是多元的各民族文化之间相

---

① [美] 塞缪尔·亨廷顿：《文明的冲突与世界秩序的重建》，周琪等译，新华出版社1998年版，第11页。
② [德] 赫尔穆特·施密特：《全球化与道德重建》，柴方国译，社会科学文献出版社2001年版，第22~74页。
③ [美] 塞缪尔·亨廷顿：《文明的冲突与世界秩序的重建》，周琪等译，新华出版社1998年版，第29~33页。

互联系、交流和互动的强化。这种强化使各民族文化之间的接触面或"摩擦面"空前地扩大了，因而与文化的全球化相伴随的必然是更加自觉、更加强烈的民族文化认同与自强意识，是全世界各民族文化的多元发展。"全球化"（globalization）与"地方化"（localization）是一个统一的相互促动、增强的过程，即所谓"glocalization"。这也就是说，"全球化"与"多元发展"是辩证统一的。正是由于各民族文化之间的联系强化了，而且民族文化认同与自强的意识也更加强烈了，这才引发了亨廷顿的"文明冲突论"。不过，作为美国的一个国际政治学家，亨廷顿的头脑中还带有"冷战思维"的惯性，他是从"政治"的即"美国利益"的视角来"简化和预测"国际关系，片面地夸大了不同文化或文明之间可能发生的"冲突"。正如施密特所指出的，"由于受到全球化的影响，不能排除21世纪发生此类冲突的可能性"，"提醒人们注意到此类危险是一种贡献"，但是，"认为全球冲突不可避免的思想是极其危险的，它会导致一种冲突本身自然会成为事实的预言"，对此"必须予以明确的否定"①。面对"文明冲突论"所引起的各种批评，亨廷顿在其书的中文版序言中也表示，"我所期望的是，我唤起人们对文明冲突的危险性的注意，将有助于促进整个世界上'文明的对话'"②。

也许可以说，在经济全球化的推动下，人类文化的发展正进入一个新阶段，这个阶段的特点即是全世界范围的不同文化或文明之间的"对话"加强了，或更加必要了。"文明的对话"首先要承认"多元"，对话中会增强多元文化之间的"共识"，而多元文化也有赖在对话中得到发展。某一种文化的中心主义或霸权主义是行不通的，对外来文化深闭固拒的各种文化的宗教激进主义也会斫伤自身文化的生机；只有多元—对话—共识，才是人类文化健康发展的道路。

二

纵观人类文化或文明数千年的发展史，其总的趋势是随着人们交往、

---

① ［德］赫尔穆特·施密特：《全球化与道德重建》，柴方国译，社会科学文献出版社2001年版，第68、258页。

② ［美］塞缪尔·亨廷顿：《文明的冲突与世界秩序的重建》，周琪等译，新华出版社1998年版，第3页。

联系的"时空伸延",从文化的多元起源走向愈来愈广、愈高层次的"多元一体"。文化的全球化是人类文化发展的一个新阶段,当整个人类居住的环境已经"压缩"成为一个"地球村"时,这个"村"的文化建设也将是全世界范围的、整个人类层次的"多元一体"。尽管形成这样的"一体"也许还是很遥远的事情,但这一过程已经从"全球化"开始了。

20 世纪 70 至 80 年代的中国考古学新发现,突破了长期以来形成的中华古文化"一脉相承"的大一统观念,提出了中国考古学文化的"区系类型"说,证明了中华古文化是多元起源。"历史上生活在 960 万平方公里中华大地上的 56 个民族的先人们,他们活动地域的自然条件不同,获取生活资料的方法不同,他们的生活方式也就各有特色。"① 就"中国"概念的形成来说,是从六大文化区系(以燕山南北长城地带为重心的北方,以山东为中心的东方,以关中、晋南、豫西为中心的中原,以环太湖为中心的东南部,以环洞庭湖与四川盆地为中心的西南部,以鄱阳湖—珠江三角洲一线为中轴的南方),逐渐走向共识的中国(传说中的五帝时代,各大文化区系间的交流和彼此认同),理想的中国(夏商周三代政治文化上的重组),以至现实的中国——秦汉帝国②。秦汉以后,又经多次重组与融合,才逐渐形成了 56 个民族(及其文化)"多元一体"的中华民族(及其文化)。费孝通先生在论述中华民族的"多元一体"格局时提出了"民族认同意识的多层次论",他认为:"高层次的认同并不一定取代或排斥低层次的认同,不同层次可以并行不悖,甚至在不同层次的认同基础上可以各自发展原有的特点。形成多语言、多文化的整体。"③ 这也就是说,"多元"可以走向"一体",而"一体"并无碍"多元"。中华民族及其文化的发展是如此,那么,能否会有更高层次即全球人类层次的"多元一体"呢?

在现时代,欧盟的建设可能正处于形成欧洲各国"多元一体"的过程中。经济全球化以及国际力量对比格局的变化,正促使欧洲各国加快其一体化的进程。施密特指出,欧洲各国"面临着同样的任务:既要保持自己的民族特性,同时又要借助达成欧洲共性的意愿跨越自己的民族特性,趋

---

① 苏秉琦:《中国文明起源新探》,三联书店 1999 年版,第 34 页。
② 苏秉琦:《中国文明起源新探》,三联书店 1999 年版,第 35~36、161 页。
③ 费孝通:《中华民族多元一体格局》,中央民族大学出版社 1999 年版,第 13 页。

向于共同的欧洲特性"。针对一些人对欧洲一体化建设会损害他们的民族特性的担心，施密特说："他们需要时间来体会和理解这样一点，即迄今为止，一体化进程的任何一步非但没有损害他们的民族特性，反而给他们的国家带来了许多好处。""根据历史所要求的欧洲统一的原则促进欧洲各国民族特性、民族情感的亲和，不仅是政治、经济所迫切要求的使命，而且也是道义上的使命。在21世纪的历程中，欧盟完全有可能成长为一个新的世界级大国。"① 可以预见，当欧洲的一体化完成时，其内部仍然保持着欧洲各国民族文化的传统和特色，即它是"多元一体"的。

历史上已经形成的中华民族的"多元一体"，是有汉族作为一个发挥凝聚作用的核心。而正在建设中的欧盟的"多元一体"，则肯定不是有一个核心，而是至少有多个核心（德、法、英、意大利等），它是在欧洲已经形成近现代的民族国家以后重新"创立一个由3亿人口、15个国家——它们使用13种语言，并且其中有些语言差别极大，它们还拥有各自在许多世纪的历程中发展起来的民族文化和传统——组成的自愿联盟"，从这个意义上说，欧洲的一体化的确是"一项极其宏伟的、前所未有的事业"②。它的意义不仅限于欧盟，而且会影响整个世界格局与全人类。

中华民族的"多元一体"是一个民族国家层次的，而欧洲的"多元一体"则是洲际多民族国家层次的。在经济全球化的推动下，人类文化的发展还将会出现全人类层次的"多元一体"。尽管形成这样的"一体"似乎还很遥远，但"千里之行，始于足下"。正如"中国"概念的形成经历了"共识的中国""理想的中国""现实的中国"这样的"三部曲"，也许形成人类文化的"多元一体"也将经历共识的、理想的和现实的这样三个阶段。因此现在首先要强调全世界多元民族文化之间的平等"对话"，在对话中产生共识，从日益增多的共识中逐渐走向全人类文化的"多元一体"。

美国著名伦理学家和政治学家罗尔斯在《政治自由主义》一书中提出了"重叠共识"（overlapping consensus）概念。他认识到，在现代民主社会里"合乎理性的完备性宗教学说、哲学学说和道德学说的多样性不是一种

---

① ［德］赫尔穆特·施密特：《全球化与道德重建》，柴方国译，社会科学文献出版社2001年版，第247、249、251页。

② ［德］赫尔穆特·施密特：《全球化与道德重建》，柴方国译，社会科学文献出版社2001年版，第248页。

可以很快消失的纯历史状态，它是民主社会公共文化的一个永久特征"①。面对这样的"理性多元论的事实"，罗尔斯认为，民主社会的公共理性和秩序统一不可能建立在某一种完备性学说的基础上，而"必须是一个能够得到各种不同且相互对立的（然而却是合乎理性的）完备性学说的广泛认可"，即"认肯合乎理性却又相互对立的完备性学说的公民达到一种重叠共识"②。罗尔斯还将这一思想延伸到国际法领域，提出了"万民法"（the law of peoples）的思想，主张在各民族国家之间建立"重叠共识"，以实现国际政治的公平正义，"自由社会和等级社会能在同一万民法上达成一致，所以，该万民法并不依赖于西方的特定传统"③。尽管对罗尔斯的"政治自由主义"或"政治的公平正义"思想还存在着不少争议，但将其"重叠共识"概念移入到人类文化领域，通过全世界多元民族文化之间的平等对话，产生"重叠共识"，这是推动人类文化发展的正当途径。

有学者指出："今天，全球互动的中心问题是文化同质化与文化异质化之间的紧张关系"，"同一性和差异性都力图吃掉对方，从而各自宣称它们成功地实现了战无不胜的普遍性和恢复活力的特殊性这一孪生的启蒙思想"④。实际上，同质化与异质化是贯穿人类文化始终的一对矛盾，它们都不可能"吃掉对方"，因而这对矛盾是长存的。在当今"全球互动"的形势下，这对矛盾达到全球"紧张"的程度。要化解这样的"紧张"，就必须"折中"这两个极端，承认文化的多元发展，积极进行"文明的对话"，在对话中达成"重叠的共识"，逐渐走向全人类文化层次的"多元一体"。

三

在文化的全球化与多元发展中，儒家文化作为其中的一元，它本身与其他文化处于互动与对话之中，这种互动与对话将促进儒家文化的现代转

---

① ［美］约翰·罗尔斯：《政治自由主义》，万俊人译，译林出版社 2000 年版，第 37 页。

② ［美］约翰·罗尔斯：《政治自由主义》，万俊人译，译林出版社 2000 年版，第 39、40 页。

③ ［美］约翰·罗尔斯：《万民法》，汪晖、陈燕谷编《文化与公共性》，三联书店 1998 年版，第 382 页。

④ ［美］阿尔君·阿帕杜莱：《全球文化经济中的断裂和差异》，汪晖、陈燕谷编《文化与公共性》，三联书店 1998 年版，第 527、543 页。

型，而儒家文化的仁爱精神、实践理性与"和而不同"的思想也将在人类文化达成"重叠共识"的过程中发挥积极的作用。

仁爱精神是儒家文化的根本精神。《论语·颜渊》篇载："樊迟问仁，子曰：'爱人。'"此所谓"爱人"，就是爱世界上所有的人，亦即"爱类"（《吕氏春秋·爱类》篇："仁也者，仁乎其类者也"）。在孔子的思想中，有文化上的"夷夏之辨"，但"爱人"则是超越"夷夏之辨"的，此即孔子在回答樊迟另一处"问仁"时所说："居处恭，执事敬，与人忠。虽之夷狄，不可弃也。"（《论语·子路》）儒家文化的仁爱精神是本之以亲亲之情的孝悌，由此推扩出去，就是"四海之内皆兄弟也"，"仁民爱物"，"民胞物与"。这种精神是世界主义的，当人类文化进至"全球化"的阶段时，它将发扬光大，与其他文化共同维护"人类一家"《世界人权宣言》的理念，维护世界和平，主张世界各族人民的友好相处，关爱人类社会的每一个成员以及人类居住的自然环境，与世界各族人民共同建设一个和平友好、繁荣昌盛、可持续发展的"地球村"。

孔子说："吾道一以贯之。"（《论语·里仁》）此道即是仁道，其"一以贯之"的为仁之方即是"忠恕"，亦即"己欲立而立人，己欲达而达人"，"己所不欲，勿施于人"。这一原则是世界各主要宗教、文化通行的"道德金律"，在 18 世纪的《法国人权宣言》中也写入了这样的精神，即："政治上的自由在于不做任何危害他人之事。每个人行使天赋的权利以必须让他人自由行使同样的权利为限。"在 1948 年通过的《世界人权宣言》中也有类似的表述。施密特在批评亨廷顿的"文明冲突论"时指出："谁只要稍微关注一下其他宗教、其他文明，就会从中发现很多伦理共识。"他所举的第一个例子就是"黄金规则"，"在'己所不欲，勿施于人'这句古老的格言中，在世界主要宗教中，都包含了被视为'黄金规则'的类似的要求"。他还指出："仅仅追溯到半个世纪前通过的《世界人权宣言》是不够的，相反，世界需要更多的宗教宽容。世界各大宗教都包含着很多一致性的道德内容，其中最重要的当属'黄金规则'。"① 在全球化的时代，多元的各民族文化迫切需要建立伦理共识以及相互尊重和宽容的精神。"黄金规则"及其

---

① ［德］赫尔穆特·施密特：《全球化与道德重建》，柴方国译，社会科学文献出版社 2001 年版，第 217 页。

所体现的仁爱或博爱精神，正是达成共识的基础，也是共识中的最重要内容，是各种文化相互尊重和宽容的原则与方法。

受中国古代的历史条件以及周边地理环境的限制，传统的儒家思想并没有形成多元文化平等共存的理论，而是一直强调"夷夏之辨"。所谓"夷夏"的区别主要不是种族的，而是文化上的，即所谓，"诸侯用夷则夷之，进于中国则中国之"（苏舆：《春秋繁露义证》卷二）。这种思想促进了中华民族的多元融合，但华夏文化的中心意识也是由来已久、相当显明的。儒家思想还强调"协和万邦"（《尚书·尧典》），与这种和平主义的思想相伴随的也还有"四方来朝"的宗主国意识。这些是儒家思想中带有的历史局限。这种局限在近代以来已被打破，中国的先进分子在与西方文化的接触交往中"睁开眼睛看世界"，学会了平等地看待其他民族国家及其文化，正如孙中山先生在解释其"民族主义"时所说，这种民族主义"就是要中国和外国平等的主义"[①]。在中国历史上，儒家虽然强调"夷夏之辨"，自汉武帝以后又主张"独尊儒术"，但中国文化并非华夏文化的一元格局，亦非儒家思想的一教独行，而是华夏文化与周边少数民族文化"多元一体"，儒、释、道"三教并存"。这样的文化现实显然不是出自儒家"纯粹"的经典教条，但又与儒家重视现世生活、主张实事求是的"实践理性"密切相关。我认为中国文化之所以形成"多元一体""三教并存"的格局，并非在中国人的理性中"上帝"可有多个，"天堂"可有多门，而是在儒家思想的影响下，中国的多元文化普遍重视现世生活，因为现世生活的实际需要有多种，并非一元文化所能满足，所以不同的多元文化各有其位置和作用，逐渐形成了相互补充和宽容的多元并存格局。与此不同的是，如果把人们的价值祈求集中到来世的"救赎"上，那么对唯一"上帝"的虔诚或迷狂，一旦与其他宗教或教派的教义发生冲突，就可能视对方为"异端"，这种冲突如果受到背后隐藏的经济利益的驱动和利用，就可能发生宗教迫害和战争（欧洲历史上的"十字军东征"就是如此）。当今世界不同宗教、文化的相互尊重和宽容，不可能改变彼此不同的宗教信仰、理论教义，而是以整个人类之现世生活的共同利益和实际需要为价值基点。因此，倡扬儒家的

---

①《孙中山选集》，人民出版社 1981 年版，第 890 页。

"实践理性"，使不同的宗教、文化在人类之现世生活中求同存异，和平共处，从而相互尊重和宽容，这具有十分重要的积极意义。

中国文化很早就有"和而不同"的思想。《国语·郑语》载史伯云："夫和实生物，同则不继。以他平他谓之和，故能丰长而物归之，若以同裨同，尽乃弃矣。""和"是以不同的事物汇聚、结合在一起，得其平衡、协调，相济而相成，这样才能生机盎然，产生新的事物。"同"则是单一同质事物的叠加，如此不会有新的发展，"同则不继"，"尽乃弃矣"。《左传》中记载晏婴论述"和与同异"，他对"同"的批评是："若以水济水，谁能食之？若琴瑟之专一，谁能听之？"（《左传·昭公二十年》）孔子也曾说："君子和而不同，小人同而不和。"（《论语·子路》）"和而不同"是君子"尚义"，既能与人和睦相处，合作共事，又恪守自己的道德信念，不苟同于他人；"同而不和"则是小人被利益所左右，对自己有利就苟同于他人，当利益发生冲突时则与人争执。《易传》中有云："地势坤，君子以厚德载物。""厚德载物"即是君子效法地之坤德，具有博大宽容的精神。《中庸》则曰："万物并育而不相害，道并行而不相悖。小德川流，大德敦化，此天地之所以为大也。""小德"是讲差异性，"大德"是讲统一性，天地间"万物并育""道并行"，虽然有差异，但其"不相害""不相悖"，在差异中有其统一与和谐。概括起来说，"和而不同"即是尊重差异，崇尚和谐，反对搞单一的同质化，亦反对不同事物之间的冲突、对抗。将这样一种思想用之于当今人类文化的发展，就是要承认和尊重多元，既认同于自己本民族的文化，又要以博大宽容的精神对待其他民族的文化，以"文明的对话"替代"文明的冲突"，在对话中产生共识与和谐，逐渐走向人类文化的"多元一体"。只有"和而不同"才能促进人类文化的繁荣发展，这就是"和实生物"；如果搞某一种文化的霸权主义，或是不同文化之间的冲突、对抗，那就是"同而不和""同则不继"了。

（原载于《求是学刊》2002 年第 1 期）

孔子的世界主义与民族文化认同

儒家学派"祖述尧舜，宪章文武，宗师仲尼"（《汉书·艺文志》）。孔子作为儒家学派的创始人，在中国五千年传统文化的延续、发展中承上启下，继往开来。他所创立的仁学，不仅奠定了秦汉以后中国文化之基础，而且也为现代中国文化和世界文化的发展继续提供着教益。在经济全球化的潮流迅猛发展的今天，各民族之间的普遍联系更加密切，而一些全球性问题也更加严峻，人们期待着建立一种能使各民族和平相处、给全人类带来普遍福祉的全球伦理；与此同时，反对政治霸权和文化霸权、强调民族认同和文化多元的呼声也日益高涨。中华民族在走过了一个半世纪的屈辱、磨难和奋斗之路后，在此新的世纪之交，正面临着实现现代化，完成和平统一大业，实现民族复兴和文化复兴，为全人类做出新的贡献的伟大使命。在此时，探讨孔子的世界主义和民族文化认同思想，是很有意义的。

一

孔子的核心思想是"仁"。《吕氏春秋·不二》篇云，"孔子贵仁"，即指出孔子认为"仁"是最有价值的。"仁"的思想的确立，在中国文化以及中国哲学的发展史上起码具有两方面的重要意义。其一，道德理性的自觉。孔子说："为仁由己，而由人乎哉？"（《论语·颜渊》）"人而不仁如礼何？人而不仁如乐何？"（《论语·八佾》）礼乐是反映一定社会秩序和文明程度的行为规范和仪典形式，孔子认为，礼乐须以仁为基础，而仁就是人之内心的道德理性的自觉。其二，人类意识的自觉。《论语·颜渊》篇载："樊迟问仁，子曰：'爱人。'"此所谓"爱人"，包括爱世界上所有的人，亦即

"爱类"，这是人类意识的自觉。

《论语·子路》篇载樊迟另一处"问仁"，孔子答："居处恭，执事敬，与人忠。虽之夷狄，不可弃也。"在孔子的思想中，华夏与"夷狄"有着族类和文化的不同，但仁之"爱人"是不分族类、跨越文化的，故"虽之适夷狄无礼义之处，亦不可弃而不行也"（《论语正义》邢昺疏）。人类意识的自觉，内在地包含着相互依存的两个方面，其一是对人与非人的区分，其二是对人类自身的认同。这两个方面在孔子的思想中有着鲜明的体现。《论语·乡党》篇载："厩焚，子退朝，曰：'伤人乎？'不问马。"朱熹对这句话的解释是"贵人贱畜，理当如此"（《论语集注》），"贵人"就是以人为最"贵"，人的价值高于畜的价值。《论语·微子》篇载，孔子一行与隐者相遇，子路在把隐者的话告诉孔子后，孔子叹曰："鸟兽不可与同群，吾非斯人之徒与而谁与？天下有道，丘不与易也。"朱熹注："言所当与同群者，斯人而已，岂可绝人逃世以为洁哉？天下若已平治，则我无用变易之。正为天下无道，故欲以道易之耳。"（同上）这里的"同群"即认同之意，"斯人"即与鸟兽相区别的人类。孔子之栖栖皇皇，奔走列国，为的是使"天下（人）有道"，孔子背负着为全人类而"行道"的高度使命感。

后期墨家对于"仁"有一个界说："仁，爱己者，非为用己也，不若爱马者。"（《墨子·经说上》）这里的"爱己"即爱人如己，"非为用己"就是并非以人为手段（不像"爱马"那样），而是以人为目的。这个界说也很符合孔子的思想。孔子之所以在马厩失火时只问"伤人乎"而"不问马"，是因为只有人才具有内在的价值，"不问马"并非不爱马，而是因为"爱人"与"爱马"，有着内在价值与工具价值的不同，孔子"恐伤人之意多"，故对于马"未暇问"（朱熹：《论语集注》）。墨子曾经"学儒者之业，受孔子之术"，后来"背周道而用夏政"（《淮南子·要略》），墨家与儒家虽然在"爱人"的方式上有不同，但"爱人"即爱人类，是以人为目的而非手段，这一点两家是相同的。

《吕氏春秋·爱类》篇云："仁于他物，不仁于人，不得为仁。不仁于他物，独仁于人，犹若为仁。仁也者，仁乎其类者也。"这充分说明，"仁"的意识是对人之"类"的高度自觉，仁者之爱人是爱人类所有的人。《吕氏春秋·贵公》篇云："荆人有遗弓者，而不肯索，曰：'荆人遗之，荆人得之，又何索焉？'孔子闻之曰：'去其荆而可矣。'老聃闻之曰：'去其人而可矣。'故老聃则至公矣。"这则故事说明，老子主张消泯人与自然的区别，而孔子强调超越国界的人类意识。老子的思想是物我兼爱的自然主义，孔子的思想则是以爱人类为中心的世界主义。

孔子所讲的"爱人"，是本之以亲亲之情的孝悌，由亲亲之情扩充到爱人类所有的人，进而扩充到爱物。此即孟子所说："君子之于物也，爱之而弗仁；于民也，仁之而弗亲。亲亲而仁民，仁民而爱物。"（《孟子·尽心下》）就"亲亲"而言，有儒、墨之别；就"仁民"而言，又有儒、道之分。儒家的"爱人"是"施由亲始"的差等之爱，其本始为亲亲，其道德的中心旨意为爱人，其爱人之扩充则兼及于爱物。《礼记·礼运》篇中记载了孔子的"天下为公"的"大同"思想，"天下"即今所谓世界，孔子的理想社会是世界大同。后来，宋代新儒家提出"民吾同胞，物吾与也"（张载：《正蒙·乾称》）的思想，此与先秦儒家"四海之内皆兄弟也"（《论语·颜渊》）和"仁民而爱物"的思想相同。"天下为公""民胞物与"，都体现了孔子崇高的世界主义思想。

二

在孔子以爱人为中心的世界主义思想中，又内在地包含着民族文化认同的思想。孔子身处"礼崩乐坏""诸侯力政"的春秋时期，他对接续华夏文化的传统怀着深刻的忧患意识和高度的使命感。当时，华夏各诸侯国与周边的"夷狄"有着文化发展程度的不同，孔子"内诸夏而外夷狄"，寄希望于首先实现诸夏的统一，以延续"周礼"为代表的华夏文化，进而影响周边各族，使"夷狄进至于爵"（《春秋公羊传·隐公元年》何休注），以实现天下太平。

在孔子看来，"殷因于夏礼，所损益，可知也；周因于殷礼，所损益，可知也。其或继周者，虽百世可知也"（《论语·为政》）。夏、商、周三代的文化，是一个既相因又有所损益的连续渐变过程，这一过程虽然在春秋时期经历着"礼崩乐坏""诸侯力政"的考验，但孔子相信，"继周"者终会出现，华夏文化将世世代代发展下去。孔子说："周监于二代，郁郁乎文哉！吾从周。"（《论语·八佾》）"从周"就是要把周代所传续的华夏文化继续传下去，孔子对此有着一种天命承当的意识，故他说："天生德于予，桓魋其如予何！"（《论语·述而》）"文王既没，文不在兹乎！天之将丧斯文也，后死者不得与于斯文也；天之未丧斯文也，匡人其如予何！"（《论语·子罕》）即使在历经困厄，客观条件未至，"道之不行，已知之矣"的情况下，孔子也仍行义不止，"不知老之将至"（《论语·述而》），在其晚年更全身心地从事古代文献的整理，"以《诗》《书》《礼》《乐》教"，传《周易》，作《春秋》，"学者宗之，自天子王侯，中国盲六艺者折中于夫子"（《史记·孔子世家》），成为中国传统文化的伟大代表。

孔子说："夷狄之有君也，不如诸夏之亡（无）也。"（《论语·八佾》）在孔子看来，夷狄与诸夏的区别，主要不是种族和地域的不同，亦不在于是否"有君"，而是在于礼乐道德文化发展程度的不同。孔子对于先进的华夏文化有着高度的认同感，并且大义凛然地进行捍卫。史载鲁定公十年，孔子代理宰相，陪鲁定公"会齐侯夹谷"，"献酬之礼毕，齐有司趋而进曰：'请奏四方之乐。'景公曰：'诺。'于是旌旄羽被矛戟剑拨鼓噪而至。孔子趋而进，历阶而登，不尽一等，举袂而言曰：'吾两君为好会，夷狄之乐何为于此！请命有司！'有司却之，不去，则左右视晏子与景公。景公心怍，麾而去之。"随后，孔子又迫使齐景公制止了"优倡侏儒"之戏，对进献者予以严惩。"景公惧而动，知义不若，归而大恐，告其群臣曰：'鲁以君子之道辅其君，而子独以夷狄之道教寡人，使得罪于鲁君，为之奈何？'"在孔子的震慑下，齐景公归还侵鲁之田"以谢过"（《史记·孔子世家》）。这一事件是孔子在文化与外交上取得的胜利。

齐国的管仲在公子纠被公子小白所杀后未能死节，孔门弟子谓其"非仁"，而孔子则肯定管仲辅佐齐桓公"九合诸侯，不以兵车"就是"仁"，并且说："管仲相桓公，霸诸侯，一匡天下，民到于今受其赐。微管仲，吾其被发左衽矣。"（《论语·宪问》）"被发左衽"是夷狄之俗，孔子对管仲和齐桓公"尊王攘夷"功业的肯定，体现了他对诸夏统一的向往和对华夏文化的认同意识。

孔子说："天下有道，则礼乐征伐自天子出；天下无道，则礼乐征伐自诸侯出。"（《论语·季氏》）在孔子的时代，民族的统一需要通过王权来实现。孟子说："世衰道微，邪说暴行有作，臣弑其君者有之，子弑其父者有之。孔子惧，作《春秋》。……孔子成《春秋》而乱臣贼子惧。"（《孟子·滕文公下》）《春秋》经体现了孔子尊王权、尚一统和认同华夏文化的思想。《公羊传》对《春秋》经"王正月"的解释是"大一统也"。汉代的董仲舒在《举贤良对策》中说："《春秋》大一统者，天地之常经，古今之通谊也。""大一统"的思想强化了中华民族的统一意识，虽然中国的历史不断出现"合久必分，分久必合"的循环往复，但统一总被认为是"常经""通谊"，那些为民族统一做出贡献的历史人物彪炳千古，而制造民族分裂者则身负千载骂名。

在孔子的思想中，华夏与夷狄主要是文化发展程度的不同，而不是种族优劣之分。"孔子之作《春秋》也，诸侯用夷则夷之，进于中国则中国之。"（苏舆：《春秋繁露义证》卷二）这种夷夏可以互易的思想，在中国历史上促进了华夏（汉）族与少数民族的相互融合与多元互补，以至最终凝聚成"一体多元"的中华民族与中华文化。

三

孔子的世界主义与民族文化认同思想，千百年来深深地浸入中华民族的价值观念、思维方式、心理情感之中。中华民族既有泛爱人类与万物、协和万邦、世界大同的博大精神，又有民族统一、保家卫国、认同于中华文化的自强意识，这两方面是内在地、不可分割地结合在一起的。在近现代，中华民族虽历经"数千年来未有之变局"，但世界主义与民族文化认同的思想仍被继承下来，并且在新的历史进程中被发扬光大。

受历史条件和地理环境的限制，华夏农耕文明长期处在与周边"夷狄"游牧文明的比较环境中，以致形成一种华夏"中心"的文化优越意识。这种意识在1840年以后，经与西方工业文明及其文化中心主义相冲突，而逐渐被打破。中华民族"睁开眼睛看世界"，逐渐学会了不再以"夷狄"看待其他国家和民族，努力学习其他文化的长处，追求不同国家和民族的平等相待，和平相处。对于西方帝国主义的弱肉强食、侵略瓜分，中华民族则奋起反抗，救亡图存。中华文化处在从古代农业社会向现代工商社会的转型之中，而世界主义与民族文化认同的思想在这一转型中又有了新的时代内容。

孙中山先生在中国近现代史上大书特书了"博爱"和"天下为公"的思想。他认为人类之进化原则与物种之进化原则不同，"物种以竞争为原则，人类则以互助为原则。社会国家者，互助之体也；道德仁义者，互助之用也。人类顺此原则则昌，不顺此原则则亡"①。他领导中国革命的目的是要在中国实现民有、民治、民享，对外则"持和平主义，将使中国见重于国际社会，且将使世界渐趋于大同"②。这是他继承和发扬中国传统世界主义的体现。他还说："余之民族主义，特就先民所遗留者发挥而光大之，且改良其缺点。"当中华民族处在被"蚕食鲸吞""瓜分豆剖"而面临亡国灭种的危险之时，孙中山率先发出了"振兴中华"的强烈呼声。民国建立后，他强调"民族之统一"，"合汉、满、蒙、回、藏诸地为一国，即合汉、满、蒙、回、藏诸族为一人"③。在军阀割据、国家分裂之时，他主张"使护法问题完全解决，以和平方法促成统一"。他认为，"统一成而后一切兴革乃有可言，财政、实业、教育诸端始获次第为理，国民意志方与以自由发舒，而不为强力所蔽障"④。针对一些讲新文化的人把世界主义同民族主义对立起来，"提倡世界主义，以为民族主义不合世界潮流"的论调，孙中山特别强调："民族主义就是人类图生存的宝贝。""我们受屈民族，必先要把我们民族自由平等的地位恢复起来之后，才配得来讲世界主义。……我们要发达世界主义，先要民族主义巩固才行。如果民族主义不能巩固，世界主义也就不能发达。由此便可知世界主义实藏在民族主义之内……"⑤ 孙中山的民族主义，也就是求中国统一、独立、富强，"要中国和外国平等的主义"⑥。因此，孙中山高瞻远瞩地指出："中国如果强盛起来，我们不但是要恢复民族的地位，还要对于世界负一个大责任"，这个责任就是"济弱扶

---

① 《孙文学说》，《孙中山选集》，人民出版社1956年版，第156页。
② 《中华民国临时大总统宣言书》，《孙中山选集》，人民出版社1956年版，第91页。
③ 《中华民国临时大总统宣言书》，《孙中山选集》，人民出版社1956年版，第90页。
④ 《和平统一宣言》，《孙中山选集》，人民出版社1956年版，第521页。
⑤ 《三民主义》，《孙中山选集》，人民出版社1956年版，第652、662页。
⑥ 《在广东第一女子师范学校校庆纪念会的演说》，《孙中山选集》，人民出版社1956年版，第890页。

倾"，不能去学帝国主义"灭人国家"的覆辙，而是"对于弱小民族要扶持他，对于世界的列强要抵抗他"，"担负这个责任，便是我们民族的真精神"①。

蔡元培先生曾评论说："三民主义虽多有新义，为往昔儒者所未见到，但也是以中庸之道为标准。例如持国家主义的往往反对大同，持世界主义的，往往又蔑视国界，这是两端的见解；而孙氏的民族主义，既谋本民族的独立，又谋各民族的平等，是为国家主义与世界主义的折中。"② 确乎如此，孙中山先生的民族主义从方法上说继承了儒家的中庸之道，而在内容上则是孔子的世界主义与民族文化认同思想在新时代的发扬光大。

在当今经济全球化的大潮中，我们亦应保持"国家主义与世界主义的折中"，一方面促进世界经济的繁荣和国际社会的健康发展，另一方面也要反对政治和文化的霸权主义，弘扬中华民族的优秀传统美德，在国际关系中确立"己所不欲，勿施于人"的道德规范，以"协合万邦""和而不同""仁民爱物"的精神促进世界各民族的共生共荣，和谐发展，营造一个人类与自然和谐相处的地球家园。同时，每一个中华儿女都不应忘记中华民族在近代以来所经历的屈辱、磨难和奋斗过程，要洗雪民族之耻，继承前人之志，为中华民族最终完成和平统一的大业、实现中华民族的复兴而贡献自己的力量。正如孙中山先生所说，只有中华民族的复兴才能使我们负起世界主义的"大责任"，"担负这个责任，便是我们民族的真精神"！

（原载于《中华文化论坛》2001 年第 3 期）

---

① 《三民主义》，《孙中山选集》，人民出版社 1956 年版，第 691 页。

② 蔡元培：《中华民族与中庸之道》，《东方杂志》1931 年第 28 卷第 1 号。

孔子智慧与实践智慧

一

十几年来，在我国学界流传着一句出自诺贝尔奖获得者的话："人类要生存下去，就必须回到 25 个世纪以前，去汲取孔子的智慧。"这句话据说是诺贝尔奖获得者于 1988 年集会巴黎，在会议结束时发表"宣言"的一部分。因这句话没有确切的出处，或没有找到"原始的文本"，所以曾招致一些学者的怀疑和否定。近两年，一位"传统文化爱好者"，中国兵器工业第五设计院的高级工程师胡祖尧先生查证了这句话的出处，结果是确有此事，稍有出入的是，这句话并非会议"宣言"的一部分，而是"参会者经过四天的讨论所得出的结论之一"。据查，这句话出自 1988 年 1 月 24 日澳大利亚《堪培拉时报》发自巴黎的一篇报道，题目即为《诺贝尔奖获得者说要汲取孔子的智慧》。胡祖尧先生于 2002 年 11 月从访澳的顾犇博士那里得到了这篇报道的复印件，使这句话"终于有了原始依据"。

这篇报道的第一句话是："诺贝尔奖获得者建议，人类要生存下去，就必须回到 25 个世纪以前，去汲取孔子的智慧。"指出"这是上周在巴黎召开的主题为'面向 21 世纪'的第一届诺贝尔奖获得者国际大会上，参会者经过四天的讨论所得出的结论之一"。从报道所说"会议纪要是保密的"，可知会议并没有发表"宣言"。会议所提出的"建议"或"结论"，当是归纳了参会者在会上的重要发言，"其中有一些诺贝尔奖获得者起了很大的作用"。关于"要汲取孔子的智慧"，直接出自瑞典的汉内斯·阿尔文博士（Dr. Hannes Alfven，1970 年诺贝尔物理学奖获得者），他在其等离子物理学研究领域中的辉煌生涯将近结束时，得出了以上结论。报道又说："阿尔文博士一直致力于空间研究，他的工作无意中成为'星球大战'的序曲。他觉得，各国的国防部应当改名为'大批杀伤平民部'。"我们由此可以探讨阿尔文博士所得出的以上"结论"，其思想背景和具体内涵是什么。

首先，我们知道，瑞典有着汉学研究的传统，阿尔文博士在其物理学研究生涯中当读过一些关于孔子思想的著作，他被"孔子的智慧"所感动，并且在其晚年因对人类的生存与发展的忧患意识而加深了对孔子思想的理解，从而得出了以上结论。其次，阿尔文博士是一位卓越的物理学家，他所忧患的是科学技术对人类的生存与发展所具有的负面作用，这种忧患意识与他本人的物理学研究有关，即他所一直致力的空间研究工作"无意中成为'星球大战'的序曲"。所谓"无意中"正说明了科学技术被"盲目"应用的危险性，而其被用于"星球大战"则正是阿尔文博士痛切感受到的科学技术给人类生存所带来的现实危险。从他觉得"各国的国防部应当改名为'大批杀伤平民部'"看，他反对战争的立场十分鲜明。因此，他所说的"孔子的智慧"，当就是指人类能够合理控制科学技术的应用，使人类能够和平、和谐地生存与发展下去的智慧。

二

按照以上的解读，我认为我们应当对孔子思想的现代意义加深理解，给予实事求是的评价。这里并没有"借洋人之口以自重"的意识，也不应该有偏狭的"崇古""复古"意识。阿尔文博士是西方的科学家，当他说人类必须"汲取孔子的智慧"时，这种智慧并不是科技的工具理性，而是人文的价值理性。

《论语·颜渊》篇载："樊迟问仁，子曰：'爱人。'问知，子曰：'知人。'"简言之，孔子的智慧便是"爱人""知人"的智慧。孔子之"爱人"，即是"泛爱众"（《论语·学而》），包括爱世界上所有的人，亦即"爱类"（《吕氏春秋·爱类》）。在孔子的思想中，有文化上的"夷夏之辨"，但"爱人"则是超越"夷夏之辨"的，此即孔子在回答樊迟另一处"问仁"时所说："居处恭，执事敬，与人忠。虽之夷狄，不可弃也。"

（《论语·子路》）儒家文化的仁爱精神是本之以亲亲之情的孝悌，由此推扩出去，就是"四海之内皆兄弟也"（《论语·颜渊》），就是"亲亲而仁民，仁民而爱物"（《孟子·尽心上》）。这种仁爱精神是世界主义的，是主张维护世界和平、关爱人类社会的每一个成员以及人类居住的自然环境的。

孔子说："吾道一以贯之。"（《论语·里仁》）此"道"即是仁道，其"一以贯之"的为仁之方即是"忠恕"，亦即"己欲立而立人，己欲达而达人"（《论语·雍也》），"己所不欲，勿施于人"（《论语·卫灵公》）。己（自己）与人（他人）的关系是人类社会最基本的关系，"忠恕"原则是人类社会处理人己关系的最基本的道德原则，所谓"道德金律"即指此也。"忠"就是"己欲立而立人，己欲达而达人"，这是使自己能够生存与发展，同时使别人也能够生存与发展的共生存、同发展的思想。孔子说："均无贫，和无寡，安无倾。"（《论语·季氏》）虽然人类社会的发展免不了竞争，但竞争应有一定的限度，如果只是一味地竞争，失去了"均无贫，和无寡"这样一个均平和谐发展的尺度，那么人类社会必然是"危而倾"。

与"忠"比起来，"恕"也同样重要，甚至可以说比"忠"更加重要。"子贡问曰：'有一言而可以终身行之者乎？'子曰：'其恕乎！己所不欲，勿施于人。'"朱熹《论语集注》谓："尽己之谓忠，推己之谓恕。""推己"即是推己及人，但"推己及人"或"爱人如己"，并没有把"恕"的意义完全表达出来。"子贡曰：'我不欲人之加诸我也，吾亦欲无加诸人。'子曰：'赐也，非尔所及也。'"（《论语·公冶长》）"加"有强加的意思，因而"恕"包含着如何"推己"或如何"爱人"的意思，即"推己及人"或"爱人如己"应该首先把他人看作和自己一样的有独立意志、自由选择的个人，不要将自己的意志和作为强加于人。孔子认为这不是容易做到的，所以说子贡"非尔所及也"。但孔子说其难正意味着这一点之重要，故云"恕"之一言，"可以终身行之"。孔子重视"恕"，也就是崇尚"匹夫不可夺志"（《论语·子罕》），这是"爱人"首先应该做到的一点。有了这一点，才能有君子的"和而不同"，才能免于小人的"同而不和"（《论语·子路》）。在当今世界，要想做到"和无寡"，也应首先做到"己所不欲，勿施于人"，而不应使用"双重标准"，以"爱人"之名，行强加于人之实。

孔子生当礼崩乐坏、道德失范、战争频仍的春秋末期，在他的仁学思想中有着一种深深的忧患意识。他说："德之不修，学之不讲，闻义不能徙，不善不能改，是吾忧也。"（《论语·述而》）孔子所忧患的也就是他的仁学所要致力解决的问题，他主张："志于道，据于德，依于仁，游于艺。"（同上）因此，孔子的智慧不是认知、思辨的纯粹理性，而是崇尚道德的实践理性。《论语·雍也》篇载："樊迟问知，子曰：'务民之义，敬鬼神而远之，可谓知矣。'"《先进》篇载："季路问'事鬼神'，子曰：'未能事人，焉能事鬼？''敢问死？'曰：'未知生，焉知死？'"可见，孔子所谓"知"，亦是就人生、社会的道德原则和行为规范而言，他对鬼神之说只取一种存而不论的态度。因此，孔子的智慧不是出世的宗教信仰，而是一种道德的人文主义精神。

相传孔子作《易传》，或者说是孔门弟子根据孔子的思想而作了《易传》。其《系辞下传》云："《易》之兴也，其于中古乎？作《易》者，其有忧患乎？"《易传》作者从自己的忧患中体会出《易经》作者的忧患，这样一种忧患意识在中国哲学和文化的发展中是一脉相承的。《系辞下传》又云："精义入神，以致用也；利用安身，以崇德也。过此以往，未之或知也。"这句话很集中地表达了儒家思想的价值取向，即其以"崇德"亦即"仁者爱人"为最高的价值，"致知"（精义入神）与"致用"都要服从于这一内在的目的。中国哲学是起于人生之"忧患"，这与西方古希腊哲学起于对自然界之"惊异"有所不同，因此，它缺少了"为知识而知识"的纯粹理性。这样一种价值观在中国历史上也曾多少限制了科学技术的发展，加之君主专制的祸害，使中国文化在近代与西方文化相遇时处于"落后挨打"的境地。

三

西方文化自文艺复兴以来，科学技术得到不断加速度的发展，从而创造了极大的物质财富。但是，科学技术毕竟是一把"双刃剑"，它可以为人类创造福祉，也可能使人类走向灭绝。当阿尔文博士痛切地感受到科学技术的负面作用正在危及人类自身的生存时，他所呼唤的正是孔子的智慧所体现的道德的人文主义精神。作为一个把毕生精力献给科学事业的物理学家，阿尔文博士绝不是否认科学技术的价值，而是认为人类不能只有科技理性，科学技术的应用必须辅以人文价值理性的指导，服务于人文价值的内在目的。

古希腊的亚里士多德曾经把人类的知识划分为纯粹科学、技术（应用科学）和实践智慧三种类型，其所谓"实践智慧"在当时是指伦理学和政治学，相当于我们现在所说的人文科学。在亚里士多德那里，"实践"概念总是与实现人类的"善"这一目的联系在一起。他认为，"实践智慧"即实践的人文科学是"最高主宰的科学，最有权威的科学"，"它自身的目的含蕴着其他一切科学的目的"（《尼各马可伦理学》）。当代的诠释学大家伽达默尔认为，近代科学的应用，特别是近代的所谓"科学技术"的应用，从根本上说，起源于亚里士多德的"技术"概念。在当代，科学技术的发展和经济的可行性已经变成越来越强大的社会力量，"20世纪是第一个以技术起决定作用的方式重新确立的时代，并且开始使技术知识从掌握自然力量扩转为掌握社会生活"，"所有这一切都是我们文明成熟的标志，或者也可以说，是我们文明危机的标志"（《科学时代的理性》）。伽达默尔提出，要建立一种"以重新恢复实践智慧或实践理性为核心的人文科学模式"。在他看来，当我们面对当代科技和经验的剧烈发展以及由此出现的诸种问题，我们唯有重新恢复亚里士多德所谓"实践智慧"的主要权威，并利用实践智慧来控制盲目的科技应用，使之不产生危害人类的后果，我们才能产生富有生命力的真正的人文科学和社会科学模式（参见洪汉鼎《诠释学——它的历史和当代发展》）。

伽达默尔与阿尔文有着不同的学术背景，但他们所面对的"人类文明"或"人类生存"的危机是相同的。我认为，伽达默尔所要恢复的亚里士多德所谓"实践智慧"的权威，与阿尔文所要汲取的"孔子的智慧"，二者的实质意义是相通的，它们都是以人类的"善"或"德"为最终目的的智慧，因而都可称作"道德的人文主义"。阿尔文博士虽然是物理学家，但他有瑞典的汉学研究背景，因而对孔子的思想多有了解。伽达默尔则是对西方哲学、西方文化做了深入、全面的反思之后，从亚里士多德那里找到了建立"实践诠释学"的方向。据我所知，伽达默尔没有专门研究过东方文化，但他作为当代西方的哲学大家，对于东方文化也有所了解。他曾说："科学概念是西方文化的特征，但如果我们把西方文化与伟大的高度发展的亚洲文化做比较，则它的厄运也许就在于这种科学概念之中。"（《真理与方法》第2卷）他在此所说的"科学"，当主要是指近代以来"更接近于技术"的对科学技术的应用，因这种应用如果没有"实践智慧"的权威，就可能带来"厄运"，所以他看到了"亚洲文化"的长处。就此而言，我想，伽达默尔也会同意阿尔文所说："人类要生存下去，就必须回到25个世纪以前，去汲取孔子的智慧。"而阿尔文也会同意伽达默尔所说："如果有谁相信科学因其无可争辩的权能而可以代替实践理性和政治合理性，那么他就忽视了人类生活形式的引导力量，而唯有这种引导力量才能够有意义并理智地利用科学和一切人类的能力，并能对这种利用负责。"（《真理与方法》第2卷）

（原载于《寻根》2003 年第 6 期）

中华精神与"道德性的人文主义"

按照学术界一般的理解，中华精神是指在中华民族的发展中，起普遍、持久和积极作用的内在思想基础。正如张岱年先生所指出的，中华精神基本上凝结于《易传》的两句名言中，即"天行健，君子以自强不息"，"地势坤，君子以厚德载物"。[①] 中华民族之所以具有这样的精神，当然与中国传统文化的特质有关，或者说，它本身即是中国传统文化之精华的一种集中体现。

一、 中国传统文化是 "道德性的人文主义"

文化（culture），从辞源上说，是相对于自然（nature）而言。《周易·象传》云："刚柔交错，天文也；文明以止，人文也。观乎天文，以察时变；观乎人文，以化成天下。""人文"是相对于"天文"而言，"天文"是自然的"纹理"[②]、道理，"人文"则是在自然的基础上创造出的人类社会的"纹理"、道理。"文化"便是以"人文"而"化成天下"的合词，它一方面是对自然的人化，另一方面也是对个体人的社会化。

每一个民族都在其生存与发展的历史上形成了自己的文化。由于不同的民族在形成自己文化的"基型"时所面对的生存环境和历史境遇的不同，所以不同的民族具有不同的文化。也就是说，文化是具有民族性的，亦即有民族特点的。当然，人类作为一个"类"，在使自然发生变化，创造出人

---

①《文化传统与民族精神》，《张岱年全集》第 6 卷，河北人民出版社 1996 年版，第 223 页。
②《说文》："文，错画也，象交文。"段玉裁注："像两纹交互也。纹者，文之俗字。"

的"纹理"、道理时，也有其共同性，此即文化的世界普遍性。再有，文化既然是人类、不同民族在其生存与发展中形成的，那么文化也是随着历史的发展而变化、发展的，这种发展既具有连续性，也具有阶段性。当人类、不同民族的生产和生活发生大的剧烈的变化时，这种生活经验的剧烈变化也会触动文化的"基型"，使其发生吐故纳新或综合创新的"转型"，从而形成文化发展的阶段性。

张岱年先生在 20 世纪 40 年代所作《文化通诠》一文中指出，文化所有之要素凡五，即"一曰正德，二曰利用，三曰厚生，四曰致知，五曰立制"①。这五要素的概括，虽然是就文化的普遍性而言，但实亦带有中国文化的特色。在《左传》中，"正德、利用、厚生"谓之"三事"，张先生说，这"实有见于人生要务之大端矣。正德可赅立制，利用可赅致知。故五事可约为三事"②。将"立制"（建立社会政治制度）统括于"正德"之下，又将"致知"（认知事物之理，犹今言"科学"）统括于"利用"（利用自然以发展生产，犹今言"技术"）之下，而且，"三事"中以"正德"为最高，这鲜明地具有中国文化的特色。《易传》云："精义入神，以致用也；利用安身，以崇德也。过此以往，未之或知也。""精义入神"即致知，致知是为了"致用"；"利用安身"即发展社会生产与生活（亦即"利用、厚生"），这是为了"崇德"。"过此以往，未之或知也"，可见中国文化是以"崇德"或"正德"为最高的价值。

在文化的五要素中，中国文化把"宗教"也统括在"正德"之下，所谓"圣人以神道设教""慎终追远，民德归厚"等等即体现了这一点。但就西方文化（尤其是西方中世纪文化）和印度文化而言，"宗教"实具有比"正德"更崇高的地位，而且"正德"更多是统括在"宗教"的名下。由此可说，在文化的要素中还应该有"宗教"。除此之外，"审美"即文学艺术也应是文化的要素之一（中国文化把"审美"亦统括在"正德"之下，所谓"兴于诗，立于礼，成于乐""文以载道"是也）。

西方的人类学家泰勒在 1871 年出版的《原始文化》一书中说："文化

或文明，就其广泛的民族学意义来说，乃是包括知识、信仰、艺术、道德、法律、习俗和任何人作为一名社会成员而获得的能力和习惯在内的复杂整体。"① 这里所说的"文化或文明"，也是包括了知识、宗教、道德、法律（"立制"的主要内容）、习俗等等；"利用、厚生"虽未明言，但这两项显然是任何一种"文化或文明"所不能或缺者。人类文化普遍具有这些要素，而且在这些要素中，不同民族的文化也有其相通者，此乃人类文化的世界普遍性。然而，不同民族的文化也有其特殊性，这种特殊性从大的方面而言，是突显了文化要素中的某一种的价值，此即张岱年先生在《文化通诠》中所说的："各文化之不同，在于其畸重畸轻之不同，在于其何种倾向为主导。"如"希腊型者，以战胜天然而餍生之欲为基本倾向"——此突显了致知和利用的价值；"印度希伯来型者，以人神合一而消弭生之欲为基本倾向"——此突显了宗教的价值；"中华型者，以天人和谐而节适生之欲为基本倾向"——此突显了"正德"的价值②。

相对于印度希伯来型文化突显宗教的价值而言，希腊型文化和中华型文化都可称为"人文主义"（humanism）。"人文主义"这个词正是西方近代文化突破了基督教的统治，"复兴"古希腊文化而得名的。中国文化与古希腊文化的区别又在于，中国文化的基点是"道德性的人文主义"，即突显了道德（"正德"）之价值的人文主义，而古希腊文化则"主要是以智能为基点的人文主义"③，即突显了智能（致知和利用）之价值的人文主义。

人类文化的三大类型都成型于公元前 500 年前后（亚斯贝尔斯所谓人类文化的"轴心时代"），这三大类型的形成与不同民族在当时的生存环境和历史境遇有着渊源关系。顾准先生在对古希腊文化的分析中说："希腊思想是工商业城邦文化的产物"，"是有教养的贵族静观世界为之出神的体系"。④ 正是因为希腊思想出于工商业城邦中"有教养的贵族"，所以古希腊文化不仅重视技术、技艺，而且更重要的是这些贵族的知识分子有"闲

---

① 转引自庄锡昌等编《多维视野中的文化理论》，浙江人民出版社 1987 年版，第 99～100 页。
② 参见《文化通诠》，《张岱年全集》第 1 卷，河北人民出版社 1996 年版，第 344 页。
③ 参见徐复观：《儒家精神的基本性格及其限定与新生》，《中国人文精神之阐扬》，中国广播电视出版社 1996 年版，第 201 页。
④ 顾准：《西方文明和中国的史官文化》，单纯、张合运主编《中国精神·百年回声》，海天出版社 1998 年版，第 458～459 页。

暇"，他们因对自然界之奥秘的"惊异"而有了一种"追问究竟""为知识而知识"的精神，这种精神就是希腊哲学和科学的精神。

与古希腊文化不同，中国文化成型于春秋战国时期，是农业社会的产物，而且是中国农业社会从井田制转向土地私有制、从封建制转向郡县制的历史大变革时期的产物。顾准先生认为中国文化是服务于王权的"史官文化"①，我认为这不足以概括中国文化的特性。春秋战国时期百家争鸣的主体已不是夏商周三代王权体制内的"史官"，而是作为士农工商"四民之首"的"士"，这些"士"大部分是被贵族"边缘化"了的"布衣""庶士"，他们虽然有着一种不同于"食力者"的知识分子的优越意识，但其社会地位更接近于平民。这些"士"，尤其是儒家之"士"，忧患于当时的"礼崩乐坏"、社会秩序的变乱和战争的频仍，他们在想通过王权的力量而推行其治国、平天下的"道术"时，一方面具有传统的"尊卑"等级意识，另一方面也具有"民本"的意识。所谓"以道事君，不可则止"（《论语·先进》），"民为贵，社稷次之，君为轻"（《孟子·尽心下》），"天之生民，非为君也；天之立君，以为民也"（《荀子·大略》），这些都说明儒家之"道"并不以服务于王权为目的，而是以"立君"为"为民"的手段。

徐复观先生说："中国之学术思想，起源于人生之忧患，此点言之已多，殆成定论。"② 正是因为中国之学术思想起源于"忧患"，所以先秦时期儒、墨、名、法、阴阳、道德诸家虽然"直所从言之异路"，但都是"务为治者也"（《史记·太史公自序》），由此决定了中国哲学是以探讨"人事"为主，而其所言之"天"，主要是为了"推天道以明人事"。这一点不同于古希腊的哲学和科学，即其缺少了一种"为知识而知识"的精神。亚里士多德说，古希腊的哲学家探索哲理是"起于对自然万物的惊异……他们为求知而从事学术，并无任何实用的目的"③。与此不同，中国哲学家"究天人之际"是起于"人生之忧患"，他们为人生的安顿、社会的治理而从事学术，强调"精义入神，以致用也"。

---

① 顾准：《西方文明和中国的史官文化》，单纯、张合运主编《中国精神·百年回声》，海天出版社1998年版，第460~462页。

② 徐复观：《儒家精神的基本性格及其限定与新生》，《中国人文精神之阐扬》，中国广播电视出版社1996年版，第199页。

③ ［古希腊］亚里士多德：《形而上学》，吴寿彭译，商务印书馆1981年版，第5页。

中国传统哲学与中华民族精神

孔子说："德之不修，学之不讲，闻义不能徙，不善不能改，是吾忧也。"（《论语·述而》）孟子说："饱食暖衣，逸居而无教，则近于禽兽；圣人有忧之，使契为司徒，教以人伦：父子有亲，君臣有义，夫妇有别，长幼有序，朋友有信。"（《孟子·滕文公上》）孔孟所"忧"者是人伦的失序、道德的沦丧，所以儒家思想以"正德"为最崇高的价值。孔孟都有"先富后教"的思想，"富"有待于"利用、厚生"，但富而无教则不免陷于社会的争斗，沦为禽兽的弱肉强食，因此，儒家更重视"均无贫，和无寡，安无倾"（《论语·季氏》），此必须使人类社会达到"正德"的境界。亦因此，儒家强调道德生活的价值高于物质生活的价值，强调"利用安身，以崇德也"。

孔子自谓"其为人也，发愤忘食，乐以忘忧，不知老之将至"（《论语·述而》）。曾子说："士不可以不弘毅，任重而道远。仁以为己任，不亦重乎？死而后已，不亦远乎？"（《论语·泰伯》）儒家对于人生、社会虽然怀着深深的"忧患"意识，但他们始终坚持道德理想主义的信念，其"仁以为己任"、弘道而淑世之心从未泯灭，因而在他们的"忧患"中亦有一种乐观的、知难而进、积极向上的人生态度。这种态度"投射"到天人关系中，自然界的"阴阳相推""刚柔交错"便成为"人文"的本体—宇宙论根据，成为对人生"正德"理念的支持。于是，"天行健，君子以自强不息"，"地势坤，君子以厚德载物"，在天、地、人"合一"的现实世界中"自强不息"地实现"厚德载物"的理想，便成为中华民族生存与发展的内在思想基础。

二、 中国文化的现世主义与 "实在论" 倾向

中国文化是起于"忧患"意识的、要在现实世界"自强不息"地实现"厚德载物"的理想的文化，它的基点或特质是"道德性的人文主义"。因而，中国文化的主流是现世主义的而非宗教出世主义的，其最崇高的价值取向又是"道德"的而非"智能"的。我认为，与此密切相关、作为中国文化之哲学基础的是，中国哲学具有一种"实在论"的倾向。

顾准先生说："希腊思想，有'格物'的方面。开始，是类似中国的五

行阴阳那一套……"① 我对此深表赞同，在拙著《中国气论探源与发微》中，我已论证了古希腊的伊奥尼亚哲学，即以水、无定形、气或火为世界本原的思想，是与中国哲学的气论思想相通的。中西哲学物质观的分途是起于埃利亚学派用逻辑证明"存在"只能是"一"而不能是"多"，作为"一"的"存在"是不能运动的；为了避开埃利亚学派所揭示的逻辑矛盾，古希腊哲学产生了原子论②。埃利亚学派是西方哲学割裂本体与现象、存在与运动的始作俑者，这种倾向的进一步的发展就是柏拉图的理念论。正如顾准先生所说，古希腊哲学"对于这个实在的世界，也做出了神秘的解释"，即："由事物共相组成的世界——'理念世界'，才是真的世界；而实在的世界（指运动着的现象世界——引者）却是有缺憾的世界，它不过是这个理念世界的淡淡的影子而已。"③ 这种对"实在的世界"所做的"神秘"的解释，就是作为西方哲学之传统的"本体实而不现，现象现而不实"的"自然之两分"思想。

与西方哲学的"自然之两分"思想不同，中国哲学的"实在论"是强调"体用一源，显微无间"（《程氏易传·序》），"体用胥有而相需以实"（王夫之：《周易外传》卷二），也就是说，本体与现象、实体与功能、物质与运动是统一的，它们都是实在的。此即张岱年先生在《中国哲学大纲》中所说的："中国哲人讲本根与事物的区别，不在于实幻之不同，而在于本末、原流、根支之不同。万有众象同属实在，不惟本根为实而已。……中国哲学家大都主张：本根是真实的，由本根发生的事物亦是真实的，不过有根本不根本之别而已。"④ 熊十力先生在其晚年所作《体用论》中也说："及余出佛法而归《大易》，深玩乾坤义海，始断定质力不是二物。"⑤ 所谓"质力不是二物"，也就是物质与运动是统一的。熊先生又说："从来学人谈及实体与现象，莫不说现象是变异，实体是真实。如此，便成两重世界。

① 顾准：《西方文明和中国的史官文化》，单纯、张合运主编《中国精神·百年回声》，海天出版社1998 年版，第 458 页。

② 参见李存山：《中国气论探源与发微》，中国社会科学出版社 1990 年版，第 286~305 页。

③ 顾准：《西方文明和中国的史官文化》，单纯、张合运主编《中国精神·百年回声》，海天出版社1998 年版，第 449 页。

④ 张岱年：《中国哲学大纲》，中国社会科学出版社 1982 年版，第 9~10 页。

⑤ 熊十力：《体用论》，中华书局 1994 年版，第 135 页。

若依我说体用不二，则实体即是现象，现象即是实体，现象起灭无常，正是实体起灭无常。现象动跃不住，正是实体动跃不住。是故不应说现象是变异，实体是真实。现象与实体虽有分，毕竟不可裂而为二，是义决定。应说现象与实体本来是一，应说真实即是变异，变异即是真实。"① 熊先生在此所反对的"两重世界"说，即西方哲学（以及佛教哲学）的"自然之两分"思想；而其所主张的"体用不二"，实体与现象俱为真实的思想，则正是中国传统的实在论。

中西哲学之所以有这样的不同，与中国文化和古希腊文化之特质的不同实有密切的关系。如上所说，古希腊文化"主要是以智能为基点的人文主义"，其哲学思想是"起于对自然万物的惊异"，具有一种"追问究竟""为知识而知识"的精神。以这样的精神去探索自然，就要追问自然"背后"的"本体"是什么，为了求得逻辑上的"真"，宁可把现象世界贬为"不实"。而中国哲学则是"起于对人生的忧患"，其推阐"天道"亦不过是为了讲明"人事"，"精义入神"是为了"致用"，认识自然不离"利用安身，以崇德也"的宗旨。带着"致用""崇德"的目的去"究天人之际"，首先就要肯定"天"与"人"都是实在的，不管是"自然之天"还是"义理之天"，亦不管是"主宰之天"还是"命运之天"，中国哲学都要肯定"气化流行"和"人伦日用"的实在性。正是因为肯定了"天"与"人"的实在性，我们在这个"实在的世界"去实现道德的理想才是有意义的。这也正是宋儒张载在批评佛教的"以人生为幻妄，以有为为疣赘，以世界为荫浊"时所说："儒者则因明致诚，因诚致明，故天人合一，致学而可以成圣，得天而未始遗人……"（《正蒙·乾称》）

孔子罕言"天道"，但他说过："天何言哉？四时行焉，百物生焉，天何言哉？"（《论语·阳货》）他还在川上曰："逝者如斯夫，不舍昼夜。"（《论语·子罕》）在孔子的"仁者"胸怀中，四时的运行，百物的生长，世事如川流而不息，这些"现象"都不可能是虚幻不实的。《中庸》云："思知人，不可以不知天。""诚者，天之道也；诚之者，人之道也。"《中庸》所谓"天"，主要是"义理之天"；其所谓"诚"，即是"真实无妄"。

---

① 熊十力：《体用论》，中华书局 1994 年版，第 144 页。

在《中庸》的思想中，不仅"义理之天"是真实无妄，而且"天地之化育"，其"为物不贰""生物不测"也同样是真实无妄。如果天地与万物的存在是虚假的，那么"人之道"的"诚之"又有什么意义呢？《易传》云："易有太极，是生两仪……""一阴一阳之谓道，继之者善也，成之者性也……生生之谓易，成象之谓乾，效法之谓坤……"在《易传》的思想中，作为本根的"太极"是与生生之变易统一的。因为"一阴一阳"的变化是真实的，所以其继善、成性也才能是真实的。因为由"太极"产生的"两仪"（天地）以及由"天地纲缊"产生的万物都是真实的，所以从天的健行中可以感悟到"自强不息"，从地的柔顺中可以感悟到"厚德载物"。

如果说中华型文化是"起于对人生的忧患"，希腊型文化是"起于对自然万物的惊异"，那么似可说，印度希伯来型文化是起于对人生苦难的极度失望无助感，亦如顾准先生所说，"因为极度绝望而无复可为，大家把精神寄托到宗教上去，是唯一的出路"①。中华型文化在对人生的"忧患"中仍存有以人的刚健有为（或道家的"柔弱胜刚强"）去实现人生理想的希望，印度希伯来型文化则是在对人生之"苦"与民族之"苦"的痛切体验中把希望寄托于脱离生死苦海的"涅槃"或成为"上帝的选民"。

古希腊文化与希伯来文化亦有其相通处。顾准先生说："考究宇宙问题的人，在实验科学未发展到相当水平，还不足以把自然理解成自然史的时候，不免对宇宙间一切事物的精致、纤巧、井然有序感到惊讶。可是对于这个世界怎么会形成这种壮丽精巧的总原因，却回答不出个所以然来。这是所谓第一原因，或极因问题。柏拉图直率地归之于某一个全能的神秘力量，这个神秘力量早就有一个候补人：一神教中的上帝。这个上帝原来是一个民族（指犹太民族——引者）的战神那是无所谓的。把他重新打扮一下，变成超脱的全能的神就行了。"②古希腊的智能型文化追问宇宙的"究竟"，把"第一原因"归于"神"，这种"神"是为了"致知"而非为了"致用"而建立的，因此，这并不妨碍古希腊文化是"智能性的人文主义"。

---

① 顾准：《西方文明和中国的史官文化》，单纯、张合运主编《中国精神·百年回声》，海天出版社1998年版，第444页。

② 顾准：《西方文明和中国的史官文化》，单纯、张合运主编《中国精神·百年回声》，海天出版社1998年版，第448~449页。

但是，到了古罗马文化的晚期，当人们对现世生活陷入"极度绝望而无复可为"时，基督教就不胫而走，逐渐成为对"尘世"生活的统治力量。在基督教的教义中，人都是有"原罪"的，"尘世"只是人的"侨寓"之所，只有"上帝"才是最圆满、最真实的存在，人的"灵魂"只有在"尘世"的"彼岸"才能得到救赎和解脱。

与古希腊文化的"智能性的人文主义"不同，中国文化"致知"是为了"致用"，追问宇宙的"究竟"（"本根"）是为"人事"提供本体—宇宙论的依据和支持。因此，中国哲学要么是对与"人事"无关的"六合之外"的问题"存而不论"，要么就是确认宇宙的"本根"仍然是"自然"（"道"或"气"），抑或作为道德之根据的"主宰之天"（"帝"）或"义理之天"（"理"）。在夏商周三代文化中，"天"或"帝"是最高的"神"，但此"神"在商周之际已经演变成"惟德是辅"的道德之"神"。在以后的中国哲学中，道家确立了"自然之天"的思想，儒家则更注重"义理之天"，虽然"主宰之天"的思想也一直延续，但"儒道互补"从总体上保持了中国文化是"道德性的人文主义"。中国固有的宗教思想，从来没有与现世主义的价值关怀相分离，因而无论是"敬天祭祖"还是"养寿成仙"都并不否认现实世界的实在性。

出自印度的佛教大约在两汉之际传入中国，起初只是作为一种神仙方术而存在，至南北朝时期其宗教哲理始被一部分士人所理解和接受。佛教能在中国流传，除了其善恶报应的"轮回"学说可以作为儒家的"以神道设教"的一种补充外，还为中国文化增加了一种最终脱离"六道轮回"的生死苦海而进入"涅槃"境界的"出世"理想。佛教思想与中国固有思想的最大不同是把现世、人生视为"空幻"（所谓"缘起性空"），视为由"心识"所产生的"假有"（所谓"心生则种种法生，心灭则种种法灭"），宇宙的"实相"便是"空"或"自性清净心"，这是佛教的"自然之两分"思想。冯友兰先生在《中国哲学史》中说："佛学中派别虽多，然其大体之倾向，则在于说明'诸行无常，诸法无我'。所谓外界，乃系吾人之心所现，虚妄不实，所谓空也。但由本书以上所讲观之，则中国人对于世界之见解，皆为实在论。即以为吾人主观之外，实有客观的外界。谓外界必依吾人之心，乃始有存在，在中国人视之，乃非常可怪之论。"① 中国固有的思想"皆为实在论"，这是与中国文化的现世主义或"道德性的人文主义"相一致的；佛教以现世、人生为"空幻"，这也是与其进入"涅槃寂静"的"出世"理想相一致的。关于佛教与道教对人生看法的"实""幻"之不同，则如南北朝时期的道安在《二教论》中所说："佛法以有生为空幻，故忘身以济物；道法以吾我为真实，故服饵以养生。"

　　本来被中国人视为"非常可怪之论"的佛教思想能被一部分中国人所理解和接受，这与一部分中国人对于人生之"悲苦"的更痛切的感受有关。这种"悲苦"一方面是特定历史时期的社会战乱、灾难造成的，另一方面也是由于人生本来就不可避免地存在着"悲苦"的成分。林语堂先生在《吾国与吾民》中说："幻灭的程度是与一个人遭受痛苦的程度成正比的。……佛教是人生斗争中一个潜意识的信号。从心理学角度讲，是一种类似自杀那样对人生的报复行为。"② 当"痛苦的程度"达到某种极限时，人们就不免产生"幻灭"感，而这种"幻灭"感反过来也会疏解内心的痛苦，从另一个"常乐我净"的世界得到慰藉。人生的悲苦和幻灭感因社会的战乱、灾难而得以增强，林语堂先生说："在乱世之秋，宗教盛行，宣布这个世界是虚幻的，并提供逃避世俗生活的痛苦与沉浮的庇护所。这也实在是可以理解的。"③

　　尽管佛教在中国历史上几度盛行，但中国文化终究是形成了儒、释、道三教并行的格局。虽然佛教为中国文化的"儒道互补"增加了新的因素，但佛教也逐渐受到中国固有文化的影响，在禅宗所谓"勿离世间上，外求出世间"的思想中疏解了"出世"主义与"现世"主义的紧张。尽管如此，以复兴儒学为己任的宋明道学家在"出入释老"，汲取佛、道二教思想因素的同时，仍把"儒释之辨"作为一个大题目。宋明道学家辨别儒释，"牛毛茧丝，无不辨晰"（《明儒学案·凡例》），但其大要不外"实理实事"与"空理幻妄"的不同。所谓"实理实事"，即儒家把这个世界视为道德的、

---

　　① 冯友兰：《中国哲学史（下）》，《三松堂全集》第3卷，河南人民出版社2000年版，第142页。
　　② 林语堂：《人生的理想》，单纯、张合运主编《中国精神·百年回声》，海天出版社1998年版，第314页。
　　③ 林语堂：《人生的理想》，单纯、张合运主编《中国精神·百年回声》，海天出版社1998年版，第314页。

实在的（宋明道学的"理""气"之说，"理"主要表明世界的道德性，"气"主要表明世界的实在性）；所谓"空理幻妄"，则是佛教把这个世界视为非道德、不实在的。二程把佛教的"出家""绝伦类"斥之为"自私独善"（《遗书》卷二上），这是从道德的价值观上辨别儒释。又说："释氏推其私智所及而言之，至以天地为妄，何其陋也！张子厚尤所切齿者此耳。"（《外书》卷七）这是从世界是否为实在的宇宙观上辨别儒释，张载（字子厚）对此辨别尤其有力。张载认为："易，造化也。圣人之意莫先乎要识造化。既识造化，然后其理可穷。彼（佛教）惟不识造化，以为幻妄也。"（《横渠易说·系辞上》）他批评佛教"不知天命而以心法起灭天地，以小缘大，以末缘本，其不能穷而谓之幻妄，真所谓疑冰者与"（《正蒙·大心》）。程颐对于儒释之辨有"圣人本天，释氏本心"（《遗书》卷二十一下）之说，张载的气本论和程朱的理本论皆可谓"本天"之学，而陆王虽亦有"本心"之说，但陆王之"本心"与佛教之"本心"又有不同，即其本旨是高扬道德的主体性，并不否认"天"的实在性，而且——作为儒家学者——更不可能否认其所"爱"的他人的客观存在，父子君臣夫妇"毕竟不可以空假论"[1]。

三、 中国文化的民本主义与 "立制" 问题

我在《中国的民本与民主》一文中曾讨论了中国传统的民本思想与君主制相联系，它主要包含两方面的意义：其一，人民的利益是国家和社会的价值主体（"天之生民，非为君也；天之立君，以为民也"）；其二，君主的权力只有得到人民的拥护才能巩固（"水则载舟，水则覆舟"）。前者属于价值判断，后者属于事实判断（就统治者所看重的后一方面的意义而言，这也包含了从统治者自身利益考虑的因素，因而发生了价值主体的转移）。二者合一的典型表达是皇帝起居室里的一副对联："惟以一人治天下，岂将天下奉一人。"从政治体制上说，民本与民主是相对立的；但从价值观上说，民本思想中蕴含着从君主制向民主制发展的种子，这一种子的萌芽表

---

① 牟宗三：《心体与性体》上册，上海古籍出版社 1999 年版，第 559 页。

现在明清之际黄宗羲等人的政治思想中。[①]

从文化的要素上说，民本属于"正德"的范畴，君主制属于"立制"的范畴。儒家认为"天之立君，以为民也"，这也正是把"立制"统括在"正德"之下。儒家所理想的君主，是道德性的"圣君"或"仁君"，因其是"尽伦""尽制"的道德与权力合一的楷模，所以"君仁莫不仁，君义莫不义，君正莫不正，一正君而国定矣"（《孟子·离娄上》）。然而，现实中的君主并非理想的君主，对于君主权力的非道德，儒家虽然有"格君心之非"即进行道德约束和以"天人灾异"进行儆戒两种方式，但终归不能避免君权的淫威所造成的祸害，以致黄宗羲在明清之际对君权进行反思时痛切地指出"为天下之大害者，君而已矣"（《明夷待访录·原君》）。

一般认为，"序君臣父子之礼，列夫妇长幼之别"（《史记·太史公自序》）是儒家不可更易的主要思想，传统儒家对于君主制的弊病是缺乏反思的。在历史的传世文献中，儒家确实是肯定君主制的，所谓"君臣之义，无所逃于天地之间"更把儒家思想与君主制"天经地义"地联系在一起。但是，近年出土的儒家文献显露出早期儒家对于君主制的弊病也曾进行过"反思"，提出了否定父传子继的君主制"家天下"的思想。这说明儒家的民本思想并不必然与君主制相联系。

在 1993 年出土的郭店楚墓竹简中有儒家文献《唐虞之道》，[②] 其开篇即提出："唐虞之道，禅而不传。尧舜之王，利天下而弗（自）利也。"这里的"利天下而弗（自）利"，即是儒家的民本思想；与此相联系的并非父子相传的君主制，而是"唐虞之道"的禅让而不传子。《唐虞之道》又把"尧舜之行"归结为"爱亲尊贤"，"爱亲故孝，尊贤故禅"。由"孝之施"而达于"爱天下之民"，由"禅之传"而达于"世亡隐德"。作为"仁之本"的"孝"，在这里不是与后世所谓"忠君"的"忠"相联，而是与禅让制相联。"六帝兴于古，皆由此也。""六帝"具体何指不详，其意是上古帝王之所以"兴"，都是由于实行了"禅而不传"。但是，"禅而不传义恒绝，夏始也"，即由夏代开始了传子而不传贤。此文最后说："禅也者，上德授贤

① 参见李存山：《中国的民本与民主》，《孔子研究》1997 年第 4 期。
② 见荆门市博物馆：《郭店楚墓竹简》，文物出版社 1998 年版。

之谓也。上德则天下有君而世明，授贤则民举效而化乎道。不禅而能化民者，自生民未之有也，如此也。"意思是说，只有实行禅让才能"天下有君而世明""民举效而化乎道"；反之，"不禅"则不能"化民"，自生民以来未有"不禅而能化民者"。显然，《唐虞之道》在"立制"的问题上只肯定了禅让制，而对夏代以后的传子制做出了否定性的评断。

在郭店楚简整理发表后，我们在《上海博物馆藏战国楚竹书（二）》中又读到了《子羔》和《容成氏》。① 《子羔》篇以子羔问、孔子答的形式讲述了尧、舜、禹之间的禅让，子羔问："何故以得为帝？"孔子答曰："昔者而弗世也，善与善相授也，故能治天下，平万邦……"这里的"弗世"即不传子的意思（《说文》段注："父子相继曰世"），"善与善相授"即实行禅让，句中"故"字的分量很大，意谓之所以能够治天下，平万邦，就是因为实行了"禅而不传"。显然，《子羔》篇与《唐虞之道》具有相同的思想倾向。

《容成氏》从远古的二十几位帝王讲起，谓这些帝王"之有天下也，皆不授其子而授贤，其德酋清，而上爱下，而一其志，而官其材"，这同样是讲"禅而不传"。在尧、舜、禹的禅让之后，"禹于是乎让益，启于是乎攻益自取"，从此开始了父传子继的"家天下"。关于启的"攻益自取"，在《竹书纪年》中有记载，即"益干启位，启杀之"。这一记载与《史记·夏本纪》相异，而《夏本纪》的记载实是本于《孟子·万章上》："万章问曰：'人有言：至于禹而德衰，不传于贤而传于子。有诸？'孟子曰：'否，不然也。天与贤，则与贤；天与子，则与子。昔者舜荐禹于天，十有七年，舜崩。三年之丧毕，禹避舜之子于阳城；天下之民从之，若尧崩之后不从尧之子而从舜也。禹荐益于天，七年，禹崩。三年之丧毕，益避禹之子于箕山之阴。朝觐讼狱者，不之益而之启，曰：吾君之子也。讴歌者，不讴歌益而讴歌启，曰：吾君之子也。'"按照《孟子》和《夏本纪》的记载，在禹将君位禅让给益之后，"益避禹之子（启）"，启因为得到人民的拥护而继承了君位。从"人有言：至于禹而德衰，不传于贤而传于子"可知，当时对于禹之后改变了"禅而不传"的制度是有不同的评价的，"至于禹而德

---

① 见马承源：《上海博物馆藏战国楚竹书（二）》，上海古籍出版社2002年版。

衰"的思想实也就是《唐虞之道》以及《子羔》《容成氏》的思想，但孟子对此给予了否定。与"禅而不传"的思想不同，孟子认为"禅"与"传"是两可的，即"天与贤，则与贤；天与子，则与子"，"唐、虞传，夏后、殷、周继，其义一也"。

《容成氏》与孟子思想的不同还表现在对汤武征伐的记载上。由于孟子把思想集中在"王霸之辨"，"以德行仁者王，王不待大：汤以七十里，文王以百里"（《孟子·公孙丑上》），所以孟子对于汤武征伐是强调"仁人无敌于天下"，"民望之，若大旱之望云霓也"，"箪食壶浆以迎王师"，这样就势必把征伐说得容易、顺利，否认了战争的艰难和残酷性，以致对于《尚书·武成》篇"取二三策而已"，否认其"血流漂杵"之说（《孟子·尽心下》）。《容成氏》的最后一部分是讲武王伐纣，可惜在讲到武王"三军大犯""素甲以陈于殷郊"之后就脱简了，但其记汤攻桀却很完整，即："汤闻之，于是乎慎戒徵贤，德惠而不阜，馈三十仁而能之。如是而不可，然后从而攻之，升自戎遂，入自北门，立于中□。桀乃逃之鬲山氏，汤又从而攻之，降自鸣条之遂，以伐高神之门。桀乃逃之南巢氏，汤又从而攻之，遂逃去，之苍梧之野。汤于是乎征九州之师，以缲四海之内，于是乎天下之兵大起，于是乎亡宗戮族残群焉服。"据此，汤攻桀是一路追杀不止，直到"天下之兵大起""亡宗戮族残群"才告结束，这显然是突出了战争的艰难和残酷性。由此推测，在《容成氏》脱简的关于武王伐纣的记载中，也会有类似"血流漂杵"的场面。

《唐虞之道》《子羔》和《容成氏》与孟子思想的不同，反映了战国时期儒家思想随着时势的变迁而产生的变化。郭店楚墓的墓葬年代大约在公元前300年，而其出土文献的写作时间当在战国的前期或中前期，即研究者一般推定的"孔孟之间"。我认为，上博简（二）中的《子羔》《容成氏》是与《唐虞之道》大约同时的产物。对于战国前期至中前期的时势，顾炎武在《日知录》"周末风俗"条曾说是"史文阙轶，考古者为之茫昧"。我们从《唐虞之道》等篇可以看到在此期间早期儒家对于从夏代开始的父子相传的君主制有了一种反思、批判的意识，这与当时已经不再"宗周王"，而七国之间完全靠武力来统一天下的形势也尚不明显有很大的关系；与当时"士无定主"，孔门后学的思想更少束缚，因而更加解放、昂扬，甚至激进（《鲁穆公问子思》所谓"恒称君之恶者，可谓忠臣矣"，《六德》篇所谓"为父绝君，不为君绝父"等等）也有很大关系。《唐虞之道》等篇思想的影响，我们从《孟子》书所谓"至于禹而德衰"可以看到。另外，在《战国策·秦策一》中有秦孝公"疾且不起，欲传商君，辞不受"的记载。在《吕氏春秋·不屈》篇亦有记载："魏惠王谓惠子曰：'上世之有国，必贤者也。今寡人实不若先生，愿得传国。'惠子辞。"在《商君书·修权》篇亦有云："尧舜之位（莅）天下也，非私天下之利也，为天下位天下也；论贤举能而传焉，非疏父子而亲越（远）人也，明于治乱之道也。"我认为，这些都是《唐虞之道》等篇的思想在当时流行的反映。商鞅是杰出的法家人物，但他有儒学的学养根底，这从他初见秦孝公，先说之以"帝道"，再说之以"王道"，最后才讲"霸道"可知，《史记·商君列传》未详其"帝道"和"王道"的具体内容，但从其"帝道"与"王道"之分看，同《唐虞之道》等篇所讲上古帝王与三代之别正相对应。

在《礼记·礼运》篇的"大同""小康"之分中，我们同样可以看到《唐虞之道》等篇思想的影响，在所谓"大道既隐，天下为家……故谋用是作，而兵由此起"中也可看到一种反思、批判的意识。但是，《礼运》篇与《唐虞之道》等篇的不同又在于，它是把"小康"视为一种比"大同"次之而又可行的社会方案，《唐虞之道》则断然否认了"不禅"可以"化民"。我认为，《礼运》篇的思想是折中《唐虞之道》等篇思想和孟子思想的产物。

从《唐虞之道》等篇的"禅而不传"到孟子思想的"禅"与"传"两可，这种变化与商鞅变法之后七国之间武力对抗的形势更加严峻，而由哪一国来统一天下的问题也更加突出有很大关系；此中的直接原因则是在公元前318年至公元前314年发生了燕国的"让国"悲剧，孟子当时正在齐国而亲临齐宣王伐燕等事（参见《战国策·燕策一》及《孟子·梁惠王下》《公孙丑上》）。在此期间，孟子一方面汲取燕国"让国"悲剧的教训，另一方面把思想集中在"王霸之辨"，与齐宣王讨论"齐桓、晋文之事"和"汤放桀，武王伐纣"的问题。当"禅让"说在历史的现实中受到阴谋家的曲解、利用而终酿成燕国的悲剧，而三代的"王道"政治在孟子的思想中已成为最理想、也最现实的目标时，《唐虞之道》等篇的"禅而不传"思想就不合时宜了，孟子便将"禅"与"传"的区别整合成了"天与贤，则与贤；天与子，则与子"，"唐、虞传，夏后、殷、周继，其义一也"。

相对于孟子所讲的"王霸之辨"，我们可将《唐虞之道》等篇的思想称为"帝王之辨"，即上古之帝与三代之王的区别。"帝王之辨"所突出的是"禅让"与"传子"两种制度的区别，强调只有"禅而不传"，才符合"利天下而弗（自）利"（"天下为公"）的民本精神，才能体现"爱亲尊贤"的统一，才能"民举效而化乎道"；反之，若"不传于贤而传于子"，"天下为家"，则不能"化民"，"谋用是作，而兵由此起"，在改朝换代时免不了"天下之兵大起"，以至"亡宗戮族残群"，"血流浮杵，赤地千里"（《论衡·语增》篇："察《武成》之篇，牧野之战，血流浮杵，赤地千里。由此言之，周之取殷，与汉、秦一实也"）。我们从这里确实可以看到早期儒家对于君主制"家天下"的一种反思、批判意识，它比孟子的"王霸之辨"，肯定三代的"王道政治"和"汤武革命"更具理想性和批判性。但是，随着战国时势的发展，"帝王之辨"的思想行不通，而终被孟子的"王霸之辨"所掩。在历史的现实中，孟子的"王霸之辨"也终被认为是"迂远而阔于事情"，秦统一天下不是靠"王道"的"以德行仁"，而是靠"霸道"的"坚甲利兵"，汉承秦制，以后的历代君王都是"以霸王道杂之"，"阳儒而阴法"。儒家的道德理想主义及其民本思想被历史的时势所局限，以致必然经过一个与君主制相结合的漫长历史阶段。当明清之际君主制的祸害叠加暴露之时，黄宗羲等人才又重新反思："古者以天下为主，君为客……今也以君为主，天下为客，凡天下之无地而得安宁者，为君也。"（《明夷待访录·原君》）黄宗羲设想"必使治天下之具皆出于学校""重相权"等等，以节制君主的权力，使君主"不敢自为非是"，这已是中国从君主制走向民主制的思想萌芽。在《明夷待访录》的最后，黄宗羲说了一段颇有深意的话："彼鳃鳃然唯恐后之有天下者不出于其子孙，是乃流俗富翁之见。故尧、舜之有子，尚不传之。宋徽宗未尝不多子，止以供金人之屠醢耳。"（《明夷待访录·奄宦下》）此中的深意也就是"唐虞之道，禅而不传"。

中国历史在鸦片战争以后又经历了"三千年未有之变局"。经此"变局"，"民主"与"科学"受到国人的重视，而深入到中国文化的核心层面。这种文化的现代转型，符合中国文化的发展逻辑。"道德性的人文主义"并不必然排斥民主与科学，相反，有了民主的政治体制，其民本主义才能得到伸展和真正实现；有了科学的"精义入神"，中华民族才能有现代意义的"利用安身，以崇德也"。中华民族是"自强不息""厚德载物"的民族，中华民族在近现代能够衰而复起，中国文化在近现代能够转型而复兴，这也正是中华精神的体现。

我认为，中国文化在跃升到现代的发展阶段后，仍将会保持其现世主义和崇尚道德的特色。这不仅对于中华民族，而且对于全人类的生存与发展，都具有重要的意义。因其是现世主义的，所以它能够从现世社会生活的多元需要（包括精神上的"终极关怀"）出发来容纳不同的思想文化，以避免宗教上的排他性；因其是崇尚道德的，所以它追求全人类的"均无贫，和无寡，安无倾"，主张"仁民爱物"，以避免科学技术的盲目发展而带来的负面作用。

（原载于《国际儒学研究》第 13 辑，成都时代出版社 2004 年 6 月）

下篇　儒家传统文化的当代价值

"三事"之说与文化的五要素

张岱年先生在《文化通诠》中指出："文化所有之要素凡五……一曰正德，二曰利用，三曰厚生，四曰致知，五曰立制。"本文对此引而申之，认为儒家文化重视"三事"，其"正德"可赅"立制"，"利用"可赅"致知"，这体现了中国传统文化的特色，可概括为"道德性的人文主义"。与西方文化相比，"立制"（建立合理的政治制度）与"致知"（科学认知）在中国传统文化中没有确立为相对独立的要素，这是中国传统文化的缺陷。五四新文化运动高扬"民主"与"科学"的旗帜，这符合中国文化发展的逻辑，即从重视"三事"进至文化的五要素。如张岱年先生所说：文化发展的普遍规律是，此五要素"得其均衡则治而盛，失其均衡则衰而乱"。

一

"三事"之说见于《左传·文公七年》记载晋国却缺所云："正德、利用、厚生，谓之三事。"类似的说法又见于《左传·成公十六年》记载楚国申叔时所云："民生厚而德正，用利而事节。"《左传·襄公二十八年》记载齐国晏婴所云："夫民，生厚而用利，于是乎正德以幅之。"张岱年先生在20世纪80年代初所作的《论中国文化的基本精神》一文中，将"崇德利用"列为"指导中国文化不断前进的基本思想"之一（与其并列的还有"刚健有为""和与中""天人协调"）。他对"三事"的解释是端正品德、便利器用和丰富生活，并指出："（春秋时期）晋、楚、齐三国的贵族都谈到正德、利用、厚生，可见这是当时比较流行的思想。'三事'之说兼重物质生活和精神生活，是比较全面的观点。"①

　　"三事"之说将"正德"置于首位，兼重物质生产与生活，此与《左传·襄公二十四年》所载"太上有立德，其次有立功，其次有立言"的"三不朽"之说亦相符合。这样一种"崇德利用"的价值取向，实正是儒家文化的基本精神。《周易·系辞下》云："精义入神，以致用也；利用安身，以崇德也。过此以往，未之或知也。"这里的"利用安身"与"利用、厚生"相当，此乃为了"崇德"；"过此以往，未之或知也"，可见道德是人生、社会的最高价值取向。

　　"三事"之说历来受到重视，又因其被采入古文《尚书·大禹谟》，由上古帝王之口说出："德惟善政，政在养民。火、水、金、木、土、谷，惟修；正德、利用、厚生，惟和。……地平天成，六府、三事允治，万世永赖，时乃功。""六府"是在五行的基础上增加了"谷"，更加强调了农业生产的重要，这也本是《左传·文公七年》却缺所云。"六府、三事允治，万世永赖"，这种价值观打上了上古帝王的印记，而且成为儒家经书中的内容，其被历代儒家所看重是理所当然的。

　　张岱年先生从文化研究的角度对"三事"之说的重视，更突出地表现于他在 20 世纪 40 年代所作的《文化通诠》。此文提出文化之理论可分为三部分，即文化系统论、文化变迁论和文化类型论。关于文化系统论，即研究文化之结构，亦即研究文化的要素及其关系。张先生认为："文化所有之要素凡五，而共列为三层。"这里的"三层"是指："第一层曰产业，即生产事业。第二层曰群制，即群体制度。第三层曰学术，即道德学问思想艺术。"显然，此三层说是与一般文化理论认为文化结构分为器物层、制度层和思想观念层相一致的。而五要素则是："一曰正德，二曰利用，三曰厚生，四曰致知，五曰立制。"其中的利用、厚生属于文化的产业或器物层，立制即建立群体制度，正德、致知则为学术或思想观念。张先生又说："《左氏春秋》以正德、利用、厚生为三事，实有见于人生要务之大端矣。正德可赅立制，利用可赅致知。故五事可约为三事。兹求其明显而无偏，

────────────
①《张岱年全集》第 5 卷，河北人民出版社 1996 年版，第 423 页。

故列为五事。"①

细思张先生的《文化通诠》，其文化的五要素和"可约为三事"之说，虽然是就人类文化的普遍性而言，但实亦带有中国文化的特色。张先生论述人类文化的普遍性和各民族文化的特殊性时说：

> 人类文化大体相同，以人性大体相同故，以地上环境大体相同故。而各民族之各自创造其文化，原非相谋，因而各独立创造之文化，莫不为有其特异之点，而不能尽同。每一独立文化之特异之点，常历久而弥显，而为一民族之文化之一贯精神。就此类特异之点而加以区别，则人类文化可别为不同之三类型：一曰中华型，二曰印度希伯来型，三曰希腊型。希腊型者，以战胜天然而屡生之欲为基本倾向。印度希伯来型者，以人神合一而消弭生之欲为基本倾向。中华型者，以天人和谐而节适生之欲为基本倾向。希腊文化，可谓为向外之文化；印度希伯来文化，可谓向内之文化；而中华文化，则可谓为内外合一之文化。②

显然，张先生所说的文化三类型，有似于梁漱溟先生在《东西文化及其哲学》中所说的中、西、印文化的三种"路向"③。从"印度希伯来型"来说，其文化的首要因素是宗教；而从中国文化的特色来说，亦可谓"正德可赅宗教"④，《论语》所谓"慎终追远，民德归厚"、《易传》所谓"圣人以神道设教"就体现了这一点。

张先生说："各文化之不同，在于其畸重畸轻之不同，在于其何种倾向为主导。"⑤ 从"三事"之说和文化的五要素来说，中国文化的特色显然是最重视"正德"，是以崇尚道德为其主导。"正德可赅立制，利用可赅致知"，这更突显了中国文化与希腊文化的区别。也就是说，在中国文化所重视的"三事"中，没有给"立制"和"致知"以（相对）独立的位置，而

---

① 《张岱年全集》第1卷，河北人民出版社1996年版，第341页。
② 《张岱年全集》第1卷，河北人民出版社1996年版，第343～344页。
③ 参见梁漱溟：《东西文化及其哲学》，商务印书馆1922年版，第55～56页。
④ 余英时先生在《从价值系统看中国文化的现代意义》一文中指出："在外在超越的西方文化中，道德是宗教的引申……在内在超越的中国文化中，宗教反而是道德的引申……"见氏著《中国思想传统的现代诠释》，江苏人民出版社2003年版，第28页。
⑤ 《张岱年全集》第1卷，河北人民出版社，1996年版，第344页。

希腊文化却对这两个文化要素给予了格外的重视。

从儒家的"祖述尧舜，宪章文武"开始，儒家所追求的社会秩序就是"天下有道，则礼乐征伐自天子出"（《论语·季氏》），而天子应该是尧、舜、禹、汤、文王和武王那样的"圣王"。所谓"圣王"就是"内圣外王""尽伦尽制"，亦即将道德与权力集于一身的人物。孟子说："惟仁者宜在高位。"（《孟子·离娄上》）荀子说："非圣人莫之能王。"（《荀子·正论》）唯有高尚的道德才构成权力的合法性，此所以"正德可赅立制"。在儒家看来，"君仁莫不仁，君义莫不义，君正莫不正，一正君而国定矣。"（《孟子·离娄上》）只要掌握最高权力者是一个仁圣的君主，天下就可"定于一"，于是乎"立制"的问题就由君主的道德而解决了。但是，如果君不仁、不义、不正又如何呢？这就要诉诸"惟德是辅"的天来"惟时求民主"（《尚书·多方》），发动"汤武革命"（《周易·革·彖传》），或诉诸阴阳灾异的"谴告"（《春秋繁露·必仁且智》），或诉诸"惟大人为能格君心之非"（《孟子·离娄上》）。

与中国文化不同的是，希腊文化重视"立制"。在柏拉图的《理想国》中，苏格拉底就已区分了五种"政体"。亚里士多德的《政治学》可谓就是对"政体"的研究，他说："一种政体就是关于一个城邦居民的某种制度或安排。"他把"对政体的研究"作为"一门科学"，它研究"什么是最优良的政体"。于是，他把"正宗政体"分为三类，即君主制、贵族制和共和制；由此又衍生出三种"变体"，即僭主制、寡头政体和平民（民主）政体①。亚里士多德像儒家一样也崇尚"中庸"，但他把"中庸"的原则用于"立制"，认为"合乎中庸的政体是最优秀的政体"，取寡头政体与平民政体之"折中"的共和政体就是最适合于一般城邦的政体。一切政体都应有三个要素，即议事机构、行政机构和司法机构，"合理组合这些要素，就必定能得到一个优良的政体"②。希腊文化对于"立制"的重视，显然为西方近现代的民主制度提供了丰富的文化资源。

---

① ［古希腊］亚里士多德：《政治学》，颜一、秦典华译，中国人民大学出版社 2003 年版，第 71、115 页。

② ［古希腊］亚里士多德：《政治学》，颜一、秦典华译，中国人民大学出版社 2003 年版，第 139、135、145 页。

中国文化对于"致知"不可谓不重视，但是"精义入神，以致用也"，"致知"是为了"致用"，此即"利用可赅致知"。孟子说："知者无不知也，当务之为急……尧舜之知而不遍物，急先务也。"（《孟子·尽心上》）此"急先务"的知，就是道德"良知"。孟子又说："学问之道无他，求其放心而已矣。"（《孟子·告子上》）如此说来，此"学问之道"就只剩下"致良知"了。荀子主张"明于天人之分"，但他又说"唯圣人为不求知天"（《荀子·天论》）。他主张："无用之辩，不急之察，弃而不治。若夫君臣之义，父子之亲，夫妇之别，则日切磋而不舍也。"（同上）概言之，儒家的"致知"是为"正德、利用、厚生"服务的，"过此以往，未之或知也"，此所以中国古代没有严格意义的"科学"。

与中国古代的"致知"不同，希腊文化有"为知识而知识"的学术传统，此即亚里士多德在《形而上学》中所说，"这些知识不以实用为目的……这些知识最先出现于人们开始有闲暇的地方"，"古今来人们开始哲理探索，都应起于对自然万物的惊异……他们探索哲理只是为想脱出愚蠢，显然，他们为求知而从事学术，并无任何实用的目的"[①]。这种"为知识而知识"的传统，无疑对于西方近现代科学技术的发展起了推动的作用。

徐复观先生在 20 世纪 50 年代所作《儒家精神的基本性格及其限定与新生》一文中认为，中国文化与希腊文化均属"人文主义"（其区别于"印度希伯来型"），但中国文化是"道德性的人文主义"，而希腊文化则是"以智能为基点的人文主义"[②]。我认为这一概括是有根据而可以成立的。中、希文化之所以有此不同，我想这除了地理环境的因素之外，主要是因为在那个世界历史的"轴心时代"[③] 中国的哲人与希腊的哲人处于不同的历史"机缘"中。徐复观先生说：

> 希腊求知的动机为闲暇中对自然界之惊异而追问究竟，这样便成为其哲学中之宇宙论。由宇宙法则之发展而落实下来便成为科学。中国之学术思想，起源于人生之忧患，此点言之已多，殆成定论。[④]

---

① ［古希腊］亚里士多德：《形而上学》，吴寿彭译，商务印书馆 1981 年版，第 3、5 页。

② 徐复观：《中国人文精神之阐扬》，中国广播电视出版社 1996 年版，第 201 页。

③ ［德］雅斯贝尔斯：《历史的起源与目标》，魏楚雄、俞新天译，华夏出版社 1989 年版，第 8 页。

④ 徐复观：《中国人文精神之阐扬》，中国广播电视出版社 1996 年版，第 199 页。

希腊哲人生活上有"闲暇"，即亚里士多德所说，他们从事"学术研究的开始，都在人生的必需品以及使人快乐安适的种种事物几乎全都获得了以后"①。也就是说，他们属于当时希腊社会中生活稳定、快乐安适的贵族阶层。与此不同的是，中国的先秦诸子处于"礼崩乐坏""诸侯力政""兵革不休"的动乱时期，他们是介于贵族与庶民之间的"士"。孔子说："士志于道"（《论语·里仁》），曾子说："士不可以不弘毅，任重而道远。仁以为己任，不亦重乎！死而后已，不亦远乎！"（《论语·泰伯》）儒家文化即是"士"的文化②。孔子说："天下有道，丘不与易也。"（《论语·微子》）意谓："天下若已平治，则我无用变易之；正为天下无道，故欲以道易之耳。"（朱熹《论语集注》）"以道易之"就是要重建社会秩序，使社会从"无道"转化为"有道"，从动乱转化为"平治"。因此，孔子周游列国，"席不暇暖"，他没有生活的"闲暇"，也没有对自然万物的"惊异"，有的却是对"德之不修，学之不讲，闻义不能徙，不善不能改"的"忧患"（《论语·述而》）。"闲暇"与"席不暇暖"，对自然万物的"惊异"与对"天下无道"的"忧患"，这种历史"机缘"的不同（当然，这里也包含历史渊源的不同等复杂因素）决定了在世界历史的"轴心时期"形成了不同的中、希文化。

二

希腊文化因对自然万物的"惊异"而追问其"究竟"，从而有西方哲学的本体论和宇宙论，这种精神"落实下来"或分衍出来便成为"科学"。亚里士多德把"政治学"或"对政体的研究"也作为"一门科学"。西方近现代文化中理性（启蒙运动）与政治（政体改革）、科学与民主的内在联系，在古希腊就已使然。而中国的学术思想"起源于人生之忧患"，它没有

---

① ［古希腊］亚里士多德：《形而上学》，吴寿彭译，商务印书馆1981年版第5页。

② 曾有学者谓中国文化是服务于王权的"史官文化"，参见顾准：《西方文明和中国的史官文化》，单纯、张合运主编《中国精神·百年回声》，海天出版社1998年版。我认为"史官文化"或"巫史文化"可概括夏商周三代"学在王官"的文化，而春秋以降"学术下移"，以儒学为主流的中国文化则是"士"的文化。范文澜先生曾说："孔子学说就是士阶层思想的结晶。""称为诸子百家的士，对文化有巨大的贡献。"见氏著《中国通史》第一册，人民出版社1978年版，第160、274页。

"为知识而知识"的传统，此即司马迁论先秦六家要旨所说："夫阴阳、儒、墨、名、法、道德，此务为治者也，直所从言之异路，有省不省耳"（《史记·太史公自序》），意即先秦诸子的言路虽有不同，但"务为治"的宗旨是相同的。这样也就决定了中国哲学的重心不是本体论或宇宙论，更不是逻辑学或知识论，而是以"为治"和"原善"为宗旨，以人性论和价值观为重心，其"天人之学"不是要分别地研究自然与人，而是"究天人之际"，"明于天之道，而察于民之故"，亦即"推天道以明人事"①。

金岳霖先生曾经说：

> （中国哲学的）模式就是哲学和政治思想交织成一个有机整体，使哲学和伦理不可分，人与他的位分和生活合而为一。

> 儒家讲内圣外王，认为内在的圣智可以外在化成为开明的治国安邦之术，所以每一位哲学家都认为自己是潜在的政治家。②

儒家学说与政治有着如此密切的联系，但它的道德理想主义、以道德为本的政治观，却使它对"立制"问题多所忽略。孟子说："以德行仁者王，王不待大，汤以七十里，文王以百里。""以不忍人之心，行不忍人之政，治天下可运于掌上。"（《孟子·公孙丑上》）这种道德政治观在"天下方务于合纵连横，以攻伐为贤"的战国时期，不免被认为是"迂远而阔于事情"（《史记·孟子列传》）。

战国时期在"立制"方面真正做出贡献的是法家，其首创者是商鞅。"商鞅相孝公，为秦开帝业。"（《论衡·书解》）商鞅变法把儒家所崇尚的"周礼"改变为"秦制"，这主要是把封建制改变为君主集权的郡县制，把井田制改变为土地私有制。虽然秦"二世而亡"，但"汉承秦制"（《后汉书·班彪列传》），中国"二千年来之政，秦政也"（谭嗣同《仁学》一）。虽然这一制度是儒家被动接受的，但当汉武帝"独尊儒术"之时，儒家也以"三纲"之说主动地承认并且巩固了这一制度。也许中国历史的"规律"注定就是如此，无论如何，中国历史上虽然有不少儒家想望着"复三代之制"，但总是行不通。儒家对这个制度所能改良的只是为其加入仁义道德的

---

① 参见李存山：《"知人则哲"：中国哲学的特色》，《哲学动态》2004 年第 5 期。
② 金岳霖：《中国哲学》，《哲学研究》1985 年第 9 期。

因素而辅翼、制导、调节之①。

儒家崇尚"大一统"，此与法家的君主集权思想并无二致，但儒家要求执掌"大一统"最高权力者是一个仁圣的君主，这在现实中并没有实现。于是，董仲舒提出"屈君而伸天"（《春秋繁露·玉杯》），欲与阴阳灾异的"谴告"来儆戒人君。此手段的局限性在董仲舒本人的身上就已体现出来，在汉武帝的淫威下，董仲舒曾因言灾异而被撤职下狱，此后便"不敢复言灾异"（《汉书·董仲舒传》）。尽管如此，儒家对于君主权力的"节制"似乎除此之外，别无他法。这就是为什么在北宋时期熙宁变法的反对派对王安石的"三不足"之说提出严厉批评的原因，他们说：

> 此三句非独为赵氏祸，为万世祸。人主之势，天下无能敌者，人臣欲回之，必思有大于此者把揽之。今乃教之不畏天变、不法祖宗、不恤人言，则何事不可为也！

> 阴阳灾异之说，虽儒者不可泥，亦不可全废。王介甫不用，若为政依之，是不畏天者也。（《宋元学案·荆公新学略》）

程颢、程颐兄弟亦属反对熙宁变法的"旧党"。在熙宁变法之初，程颢对宋神宗先是"独以诚意感动人主"，但是在谏止新法的《再上疏》中则不得不诉诸"天意"，他说："矧复天时未顺，地震连年，四方人心日益摇动，此皆陛下所当仰测天意，俯察人事者也。"（《程氏文集》卷一）后来，程颐在《代吕公著应诏上神宗皇帝书》中也以"彗（星）之为变多矣，鲜有无其应者，盖上天之意，非徒然也"，希望宋神宗敬畏"天戒"，以"诚意"感动天心，消弭灾害，"奋然改为"（《程氏文集》卷五）。熙宁变法之后，二程明确地把"格君心之非"作为治世之"本"，提出：

> 治道亦有从本而言，亦有从用而言。从本而言，惟从格君心之非，正心以正朝廷，正朝廷以正百官。（《程氏遗书》卷十五）

> 君仁莫不仁，君义莫不义，天下之治乱系乎人君仁不仁耳。……夫政事之失、用人之非，知者能更之，直者能谏之。然非心存焉，则一事之失，救而正之，后之失者，将不胜救矣。格其非心，使无不正，非大人其孰能之？（《程氏外书》卷六）

---

① 参见李存山：《商鞅评传——为秦开帝业的改革家》，广西教育出版社1997年版，第159页。

虽然把"格君心之非"看得如此重要，但他们并没有从"立制"方面去考虑如何"格君心之非"的问题。相反，在他们所建构的道学或理学中，君主制不仅得到绝对的肯定，而且被提升为形上的"天理"，如他们所说："为君尽君道，为臣尽臣道，过此则无理。""父子、君臣，天下之定理，无所逃于天地之间。"（《程氏遗书》卷五）

朱熹和陆九渊在哲学上有理学和心学的分歧，而在对治世之根本的看法上都继承了二程的思想。朱熹说：

> 熹常谓天下万事有大根本，而每事之中又各有要切处。所谓大根本者，固无出于人主之心术；而所谓要切处者，则必大本既立，然后可推而见也。……此古之欲平天下者，所以汲汲于正心诚意，以立其本也。（《朱文公文集》卷二十五《答张敬夫》）

陆九渊也说：

> 古人所以不屑屑于间政适人，而必务有以格君心者，盖君心未格，则一邪黜，一邪登，一弊去，一弊兴，如循环然，何有穷已。及君心既格，则规模趋向有若燕越，邪正是非有若苍素，大明既升，群阴毕伏。是琐琐者，亦何足复污人牙颊哉？（《陆九渊集》卷十《与李成之》）

朱熹几次上"封事"和入朝面奏，都是劝君主"正心诚意"，然而，"正心诚意之论，上所厌闻"（《宋元学案·晦翁学案上》）。当朝廷中的道学人士纷纷被排挤出朝时，朱熹给陆九渊写信说："今日之际，惟避且远，犹或可以行志……三年有半之间，消长之势，又未可以预料，流行坎止，亦非人力所能为也。"（《陆九渊集·年谱》）"人主之心术"虽然为治世的"大根本"，但其正与不正却又是"非人力所能为"，这不能不归咎于"立制"方面的缺陷。

程颐晚年曾任崇政殿说书，"得备讲说于人主之侧"，他将此看作"天幸之至""圣人之道有可行之望"（《程氏文集》卷六《上太皇太后书》）的大好机会。在给年轻的宋哲宗讲解儒家的经义时，程颐"潜思存诚"，"毕精竭虑"，也曾以"天人之间甚可畏，作善则千里之外应之，作恶则千里之外违之"来启沃君主"举措用心"务必"戒慎"（《程氏遗书》卷二十三）。但仅及一年他就被罢免崇政殿说书职。宋哲宗亲政后，在元祐党案中，哲宗"怒颐为甚"，下诏"放归田里人程颐送涪州编管"（《续资治通鉴长编》卷四九三）。

朱熹晚年重演了程颐曾为"帝王师"的一幕。他担任宋宁宗的侍讲，谆谆告诫宁宗对于《大学》之道要"深加省察，实用功夫"（《朱文公文集》卷十五《经筵讲义》）。他也曾上有《论灾异劄子》，以"都城之内忽有黑烟四塞，草气袭人，咫尺之间不辨人物"为由，告诫宁宗因此灾异而"克己自新，夙夜思省，举心动念、出言行事之际，常若皇天上帝临之在上，宗社神灵守之在旁，懔懔然不复敢使一毫私意萌于其间，以烦谴告"（《朱文公文集》卷十四）。然而，朱熹在朝仅四十六日就被宁宗下一道内批而解职。此后，在庆元党禁中，朱熹被诬为"伪学之魁"。

程朱本人的政治遭遇并没有妨碍他们的学说在宋理宗以后被奉为官学的正统。流行于元明清三代的是朱熹所说："宇宙之间，一理而已……其张之为三纲，其纪之为五常，盖皆此理之流行，无所适而不在。"（《朱文公文集》卷七十《读大纪》）"三纲"既然为"天理"，君主制就是不可改变的。

一般说来，宋明理学是"内圣强而外王弱"。但是，如余英时先生所说：

> 宋代儒学的整体动向是秩序重建……道学虽然以"内圣"显其特色，但"内圣"的终极目的不是人人都成圣成贤，而仍然是合理的人间秩序的重建。①

> 一言以蔽之，"上接孔、孟"和建立形上世界虽然重要，但在整个理学系统中却只能居于第二序（"second order"）的位置，第一序的身份则非秩序重建莫属。②

理学系统虽然仍把"秩序重建"作为"第一序"，但"外王弱"却又是其基本的特征。此中的"吊诡"（paradox），我想除了因为理学家强调"道必充于己，而后施以及人"（《程氏文集》卷五《上仁宗皇帝书》）之外，更因为在"秩序重建"的问题上理学家遇到了"君心不正"这一"根本"的障碍。如程颐所说，君主之"立志"和择宰相（"责任"）、任贤臣

---

① 余英时：《朱熹的历史世界》，三联书店 2004 年版，第 118 页。
② 余英时：《朱熹的历史世界》，三联书店 2004 年版，第 183 页。

（"求贤"）是治世之本，"三者之中，复以立志为本"，"顾三者不先"，则宽赋役、劝农桑、实仓廪、备灾害、修武备、明教化等治世之用"徒虚言尔"（《程氏文集》卷五《为家君应诏上英宗皇帝书》）。亦如朱熹所说："今日之事，第一且是劝得人主收拾身心，保惜精神，常以天下事为念，然后可以讲磨治道，渐次更张。"（《朱文公文集》卷二十九《与赵尚书》）在治世之"根本"这个问题得到解决之前，徒论"讲磨治道，渐次更张"是没有意义的。这种以"格君心之非"为治世之"根本"的思想，无疑对于理学家的"外王"追求预定了限度。

在熙宁变法之前的庆历新政时期，范仲淹和胡瑗等确立了"明体达用之学"①。所谓"明体"就是"正德"，亦相当于"内圣"；所谓"达用"就是要将知识"举而措之天下，能润泽斯民"，它体现了"三事"中的"利用、厚生"，亦相当于"外王"。《宋元学案·安定学案》述胡瑗在苏州、湖州主持郡学：

> 其教人之法，科条纤悉具备，立经义、治事二斋。经义则选择其心性疏通，有器局可任大事者，使之讲明六经；治事则一人各治一事，又兼摄一事，如治民以安其生、讲武以御其寇、堰水以利田、算历以明数是也。

这里的"治事"之学颇有"专科"教育的意涵，如此发展下去，或可取得接近"科学技术"的成果。在熙宁变法前夕，程颢在向宋神宗上了《论王霸劄子》之后，又上了《论十事劄子》，就"师傅、六官、经界、乡党、贡士、兵役、民食、四民、山泽、分数"等十个方面提出具体的改革措施，前一个劄子可谓"明体"（明治道之"本"），后一个劄子就是要"达用"。而在熙宁变法转入"以理财为方今之急"后，程颢向宋神宗"陈君道以至诚仁爱为本，未尝及功利"（《程氏文集》卷十一《明道先生行状》）。不言"功利"就未免忽略了"达用"或"治事"之学。在二程明确地把"格君心之非"作为治世之"根本"后，"政事之失、用人之非"都在其次，"不足"以言之（陆九渊所谓"是琐琐者，亦何足复污人牙颊哉"），"达用"或"治事"之学就更被忽略了。其流风所及，宋元之际的

---

① 参见李存山：《范仲淹与宋代儒学的复兴》，《哲学研究》2003 年第 10 期。

周密已对"道学"提出批评：

> 其徒有假其名以欺世者，真可谓嘘枯吹生。凡治财赋者，则目为聚敛；开阃捍边者，则目为粗才；读书作文者，则目为玩物丧志；留心政事者，则目为俗吏……（《癸辛杂识》续集卷下"道学"）

至明清之际，黄宗羲也把这几句话接过来，又加上了"一旦有大夫之忧，当报国之日，则蒙然张口如坐云雾，世道以是潦倒泥腐，遂使尚论者以为立功建业别是法门，而非儒者之所与也"（《南雷文定》后集卷三《赠编修弁玉吴君墓志铭》）。这说明道学在"治事"或"利用、厚生"方面的确有其缺欠。此中的主要原因，与其归于道学家更重视"内圣"或"正德"，不如归于他们在"立制"方面所受到的局限。

余英时先生说："理学家虽然以政治主体的'共治者'自待，但毕竟仍旧接受了'君以制命为职'的大原则。"他引《朱子语类》卷一〇四所记：

> 先生多有不可为之叹。汉卿曰："前年侍坐，闻先生云：'天下无不可为之事，兵随将转，将逐符行。'今乃谓不可为。"曰："便是这符不在自家手里。"

余先生指出："'这符不在自家手里'是权力世界的典型语言……'行道'的发动权力在皇帝而不在士大夫，朱熹晚年对此已有深切的体会。"[①]惜乎朱熹只是对"权力世界"的这一事实有了深切的体会，但他并没有从"立制"方面考虑如何改变"权力世界"的问题[②]。

三

儒家文化重视"正德"，这一价值取向至王阳明心学已发展到极致。在程朱理学中，"尊德性"虽然是其主要的价值取向，但"道问学"仍是其"格物致知"的主要环节（尽管"道问学"的目的仍是"尊德性"）。在朱熹看来："子静（陆九渊）所说专是尊德性事，而熹平日所论却是问学上多了。"（《朱文公文集》卷五十四《答项平父》）下逮明代，王阳明倡"致良

[①] 余英时：《朱熹的历史世界》，三联书店 2004 年版，第 455～456 页。
[②] 如康有为在《万木草堂口说》中所说："五百年来，义理则出自朱子，制度则不然，朱子少言制度。"

知"之说，认为："良知之外更无知，致知之外更无学。外良知以求知者，邪妄之知矣；外致知以为学者，异端之学矣。"（《王阳明全集》卷六《与马子莘》）这样一种排斥"良知"和"致良知"之外的一切知识、学术的倾向，余英时先生谓之"儒学内部反智识主义的倾向"，"王阳明学说的出现"把这种倾向"推拓尽致"，"其在心性之学上有突出的贡献，把'尊德性'领域内的各种境界开拓到了尽头"①。余先生也指出："与阳明同时，而持相反之论者，则有罗钦顺（整庵 1465～1547）。……整庵与阳明的对立，从本文观点看，实可说是儒家智识主义与反智识主义的对立……"所谓儒家的"智识主义"，"绝不意味着他们的中心问题是知识问题"，其发展为清代的考证之学，构成了继宋、明儒之后"近世儒学复兴中的第三个阶段"②。余先生的卓识，疏通了宋明理学与清代考证之学的关系。而我更重视者，则是明代的王廷相、黄宗羲与五四时期的德、赛二先生的关系③。"德先生"即民主，是"立制"方面的问题；"赛先生"即科学，是"致知"方面的问题。我认为，五四新文化运动高扬民主与科学的旗帜，这符合中国文化发展的逻辑，即从重视"三事"进至文化的五要素。

我在《明代的两大儒与五四时期的德赛二先生》一文中指出："从中国文化在近现代的转型和发展方向来说，五四新青年高举民主与科学的旗帜无疑是正确的，但他们将民主与科学同中国原有的文化完全对立起来，却又有其时代环境和思想方法的局限性。"西方文化中并非只有德、赛二先生，中国人何独只选择了民主与科学来挽救民族危亡和救治中国文化呢？从文化的输入、选择、接纳和融汇上说，这只能归结为当时的中国文化或者说当时中国人的思维方式具有了接近和容纳民主与科学的基础，民主与科学并非只是中国人的被动接受，它们也是中国人的主动选择，它们符合中国文化实现其转型的自身发展的逻辑。明中期以后，中国古代的文化模式虽然在现实生活中还留有较大的存在余地，但从逻辑发展上说，实已经走到了尽头，其自身的转型已在酝酿之中。在明代的儒家学者中，最足以

---

① 余英时：《从宋明儒学的发展论清代思想史》，《中国思想传统的现代诠释》，江苏人民出版社 2003 年版，第 138、140 页。

② 余英时：《从宋明儒学的发展论清代思想史》，《中国思想传统的现代诠释》，江苏人民出版社 2003 年版，第 142、146～147 页。

③ 参见李存山：《明代的两大儒与五四时期的德赛二先生》，《传统文化与现代化》1997 年第 5 期。

体现中国文化转型和发展方向的是王廷相和黄宗羲的思想。

王廷相的生卒年大约与罗钦顺同时，两人的思想倾向有一致处，而王廷相的"智识主义"已经包含了一些"实证科学"的因素。在他的重要哲学著作《雅述》中有这样一段话：

> 天地之间，一气生生，而常而变，万有不齐，故气一则理一，气万则理万。世儒专言理一而遗理万，偏矣！天有天之理，地有地之理，人有人之理，物有物之理，幽有幽之理，明有明之理，各各差别。统而言之，皆气之化，大德敦厚，本始一源也；分而言之，气有百昌，小德川流，各正性命也。若曰天乃天，吾心亦天，神乃神，吾心亦神，以之取喻可矣。即以人为天，为神，则小大非伦，灵明各异，徵诸实理，恐终不相类矣。（《雅述·上篇》）

这段话的后两句包含了对当时正在兴起的阳明心学的批评，而前面所言正是王廷相矫正"世儒专言理一而遗理万"的偏失，突破儒学的泛道德主义的藩篱，为实证科学开辟出道路的哲学基础。他所说的"常"是指"一气"之运动的普遍规律，所谓"变"是指由"一气"所化生的万物除具有普遍规律外还具有各自不同的特殊规律。他说"天有天之理，地有地之理，人有人之理，物有物之理……各各差别"，这里最根本的思想是要把人之性理与物之物理区分开来，从而为实证科学探索事物的客观规律开辟出道路。

王廷相在认识论上否认有"不萌于见闻"的"德性之知"，他认为人除了生而具有"饮食""视听"等生理本能外，其余皆"因习而知，因悟而知，因过而知，因疑而知，皆人道之知也"（《雅述·上篇》）。关于认识方法，他说："物理不见不闻，虽圣哲亦不能索而知之。……夫圣贤之所以为知者，不过思与见闻之会而已。"（《雅述·上篇》）

在王廷相的思想中包含了较为丰富的天文、地理、生物等自然科学方面的知识，这些知识纠正以往的成见，大多是以"观物""见其实迹""亲自验其然"，即以实证方法而得出的（参见《雅述·下篇》）。最值得注意的是，王廷相的思想已开始突破中国传统的"阴阳—五行"思维模式。例如，中国古人一直把气候的寒暖归于阴阳二气的盛衰消长，王廷相说："先儒谓'阴阳二气自能消长，自能寒暑'，此万古糊涂之论，原未尝仰观俯察，以运人心之灵，用体天地之化也。""仆平生见其日近极而暑，日远极而寒，故著为说曰：四时寒暑，其机由日之进退，气不得而专焉。"（《王氏家藏集》卷三七《答孟望之论慎言八首》）他所谓"仰观俯察，以运人心之灵"就是"思与见闻之会"的认识方法，他以此打破"万古糊涂之论"，提出了寒暖是由太阳的运转而产生的与地面距离的远近所决定的新观点。再如，中国古人有冬季是阴气用事，故"冬雪六出（瓣）"，春季是阳气上升，故"春雪五出"的说法。王廷相说："此亦稗说琐语，乌足凭信？仆北方人也，每遇春雪，以袖承观，并皆六出。云五出者，久矣附之妄谈矣。"（同上，《春雪亦是六出》）他反对以《周易》卦爻的奇偶来附会自然事物，经过亲自观察而得出了"春雪亦是六出"的结论。王廷相还提出了"金木非造化之本""水火具而后土生""地不得以对天"等思想，从逻辑上解构了五行系统，批评了关于五行说的诸种"假合傅会""怪诞之谈"（《王氏家藏集》卷三三《五行辩》）。

从王廷相的区分"人理"与"物理"（其思想中包含较多的实证科学因素），到明清之际的方以智区分"宰理"（道德伦理）、"通几"（哲学）和"质测"（科学），批评"儒者守宰理而已"，"有竟扫质测而冒举通几，以显其宥密之神者，其流遗物"（《物理小识·自序》），可以看出中国文化中"致知"因素的增长。五四新文化运动对"科学"的高度肯定，当不是违逆而是顺承了这一思想发展的逻辑。

在"立制"方面，我认为最足以体现中国文化转型的是黄宗羲的《明夷待访录》。此书是对秦汉以来，特别是宋、明两代政治文化的批判性总结，其中尤其包含着黄宗羲对其前辈东林党人失败的历史教训的汲取。在此书的《原君》篇中，黄宗羲重复了一个古老的、儒家一直坚持的民本主义命题："古者以天下为主，君为客，凡君之所毕世而经营者为天下也。"然而，黄宗羲从秦汉以来的历史中看到的却是这一价值观念的颠倒和君主集权的祸害："今也以君为主，天下为客，凡天下之无地而得安宁者，为君也。"他批评"后世之君欲以如父如天之空名禁人之窥伺"，又批评"小儒规规焉以君臣之义无所逃于天地之间"（其中包含对二程之说的批评）。在《原臣》篇中，他提出："缘夫天下之大，非一人之所能治，而分治之以群工。故我之出而仕也，为天下，非为君也；为万民，非为一姓也。……盖天下之治乱，不在一姓之兴亡，而在万民之忧乐。"又强调：君臣关系不同于父子关系，后者是不可改变的"一气之分身"的血缘关系，而"君臣之名，从天下而有之者也，吾无天下之责，则吾在君为路人……以天下为事，则君之师友也"。在黄宗羲的思想中，"君臣之义"已经不是天经地义或作为"天下之定理"的道德原则，君与臣之间没有尊卑之分，而是"分治之以群工""名异而实同"的平等关系。

在否定了自秦汉以来的"君尊臣卑""君为臣纲"之后，黄宗羲在《原法》篇提出："有治法而后有治人。"其所谓"治法"，不是"一家之法"，而是"天下之法"，"贵不在朝廷也，贱不在草莽也"。从其对于"治法"的重视，可以看出黄宗羲已经在考虑与民本价值观相符合的"立制"问题。在《置相》篇，黄宗羲指出："古者不传子而传贤，其视天子之位，去留犹夫宰相也。其后天子传子，宰相不传子。天子之子不皆贤，尚赖宰相传贤足相补救，则天子亦不失传贤之意。"他主张提高宰相的权力，使宰相"自得以古圣哲王之行摩切其主，其主亦有所畏而不敢不从也"。这里的"畏"，不是君主"畏天"，而是"畏"宰相，其中不难看出以权力制约权力的思想。更值得注意的是，黄宗羲在《学校》篇提出："必使治天下之具皆出于学校，而后设学校之意始备。……天子之所是未必是，天子之所非未必非，天子亦遂不敢自为非是，而公其非是于学校。"他要把学校变成教育兼议政的机关，把决定天下之"是非"的权力从君主转移到学校。君主"不敢自为非是"，这又是以权力制约权力的思想。故此，黄宗羲的政治思想可谓从民本进至民主的开端。

戊戌变法时期，思想最为激进的谭嗣同说："孔教亡而三代下无可读之书矣"，但他也承认："以冀万一有当于孔教者，则黄梨洲《明夷待访录》其庶几乎！"（《仁学》卷下）他曾与梁启超等人将《明夷待访录》"节钞印数万本，秘密散布，于晚清思想之骤变，极有力焉"。梁启超在1923年所著书中说：《明夷待访录》"的确含有民主主义的精神——虽然很幼稚——对于三千年专制政治思想为极大胆的反抗，在三十年前——我们当学生时代，实为刺激青年最有力之兴奋剂。我自己的政治运动，可以说是受这部书的影响最早而最深。"①

五四新文化运动时期，与《新青年》进行辩论的杜亚泉（笔名伧父）将"民视民听""民贵君轻"等等说成是"本以民主主义为基础"，这固然是犯了混淆民本与民主的大错；但是，陈独秀在纠正这一错误时说："所谓民视民听、民贵君轻，所谓民为邦本，皆以君主之社稷——即君主祖遗之家产——为本位"②，此说亦不符合儒家民本思想的本意。陈独秀在说此话时忘记了他在几年前所说："国家而非民主，则将与民为邦本之说，背道而驰。"③ 他的"民主"思想本是顺着而非背着"民为邦本"说的，而儒家所云"民惟邦本"就是以人民为社会、国家的价值主体（孟子所谓"民为贵，社稷次之，君为轻"、荀子所谓"天之生民，非为君也；天之立君，以为民也"就是此意）。从民本进至民主，只与"三纲"之说"背道而驰"（张之洞在《劝学篇》中说："知君臣之纲，则民权之说不可行也"），但正符合民本思想发展的逻辑。这一发展自黄宗羲已开其端，从戊戌变法到五四运动，这一近代历史的进程当也是接续了明清之际的端绪。

余英时先生在《试论中国文化的重建问题》一文中说：五四时代人物"把民主与科学放在和中国文化传统直接对立的地位"，是一个"大错误"；"但是就中国文化重建的方向而言，民主与科学确代表现代文明的主要趋势"。余先生特别强调：

> 我们接受民主与科学为文化重建的起点并不意味着走向西化之路。这里用"起点"两字是表示两重意思：第一，离开了民主与科学的现代化中国是不可想象的事；这是文化重建的基本保证。因此我们今后仍然要继续高举民主与科学的鲜明旗帜。第二，我们已与"五四"时代的认识不同，民主与科学绝不能穷尽文化的全幅内容。道德、艺术、宗教等等都需要经过现代化的洗礼，但是并不能直接乞灵于民主与科学。……文化重建虽以民主与科学为当务之急，然而在民主与科学之外仍然大有事在。④

① 梁启超：《中国近三百年学术史》，中华书局 1936 年版，第 46~47 页。
② 陈独秀：《再质问〈东方〉杂志记者》，《新青年》1919 年 2 月 15 日，6 卷 2 号。
③ 陈独秀：《今日之教育方针》，《新青年》1915 年 10 月 15 日，1 卷 2 号。
④ 余英时：《中国思想传统的现代诠释》，江苏人民出版社 1989 年版，第 40~41 页。

我认为，余先生在此提出的"两重意思"都非常重要，而且极具现实意义。第一，近年来在中国（儒）学界似乎萌生了一种激进的倾向，如有学者宣称："在现在的世界上，除了极少数伊斯兰教的国家，西方学术的霸权几乎侵占了所有人类的学术领域。""今日中国儒学的当务之急就是打破西方学术一统天下的霸权状态，回归中国儒学自身的义理结构与解释系统……以儒学解释儒学，以儒学解释中国，以儒学解释西方，以儒学解释世界。"① 与此相矛盾而又与此相应的是，此学者一方面承认"科学可以说是天下公器，世间共法，没有历史文化的形式，亦没有中西人我的区别"（此说只是对"科学"的简单化理解，严格意义的"科学"并非传统儒学的"共法"）；另一方面认为"民主是一种西方的政治制度"，"'儒学开出民主说'实际上就是一种变相的'西化论'，是以西方的制度为标准来衡量、要求儒学"。"现代儒学之所以会持'儒学开出民主'的看法，是因为现代儒学仍然未能走出'五四迷思'，仍在'五四''德''赛'两先生的教条中迷失徘徊，即未能在政治与制度的层面直接回到本民族的文化传统中来寻找创造新政治与新制度的资源。"他主张"超越科学与民主的现代迷障"，"回到自己的文化传统中来确立新政治与新制度的大根大本"。而他所说的"大根大本"，就是"儒家的传统政治思想与儒家在历史上曾建立过的政治制度"，由此创立的"具有中国文化特征的政治制度"，"具体说来，就是体现礼乐精神、王道理想、大一统智慧、三世学说以及天子一爵等儒家思想的政治制度"。② 此学者并没有弄清楚，"民主"与"科学"一样，都是既具有西方历史文化的形式，又体现了人类现代文明的普遍价值。他所说的"超越科学与民主的现代迷障"，实际上否认了中国文化实现其近现代转型或重建的"基本保证"。他不清楚儒家的传统政治思想在"立制"方面是有缺陷的，就"儒家在历史上曾建立过的政治制度"而言，中国传统的政治制度只有君主的禅让制与世袭制以及封建制与郡县制，若以此为"大根大本"，吾不知它所能开出的"王道政治"距离现代民主制度何其之远也！质言之，离开了民主与科学，中国的现代化"是不可想象的事"，故而"我们

下篇　儒家传统文化的当代价值

243

---

① 蒋庆：《以中国解释中国——回归中国儒学自身的解释系统》，见"孔子2000"网。
② 蒋庆：《政治儒学》，三联书店2003年版，第46、126～127页。

今后仍然要继续高举民主与科学的鲜明旗帜"。

第二，"民主与科学绝不能穷尽文化的全幅内容"，"在民主与科学之外仍然大有事在"。我认为，在民主与科学之外的大事，莫过于继承和发扬中国传统的"三事"，即正德、利用、厚生。民主是"立制"之事，科学是"致知"之事，除此之外，中国传统的"三事"也非常重要。从重视"三事"进至文化的五要素，这绝不是走西化之路，而是符合中国文化实现其近现代转型的逻辑。若没有民主与科学，就没有中国文化的现代化；但若没有"三事"，则其现代化只是西化而已。张岱年先生在《文化通诠》中论及西方工业社会的缺陷，并论及文化五要素"得其均衡"的重要。他说：

> 当今之世，工业甚盛矣，而纷争益烈。何耶？其故有二：一惟务利用厚生而不务正德也。不尊德性，专以穷欲为事。欲不可穷，于是争夺无已。二工业之所产，犹有不足也。今日西洋工业之所制，固已惊心眩目矣，然如分之于全世界之人人，则犹有不足。未足均之于全民，则仅为少数人之所独享，于是争夺遂日烈。且不隆义理，惟图从欲。于是产业不以供给全民之生养为务，而以奇技淫巧相竞。玩物丧志，此之谓矣。是故利用、厚生、立制、致知、正德五者，得其均衡则治而盛，失其均衡则衰而乱，此文化之大常也。①

中国传统文化在"立制"和"致知"方面有缺陷，这是中华民族在近代"落后"以致"挨打"的原因。当我们以民主和科学来挽救民族危亡和救治中国文化时，不是要走西方工业社会"不尊德性，专以穷欲为事""产业不以供给全民之生养为务"的老路，而是要使文化的五要素"得其均衡"，建设具有中国特色的新工业社会或"超"工业社会的文化。张先生说："工业文化亦非文化之极规。由工业文化而再进，则可有超工业文化。超工业文化者，能保工业文化之长而免其短者也。"② 我认为，中华民族和中国文化的复兴在于此矣！

张先生还论及"文化有其内在之乖违"，其中提到"文化之利器可利用于违反文化之目的……而近世科学之助长残酷之战争，亦其一例矣"③。这

---

① 《张岱年全集》第 1 卷，河北人民出版社 1996 年版，第 342 页。
② 《张岱年全集》第 1 卷，河北人民出版社 1996 年版，第 343 页。
③ 《张岱年全集》第 1 卷，河北人民出版社 1996 年版，第 342～343 页。

使我想起一篇题为《诺贝尔奖获得者说要汲取孔子的智慧》的报道①。所谓"人类要生存下去，就必须回到 25 个世纪以前，去汲取孔子的智慧"，此话直接出自瑞典的汉内斯·阿尔文博士（Dr. Hannes Alfven，1970 年诺贝尔物理学奖获得者）。这篇报道还介绍："阿尔文博士一直致力于空间研究，他的工作无意中成为'星球大战'的序曲。他觉得，各国的国防部应当改名为'大批杀伤平民部'。"物理学的空间研究被用于"星球大战"，高科技成果被用于"大批杀伤平民"，这就是现代文化的"内在之乖违"。为了克服这种乖违，挽救人类的生存，阿尔文博士说，要汲取"孔子的智慧"。我认为，所谓"孔子的智慧"就是"道德性的人文主义的智慧"，也是德国当代诠释学大家伽达默尔所要恢复的"实践智慧"②。

　　"科学"的目的本来在于求真，"真、善、美"应该是人类所追求的"最高价值"或"内在价值"③。在近现代，"科学"与"技术"紧密地联系在一起，而且"技术"越来越成为"科学技术"的主导。如伽达默尔所说，在 20 世纪，科学技术的发展和经济的可行性已经变成越来越强大的社会力量。"20 世纪是第一个以技术起决定作用的方式重新确立的时代，并且开始使技术知识从掌握自然力量扩转为掌握社会生活。""所有这一切都是我们文明成熟的标志，或者也可以说，是我们文明危机的标志。"因此，他主张要建立一种"以重新恢复实践智慧或实践理性为核心的人文科学模式"④。

　　在古希腊文化中，既有"为知识而知识"的传统，也有"政治学让其余的科学为自己服务"的"实践智慧"。在亚里士多德的学科分类中，除了纯粹科学（形而上学和物理学等等）和应用科学（即技术）之外，还有"实践"科学即当时的伦理学和政治学。他说：

　　　　德性分为两类：一类是理智的，一类是伦理的。

　　　　政治学让其余的科学为自己服务。……它自身的目的含蕴着其他科学的目的。所以，人自身的善也就是政治科学的目的。

① 见 1988 年 1 月 24 日澳大利亚《塔培拉时报》。
② 参见李存山：《孔子智慧与实践智慧》，《寻根》2003 年第 6 期。
③ 参见《张岱年全集》第 7 卷，河北人民出版社 1996 年版，第 33、260 页。
④ 洪汉鼎：《诠释学——它的历史和当代发展》，人民出版社 2001 年版，第 326～331 页。

这门科学的目的不是知识而是实践。①

一切科学和技术都以善为目的，所有之中最主要的科学尤其如此，政治学即是最主要的科学，政治上的善即是公正，也就是全体公民的共同利益。②

在亚里士多德看来，不仅伦理学和政治学的目的是善，而且一切科学和技术都应以善为目的。这样一种"实践智慧"的思想，与中国传统"三事"的价值取向是相通的。这种"实践智慧"在西方中世纪的神学文化和近现代的科技文化中没有得到传承，故而伽达默尔主张恢复它的权威，建立一种以它为核心的人文科学模式。由此说来，中国传统的"三事"之说在现代确实仍有重要的意义。强调这一点，绝不是要否认"科学"或"致知"在文化系统中的相对独立位置，而是说文化的五要素应形成均衡、互补的关系，必须抑止"科学技术"独成其大，抑止"科学技术"的异化，即其被用于残酷的战争、被用于反人类。质言之，文化的五要素"得其均衡则治而盛，失其均衡则衰而乱，此文化之大常也"。

（原载于《炎黄文化研究》第四辑，大象出版社 2006 年版）

---

① ［古希腊］亚里士多德：《尼各马科伦理学》，苗力田译，中国人民大学出版社 2003 年版，第 25、2、3～4 页。

② ［古希腊］亚里士多德：《政治学》，颜一、秦典华译，中国人民大学出版社 2003 年版，第 95 页。

中国文化的"变"与"常"

中国文化源远流长，虽经历了千难万险，百转千折，仍延续不绝，奔流不息。《诗经·邶风》云："何其久也，必有以也。"中国文化之所以经数千年之久而未中断，成为世界文化史上的奇观，此中必有其内在的精神支柱、思想基础，这可谓中国文化的"常道"。在此数千年间，中国文化经历了几次大的"变局"，如从尧舜禅让的"天下为公"到夏、商、周三代的"世及以为礼"（《礼记·礼运》），这是从"大同"到"小康"的一次"变局"；从夏、商、周三代的"封建制"，经春秋战国时期的"礼崩乐坏""诸侯力政"，到秦汉相承的"改立郡县，主有专己之威，臣无百年之柄"（《后汉书·班彪传》），清代的史学家赵翼称此"秦汉间为天地一大变局"（《廿二史札记》卷二）；明清之际，一批思想家深感"亡天下"之痛，称此为"天崩地解"的时代①。与这几次"变局"相适应，中国文化的进程有"常"亦有"变"。特别是1840年以后，由于西方列强的侵入和西方文化的冲击，中国文化更经历着"数千年来未有之变局"②。在这一亘古未有的"变局"中，中国文化如何实现"旧邦新命"，如何达到知"变"亦知"常"的文化自觉，既使中华优秀传统文化得以传承和弘扬，又使之与当代

---

① 顾炎武《日知录》卷十三："有亡国，有亡天下……易姓改号谓之亡国，仁义充塞而至于率兽食人，人将相食，谓之亡天下。"黄宗羲在《留别海昌同学序》中批评当时的士人"天崩地解，落然无与吾事……岂非逃之者之愈巧乎？"见《黄宗羲全集》第10册，浙江古籍出版社2005年版，第646页。

② 王韬在《代上苏抚李宫保书》中说："当今光气大开，远方毕至……合地球东西南朔九万里之遥，胥聚于我一中国之中，此古今之创事，天地之变局，所谓不世出之机也。"参见（清）王韬：《弢园文新编》，中西书局2012年版，第241页。李鸿章在《筹议海防折》中说："今则东南海疆万余里，各国通商传教，来往自如，麇集京师及各省腹地，阳托和好之名，阴怀吞噬之计，一国生事，诸国构煽，实为数千年来未有之变局。"参见《李鸿章全集》第2册，时代文艺出版社1998年版，第1063页。康有为在《上清帝第五书》中说："地球之通自明末，轮路之盛自嘉、道，皆百年前后之新事，四千年未有之变局也。"参见《康有为政论集》上，中华书局1981年版，第204页。

社会相适应、与现代文明相协调，既保持民族性，又体现时代性，这对于弘扬中国文化，充分发挥中国文化的"软实力"，实现中华民族的伟大复兴是非常重要的。

一

中国现代的哲学家中，对文化的"变"与"常"做出明确表述的是张岱年先生。他在1935年发表的《西化与创造》一文中说："惟用'对理法'（作者按：对理法即辩证法），然后才能见到文化之实相……惟用'对理法'，才能既有见于文化之整，亦有见于文化之分；既有见于文化之变，亦有见于文化之常；既有见于文化之异，亦有见于文化之同。"① 其中所谓文化之"变"，就是文化发展的变革性、阶段性，文化随着生产力及社会关系的发展而变化；而文化之"常"，就是文化发展的继承性、连续性。如张先生在《世界文化与中国文化》一文中所说："文化以生产力及社会关系的发展为基础，生产力发展到一新形态，社会关系改变，则文化必然变化。""中国的旧文化既不能保持原样，那么，是否就要整个地将其取消呢？将其扫荡得干干净净呢？不！只有不懂唯物辩证法的人，才会有这种主张。""文化在发展的历程中必然有变革，而且有飞跃的变革。但是文化不仅是屡屡变革的历程，其发展亦有连续性和累积性。在文化变革之时，新的虽然否定了旧的，而新旧之间仍有一定的连续性。"② 此即张岱年先生之所谓文化的"变"与"常"的辩证法。

其实，对于中国文化的进程既有"常"亦有"变"的认识，在孔子的思想中就已有所表述。如《论语·为政》记载："子张问：'十世可知也？'子曰：'殷因于夏礼，所损益，可知也；周因于殷礼，所损益，可知也。其或继周者，虽百世可知也。'"这里的"因"就是相因继承，可谓中国文化之"常"；"损益"就是减损和增益，可谓中国文化之"变"。针对子张的疑问，孔子自信地回答说，夏、商、周三代的文化（"礼"）既有相因继承，

---

① 《张岱年全集》第1卷，河北人民出版社1996年版，第248～249页。
② 《张岱年全集》第1卷，河北人民出版社1996年版，第153、155页。

又有损益发展，以后继周者，"虽百世可知也"。《说文》段注云"父子相继曰世"，一世为三十年，"百世"就是三千年。孔子对于中国文化的进程既有"因"又有"损益"的认识，是符合文化发展的辩证法的。在孔子之后的两千五百多年间，中国文化的发展确实是既有相因继承又有损益发展，而且我们至今仍处在孔子所说的"百世"之内。

孔子这段话虽然符合文化发展的辩证法，但是孔子并没有指出夏、商、周三代所"因"和所"损益"的具体文化内容是什么。在"汉承秦制"，经历了"秦汉间为天地一大变局"之后，历代经学家对此加以解释，但他们的解释是否符合孔子的本意，特别是依此解释能否应对中国在近现代所经历的"数千年来未有之变局"，是需要进行反思并重新评价的。

汉儒董仲舒在《举贤良对策》中提出："夏上忠，殷上敬，周上文者，所继之救，当用此也。"然后，他引用了孔子所说的"殷因于夏礼"一段话，又接着说："此言百王之用，以此三者矣。夏因于虞，而独不言所损益者，其道如一而所上同也。道之大原出于天，天不变，道亦不变，是以禹继舜，舜继尧，三圣相受而守一道，亡救弊之政也，故不言其所损益也。繇是观之，继治世者其道同，继乱世者其道变。今汉继大乱之后，若宜少损周之文致，用夏之忠者。"（《汉书·董仲舒传》）依董仲舒所说，因为孔子没有讲尧、舜、禹之间有所"损益"，所以这是"三圣相受而守一道"，"继治世者其道同"，亦可谓"道之大原出于天，天不变，道亦不变"，但是夏、商、周之间是有"损益"的，这是"继乱世者其道变"，汉代继周末之乱政，应"少损周之文致，（益）用夏之忠者"。虽然董仲舒首次提出了"三纲"与"五常"（《春秋繁露·基义》云"王道之三纲，可求于天"，《举贤良对策》云"夫仁、谊、礼、知、信五常之道，王者所当修饬也"），但是他没有把"三纲"与"五常"连用，而且"道之大原出于天，天不变，道亦不变"一语也不是指的"三纲"或"五常"。

据现有资料，最早将"三纲"与"五常"连用的是东汉末年的经学家马融。马融注释《论语》的著作已失传，曹魏时期何晏的《论语集解》在注释"殷因于夏礼"章时引用了马融之说："所'因'，谓三纲五常也；所'损益'，谓文质三统也。"自此之后，迄至中国近代，凡是注疏《论语》的著作在解释"殷因于夏礼"章时几乎众口一词，都沿用了马融之说。如南北朝时期皇侃的《论语义疏》讲道："马融云'所因，谓三纲五常'者，此是周所因于殷，殷所因于夏之事也……虽复时移世易，事历今古，而三纲五常之道不可变革，故世世相因，百代仍袭也。"宋代邢昺的《论语正义》亦引马融之说，疏云："三纲五常不可变革，故因之也。"宋代理学的集大成者朱熹在《论语集注》中也同样引马融之说，注云："三纲五常，礼之大体，三代相继，皆因之而不能变。其所损益，不过文章制度，小过不及之间。而其已然之迹，今皆可见。则自今以往，或有继周而王者，虽百世之远，所因所革亦不过此，岂但十世而已乎！"朱熹所作包括《论语集注》在内的《四书集注》，在元、明、清三代是科举考试的标准教科书，故而这种解释就更是"世世相因"，被奉为"不可变革"的教条了。

对《论语》中"殷因于夏礼"章注释的变化，最早可能出自近代康有为的《论语注》。其对"殷因于夏礼"章的注释是："《春秋》之义，有据乱世、升平世、太平世……孔子之道有三统三世，此盖藉三统以明三世，因推三世而及百世也……人道进化皆有定位……由独人而渐立酋长，由酋长而渐正君臣，由君主而渐为立宪，由立宪而渐为共和……此为孔子微言，可与《春秋》三世、《礼运》大同之微旨合观，而见神圣及运世之远。"显然，康有为是把他对《春秋公羊传》"三世"说以及《礼记·礼运》篇的解释灌输到了他的《论语注》，而以君主制、君主立宪制和民主共和制解释《公羊传》的"三世"说，又显然是接受了近代由西方传入的进化论思想。

戊戌变法时期，张之洞在"采西学""兴学校"方面是与康有为、梁启超相同的，但在政治制度的"改制"方面却是与康、梁正相反对的。如其《劝学篇·明纲》云："'君为臣纲，父为子纲，夫为妻纲'，此《白虎通》引《礼纬》之说也。董子所谓'道之大原出于天，天不变，道亦不变'之义本之。《论语》'殷因于夏礼，周因于殷礼'注：'所因，谓三纲五常'。此《集解》马融之说也，朱子《集注》引之……圣人所以为圣人，中国所以为中国，实在于此。故知君臣之纲，则民权之说不可行也；知父子之纲，则父子同罪、免丧废祀之说不可行也；知夫妇之纲，则男女平权之说不可行也。"张之洞在"三纲五常"中更加突出了"三纲"，并以此重申了古注对《论语》"殷因于夏礼"章的解释，进而认为"圣人所以为圣人，中国所以为中国"就在于有"三纲"，这是中国文化中"天不变，道亦不变"的常道。依此"三纲"之说，中国近代的政治制度和家族伦理的变革都"不可行也"。而张之洞在《劝学篇·宗经》中有云："假如近儒公羊之说，是孔子作《春秋》而乱臣贼子喜也。"这显然是针对康有为的公羊"三世"改制之说。曾在张之洞幕府中的辜鸿铭，在《张文襄幕府纪闻·清流党》中有云："文襄之效西法，非慕欧化也；文襄之图富强，志不在富强也。盖欲借富强以保中国，保中国即所以保名教……此张文襄《劝学篇》之所由作也。呜呼，文襄之作《劝学篇》，又文襄之不得已也，绝康、梁并以谢天下耳。"① 张之洞最终所要保的"名教"，主要就是指"三纲"，而其"绝康、梁并以谢天下"，就是要与康、梁划清界限，抵制戊戌变法以来的政治制度变革。

梁启超在《清代学术概论》中说："甲午丧师，举国震动，年少气盛之士，疾首扼腕言'维新变法'，而疆吏李鸿章、张之洞辈，亦稍稍和之。而其流行语，则有所谓'中学为体，西学为用'者，张之洞最乐道之，而举国以为至言。"② "中学为体，西学为用"（简称"中体西用"）是洋务运动的文化纲领，曾被举国奉为"至言"。但实际上，甲午战败以后，中国文化的近现代转型正处于突破"中体西用"模式的时期，而这要用1840年以后中国文化的转型是从"器物"层面逐渐深入到"制度"和"观念"层面的进程来说明。

鸦片战争之后，魏源首先提出"师夷之强技以制夷"（《海国图志》卷一《筹海篇一》），此所谓"长技"主要是指"一、战舰，二、火器，三、养兵、练兵之法"（《海国图志》卷二《筹海篇三》），这当然是与中国首先要应对西方列强的侵略有关。为了学习西方的"船坚炮利"，中国必须有"铸造局"或"火器局"等军工企业。而"今西洋器械，借风力、水力、火力，夺造化，通神明，无非竭耳目心思之力，以前民用"，中国"因其所长而用之，即因其所长而制之"，乃至"风气日开，智慧日出，方见东海之民，犹西海之民"（《海国图志》卷二《筹海篇三》），这又预示了中国不仅要学习西方的军工，还必然要连带地引进西方"民用"的科学技术，社会

① 《辜鸿铭文集》上，海南出版社1996年版，第419页。
② 梁启超：《清代学术概论》，东方出版社1996年版，第88页。

风气、思维智慧等方面会有相应的变化。除此之外，魏源在《海国图志》中对英国的"巴厘满"（parliament，议会）制度有所论述："国中有大事，王及官民俱至巴厘满衙门，公议乃行"，"大众可则可之，大众否则否之"（《海国图志》卷五十、五十一《大西洋》），并对美国的总统选举给予了肯定，认为其"匪惟不世及，且不四载即受代，一变古今官家之局，而人心翕然"，其议事听讼、选官举贤"皆自下始，众可可之，众否否之，众好好之，众恶恶之"（《海国图志》卷五十九《外大西洋》），"其章程可垂奕世而无弊"（《海国图志后叙》）。这说明国门一旦敞开，中国近代的文化转型就不会仅局限在"器物"层面，而必然要逐渐深入到"制度"和"观念"层面。

把"师夷之长技"付诸实施的是以曾国藩、李鸿章等人为代表的洋务派。颇得曾、李等人看重的洋务运动思想家冯桂芬，把"师夷之长技"扩展为"采西学"，这包括了设"翻译公所"，引进西方近代的"算学、重学、视学、光学、化学"以及"舆地书""历算之术""制器尚象之法"等等（《校邠庐抗议·采西学议》）。虽然冯桂芬认识到当时的中国与西方列强相比，不仅"船坚炮利不如夷，有进无退不如夷"，而且"人无弃材不如夷，地无遗利不如夷，君民不隔不如夷，名实必符不如夷"，但他认为后四者"道在反求"，"惟皇上振刷纪纲，一转移间耳"（《校邠庐抗议·制洋器议》）。在皇权至上的政治结构中，冯桂芬仍沿用了儒家传统的"君正莫不正，一正君而国定"的思维方式。由此，冯桂芬的"采西学"主张仍停留在"器物"层面的学习西方的"富强之术"上，而无改于中国的政治制度以及与这一制度密切结合在一起的"纲常"观念。此即如他所说，"以中国之伦常名教为原本，辅以诸国富强之术"（《校邠庐抗议·采西学议》），这成为洋务运动中处理中西文化关系的基本模式——"中体西用"说的蓝本①。

"中体西用"的文化模式，肯定了中国文化之"体"或"本"是不可改变的，认为中国只要学习西方的"船坚炮利"以及与此相关的科学技术（所谓"用"或"末"），就可以"自致富强"，乃至"始则师而法之，继则

---

① 参见丁伟志、陈崧：《中西体用之间》，中国社会科学出版社1995年版，第59页。

比而齐之，终则驾而上之"（《校邠庐抗议·制洋器议》）。从保持中国文化的民族性来说，这本是中国文化面对西方文化的冲击所能采取的一种顺情合理的方式，但是在当时的中国，对中国文化之"体"或"本"的认识主要集中在"纲常名教"上，而"纲常名教"又与中国已经腐朽衰败的君主集权制度（以及附属于这一制度的科举制度）结合在一起。也就是说，当时对中国文化之"体"或"本"的认识，不仅是指中国文化的民族性，更多地是指中国文化中已经落后的时代性的内容。如果不改变中国的君主集权制度（以及科举制度），而只是学习西方的"富强之术"，中国是否能够达致"富强"，是要经受历史考验的。

1884 年，中法战争失利，时任两广总督的淮军将领张树声自请解除总督职务，同年 11 月病逝于广州，谥靖达。他在临终时痛定思痛，留下了一道《遗折》，其中有云："夫西人立国，具有本末，虽礼乐教化远逊中华，然驯致富强，具有体用。育才于学堂，论政于议院，君民一体，上下一心，务实而戒虚，谋定而后动，此其体也；轮船、大炮、洋枪、水雷、铁路、电线，此其用也。中国遗其体而求其用，无论竭蹶步趋，常不相及，就令铁舰成行，铁路四达，果足恃欤！"（《张靖达公奏议》卷八）1892 年，郑观应在《盛世危言》的"自序"中引用了张树声的这道《遗折》，认为此"诚中的之论也"[1]。郑观应有慨于"六十年来，万国通商，中外汲汲，然言维新，言守旧，言洋务，言海防，或是古而非今，或逐末而忘本。求其洞见本原，深明大略者有几人哉？"他自谓："幼猎书史，长业贸迁。愤彼族之要求，惜中朝之失策。于是学西文，涉重洋，日与彼都人士交接，察其习尚，访其政教，考其风俗利病得失盛衰之由。乃知其治乱之源，富强之本，不尽在船坚炮利，而在议院上下同心，教养得法。"[2] 郑观应有"学西文，涉重洋，日与彼都人士交接"的丰富经历，他得出了与张树声同样的结论，即西方的富强之术亦有其"本"，此"本"就是政治制度方面的议院和教育制度方面的学校。而他在《盛世危言》中所重点强调的也正是要援照西方的教育制度而"广立学校"以培养人才，"一语为之断曰：不修学

---

① 《郑观应集》上，上海人民出版社 1982 年版，第 234 页。
② 《郑观应集》上，上海人民出版社 1982 年版，第 233 页。

校，则人才不出；不废帖括（科举八股），则学校虽立，亦徒有虚名而无实效也"①；关于议院，他强调"无议院，则君民之间势多隔阂，志必乖违"（此即冯桂芬所说"君民不隔不如夷"），"欲通下情，莫要于设议院"，中国"苟欲安内攘外，君国子民持公法以永保太平之局，其必自设立议院始矣"②。

甲午战争后，康有为领导在京举人"公车上书"，而后有"戊戌变法"，这是中国近代的文化转型进入"制度"层面变革的一个标志。而戊戌变法在"制度"上所要变革的主要内容也正是："一在立科以励智学也"，此即在教育制度上要"变科举，广学校，译西书，以成人材"；"一在设议院以通下情也"，此即在政治制度上要"自兹国事付国会议行"，"采择万国律例，定宪法公私之分"③，以实现"君民共主"的君主立宪制。

教育制度和政治制度的变革，改变了洋务运动只学习西方的"富强之术"，即所谓"遗其体而求其用"。中国近代的文化转型进入到"制度"层面的变革时，就要学习西方的"立国之体""富强之本"，即"育才于学堂，论政于议院"，而这与洋务运动把"纲常名教"视为中学之"体"或"本"的观念发生了冲突。虽然康有为惊世骇俗地用今文经学的公羊三世说（以及"新学伪经考""孔子改制考"等等）为戊戌变法的"改制"提供了一种"观念"层面的合法性，然而真正使这种变革在"观念"层面取得合法性并逐渐深入人心的，实是当时引进的一种不同于经学的新的思维方式，此即"哲学"观念和进化论思想在甲午战败以后输入中国的重要意义。1895年，在黄遵宪的《日本国志》和郑观应的《盛世危言》（十四卷本）中出现了"哲学"译名，④而严复在同年所作《原强》篇中介绍了达尔文、斯宾塞的进化论思想，随后便发生了戊戌变法，岂其偶然乎？

二

在中国近代思想史上，最先明确对"中体西用"的文化模式提出批评

---

① 《郑观应集》上，上海人民出版社1982年版，第261页。

② 《郑观应集》上，上海人民出版社1982年版，第311、314页。

③ 《康有为政论集》上，中华书局1981年版，第150、207页。

④ 参见李存山：《反思经学与哲学的关系》（上、下），《哲学研究》2011年第1、2期。

的是严复。他所主张的"标本并治",实即"体用兼改",其中已含有"综合创新"的思想,而这应是中国文化在近现代发展的正确方向。循此,我们就要重新认识中国文化的"因"与"损益"或"常"与"变"。在处理"古今中西"文化关系的过程中,只有"体用兼改""综合创新",才能既保持民族性,又体现时代性,改变中国文化的"软肋"①,真正建成中国的("民族的")现代的("科学的、大众的")文化体系。

1895 年,严复在《论事变之亟》中指出:西方列强的"汽机兵械之伦,皆其形下之粗迹",而其"命脉"乃在"于学术则黜伪而崇真,于刑政则屈私以为公",中西文化的根本差别又在"自由不自由异耳"。② 在其同年所作《原强》中,严复把西方文化的根本长处概括为"以自由为体,以民主为用",在"以自由为体"中包括了"其为事也,又一一皆本之学术;其为学术也,又一一求之实事实理"(合"民主"与"学术",正是五四新文化运动时期提出的"民主"与"科学")。"第由是而观之",严复认为,中国欲图自强,"非标本并治焉,固不可也"。③ 这里所谓"标本并治",实即"体用兼改",这实际上提出了一种与"中体西用"之说不同的文化主张。因此,后来(1902 年)严复在《与〈外交报〉主人书》中讥评张之洞等人的"中体西用"之说是"以牛为体,以马为用"④,而他则主张"别择之功……必将阔视远想,统新故而视其通,苞中外而计其全,而后得之"⑤。所谓"别择之功"已包含对中西文化的不同要素进行"析取"的意思,而"阔视远想"就是说在文化的取舍问题上不要目光短浅、急功近利。"统新故而视其通,苞中外而计其全,而后得之",把"新故""中外"的文化因素"析取"而又统合在一起,这即是在突破"中体西用"模式后对"综合

---

① 2006 年 8 月 23 日《参考消息》转载新加坡《联合早报》的一篇署名文章《孔子学院会成为"软实力"吗?》,其中说,"对中国文化的过去、现在缺乏清醒的认识,特别是在经历了'五四'运动和'文革'的冲击后,中国自身对传统儒家文化认识尚且模糊,又缺乏对传统儒家文化与时代发展相结合的认知",此乃中国文化的一大"软肋"。

②《严复集》第 1 册,中华书局 1986 年版,第 2 页。

③《严复集》第 1 册,中华书局 1986 年版,第 11、14 页。

④ 严复在《与〈外交报〉主人书》中说:"际此新机方倪,人心昧昧,彼闻一二钜子之论,以为至当,循而用之,其害于吾国长进之机,少者十年,多者数纪。"见《严复集》第 3 册,中华书局 1986 年版,第 558~559 页。这里的"一二钜子"是指张之洞等人。严复在 1901 年的《与孝明书》中说:"妄庸巨子无过南皮,如开口便说有不易常经,无不变治法云云……恐此后祸国即是此辈。"见《〈严复集〉补编》,福建人民出版社 2004 年版,第 226 页。此中的"南皮"即是张之洞。

⑤《严复集》第 3 册,中华书局 1986 年版,第 558~560 页。

创新"文化主张的一种最初表达。

严复所主张的"治本"，就是要"开民智，鼓民力，新民德"，"三者又以民智为最急"。"欲开民智，非讲西学不可；欲讲实学，非另立选举之法，别开用人之涂，而废八股、试帖、策论诸制科不可。"① 此即主张教育制度的改革。至于"新民德"，严复提出"平等义明，故其民知自重而有所劝于为善"，"以公治众而贵自由"，"设议院于京师，而令天下郡县各公举其守宰……欲民之忠爱必由此，欲教化之兴必由此……"② 这就把"新民德"与政治制度的改革联系在一起了。

政治制度的改革必然与传统的"纲常名教"相矛盾，因此，严复在1895年还发表了《辟韩》一文。针对韩愈所说"君者，出令者也；臣者，行君之令而致之民者也；民者，出粟米麻丝、作器皿、通货财以事其上者也"，严复引用了孟子的"民为贵，社稷次之，君为轻"之说，指出"君臣之伦，盖出于不得已也。唯其不得已，故不足以为道之原"③。虽然当时严复并不主张"弃吾君臣"，但这只是因为"其时未至，其俗未成，其民不足以自治也"。只要民之"才、德、力"的条件许可，严复终是主张民之"自由"与"自治"④ 的。这就突破了传统的"纲常名教"，把"君臣之伦"从所谓"道之原"降到了历史进程中"不得已"的一个阶段。严复甚至说："苟求自强，则六经且有不可用者，况夫秦以来之法制!"⑤ 这说明在严复的思想中，进化论的思想已经超过了经学的思维方式。

蔡元培曾说，他在戊戌期间始"治哲学"，"侯官浏阳，为吾先觉"⑥，此所谓"侯官"即是严复。蔡元培又说，甲午战争后"严氏译述西儒赫胥黎、斯宾塞尔诸家之言，而哲学亦见端倪矣"⑦。由此可见，严复在甲午战争后所译述的进化论思想，实为一种"哲学"的思维方式。

王国维曾说，他"研究哲学，始于辛（丑）壬（寅）之间"（1901～

---

① 《严复集》第 1 册，中华书局 1986 年版，第 14、30 页。
② 《严复集》第 1 册，中华书局 1986 年版，第 27、31～32 页。
③ 《严复集》第 1 册，中华书局 1986 年版，第 34 页。
④ 《严复集》第 1 册，中华书局 1986 年版，第 34～35 页。
⑤ 《严复集》第 1 册，中华书局 1986 年版，第 35 页。
⑥ 《蔡元培全集》第 1 卷，中华书局 1984 年版，第 126 页。
⑦ 《蔡元培全集》第 1 卷，中华书局 1984 年版，第 155 页。

1902）①。当时，由罗振玉主编的《教育杂志》把王国维介绍为"本社专攻哲学者"②。针对清政府在1902年和1904年两次学制改革《章程》（即《钦定学堂章程》和《奏定学堂章程》，又称"壬寅学制"和"癸卯学制"）中都排斥了"哲学"一科，王国维曾发表《哲学辨惑》和《奏定经学科大学文学科大学章程书后》，指出《章程》的根本之误在于"缺哲学一科而已"，并且点名质问"南皮尚书之所以必废此科之理由如何"③。王国维指出："余谓不研究哲学则已，苟有研究之者，则必博稽众说而唯真理之从。"④ "今日之时代，已入研究自由之时代，而非教权专制之时代。苟儒家之说而有价值也，则因研究诸子之学而益明其无价值也，虽罢斥百家，适足滋世人之疑惑耳……若夫西洋哲学之于中国哲学，其关系亦与诸子哲学之于儒教哲学等。"⑤ 王国维对"哲学"的理解，所谓"必博稽众说而唯真理之从"，即是一种不同于经学之权威真理的思维方式。在今日"研究自由之时代"，儒家学说是否有"价值"，不是通过"教权专制"、排斥诸子之学和西方哲学来决定，而也必须通过"博稽众说而唯真理之从"的研究来确定。虽然王国维在辛亥以后转入了文史研究，但其"独立之精神，自由之思想"是其在研究哲学期间就已奠定了的。

因为有了一种不同于经学的思维方式，有了进化论和"研究自由"的思想，所以才能在五四新文化运动时期有了"重新估定一切价值"的"新态度"⑥。根据这种"新态度"，胡适说："孔教的讨论只是要重新估定孔教的价值。文学的评论只是要重新估定旧文学的价值。……礼教的讨论只是

---

① 《王国维文集》第3卷，中国文史出版社1997年版，第469页。

② 陈鸿祥：《王国维传》，人民出版社2004年版，第35页。

③ 《王国维文集》第3卷，中国文史出版社1997年版，第71页。按：主持清末学制改革的张之洞在1902年的《筹定学堂规模次第兴办折》中就把"不可讲泰西哲学"作为"防流弊"之一，他说："西国哲学流派颇多，大略与战国之名家相近，而又出入于佛教经论之间……盖西学密实已甚，故其聪明好胜之士，别出一途，探赜钩深，课虚骛远……近来士气浮嚣，于其精意不加研求，专取其便于己私者，昌言无忌，以为煽惑人心之助，词锋所及，伦理、国政任意抨弹。假使仅尚空谈，不过无用；若偏宕不返，则大患不可胜言矣。中国圣经贤传，无理不包，学堂之中，岂可舍四千年之实理而骛数万里外之空谈哉？"见璩鑫圭、唐良炎：《中国近代教育史料汇编——学制演变》，上海教育出版社1991年版，第108～109页。

④ 《王国维文集》第3卷，中国文史出版社1997年版，第69页。

⑤ 《王国维文集》第3卷，中国文史出版社1997年版，第71页。

⑥ 胡适在1919年所作《新思潮的意义》一文中说："新思潮的根本意义只是一种新态度。这种新态度可叫作'评判的态度'。""'重新估定一切价值'八个字便是评判的态度的最好解释。"见《胡适文集》第2卷，北京大学出版社1998年版，第552页。

要重新估定古代的纲常礼教在今日还有什么价值"①。陈独秀也曾说："吾人所欲议论者，乃律以现代生活状态，孔子之道是否尚有尊从之价值是也。""吾人不满于古之文明者，乃以其不足支配今之社会耳，不能谓其在古代无相当之价值。"② 究实言之，五四新文化运动的主流思潮肯定了孔子思想、儒家学说在古代的价值，而其偏颇在于全盘否定了孔子思想、儒家学说在现代的价值，其理论上的局限性就是只讲了文化上的"道与世更"（变），而没有认识到文化上的"变中有常"。李大钊本来是主张以俄罗斯文化为媒介而实现"东西文明真正之调和"③，但他在接受了唯物史观之后，对它简单化的一个理解就是强调：农业社会"基础"上的儒家道德已经完全不适应工业社会的"上层建筑"，道德同宗教、哲学一样"随着物质变动而变动"，"随着社会的需要，因时因地而有变动"，当"西洋的工业经济来压迫东洋的农业经济"时，"孔门伦理的基础就根本动摇了"，"大家族制度既入了崩颓粉碎的运命，孔子主义也不能不跟着崩颓粉碎了"。④ 只讲文化之"变"而没有讲文化之"常"，这是五四新文化运动以及唯物史观传入中国后对其简单化理解的一个主要偏颇。由此来看，张岱年先生在20世纪30年代提出道德、文化的"变"与"常"，更应肯定为张先生在文化理论上的一个重要贡献。

陈独秀曾说，"孔教与帝制，有不可离散之因缘"，"盖主张尊孔，势必立君；主张立君，势必复辟"，"吾人果欲于政治上采用共和立宪制，复欲于伦理上保守纲常阶级制……此绝对不可能之事"。⑤ 如果"孔教与帝制"确实有"不可离散之因缘"，那么儒家学说在民主共和政体下确实就要被抛弃了。如果"纲常名教"确实是"中国所以为中国"的常道，那么中国之"旧邦"确实也就无以实现现代化之"新命"了。然而，对"孔教与帝制"的关系难道不能加以"解构"吗？对儒家的"纲常名教"难道不能有"别择之功"的"析取"吗？"三纲"之说难道真是中国文化数千年所"因"的常道吗？对这些问题，我们是要认真反思并重新认识的。

---

①《胡适文集》第 2 卷，北京大学出版社 1998 年版，第 552～553 页。
②《陈独秀著作选》第 1 卷，上海人民出版社 1993 年版，第 231、487～488 页。
③《李大钊文集》第 2 卷，人民出版社 1999 年版，第 205 页。
④《李大钊文集》第 3 卷，人民出版社 1999 年版，第 140、141～142、144 页。
⑤《陈独秀著作选》第 1 卷，上海人民出版社 1993 年版，第 217、339、178 页。

孔子"祖述尧舜，宪章文武"，依《礼记·礼运》篇，在尧、舜与夏、商、周之间就有"天下为公"的"大同"与"世及以为礼"的"小康"之别，在"大同"社会是没有"家天下"之帝制的。约作于战国中前期的郭店竹简《唐虞之道》和上海博物馆所藏竹简《容成氏》及《子羔》篇，也是主张"禅（让）而不传（子）"的①。明清之际，黄宗羲从"古者以天下为主，君为客"的民本思想出发，批评秦以后反演成"以君为主，天下为客，凡天下之无地而得安宁者，为君也"。面对"为天下之大害者，君而已矣"的历史现实，他说："向使无君，人各得自私也，人各得自利也。呜呼，岂设君之道固如是乎？"（《明夷待访录·原君》）虽然当时黄宗羲还没有主张"无君"，而是主张以提升"相权"和使"学校"成为教育兼议政的机关来节制君权，但"无君"已经成为儒家学说中一个可能的选项。黄宗羲还说："天下之治乱，不在一姓之兴亡，而在万民之忧乐。"（《明夷待访录·原臣》）"彼鳃鳃然唯恐后之有天下者不出于其子孙，是乃流俗富翁之见。"（《明夷待访录·奄宦下》）这说明当认识到君权或帝制与民本思想相冲突时，儒家是可以坚持民本思想而舍弃君权或帝制的。从此意义上说，民本思想正是中国从君主制走向民主制的一个价值支撑。②

三

自东汉末的马融之后，"三纲五常"被说成"世世相因""不可变革"的常道。然而如前所述，"三纲"与"五常"虽然都出自董仲舒之说，但董仲舒并没有把二者连用。后世把"三纲五常"奉为"所因"的常道，故而有"纲常名教"之称。张之洞在"纲常名教"中更加突出了"三纲"，而五四新文化运动的"批孔"则主要针对儒家的"纲常名教"。其实，对"纲常"是可以进行分析而择取的。"三纲"之说出自董仲舒，其以"阳尊阴卑"比附"君臣、父子、夫妇之义"，使君臣、父子、夫妇之间成为绝对尊卑和绝对主从的关系，这是先秦儒家孔、孟、荀的思想中所没有的。实际

---

① 参见李存山：《反思经史关系：从"启攻益"说起》，《中国社会科学》2003 年第 3 期。
② 参见李存山：《从民本走向民主的开端》，《华东师范大学学报》2006 年第 6 期。

上，"三纲"之说是汉儒为了适应"汉承秦制"而对先秦儒家思想的一种"损益"，即其增益了"屈民而伸君"的思想，而减损了"勿欺也，而犯之"（孔子）、"惟大人为能格君心之非"（孟子）和"从道不从君"（荀子）的思想。因为要在君臣之间确立君主的绝对权威，而又要以"天"之阴阳灾异"谴告"来节制君权，所以汉儒也减损了"天行有常，不为尧存，不为桀亡"（荀子）的思想。质言之，"三纲"是中国文化发展过程中的一种"变"，而不是所"因"之"常"。① "五常"之说也是出自董仲舒，是从先秦儒家讲的"四德"（仁、义、礼、智）发展而来的。因为汉儒把"五行"之说纳入儒家的宇宙论，为与天道之"五行"相配，故而从"四德"发展为"五常"。虽然在"五行"与"五常"如何相配的问题上后儒有几种不同的配法（主要是"水""土"如何与"智""信"相配）②，证明"五常"并非源自"天道"，但"五常"在实质内容上仍是汉儒对先秦儒家"四德"说的继承和发展。故而在现时代，"三纲不能留，五常不能丢"的观点是正确的。

如果对"纲常"有所析取，而否认"三纲"是中国文化的"常道"，那么，以儒家学说为主流的中国文化（包括孔子通过"删述六经"而传承的中国上古文化），其真正的"常道"应是先秦儒学与秦后儒学所一以贯之、始终坚持、恒常而不变、具有根本的普遍意义的那些道理、原则、理想或理念。以此为判据，中国文化的"常道"应该是：崇尚道德、以民为本、仁爱精神、忠恕之道、和谐社会。这五条中的崇尚道德、以民为本、和谐社会，在孔子"祖述尧舜"的《尚书·尧典》和《尚书·皋陶谟》中就已经确立了，如《尚书·尧典》所说："（帝尧）克明俊德，以亲九族；九族既睦，平章百姓；百姓昭明，协和万邦。黎民于变时雍。"（《尚书正义》："'雍'即和也。"）《尚书·皋陶谟》所说："天聪明，自我民聪明；天明畏，自我民明威。"（"聪明"即视听，以后《尚书·泰誓》中有"天视自我民视，天听自我民听"，"民之所欲，天必从之"。）仁爱精神，即孔、孟讲的"仁者爱人"，"亲亲而仁民，仁民而爱物"；忠恕之道，即"己欲立

---

① 参见李存山：《对"三纲"之本义的辨析与评价》，《天津社会科学》2012 年第 1 期。
② 参见李存山：《"五行"与"五常"的配法》，《燕京学报》2010 年 5 月新 28 期。

而立人，己欲达而达人"，"己所不欲，勿施于人"，此乃孔子"一以贯之"的"为仁之方"。这五条不仅是先秦儒家的核心价值，也被秦以后的儒家所传承，缺一条即不可称为儒家。虽然中国文化除了儒家学说之外，在先秦还有"六家要旨"或"九家十流"，在秦以后则有"儒道互补"和儒、释、道"三教并举"，但占据中国文化主流的还是儒家学说。

以上五条与《左传》中说的"正德、利用、厚生，谓之三事"（亦见于《古文尚书·大禹谟》），都可称为中国文化的核心价值。而"中华精神"，又如张岱年先生所说，集中体现在《易传》的两句名言中，即"天行健，君子以自强不息"，"地势坤，君子以厚德载物"。① 这些应是中国文化所"因"的"常道"，亦是我们应该传承和弘扬的中国文化优秀传统。在现时代，我们应该减损的是"三纲"等落后于时代的文化内容，增益"科学与民主"（民主中包括自由、人权、法治等）、市场经济、不断发展的中国特色社会主义理论体系。中国的现代新文化体系，应该是中国特色社会主义理论体系指导下的这些文化因素的"综合创新"。

（原载于《中国高校社会科学》2014 年第 3 期）

---

① 参见《张岱年全集》第 6 卷，河北人民出版社 1996 年版，第 223 页。

儒家文化的"常道"与"新命"

一、"常道"与"新命"解题

孔子"祖述尧舜,宪章文武",删述六经,创建儒家学派。如民国时期的著名学者柳诒徵所说:"自孔子以前数千年之文化,赖孔子而传;自孔子以后数千年之文化,赖孔子而开。"① 在这一起承转合中,孔子对华夏文化的相"因"继承和"损益"发展有着自觉的意识。如他在回答子张问"十世可知也"时说:"殷因于夏礼,所损益,可知也;周因于殷礼,所损益,可知也。其或继周者,虽百世可知也。"(《论语·为政》)这里的"因"可以说就是文化连续性发展的"常道",而"损益"就是对原有的文化有所减损和增益,以实现文化创新性发展的"新命"。

孔子说"百世可知也",据古注,"父子相继为世",一世三十年,"百世"就是三千年。孔子距离我们已有两千五百多年,而我们现在也仍处在孔子所说的"百世"之内。孔子对文化发展既有相"因"又有"损益"的认识,符合文化发展的辩证法,因此,它也仍适用于现代。

在中国现代哲学史上,张岱年先生最早运用辩证法来揭示"文化之实相"。如他在 20 世纪 30 年代就曾指出:"惟用'对理法'(按:辩证法),然后才能见到文化之实相。……惟用'对理法',才能既有见于文化之整,亦有见于文化之分;既有见于文化之变,亦有见于文化之常;既有见于文

① 柳诒徵:《中国文化史》,上海古籍出版社 2001 年版,第 263 页。

化之异，亦有见于文化之同。"① 这里说的"文化之整"，就是文化的系统性；而"文化之分"，就是对构成文化系统的不同要素是可以进行"析取"（分析择取）的。所谓"文化之变"，就是文化发展的变革、阶段性；而"文化之常"，就是文化发展的连续、继承性。所谓"文化之异"，就是不同民族文化的特殊性、民族性；而"文化之同"，就是蕴含在不同民族文化之中的普遍性、世界性。

在文化之"整与分""变与常""异与同"的三对辩证关系中，"变与常"居于更重要的地位。"常"就对应于孔子所说的"因"，"变"就对应于孔子所说的"损益"。在中国近现代所处"数千年未有之变局"中，国人更重视的是"变"，而五四新文化运动之后更有对唯物史观的简单化、机械化理解。张岱年先生当时接受了唯物史观，但他更重视其中所本有的辩证法。他说："文化以生产力及社会关系的发展为基础，生产力发展到一新形态，社会关系改变，则文化必然变化。""中国的旧文化既不能保持原样，那么，是否就要整个地将其取消呢？将其扫荡得干干净净呢？不！只有不懂唯物辩证法的人，才会有这种主张。""文化在发展的历程中必然有变革，而且有飞跃的变革。但是文化不仅是屡屡变革的历程，其发展亦有连续性和累积性。在文化变革之时，新的虽然否定了旧的，而新旧之间仍有一定的连续性。"② 此即张先生关于文化发展的"变中有常"的观点。

"常"或"因"是文化发展的连续性，而"变"或"损益"就是要实现文化发展的"新命"。冯友兰先生在 1946 年为西南联大作的纪念碑碑文中写道："我国家以世界之古国，居东亚之天府，本应绍汉唐之遗烈，作并世之先进。将来建国完成，必于世界历史，居独特之地位。盖并世列强，虽新而不古；希腊、罗马，有古而无今。惟我国家，亘古亘今，亦新亦旧，斯所谓'周虽旧邦，其命维新'者也。"③ 这里的"亘古亘今，亦新亦旧"，就是讲中国文化既有"旧邦"的连续性，也有从古代到现代的"新命"。

冯先生于 1982 年到美国哥伦比亚大学接受名誉文学博士学位时所作的答词中说："我生活在不同的文化矛盾冲突的时代。我所要回答的问题是如

---

① 《张岱年全集》第 1 卷，河北人民出版社 1996 年版，第 248～249 页。
② 《张岱年全集》第 1 卷，河北人民出版社 1996 年版，153～155 页。
③ 冯友兰：《三松堂自序》，人民出版社 1998 年版，第 349 页。

何理解这种冲突的性质；如何适当地处理这种冲突，解决这种矛盾；又如何在这种矛盾冲突中使自己与之相适应。""我经常想起儒家经典《诗经》中的两句话：'周虽旧邦，其命维新。'就现在来说，中国就是旧邦而有新命，新命就是现代化。我的努力是保持旧邦的同一性和个性，而又同时促进实现新命。"① 所谓"不同的文化矛盾冲突的时代"，就是中国在近现代所经历的"数千年未有之变局"。在此"变局"中，"保持旧邦的同一性和个性（identity）"，就是要传承和弘扬中国文化的"常道"；而"实现新命"，就是要实现中国特色的现代化。

二、 反思儒家文化的 "常道"

中国文化以儒家文化为主流或主干，儒家文化的"常道"实也就是中国文化的"常道"。孔子讲了夏、商、周三代之礼（文化）的相"因"和"损益"，但他并没有说出此相"因"的具体内容是什么。后儒对此有解释，我们是否能够接受后儒的解释，我们站在新的历史高度能否对此有新的理解，这是需要我们反思的。

董仲舒在《举贤良对策》中引用了《论语》的"殷因于夏礼"章，他说："此言百王之用，以此三者（忠、敬、文）矣。夏因于虞，而独不言所损益者，其道如一而所上同也。道之大原出于天，天不变，道亦不变，是以禹继舜，舜继尧，三圣相受而守一道，亡救弊之政也，故不言其所损益也。繇是观之，继治世者其道同，继乱世者其道变。今汉继大乱之后，若宜少损周之文致，用夏之忠者。"（《汉书·董仲舒传》）在董仲舒看来，因为孔子讲了夏、商、周三代之间有"损益"，而没有讲尧、舜、禹之间有"损益"，所以"禹继舜，舜继尧"就是"三圣相受而守一道"，"道之大原出于天，天不变，道亦不变"（此句并非如后儒所解释是讲"三纲"）；而夏、商、周三代之间是"继乱世者其道变"，也就是有"忠、敬、文"的损益循环，汉代承周乱之后，故应"少损周之文致，（而）用夏之忠者"。董仲舒重在讲夏、商、周三代的损益循环，他也没有讲所"因"的内容是

---

① 冯友兰：《三松堂自序》，人民出版社 1998 年版，第 354 页。

什么。

　　董仲舒在《举贤良对策》中有"五常"之说，在《春秋繁露》中又有"三纲"之说①。此两说都受到后儒的重视，而把"三纲"与"五常"连言，且把"三纲五常"说成就是夏、商、周三代所"因"者，始于东汉末的经学家马融。曹魏时期何晏的《论语集解》在解释"殷因于夏礼"章时引马融之说："所'因'，谓三纲五常也；所'损益'，谓文质三统也。"自此之后，凡是对"殷因于夏礼"章的解释，都众口一词，采纳了马融之说。如南北朝时期皇侃的《论语义疏》说："马融云'所因，谓三纲五常'者，此是周所因于殷，殷所因于夏之事也。……虽复时移世易，事历今古，而三纲五常之道不可变革，故世世相因，百代仍袭也。"北宋初年邢昺奉诏作《论语注疏》，亦引马融之说，疏云："三纲五常不可变革，故因之也。"南宋朱熹的《论语集注》也同样引马融之说，注云："三纲五常，礼之大体，三代相继，皆因之而不能变。其所损益，不过文章制度，小过不及之间。"

　　在《论语》注释史上，对"殷因于夏礼"章注释的变化，始于近代康有为的《论语注》，他对此章的注释是："《春秋》之义，有据乱世、升平世、太平世。……孔子之道有三统三世，此盖借三统以明三世，因推三世而及百世也。……人道进化皆有定位，……由独人而渐立酋长，由酋长而渐正君臣，由君主而渐为立宪，由立宪而渐为共和。……此为孔子微言，可与《春秋》三世、《礼运》大同之微旨合观，而见神圣及运世之远。"显然，康有为是用西方的社会进化论来诠释《春秋》公羊学的三世说，又将此"微言大义"移用到对《论语》的注释中。在这里，"三纲五常不可变革"的思想已经被"君主制——君主立宪制——民主共和制"的进化论所取代了。

　　然而，在戊戌变法时期张之洞作《劝学篇》，"绝康、梁并以谢天下"②。他在此书的《明纲》中说："'君为臣纲，父为子纲，夫为妻纲'，此《白虎通》引《礼纬》之说也。……圣人所以为圣人，中国所以为中国，

---

　　① 董仲舒在《举贤良对策》中说："夫仁、谊、礼、知、信五常之道，王者所当修饬也。"在《春秋繁露·基义》中说："君臣、父子、夫妇之义，皆取诸阴阳之道，……王道之三纲，可求于天。"

　　② 辜鸿铭在《张文襄幕府纪闻·清流党》中说："文襄（张之洞）之作《劝学篇》，又文襄之不得已也，绝康、梁并以谢天下耳。"见《辜鸿铭文集》上，海南出版社1996年版，第419页。

实在于此。故知君臣之纲，则民权之说不可行也；知父子之纲，则父子同罪、免丧废祀之说不可行也；知夫妇之纲，则男女平权之说不可行也。"张之洞在"三纲五常"中更加突出了"三纲"，而依此"三纲"之说，则中国近代的政治制度和社会伦理的变革都"不可行也"。

历史的车轮当然不是"三纲"所能阻挡的。虽然戊戌变法失败了，但是此后的辛亥革命以及五四新文化运动等等都突破了"三纲"的束缚，而使中国的政治制度和社会伦理发生了很大的变革。若依"圣人所以为圣人，中国所以为中国"就在于有"三纲"的说法，我们是否违反了圣人之教，而中国就已不是中国了呢？其实，"圣人所以为圣人，中国所以为中国"并不在于有"三纲"，在中国上古的"二帝"（尧舜）"三王"（夏商周）时期乃至先秦儒家孔、孟、荀的思想中，虽然重视父子、君臣、夫妇、兄弟和朋友等人伦道德，但是还没有"三纲"的绝对尊卑和绝对主从的思想。"三纲"之说实际上是汉儒为了适应"汉承秦制"而做出的"损益"，如其减损了先秦儒家的"勿欺也，而犯之"（《论语·宪问》）、"惟大人为能格君心之非"（《孟子·离娄上》）、"从道不从君"（《荀子·臣道》）以及"天行有常，不为尧存，不为桀亡"（《荀子·天论》）的思想，而增益了"屈民而伸君"、讲阴阳灾异"谴告"等等。质言之，"三纲"只是一种"变"，而非儒家文化的"常道"。

那么，何为儒家文化的"常道"呢？我认为，儒家文化真正的"常道"应是先秦儒家与秦后儒家所一以贯之、始终坚持、恒常而不变、具有根本的普遍意义的那些道理、原则、理想或理念。以此为判据，儒家文化的"常道"可以说是：崇尚道德、以民为本、仁爱精神、忠恕之道、和谐社会。

在这五条中，崇尚道德、以民为本、和谐社会的价值取向从"祖述尧舜，宪章文武"就已是如此了。如《尚书》所谓："（帝尧）克明俊德，以亲九族；九族既睦，平章百姓；百姓昭明，协和万邦。黎民于变时雍。"（《尚书正义》："'雍'即和也。"）"天聪明，自我民聪明；天明畏，自我民明威。""天视自我民视，天听自我民听。""民之所欲，天必从之。""正德、利用、厚生，惟和。""庶政惟和，万国咸宁。"毫无疑义，先秦儒家与秦后儒家对此都是传承和弘扬的。

孔子创建儒家学派，把"仁"提升到道德的最高范畴，使其成为统率诸德目的"全德之名"。仁之本为"孝悌"，仁之义为"爱人"，此"爱人"是由"亲亲""敬长"而"达之天下"的人类普遍之爱，进而可以泛爱万物，即孟子所说"亲亲而仁民，仁民而爱物"。此普遍之爱的行仁之方即是忠恕之道，亦即"己欲立而立人，己欲达而达人"，"己所不欲，勿施于人"。毫无疑义，先秦儒家是如此，秦后儒家也同样是如此。

概言之，以上说的"崇尚道德、以民为本、仁爱精神、忠恕之道、和谐社会"是儒家文化乃至中国文化的"常道"。此五条，缺一即非儒家；而中国文化之所以为中国文化，其核心价值也正在这里①。

当然，对儒家文化的"常道"还可以有不同的或更好的表述。如习近平总书记在 2014 年 2 月 24 日中共中央政治局集体学习时指出："培育和弘扬社会主义核心价值观必须立足中华优秀传统文化。牢固的核心价值观，都有其固有的根本。抛弃传统、丢掉根本，就等于割断了自己的精神命脉。"这里说的"固有的根本""自己的精神命脉"，当就是中国文化的"常道"。习近平总书记特别强调："深入挖掘和阐发中华优秀传统文化讲仁爱、重民本、守诚信、崇正义、尚和合、求大同的时代价值，使中华优秀传统文化成为涵养社会主义核心价值观的重要渊源。"我认为，这里的"讲仁爱、重民本、守诚信、崇正义、尚和合、求大同"，可以说是对儒家文化乃至中国文化之"常道"的一个精辟概括和表述，这也正是我们要传承和弘扬的中华优秀传统文化。因此，我曾以"新三字经"的形式对这六条做了阐发②。

三、 继承 "常道" 实现 "新命"

儒家文化有其优秀的传统，但是近代以来在"数千年未有之变局"中面临着实现现代化的"新命"。而要实现这一"新命"，就必须有所"损益"。"损"就是要损掉那些"陈旧过时或已成为糟粕性的东西"，而"益"

① 参见李存山：《反思儒家文化的"常道"》，《孔子研究》2011 年第 2 期；《中国文化的"变"与"常"》，《中国高校社会科学》2014 年第 3 期。
② 参见李存山：《新三字经》，《光明日报·国学版》2015 年 1 月 26 日。

就是要增益那些具有普遍性的现代性的内容，将其与中国文化的"常道"融会贯通，从而实现"传统文化的创造性转化、创新性发展"。

习近平在纪念孔子2565周年诞辰大会的讲话中说："传统文化在其形成和发展过程中，不可避免会受到当时人们的认识水平、时代条件、社会制度的局限性的制约和影响，因而也不可避免会存在陈旧过时或已成为糟粕性的东西。这就要求人们在学习、研究、应用传统文化时坚持古为今用、推陈出新，结合新的实践和时代要求进行正确取舍，……坚持有鉴别的对待、有扬弃的继承，……努力实现传统文化的创造性转化、创新性发展，使之与现实文化相融相通，共同服务以文化人的时代任务。"

对传统文化的"常道"要相"因"继承，对传统文化又要有所"损益"，这就是文化发展的"变与常"。传统文化是一个系统，而其中"不可避免会存在陈旧过时或已成为糟粕性的东西"，因此，我们要"结合新的实践和时代要求进行正确取舍，……坚持有鉴别的对待、有扬弃的继承"，这就是文化的"整与分"。我们要"实现传统文化的创造性转化、创新性发展"，就必须"积极吸纳"（增益）那些普遍的"跨越时空、超越国度、富有永恒魅力、具有当代价值"的文化内容，将其与中国文化的特色相结合，这就是文化的"异与同"。

汉代的王充曾经说，"知古不知今，谓之陆沉"；"知今不知古，谓之盲瞽"（《论衡·谢短》）。我们既要知古又要知今，也就是要"通古今之变"，而且要知道"变中有常"。那么，中国的古今之间有哪些重要的变化呢？我认为，起码有四个方面的变化是最重要的。首先是在社会经济方面，从以农业为主的社会已经转变为以工商为主的市场经济；第二是在政治制度方面，从君主制已经转变为民主共和制；第三是在教育制度方面，从服务于君主制的科举制已经转变为服务于社会多种需要的现代教育制度；第四是在思想观念方面，从经学的"权威真理"的思维方式已经转变为广义的"哲学"或"学术"的思维方式。

这四个方面的变化，虽然还存在着许多问题，但是要想变回去，已经不可能了。这可能就像中国历史上从封建制、井田制转变为秦以后的郡县制、名田制一样，虽然郡县制、名田制不是儒家所理想的，但是要想变回去已经不可能了。秦以后的儒学一方面批判郡县制、名田制的弊病，另一方面实际上也适应了郡县制、名田制。我认为，儒家文化要实现现代化的"新命"，一方面要协调、适应这四个方面的变化，另一方面也要转化或优化这四个方面所出现的问题。

1. 儒家文化与市场经济

儒家文化崇尚道德，并不反对市场经济。如在《周易》中就已肯定了"日中为市，致天下之民，聚天下之货，交易而退，各得其所"（《易传·系辞下》），在孟子的仁政思想中也有"关市讥而不征"（《孟子·梁惠王下》）。由于中国古代以农业为主的经济结构，所以在儒家文化中也不免有重农轻商、农本商末的思想。然而在明清之际，黄宗羲也曾提出了工商与农"皆本"（《明夷待访录·财计三》）的思想。近代以后，中国要学习西方的"富强之术"，同时也就肯定了其工商业繁荣的市场经济。为了限制资本主义所造成的贫富悬殊，孙中山的新三民主义曾提出了"节制资本"的主张。在1949年以后，始把社会主义的计划经济与市场经济对立起来，而其造成的后果不是"共同富裕"而是"普遍贫穷"。改革开放以后，允许一部分人"先富起来"，至邓小平南方谈话，始打破计划经济与市场经济的藩篱，把建立社会主义的市场经济作为经济体制改革的目标。随着市场经济的兴起，中国焕发了活力，在二十多年间，GDP高速增长，乃至成为世界第二大经济体。市场经济创造了财富，提高了人民的生活水平和国家的综合实力，这是应该肯定的，中国传统的农业经济和改革开放前普遍贫穷的计划经济也已一去不可复返了。但是市场经济也有其局限，儒家文化一方面要与市场经济相结合，另一方面也要限制市场经济带来的负面因素。

孔子说："君子喻于义，小人喻于利。"（《论语·里仁》）这里的"君子""小人"主要是一种道德的评价，而其主要针对的应是"士"阶层以及"学而优则仕"的那些当官的人。对于庶民中的农、工、商阶层，儒家是不会、也不可能要求他们只是"喻于义"而不"喻于利"的。相反，孔子主张"因民之所利而利之"（《论语·尧曰》），即肯定农、工、商之追求"利"是正当的，而国家的执政者正应当为民谋福利。在现代社会的市场经济中，孔子说的"君子喻于义，小人喻于利"仍有其现实意义，即市场经济的追求利益最大化只适用于经济部门，市场并非官场，市场经济不能扩张为各行各业都追求利益最大化的市场社会。这其中尤以国家的官员或公务员不能把掌握的"公权"作为谋取私利的工具，而要抑制官场腐败，除了倡导"君子喻于义"的道德修身外，还必须有民主制度的有效监督和罢免腐败官员。

孔子主张"先富后教"（《论语·子路》），孟子也主张先"制民之产"，使人民生活无忧，然后"谨庠序之教，申之以孝悌之义"（《孟子·梁惠王上》）。这其中包含着儒家的价值层次思想，"富"虽然在先，但道德则是更高的价值取向。如孟子所说："人之有道也，饱食、暖衣，逸居而无教，则近于禽兽。"（《孟子·滕文公上》）市场经济激发了人们的贪欲，而人不仅是"经济人"而且是"社会人"，故而在市场经济中谋取利益的最大化虽然是合理的，但是作为"社会人"还应把道德作为更高的价值取向，起码不应突破道德的底线，不能触犯国家的法律。市场经济是法治的经济，亦应有其道德的维度，"经济人"亦应有其道德的情操。因此，儒家文化在市场经济中应是主张"生财有大道"，"遵义而兴利"。同时，发展市场经济不能以破坏生态环境为代价，在市场经济中应该发扬儒家的"仁民爱物"思想，即不仅要有社会伦理，而且要有生态伦理。

市场经济创造财富，但也会造成财富分配的贫富悬殊，加剧社会矛盾，破坏社会和谐，引发社会动荡。孔子说："有国有家者，不患寡而患不均，不患贫而患不安。盖均无贫，和无寡，安无倾。"（《论语·季氏》）这里把"不均""不安"看得比贫寡更有危害，而其所真正追求的是"均无贫，和无寡，安无倾"，是"老者安之，朋友信之，少者怀之"（《论语·公冶长》）的和谐社会。若要"无贫"，则须有市场经济；若要"均无贫"，使社会和谐安定，亦须有国家的政策调控，须有救弱扶贫、老安少怀、诚信待人的社会道德取向。

2. 儒家文化与民主制度

中国文化虽然在古代创造了辉煌的文明，但是历代王朝都难免走向腐败，形成"其兴也勃焉，其亡也忽焉"的政治"周期率"。每一次王朝更替都给社会造成巨大的灾难，汉魏之际的仲长统、宋元之际的邓牧、明清之际的黄宗羲等等，从儒家的民本思想出发，对君主制度的祸害曾有深痛的反思和批判，而黄宗羲主张以学校议政、提高相权来制约君主的权力，可视为中国政治从民本走向民主的开端①。

中国近代的戊戌变法，虽然主张君主立宪，但实亦把君主立宪作为走向民主共和的一个进化阶段。辛亥革命"建立共和"，终结了帝制，以后虽然有复辟与反复辟的斗争，但正如孙中山所预示的，民国之后"敢有帝制自为者，天下共击之"，君主制退出中国历史的舞台已经一去不可复返。因为民国之后的两次短暂复辟与"将孔教立为国教"联系在一起，所以陈独秀曾说，"孔教与帝制，有不可离散之因缘"，"盖主张尊孔，势必立君；主张立君，势必复辟"，"吾人果欲于政治上采用共和立宪制，复欲于伦理上保守纲常阶级制，……此绝对不可能之事"②。这是儒家文化在五四新文化运动时期受到激烈批判的一个重要原因。事实上，如上文所分析，"三纲"只是汉儒为了适应"汉承秦制"的一种"变"，而非儒家文化的"常道"。由于"纲常"并举，所以"五常"之说也与"三纲"并遭其难。在今日，为了与现代性的民主制度相适应、相协调，儒家文化必须抛弃"三纲"，并对"纲常"做出分析，即所谓"三纲不能留，五常不能丢"③。

严复曾经说，西方文化是"以自由为体，以民主为用"④。要建立现代性的民主制度，就必须有自由、平等、人权、法治等观念作为价值支撑。因此，儒家文化在减损"三纲"之说的同时，就应增益自由、平等、人权、法治等观念。同时也应看到，西方文化由于过度强调个人的自由，故其民主制度也有种种弊病。而儒家文化的民本思想重在社会整体利益的协调，中国近现代对民主的追求实亦有传统的民本思想作为重要的契机和动力⑤，故而中国的民主制度应该是"以民本和自由为体"，即把社会整体利益的协调与个人的自由结合起来，由此建立中国特色的更加优越的民主制度。

3. 儒家文化与现代教育制度

近代以来，中国文化在制度层面的转型，其一是政治制度从君主制走向民主共和制，其二是"废科举，兴学校"，即从科举制走向现代教育制度。这两方面的制度转型，是对"中体西用"模式的突破。这种突破是从

---

① 参见李存山：《从民本走向民主的开端》，《华东师范大学学报》2006 年第 6 期。

②《陈独秀著作选》第 1 卷，上海人民出版社 1984 年版，第 217、339、178 页。

③ 参见牟钟鉴：《新仁学构想》，人民出版社 2013 年版，第 109 页。

④《严复集》第 1 册，中华书局 1986 年版，第 11 页。

⑤ 参见李存山：《中国的民本与民主》，《孔子研究》1997 年第 4 期。

淮军将领、曾任两广总督的张树声在中法战争失败后所上的《遗折》开始，他说："西人立国，具有本末，虽礼乐教化远逊中华，然驯致富强，具有体用。育才于学堂，论政于议院，君民一体，上下一心，务实而戒虚，谋定而后动，此其体也；轮船、大炮、洋枪、水雷、铁路、电线，此其用也。中国遗其体而求其用，无论竭蹶步趋，常不相及，就令铁舰成行，铁路四达，果足恃欤！"（《张靖达公奏议》卷八）张树声已认识到西方文化之体在于"育才于学堂，论政于议院"，此即指其教育制度和政治体制，中国不能"遗其体而求其用"，也就是主张要学其体而达其用。此后，郑观应在《盛世危言》的"自序"中引述张树声之说，他也认为西方列强的"治乱之源，富强之本，不尽在船坚炮利，而在议院上下同心，教养得法"[①]。

甲午战争后，康有为推动戊戌变法，其在制度上主张的改革，"一在立科以励智学也"，此即在教育制度上要"变科举，广学校，译西书，以成人材"；"一在设议院以通下情也"，此即在政治制度上要"自兹国事付国会议行"，"采择万国律例，定宪法公私之分"[②]，以实现"君民共主"的君主立宪制。戊戌变法虽然失败了，但是"废科举，兴学校"已是不可阻挡的历史潮流。实际上，自明代以来对科举制以八股文取士就有愈来愈严厉的批评，如顾炎武所说："八股之害等于焚书，而败坏人材有甚于咸阳之郊所坑者。"（《日知录》卷十六）至近代，郑观应、严复等都认为中国的学制改革最急迫的就是要"废八股"，康有为也曾上书《请废八股试帖楷法试士改用策论折》，内云："臣窃惟今变法之道万千，而莫急于得人才；得才之道多端，而莫先于改科举；今学校未成，科举之法未能骤废，则莫先于废弃八股矣。"[③]

在中国近代的学制改革中，值得注意的是，宋代胡瑗的"明体达用"教学之法、司马光的"分科取士"之说、朱熹的《学校贡举私议》等曾起了促进的作用。如1896年《礼部议复整顿各省书院折》关于"定课程"有云："宋胡瑗教授湖州，以经义、治事分为两斋，法最称善。宜仿其意分类

---

①《郑观应集》上册，上海人民出版社1982年版，第233页。
②《康有为政论集》上册，中华书局1981年版，第150、207页。
③《康有为政论集》上册，中华书局1981年版，第268页。

为六，……士之肄业者，或专攻一艺，或兼习数艺，各从其便。"① 1902 年，管学大臣张百熙所上《进呈学堂章程折》有云："自司马光有分科取士之说，朱子《学校贡举私议》于诸经、子、史及时务皆分科限年，以齐其业；外国学堂有所谓分科、选科者，视之最重，意亦正同。"② 分科教学或分科取士本是宋代一部分教育家所实行过或所主张的，但是元代以后的科举只立"德行明经科"，又以八股文取士，这是中国逐渐落后于西方的一个重要原因。中国近代的学制改革一方面是学习西方的学制，另一方面实也符合中国文化发展的逻辑③。

中国近代的学制改革是从晚清的"壬寅学制"（1902）和"癸卯学制"（1904）开始，这两次学制改革已基本上采纳了西方近代以来的学科设置，以后延续至今。新的教育体制的一大特点就是文、理、工分科教学，近代以后的中国学人绝大部分都是出自这种教育体制。现在反思起来，它所注重的是工具理性，主要传授的是实用知识，也就是它更重视"达用"，而在"明体"方面即在人文素质、道德修身的培养方面有所不足。特别是我国改革开放、进入市场经济以来，教育的功利化、市场化趋势明显，师生的人文素质、道德水平有所降低，对中国文化优秀传统的认识较为疏远。与此形成张力的是，近年来的"国学热""儒学热""书院热"也逐渐兴起。在此形势下，我认为这种传统文化的"热"可以补充现代教育体制的不足，但不可能恢复旧制而取代现代教育制度。它应该与现代教育制度形成互补，或融为现代教育制度的一部分。当它与现代教育制度融为一体，也就是实现了"新命"的"明体达用之学"。

4. 儒家经学与广义的"哲学"思维方式

自汉武帝"罢黜百家，表章六经"之后，儒家的经学占据中国文化的统率地位。经学的思维方式如《四库全书总目提要·经部总叙》所说："经禀圣裁，垂型万世，删定之旨，如日中天，无所容其赞述，所论次者，诂经之说而已。……盖经者非他，即天下之公理而已。"因为把圣人所裁定的"经"确立为"天下之公理"，所以其他的学说"无论如何新奇，皆须于经

273

---

① 舒新城：《中国近代教育史资料》上册，人民教育出版社 1981 年版，第 71 页。
② 舒新城：《中国近代教育史资料》上册，人民教育出版社 1981 年版，第 193~194 页。
③ 参见李存山：《朱子〈学校贡举私议〉述评》，《中国社会科学院研究生院学报》2011 年第 2 期。

学中求有根据，方可为一般人所信爱"，这就是冯友兰先生所谓"经学时代"的特点①。

甲午战争（1895 年）之后，"哲学"译名和"哲学"学科被引入中国（中国古代有"子学时代"和"经学时代"的哲学思想，但无"哲学"之名和"哲学"学科）。此种思维方式与经学思维方式的冲撞，从晚清政府的学制改革把经学立为第一大学科而独排斥掉"哲学"，民国教育部在北大首立"哲学门"而又取消了经学科，就可见其一斑。1903 年，王国维针对清政府的《钦定学堂章程》写了《哲学辨惑》一文；1906 年，王国维又发表《奏定经学科大学文学科大学章程书后》，指出《章程》的根本之误在于"缺哲学一科而已"。王国维强调："余谓不研究哲学则已，苟有研究之者，则必博稽众说而唯真理之从。""今日之时代，已入研究自由之时代，而非教权专制之时代。苟儒家之说而有价值也，则因研究诸子之学而益明其无价值也，虽罢斥百家，适足滋世人之疑惑耳。"②"圣贤所以别真伪也，真伪非由圣贤出也；所以明是非也，是非非由圣贤立也。"③ 从王国维对"哲学"的理解已可看出，"哲学"的思维方式不同于"经学"的思维方式，其最大的不同就是以"独立之精神，自由之思想"的学术之求真取代"经学"的以圣人之是非为是非的"权威真理"。因为有了这种"哲学"的思维方式，也就如梁启超在评价康有为思想所造成的影响时所说，"导之以入思想自由之途径"，对于儒学以及经学"取其性质而研究之，则不惟反对焉者之识想一变，即赞成焉者之识想亦一变矣。所谓脱羁轭而得自由者，其几即在此而已"④。

严复在讲到西方文化是"以自由为体"时也曾说："其为事也，又一一皆本之学术；其为学术也，又一一求之实事实理"⑤。这种自由的学术精神亦可说是一种广义的"哲学"思维方式。因为有了这种思维方式，在五四

---

① 参见冯友兰：《中国哲学史》上册，《三松堂全集》第 2 卷，河南人民出版社 2000 年版，第 609 页。
②《王国维文集》第 3 卷，中国文史出版社 1997 年版，第 69、71 页。
③《王国维文集》第 4 卷，中国文史出版社 1997 年版，第 366 页。
④ 梁启超：《论中国学术思想变迁之大势》，上海古籍出版社 2001 年版，第 129～130 页。
⑤《严复集》第 1 册，中华书局 1986 年版，第 14 页。

新文化运动时期也才有了"重新估定一切价值"①。虽然"五四"时期的"重新估定一切价值"出现了偏颇，即其在文化上只知"变"而不知"常"，违背了文化发展的辩证法，全盘否定了儒家文化的现代价值，但是要矫正这种偏颇，并不能恢复以往的"权威真理"，而仍要本着自由的学术精神，通过学术论证和实践检验来确定儒家文化的价值。

古人云："经者，常也。"在儒家的经书中包含着中国文化的"常道"，这是我们要传承和弘扬的，但是并非经书中的全部内容都是万古不易的真理。在当今社会有一部分人可以对"儒教"或儒家的经书采取宗教信仰的态度，但是当今之时代毕竟"已入研究自由之时代"，多数人无论"反对焉者"还是"赞成焉者"都要"取其性质而研究之"。如何通过"博稽众说而唯真理之从"的方式来确定儒家文化的价值，这也是儒家文化所要实现的"新命"。

以上四点只是取其大的变化而简要言之，至于其他方面的变化以及儒家文化所要实现的"新命"，本文限于篇幅就略而不谈了。

（原载于《孔子研究》2016 年第 1 期）

---

① 胡适在 1919 年所作《新思潮的意义》一文中说："新思潮的根本意义只是一种新态度。这种新态度可叫作'评判的态度'。""'重新估定一切价值'八个字便是评判的态度的最好解释。"见《胡适文集》第 2 卷，北京大学出版社 1998 年版，第 552 页。

忠恕之道与世界和平及环境保护

《论语·里仁》篇载，孔子对曾子说："参乎！吾道一以贯之。"曾子应答："唯。"孔子出。门人问曾子："何谓也？"曾子说："夫子之道，忠恕而已矣。"这段孔门师徒的问答把孔子的仁学思想归纳为"一以贯之"的"忠恕"之道，其意义深长，不仅指明了人类社会人与人相处的基本道德准则，而且对于促进当今世界的和平乃至保护人类的生态环境都具有重要的意义。

一、 释 "忠恕"

关于"忠恕"之道的意涵，《论语·卫灵公》篇有："子贡问曰：'有一言而可以终身行之者乎？'子曰：'其恕乎！己所不欲，勿施于人。'"观此可知，"恕"就是"己所不欲，勿施于人"。《论语·雍也》篇又有："子贡曰：'如有博施于民而能济众，何如？可谓仁乎？'子曰：'何事于仁！必也圣乎！尧舜其犹病诸！夫仁者，己欲立而立人，己欲达而达人。能近取譬，可谓仁之方也已。'"何晏《论语集解》引孔安国曰："更为子贡说仁者之行。方，道也。"然则仁之"方"也就是践行仁之"道"。"己欲立而立人，己欲达而达人"，即是推己及人，亦即"推其（己）所欲以及于人"（朱熹《论语集注》），自己欲有所成立、发达，亦使别人有所成立、发达。《论语·学而》篇载曾子曰："吾日三省吾身，为人谋而不忠乎？与朋友交而不信乎？传不习乎？"此句中的"为人谋而不忠乎"，即是反省自己为别人打算是否做到了推己及人。然则"忠"即是"己欲立而立人，己欲达而达人"。

朱熹《论语集注》释"忠恕"云："尽己之谓忠，推己之谓恕。"其引程子曰："以己及物，仁也；推己及物，恕也。"其实，"尽己"与"推己"并无实质的差别。"尽己之谓忠"，而"忠"实亦是"推其（己）所欲以及于人"；"推己之谓恕"，而"恕"之"推己"实亦是"尽己"之意。

"忠"与"恕"实只"一"道，故孔子说"吾道一以贯之"；若把"忠"与"恕"割裂开来，则"吾道"成为两道矣。在孔子的"一"道中，包含着"己欲立而立人，己欲达而达人""己所不欲，勿施于人"的统一而深刻的意涵。因此，"忠"与"恕"有着相互补充、相互规定、相互包含的意思。只有把"忠"与"恕"统一起来，既做到"己欲立而立人，己欲达而达人"，又做到"己所不欲，勿施于人"，才是孔子的"一以贯之"的仁道。

朱熹说："推己之谓恕"。其实，"推己"并没有把"恕"的意涵完全表达出来。"己所不欲，勿施于人"，包含着如何"推己"的重要思想。也就是说，"恕"之推己及人，强调的是不要强加于人。《论语·公冶长》篇载："子贡曰：'我不欲人之加诸我也，吾亦欲无加诸人。'子曰：'赐也，非尔所及也。'"这里的"加"即是侵加、强加之意。这段记载与《论语·卫灵公》篇所记"子贡问曰：'有一言而可以终身行之者乎？'子曰：'其恕乎！己所不欲，勿施于人。'"当有直接的联系。"己所不欲，勿施于人"，其初始的意思当就是：我不欲别人强加于我，我也不要强加于别人。

孔子认为，"恕"或"己所不欲，勿施于人"，此一言可以终身行之。又说："赐也，非尔所及也。"这是说，若要做到"己所不欲，勿施于人"，并不容易。因此，孔子与子贡的两段对话都说明了"恕"之重要。在孔子的"忠恕"之道中，"恕"更为基本。有了"恕"，能做到"己所不欲，勿施于人"，则"己欲立而立人，己欲达而达人"才是真正的"忠"。若无"恕"，将己之所欲或不欲强加于人，则其"立人""达人"就不是真正地使人有所"立""达"，即已不是"忠"了。

《中庸》云："忠恕违道不远，施诸己而不愿，亦勿施于人。"此可见，"忠恕"本是统一的，而"恕"亦可包含"忠"。也就是说，若真能做到"己所不欲，勿施于人"，则不仅可以谓之"恕"，而且亦可谓之"忠恕"。刘宝楠《论语正义》解释《论语·颜渊》篇仲弓问仁、孔子回答之"己所不欲，勿施于人"，即谓："己所不欲，勿施于人，则己所欲，必有当施于人。"

曾子每日反省自己:"为人谋而不忠乎?"孔门所谓"忠"实也包含"恕"的意思,因为在儒家的"推其所欲以及于人"的思想中内在地包含着"推其所不欲而勿施于人"的思想。《论语·子路》篇载樊迟问仁,孔子答:"居处恭,执事敬,与人忠。虽之夷狄,不可弃也。"此处的"与人忠"亦可理解为"与人忠恕"。也就是说,真正的"忠"是包含着"恕",或是以"恕"为基础的。

孔子的仁学思想最基本、最核心的宗旨就是"爱人"(《论语·颜渊》:"樊迟问仁,子曰:'爱人。'"《中庸》:"仁者,人也。"《孟子·离娄下》:"仁者爱人")。此所谓"爱人"亦可谓之"爱类",即爱全人类所有的人。《吕氏春秋》有《爱类》篇云:"仁于他物,不仁于人,不得为仁。不仁于他物,独仁于人,犹若为仁。仁也者,仁乎其类者也。"这符合孔子本人的思想,我们从孔子所说"鸟兽不可与同群,吾非斯人之徒与而谁与"(《论语·微子》),以及"厩焚,子退朝,曰:'伤人乎?'不问马"(《论语·乡党》),就可看到这一点。孔门弟子子夏说:"四海之内皆兄弟也。"(《论语·颜渊》)此即儒家的"人类一家"思想(在1948年通过的《世界人权宣言》以及1966年通过的《联合国人权公约》中均有"人类一家"的表述)。在儒家的普遍人类之爱中,最基本的就是处理好自己与他人的关系,而"忠恕"之道就是处理好自己与他人关系的基本道德准则。此所以"忠恕"为孔子思想的"一以贯之"之道。循此"一以贯之"之道,不仅可以处理好个人与个人之间的关系,而且"齐家、治国、平天下"亦可从中引申出来。

《中庸》在"忠恕违道不远,施诸己而不愿,亦勿施于人"之后,有云"君子之道四",即:"所求乎子,以事父"(吾欲子之孝我,吾亦以孝事父);"所求乎臣,以事君";"所求乎弟,以事兄";"所求乎朋友,先施之"。这里包含了父子、兄弟、朋友、君臣之间的关系,此"君子之道四"都是从"忠恕"引申而来。

《大学》讲"君子有絜矩之道",即:"所恶于上,毋以使下;所恶于下,毋以事上;所恶于前,毋以先后;所恶于后,毋以从前;所恶于右,毋以交于左;所恶于左,毋以交于右。此之谓絜矩之道。"显然,"絜矩之道"也就是"忠恕"之道。其所谓"所恶于"上、下、前、后等等，就是"己所不欲"；所谓"毋以使下"等等，就是"勿施于人"。

孟子说："得天下有道：得其民，斯得天下矣。得其民有道：得其心，斯得民矣。得其心有道：所欲，与之聚之；所恶，勿施尔也。"（《孟子·离娄上》）这里的"所欲"，不仅是民之所欲，而且是君与民之共欲，如"人情莫不欲寿""莫不欲富""莫不欲安""莫不欲逸"（朱熹《孟子集注》引晁错语）等等。因此，"所欲，与之聚之"，即是"推其所欲以及于人"，乃"忠"也；"所恶，勿施尔也"，即是"推其所不欲而勿施于人"，乃"恕"也。也就是说，君主对民如能实行"忠恕"之道，则能得民心；得民心，斯得民而得天下矣。职此之故，孟子又说："古之人所以大过人者，无他焉，善推其所为而已矣。"（《孟子·梁惠王上》）

《韩诗外传》卷三云："昔者不出户而知天下，不窥牖而见天道，非目能视乎千里之前，非耳能闻乎千里之外，以己之情量之也。己恶饥寒焉，则知天下之欲衣食也；己恶劳苦焉，则知天下之欲安逸也；己恶衰乏焉，则知天下之欲富足也。知此三者，圣王之所以不降席而匡天下。故君子之道，忠恕而已矣。"在这里，"忠恕"之道也就是圣王治天下之道。所谓"以己之情量之也"，即是圣王以己之所欲与不欲来体谅下民：己所不欲饥寒、劳苦、衰乏，则知天下人民欲衣食、安逸、富足。由此，己所不欲，勿施于民（同时，推己所欲以及于民），使人民都能得到衣食、安逸、富足，于是圣王可以"不降席而匡天下"。这也就是孟子所说："以不忍人之心，行不忍人之政，治天下可运之掌上。"（《孟子·公孙丑上》）

二、"银律"还是"金律"？

西方的基督教和伦理学中有"金律"之说，此"金律"即是"爱人如己"。这一律令出于基督教《圣经》的"诫命"，即《圣经·马太福音》载耶稣说："你要尽心、尽性、尽意，爱主你的神。这是诫命中的第一，且是最大的。其次也相仿，就是要爱人如己。这两条诫命是律法和先知一切道理的总纲。"所谓"金律"，只是从处理人与人之间的关系即伦理学上说；若按基督教的教义，此"金律"并不是最高、最大的"诫命"，即"诫命中的第一"乃是"爱上帝",其次才是"爱人如己"。若按《圣经》对"第一"和"其次"的区分,似可把"爱上帝"称为"金律",把"爱人如己"称为"银律"。而西方的传教士认为,中国的"己所不欲,勿施于人"比不上基督教的"爱人如己",故把"爱人如己"称为"金律",把"己所不欲,勿施于人"称为"银律"。

中国文化中有"敬天""畏天"之说,而没有"爱天"之说。"爱某"有"为某"之意,即以"某"为价值的主体。中国文化是"人本"或"民本"的文化,而不是"神本"的文化,亦即它是以"人""民"为价值的主体,而不是以"神"或"天"为价值的主体,此所以中国文化没有"爱天"之说。中国文化的"敬天""畏天",实是为了"爱人"而对"天"有所敬畏,因为"天"并没有自身独立的价值取向,而是"天聪明,自我民聪明;天明畏,自我民明威"(《尚书·皋陶谟》),"天视自我民视,天听自我民听","民之所欲,天必从之"(《尚书·泰誓》)。又因为"天阴骘下民"(《尚书·洪范》),"天惟时求民主"(《尚书·多方》),"皇天无亲,惟德是辅"(《尚书·蔡仲之命》),所以君主之"敬天""畏天","祈天永命",就必须"疾(速)敬德","用康保民","明德慎罚"(《尚书·康诰》)。用《礼记·表记》的话来说,就是"周人尊礼尚施,事鬼敬神而远之,近人而忠焉"。"远神"而"近人",这正是中国文化的价值取向。

以上所说的"天",是取其"主宰之天"或"意志之天"的意思。除此之外,"天"还有"义理之天"和"自然之天"等意涵。孟子说:"尽其心者,知其性也;知其性,则知天矣。"(《孟子·尽心上》)此"天"即是"义理之天",此"义理之天"只是为人之"性善""爱人"提供一个义理的根源,所以,"尽心""知性""知天"都是为了"爱人",而"知天"并不是为了"爱天"。至于"天"的"自然"意涵,中国文化倒是要"爱"的,因为"天者,万物之总名也"(郭象《庄子注》),只不过这不称为"爱天",而谓之"爱物"。

中西文化有以上之不同,所以中西文化刚一接触,西方的传教士就有"补儒"之说。如利玛窦在《天主实义》中说:"学之上志,惟此成己,以合天主之圣旨耳。"儒家本有"成己"之说,此"成己"就是使自己成为"人伦之至"的圣贤。而利玛窦所谓"成己",是要"合天主之圣旨",成为上帝的"选民"。《天主实义》中的"中士"说："如是，则成己为天主也，非为己也，则毋奈外学也？"这里的"为天主"和"为己"，就是中西文化以"天主"还是以"己"或"人"为价值的主体之不同。《天主实义》中的"西士"说："乌有成己而非为己者乎？其为天主也，正其所以成也。仲尼说仁，惟曰'爱人'，而儒者不以为外学也。余曰仁也者，乃爱天主，与夫爱人者，崇其宗原而不遗其枝派，何以谓外乎？人之中，虽亲若父母，比于天主者，犹为外焉。"① 儒家的最高宗旨是"仁者爱人"，利玛窦的"补儒"就要是在仁之"爱人"之上补之以"爱天主"（利玛窦在《二十五言》中说，"夫仁之大端，在于恭爱上帝"②）。此"爱天主"是"宗原"，而"爱人"则是"枝派"。孝敬父母在儒家是最内在的仁之本始，而在利玛窦看来，父母比于天主"犹为外焉"。利玛窦又说："夫仁之说，可约而以二言穷之，曰爱天主，为天主无以尚；而为天主者，爱人如己也。行斯二者，百行全备矣。然二亦一而已。笃爱一人，则并爱其所爱者矣。天主爱人，吾真爱天主者，有不爱人之乎！此仁之德所以为尊，其尊非他，乃因上帝。"③ 经过利玛窦"补儒"的"仁之说"，就成为基督教的两个"诫命"，第一是"爱天主"，其次是"爱人如己"。"爱天主"之所以为第一，是因为"天主无以尚"（没有比"天主"更高尚的）；而"爱人如己"，其根本不是为人，而是"为天主"。因为"天主爱人"，所以吾乃"爱屋及乌"，"吾真爱天主"，故吾亦"爱人"。在基督教文化中，"爱人"之德所以为尊，其尊不是因为人自身为尊，而是"乃因上帝"。

利玛窦的"补儒"并没有成功，所以，中国文化至今不是以"爱天主"为第一"诫命"，而仍是以"爱人"为最高宗旨。在以"爱人"为最高宗旨的仁学中："一以贯之"的是忠恕之道："己欲立而立人，己欲达而达人"，此谓"仁之方"；"己所不欲，勿施于人"，此一言"可以终身行之"。就中国文化而言，毫无疑义，忠恕之道乃是第一的、纯粹的"金律"。

西方的传教士认为，"爱人如己"是"积极"之词，而中国的"己所不欲，勿施于人"是"消极"之词，故将其称为"消极的金律"，又称"银

---

① 朱维铮：《利玛窦中文著译集》，复旦大学出版社 2001 年版，第 77 页。
② 朱维铮：《利玛窦中文著译集》，复旦大学出版社 2001 年版，第 131 页。
③ 朱维铮：《利玛窦中文著译集》，复旦大学出版社 2001 年版，第 79 页。

律"，以表明它不如基督教的"爱人如己"完美。其实，中国文化中也有"积极"之词。"己欲立而立人，己欲达而达人"不就是"积极"之词吗？"尽己之谓忠"，孔子、曾子所谓"与人忠""为人谋而忠"，也就是要"爱人如己"。后期墨家对于"仁"有一个界说，即："仁，爱己者，非为用己也，不若爱马者。"（《墨子·经说上》）这里的"爱己"即是爱人如己，"非为用己"就是不以人为手段，不像"爱马"那样是为了用马，而是以人为目的。这个界说很符合孔子的思想（墨子曾经"学儒者之业，受孔子之术"）。孔子之所以在马厩失火时只问"伤人乎"而"不问马"，是因为"天地之性人为贵"，人是目的而非手段，人具有最高的内在价值。

中西文化都有"爱人如己"的思想，但中西文化之不同又在于：中国文化更强调了所谓"积极"之词只有与"己所不欲，勿施于人"相补充、相规定、相包含，或者说，以"己所不欲，勿施于人"为基础，它才是真正的"金律"。对于西方传教士把中国文化的"己所不欲，勿施于人"称为"银律"，长期在美国从事中国哲学研究和教育的著名华裔学者陈荣捷曾力辩其误。他指出：首先，在中国文化中，"消极"之词每每表达"积极"的意思，如"无限""无极"等，实至积极，且有时比积极词汇更为有力。其次，中国人从来对"己所不欲，勿施于人"不做消极解，他举例如《孟子·离娄上》的"所欲，与之聚之；所恶，勿施尔也"等等，自古及今没有单作消极解者，所以不存在所谓的"积极""消极"或"金""银"之别。陈荣捷批评说，持消极之说者其原因是根本不了解"仁"的意义。"克己复礼""己欲立而立人"，都是人我兼全之意，至为积极。《中庸》"不愿""勿施"之前，谓"忠恕违道不远"，朱熹《中庸章句》注有"尽己之心为忠，推己及人为恕"。由此可见，"仁乃儒家絜矩之道，推己及人，尔我兼顾"。而《论语》中的"泛爱众""博施济众"以及"四海之内皆兄弟也"等等，更是"爱人如己，毫无出入"[1]。陈荣捷先生在美国的"中国学"研究中享有很高的声誉，他对"己所不欲，勿施于人"是"银律"还是"金律"的辩证，其功甚伟。

① 陈荣捷：《仁的概念之开展与欧美之诠释》，《王阳明与禅》，台湾学生书局 1984 年版，第 18 页。本文转引自崔玉军博士学位论文《陈荣捷与中国哲学在美国》，中国社会科学院研究生院 2004 年。

西方文化中缺乏（并非没有，而是不重视①）"己所不欲，勿施于人"这样一个重要的道德维度，其"爱人如己"是从属于"爱上帝"的宗教诫命。因此，西方基督教文化具有宗教的排他性。"吾爱上帝"，吾亦欲强使他人爱我所爱之"上帝"，于是便发生宗教冲突和宗教战争。

西方文化注重个人的天赋权利，中国文化注重人在社会关系中的道德义务。在权利与义务相统一的问题上，中国的"己所不欲，勿施于人"的思想曾为西方的近现代文化做出过贡献。在18世纪的法国，启蒙思想家伏尔泰十分推崇孔子的"己所不欲，勿施于人"，认为每一个人都应该以它为座右铭；他还针对西方教会中各派势力的倾轧，特别渲染中国的"宽容"精神②。据说，《法国人权宣言》的第四条就是因伏尔泰推崇孔子的"己所不欲，勿施于人"而由罗伯斯庇尔写入《法国人权宣言》的。曾经参与起草《法国人权宣言》的启蒙思想家潘恩（Thomas Peine，1737～1809）指出，《法国人权宣言》的"头三条是自由的基础"；而关于第四条（"政治的自由在于不做任何危害他人之事。每个人行使天赋的权利以必须让他人自由行使同样的权利为限"），潘恩说："当国民议会审议《人权宣言》时，一些议员主张，如果公布一项权利宣言，就应当同时公布一项义务宣言。这种看法显然是经过考虑的，毛病仅在于考虑得不够周密。从相互作用来说，权利宣言也就是义务宣言。凡是我作为一个人所享有的权利也就是另一个人所享有的权利；因而拥有并保障这种权利就成为我的义务。"③显然，只有头三条与第四条形成互补，把权利与义务统一起来，普遍的"人权"才能真正得到保障。但是，西方文化在以后的发展中仍然有重权利而轻义务的倾向，以致现在世界宗教界和政界的一些有识之士认为，"仅仅追溯到半个世纪前通过的《世界人权宣言》是不够的，相反，世界需要更多的宗教宽容。世界各大宗教都包含着很多一致性的道德内容，其中最重要的当属'黄金规则'"④。这里说的"黄金规则"就是"己所不欲，勿施于人"。他们认为，在《世界人权宣言》之后，现在需要通过一个《世界人类义务

①　在圣经次经《多比传》中有以"反面方式"表述的"金律"："你不愿别人对你做的任何事情，都不要对别人做。"在古犹太教经典《塔木德》中亦有："你不愿施诸自己的，就不要施诸别人。"
②　参见忻剑飞：《世界的中国观》，学林出版社1991年版，第206页。
③　[美]潘恩：《人权宣言评述》，王德禄、蒋世和编《人权宣言》，求实出版社1989年版，第17页。
④　[德]赫尔穆特·施密特：《全球化与道德重建》，柴方国译，社会科学文献出版社2001年版，第258页。

宣言》，在此《宣言（草案）》中有云："所有赋有理性和良知者都要根据互助精神对所有的人、家庭、共同体、种族、民族及宗教承担责任：己所不欲，勿施于人。"① 在1993年由"全球伦理"的主要倡导者、德国著名神学家孔汉思等人起草的《走向全球伦理宣言》中有云："每一个人都应当得到人道的对待！""数千年以来，人类的许多宗教和伦理传统都具有并一直维系着这样一条原则：己所不欲，勿施于人！或者换用肯定的措辞，即：你希望人怎样对待你，你也要怎样待人！这应当在所有的生活领域中成为不可取消的和无条件的规则，不论是对家庭、社团、种族、国家和宗教，都是如此。"②

三、 世界和平

联邦德国前总理赫尔穆特·施密特在《全球化与道德重建》一书的最后引用了德国哲学家康德的一句话，即"康德在其著作《论永久和平》中写道，只有当我们把一步一步地逐渐建立起国际法视为自己的义务和正当的希望时，永久和平才不至于停留在纯粹的理想上"③。在康德逝世整整200年后，实现人类的永久和平仍然遥遥无期。相反，在20世纪人类发生了惨绝人寰的两次世界大战。在两次世界大战之后，世界陷入东西方两大阵营的冷战之中。在苏联解体和东欧剧变之后，西方有学者认为这是"历史的终结"，自此之后将是普及"西方自由民主制"的欢欣而和谐的"一个世界"，但旋即又有学者提出了世界性的"文明冲突"论④。在当今"全球化"的时代，人类如何能够避免"文明的冲突"，逐步走向人类的永久和平？面对这个严峻而又宏远的问题，似乎康德的话并没有完全过时，即我们需要"一步一步地逐渐建立起国际法"。但"国际法"如何正当地建立起来？各个国家和民族应如何承担"国际法"的义务？似乎这两个"国际"

---

① [德]赫尔穆特·施密特：《全球化与道德重建》，柴方国译，社会科学文献出版社2001年版，第265页。
② [德]孔汉思、库舍尔：《全球伦理——世界宗教议会宣言》，何光沪译，四川人民出版社1997年版，第1～37页。
③ [德]赫尔穆特·施密特：《全球化与道德重建》，柴方国译，社会科学文献出版社2001年版，第262页。
④ [美]塞缪尔·亨廷顿：《文明的冲突？》，美国《外交》季刊1993年夏季号，参见氏著《文明的冲突与世界秩序的重建》，周琪等译，新华出版社1998年版。

问题的答案仍潜存在人类处理"人际"关系的基本道德准则之中，即"己所不欲，勿施于人"和"己欲立而立人，己欲达而达人"。

在 20 世纪 50 年代的冷战氛围中，中国、印度和缅甸的政府领导人曾提出了"和平共处五项原则"，即"互相尊重主权和领土完整，互不侵犯，互不干涉内政，平等互利，和平共处"。这五项原则是当时的中国总理周恩来首先倡导的，其中内蕴的基本道德理念就是"己所不欲，勿施于人"和"己欲立而立人，己欲达而达人"。中华民族对于"和平"本有自己的传统理解，即"和平"乃是"和而不同"，"以他平他谓之和"。也就是说，"和平"或"和谐"不是同质因素的简单相加，而是各种不同的因素共处而得其平衡。在《国语·郑语》中，史伯就曾说："和实生物，同则不继。"也就是说，不同的因素处于和谐的状态，事物就能繁荣发展；如果同质的因素简单相加，则事物就陷于停顿或死亡。孔子也曾说："君子和而不同，小人同而不和。"（《论语·子路》）君子如何能够做到"和而不同"？此非他，乃因忠恕之道。

在 20 世纪 50 年代的冷战氛围中，中、印、缅的政府领导人提出"和平共处五项原则"，不免带有局部的"权宜之计"的性质。而在今天"全球化"的时代，"和平共处五项原则"应该确立为人类社会的基本的、恒远的"国际法"原则。

赫尔穆特·施密特在《全球化与道德重建》一书中所关注的是，在"全球化"的时代如何开展"文明的对话"而避免"文明的冲突"。他所提出的"道德重建"，就是要在世界各种不同文化和宗教所普遍认可的道德"黄金规则"的基础上逐步确立全球普遍伦理，使国际社会把权利与义务统一起来，从而化解"文明的冲突"，在"对话"中实现人类的和谐。他针对那些"不太愿意接受义务或责任的读者"，引述了联邦德国前总统赫尔左克的一段话："亚里士多德与孔子都对权力和伦理做过界定。在西方世界，权力以及公民的自由受到更多的重视，而儒家传统则更加看重伦理以及公民的义务……我对我们这两种文化所抱的希望是它们都能趋近于平衡的中点。"[1] 看来，世界和平有待于中西文化在对话中"趋近于平衡的中点"，这

---

①［德］赫尔穆特·施密特：《全球化与道德重建》，柴方国译，社会科学文献出版社 2001 年版，第 261 页。

个"中点"就是把权力或权利与义务或责任统一起来。

在当今世界有必要更加强调义务或责任，也就是说，要强调"己所不欲，勿施于人"。因为只有这样，才能避免单边主义的"双重标准"。最近，美国《新闻周刊》揭露出一个在国际法上实行"双重标准"的恶例，即美国司法部曾为白宫起草了一份备忘录，其中宣称："美国可以用国际法衡量其他国家在战俘问题上的行为，但华盛顿自己却不必遵守这些法律。"这份备忘录"虽然没有得到公开批准，但也得到白宫的默许"。它为五角大楼对战俘使用逼供手段"铺平了道路"，"这些手段最终被用到伊拉克阿布格里卜监狱的囚犯身上"①。如果这样的恶例不能避免，那么世界和平就无从可言。

最近，提出"文明冲突"论的塞缪尔·亨廷顿又出版新著《我们是谁?》，法国《问题》周刊就此书的内容发表了一篇"访谈录"。亨廷顿在此"访谈录"中指出："随着美国对阿富汗和伊拉克的占领，美国人制造了一个把伊斯兰教与西方的碰撞蔓延到全世界的策源地，而首先承受其后果的将是美国人。"记者认为亨廷顿持如此反战立场"出人意料"，而亨廷顿的反战理由是："西方已经不能再像一战结束后那样控制世界了。……强迫他们变更政权既不是人们所希望的，也是不可能的。"② 亨廷顿的见解有其深刻之处。他提出"文明冲突"论的目的之一是希望"唤起人们对文明冲突的危险性的注意，将有助于促进整个世界上'文明的对话'"③。如果西方继续像一战结束后那样"硬要人们归顺同一意识形态的主张"，"强迫变更"他国的政权，那么，"文明冲突的危险性"就会成为现实。子贡说："我不欲人之加诸我也，吾亦欲无加诸人。"孔子说："赐也，非尔所及也。"我们但愿以后美国的当权者对于"己所不欲，勿施于人"能有"所及也"。

亨廷顿的"文明冲突"论也有其偏误之处，即他把"文明冲突的危险性"归因于当今世界的七大或八大文明的不同。而在中国的许多文化学者看来，多元文化本身并不具有"冲突的危险性"，如果处理得好，"各美其

---

① 美国《新闻周刊》2004 年 5 月 22 日文章《双重标准?》，转引自 2004 年 5 月 25 日《参考消息》。

② 法国《问题》周刊 2004 年 4 月 22 日文章《美国打赢了反对萨达姆的战争，但永远也打不赢反伊拉克人民的战争——塞缪尔·亨廷顿访谈录》，转引自 2004 年 5 月 2 日《参考消息》。

③ [美] 塞缪尔·亨廷顿:《文明的冲突与世界秩序的重建》中文版"序言"，周琪等译，新华出版社 1998 年版，第 3 页。

美，美人之美，美美与共"，则可致"天下大同"（费孝通语）。在中国五千年的历史进程中，形成了"多元一体"的中华民族和中国文化；而在当今"全球化"的时代，如果在不同的国家、民族和文化之间实行"己所不欲，勿施于人"和"己欲立而立人，己欲达而达人"的原则，那么也有望逐步走向——"千里之行，始于足下"——全人类的"多元一体"①。

然而，无可讳言的是，现在离全人类的"多元一体"或"永久和平"还十分遥远；相反，人类现正面临着冲突、战争和恐怖主义的严重威胁。这种威胁的根源不在于多元文化本身，而在于多元文化之间经济发展的严重失衡。我在此愿意推荐一篇题为《即将到来的时代交战》的文章，作者是戴维·J. 罗斯科普夫，发表在 2004 年 2 月 1 日的《华盛顿邮报》。此文作者尖锐地指出：亨廷顿的"文明冲突"论是错误的，我们现在面临着一个更根本性的问题，即"一个不断老化的发达世界的利益与一个年轻和越来越失望的发展中世界的利益相矛盾"。文中有这样几段"警世"之言：

> 如果我们试图结束恐怖主义，我们就需要认识和消除这些紧张关系。刺激这种紧张的是南方心灰意懒的穷人与北方占据主导地位和即将步入老龄的人口之间相互冲突的利益。

> 文化与人的基本需要相比，占据次要位置。对那些试图鼓动人民的人来说，文化可能提供了一个权宜之计的战斗口号，但实际上却仅仅是装潢门面，以使普通的需求变得崇高，从而满足对经济公正的根本性要求。

> 我们应承认问题之间的相互关联性，并把握一个事实，即新兴国家就业岗位的创造与发达国家的安全是相关的。

> 当共同的经济利益占上风和文化冲突的代价被证明太高的时候，欧洲便将自己的文化壁垒搁置起来。纵观历史，在世界各地，这就是统一和一体化的历程。因此我们不禁要得出结论：与亨廷顿相反，人口问题鸿沟两边截然不同的社会迥异的经济利益是对世界和平最大的威胁。而一体化的全球经济，结合双方的最佳资源，是防止世界大战

---

① 参见李存山：《文化的全球化与多元发展》，《求是学刊》2002 年第 1 期。

最有把握的举措。[1]

也许有人认为以上见解算不上深刻，但它的确指明了人类面临的一个基本的、严峻的事实；也许在西方有以上见解的人并不是少数，但可能愿意依此见解而行动的人还不是多数。依此见解而行动，就是要创建"一体化的全球经济，结合双方的最佳资源"，使南北双方"平等互利"地发展，逐步消除贫困，减少不同国家、民族和文化之间经济发展的不平衡——这是战胜恐怖主义、"防止世界大战最有把握的举措"。

"全球化"已经把"小小环球"变成了一个"地球村"，把人类的命运如此紧密地联系在一起。不管发达国家的多数人是否愿意依以上见解而行动，无可否认的一个事实是："新兴国家就业岗位的创造与发达国家的安全是相关的。"如果依此相关性而逐步减少经济发展的不平衡，世界就有望走向和平；如果进一步加剧贫富悬殊（目前的趋势就是如此），世界安全的形势就必然进一步恶化。

看来，世界和平离不开忠恕之道。发达国家需要"以己之情量之也"：己所不欲饥寒、劳苦、衰乏，就应在"全球化"过程中负起更多的责任，使发展中国家的人民亦能得衣食、安逸、富足。诚如是，则实现世界和平"可运之掌上"。

孔子希望人类社会能够"老者安之，朋友信之，少者怀之"（《论语·公冶长》），能够"均无贫，和无寡，安无倾"（《论语·季氏》）。看来，"均无贫"应是经济和社会发展的一个重要维度——尽管"自由竞争"是经济发展的另一个重要维度。若能"均而不贫"，就须有一定的"自由竞争"；若使"自由竞争"不致贫富悬殊，就须引入"均无贫"的政策调控维度。只有这两个维度"趋近于平衡的中点"，世界才能"安无倾"。

总之，若要走向世界和平，除了"互相尊重主权和领土完整，互不侵犯，互不干涉内政"之外，还须在经济上"平等互利"，在政治和文化上"和平共处"。也就是说，要在不同的国家、民族和文化之间实行忠恕之道。

---

① 戴维·J.罗斯科普夫：《即将到来的时代交战》，转引自 2004 年 2 月 22 日《参考消息》。

四、 保护生态环境

本文最后简略谈及保护生态环境的问题，尽管在环保主义者看来这是人类面临的最重大和紧要的问题。我认为，若要真正解决生态环境的问题，也须实行忠恕之道。

如前所述，忠恕之道是人类社会人与人相处的基本道德准则，它是以人际交往为中心的，"爱人"是其最基本、最核心的宗旨。但"爱人"也可延及"爱物"，因为在中国哲学中，人与万物都是天地"氤氲"（合气）而生，人是自然界的一部分，所谓"民吾同胞，物吾与也"（《正蒙·乾称》）。孔子强调"爱人"，但他也"爱物"，故孔子"钓而不纲，弋不射宿"（《论语·述而》）。孟子则说："君子之于物也，爱之而弗仁；于民也，仁之而弗亲。亲亲而仁民，仁民而爱物。"（《孟子·尽心上》）应该承认，儒家的"博爱"是以"爱人"为中心，施由亲始，爱有差等，这是儒家之"仁爱"与墨家之"兼爱"的不同。唐代的韩愈说"博爱之谓仁"（《原道》），又说"圣人一视同仁，笃近而举远"（《原人》）。"一视同仁"即是"博爱"，"笃近而举远"即是爱有差等。

《吕氏春秋·贵公》篇载：荆人有遗弓者，而不肯索，曰："荆人遗之，荆人得之，又何索焉？"孔子闻之曰："去其'荆'而可矣。"老聃闻之曰："去其'人'而可矣。"故老聃则至公矣。观此可知儒家与道家之不同。儒家的"贵公"仍是以"爱人"为中心，故超越国界，"去其'荆'而可矣"；道家则"至公"，可不必以"爱人"为中心，故"去其'人'而可矣"。

西方的环保主义者力倡"环境伦理"，大反"人类中心主义"，这有西方的基督教文化背景。在《圣经》的"创世记"中，上帝"照着自己的形象造人"，同时也创造了"各从其类"的万物。上帝赐福于人，对人说："要生养众多，遍满地面，治理这地，也要管理海里的鱼、空中的鸟和地上各样行动的活物"，"我将遍地上一切结种子的菜蔬和一切树上所结有的果子全赐给你们作食物"；至于走兽、飞鸟等"有生命的物"，"我将青草赐给它们作食物"。这就是说，按照上帝"指派的位置"，自然界的万物都是直接或间接地为人而存在，人是这个世界的中心，只有人是目的、具有内在价值，其余都是服务于人、只具有工具价值。这样一种思想在西方进入"理性的时代"以后，便成为人对自然界的认识、改造和征服，自然界便成为被人所认识、改造和征服的"经济体系"。这种世界观促进了科学技术的发展，但也引发了生态环境的危机。当西方的环保主义者追究环境危机的根源时就认识到，在世界上的主要宗教中，"与基督教相比，没有一种宗教更以人类为中心"，"它（基督教）是最倾向于反对自然的"①。若要改变"反对自然"的态度，就须讲"环境伦理"，反对"人类中心主义"。

中西文化对待自然的不同态度，在利玛窦来华传教时就已显露出来。例如，儒家既"敬天"也"尊地"（所谓"皇天后土"，"乾称父，坤称母"），而利玛窦在《天主实义》中一方面强调人所应尊崇的"天"只能是"上帝"，而不能是"苍苍有形之天"，另一方面强调"下地乃众足所践踏，污秽所归寓"，根本就没有"可尊之势"。他又说，上帝创造天地万物，为的是"存养人民"，"宇宙之间，无一物非所以育吾人者"，所以人只能奉敬创造了天地万物的"恩主"，而不能奉敬"其役事吾者"②。

中西文化有以上之不同，所以在西方，反对"人类中心主义"有环境保护的积极意义；但在中国，不能把儒家的以"爱人"为核心的思想一并加以反对。最近，白奚教授撰文指出："儒家的生态伦理思想，其本质是人类中心主义的，但它不是以利益为中心的，而是以道义为中心的，这构成了其与西方传统的人类中心论的重要区别。……这种道义型的人类中心观念……对于当今人类走出生态危机的困境、实现可持续发展具有重要的启发和借鉴意义。"③ 我同意以上见解。儒家的"道义"，其"一以贯之"的就是忠恕之道。此忠恕之道是以"爱人"为核心，但也可延及"爱物"。白居易有《爱鸟》诗云："谁道群生性命微，一般骨肉一般皮。劝君莫打枝头鸟，子在巢中望母归。"此非"恕"乎！

儒家的忠恕之道以"爱人"为核心，这对于保护生态环境有纵横两方面的意义。从横的方面说，只有先处理好人与人之间的关系，才能最终处

---

① ［美］唐纳德·沃斯特：《自然的经济体系——生态思想史》，侯文蕙译，商务印书馆 1999 年版，第 47 页。
② 朱维铮：《利玛窦中文著译集》，复旦大学出版社 2001 年版，第 22 页。
③ 白奚：《儒家的人类中心论及其生态学意义》，《中国哲学史》2004 年第 2 期。

理好人与物的关系。"仁于他物，不仁于人，不得为仁。不仁于他物，独仁于人，犹若为仁。"当然，"犹若为仁"还不是全"仁"，如果充"仁"之全，就是既"仁于人"，又"仁于他物"，此即程颢所说"仁者以天地万物为一体，莫非己也"（《程氏遗书》卷二上）。但如果只（或先）"仁于他物"，而不（或后）"仁于人"，则必"不得为仁"。这对于保护生态环境实具有重要的伦理学和实际操作的意义。如果人类的一大部分还处于饥寒、劳苦、衰乏之中，那么保护生态环境（或曰"天人合一"）对于这部分人来说，就是"大而无当"的空话，或另一部分人的"奢侈品"。我曾指出："中国古代的'天人合一'思想，虽然不主张向自然界无限制地索取，但并没有真正解决如何在发展科学技术、发展物质生产的基础上与自然界保持和谐的问题，因而它在民众的社会生活中远没有得到普遍的贯彻落实。实际上，由于人口的不断增加，垦殖的不断扩大，自秦汉以来，中国的生态环境是一个日趋恶化的过程。……吸取这些历史的教训，我们应该清醒地认识到，如无人口的控制，如无科学技术的发展和物质生活的保障，解决人与生态环境协调问题只能是少数思想家的不现实的'理想境界'。"① 今所要补充的是，如果不实行忠恕之道，不共同承担环境保护的义务，不消除贫困、战争和恐怖主义的根源，那么，在人与人的"交战"中就没有人与自然的"和平"可言。从纵的方面说，保护生态环境也是人类社会代与代之间的伦理关系问题。如果对我们的后代没有"恻隐之心"，不实行忠恕之道，只顾这一代人的眼前利益，"吃祖宗的饭，断子孙的粮"，那么也就不存在环境保护和可持续发展的问题。

（原载于《孔子研究》2005 年第 4 期）

---

① 李存山：《中国传统文化与现代经济发展》，《哲学研究》1994 年第 9 期。

忠恕之道与中国近现代的对外关系

一

以儒家思想为主流的中国传统文化，是崇尚道德、以人为本的"道德性的人文主义"文化。说其是"人文主义"，乃相对于印度、希伯来文化突显宗教的价值而言；说其是"道德性的人文主义"，乃相对于古希腊文化的"以智能为基点的人文主义"而言。① 中国传统文化的以人为本，即以人为最高价值，亦即《孝经》所谓"天地之性（生），人为贵"，或者说，人是目的，人是价值主体。《墨子·经说上》所谓"仁，爱己者，非为用己也，不若爱马者"，此处"爱己"就是爱人如己，"非为用己"就是不以人为手段，而以人为目的。中国传统文化崇尚道德，这从《尚书·尧典》说帝尧"克明俊德"以及《周书》各篇强调"敬德保民""明德慎罚"就已是如此。至《左传》中记载"正德、利用、厚生谓之三事"，"太上有立德，其次有立功，其次有立言"谓之"三不朽"，道德已被作为中国文化的最高价值。孔子在中国文化史上的重要地位就是"祖述尧舜，宪章文武"，继承了中国上古时期以及春秋时期崇尚道德的文化传统，而又把"仁"提升到道德的最高范畴，明确地提出了"仁者爱人"。

《论语·颜渊》篇载"樊迟问仁，子曰：'爱人。'"此处的"爱人"首先是一种发自内心的爱，即"为仁由己"的自觉、自律、真诚的道德意识；这种道德意识发端于亲子之间真实无伪的道德情感，故"孝弟也者，其为

---

① 参见徐复观：《中国人文精神之阐扬》，中国广播电视出版社 1996 年版，第 201 页。

仁之本与"（《论语·学而》）；从"老吾老""幼吾幼"推扩出去，"以及人
之老""及人之幼"，进而达到"泛爱众"，此即孟子所说的"亲亲，仁也；
敬长，义也；无他，达之天下也"（《孟子·尽心上》）。所谓"达之天下"，
就是要爱普天之下所有的人，并且兼及爱万物。《吕氏春秋·爱类》篇说
"仁于他物，不仁于人，不得为仁。不仁于他物，独仁于人，犹若为仁。仁
也者，仁乎其类者也。""仁"的首旨就是要爱全人类，其次是爱万物，故
而孟子说"仁者爱人"（《孟子·离娄下》），"亲亲而仁民，仁民而爱物"
（《孟子·尽心下》），宋儒张载也说"民吾同胞，物吾与也"（《正蒙·乾
称》）。

　　"仁者爱人"是儒家学说的第一义，[①] 为历代儒家所一贯传承。如汉代
的董仲舒说"仁之法在爱人……质于爱民以下，至于鸟兽昆虫莫不爱……
仁者，爱人之名也……"（《春秋繁露·仁义法》）。唐代的韩愈说"博爱之
谓仁"（《韩昌黎集·原道》）。宋代的二程说"仁者浑然与物同体"（《程氏
遗书》卷二上），"仁之道，要之只消道一公字……故仁所以能恕，所以能
爱"（《程氏遗书》卷十五）。至近代的康有为仍然说"仁者无不爱，而爱
同类之人为先。……盖博爱之谓仁。孔子言仁万殊，而此以'爱人'言仁，
实为仁之本义也"（《论语注·颜渊》）。

　　《论语·里仁》篇载："子曰：'参乎！吾道一以贯之。'曾子曰：
'唯。'子出。门人问曰：'何谓也？'曾子曰：'夫子之道，忠恕而已矣。'"
孔子所说的"吾道"当然是指仁道，而推行、实践仁道的"一以贯之"的
方法、准则就是"忠恕"。孔子说："夫仁者，己欲立而立人，己欲达而达
人。能近取譬，可谓仁之方也已。"（《论语·雍也》）这里的"己欲立而立
人，己欲达而达人"就是忠；"能近取譬"就是推己及人，由近及远；"仁
之方"就是"行仁之方"。《论语·卫灵公》载，"子贡问曰：'有一言而可
以终身行之者乎？'子曰：'其恕乎！己所不欲，勿施于人。'"在忠恕之道
中，孔子更重视恕，即"己所不欲，勿施于人"。《论语·公冶长》载："子

---

　　① 此不同于西方基督教《圣经·马太福音》所说："你要尽心、尽性、尽意，爱主你的神。这是诚命
中的第一，且是最大的。其次也相仿，就是要爱人如己。"西方早期来华传教士利玛窦曾以这样的"诚命"
来比附儒家的"仁"，他说，"仁也者，乃爱天主，与夫爱人者，崇其宗原而不遗其枝派……"，"夫仁之
大端，在于恭爱上帝"。参见朱维铮：《利玛窦中文著译集》，复旦大学出版社 2001 年版，第 77、131 页。

贡曰：'我不欲人之加诸我也，吾亦欲无加诸人。'子曰：'赐也，非尔所及也。'"这里的"加"就是侵加、强加的意思。"己所不欲，勿施于人"，首先是把他人看作与自己一样的具有独立意志的同类：我不欲别人强加于我，我也不要强加于别人。孔子说"赐也，非尔所及也"，意即做到这一点很不容易。①

儒家经典《大学》将忠恕之道又称为"絜矩之道"。朱熹《大学章句》："絜，度也矩，所以为方也。""絜矩"犹如言"规矩"，就是指基本的、普遍的道德准则。《大学》云：

> 所恶于上，毋以使下；所恶于下，毋以事上；所恶于前，毋以先后；所恶于后，毋以从前；所恶于右，毋以交于左；所恶于左，毋以交于右。此之谓絜矩之道。

朱熹注："如不欲上之无礼于我，则必以此度下之心，而亦不敢以此无礼使之。不欲下之不忠于我，则必以此度上之心，而亦不敢以此不忠事之。至于前后左右无不皆然，则身之所处，上下四旁、长短广狭，彼此如一而无不方矣。……所操者约，而所及者广，此平天下之要道也。"《大学章句》这个"要道"也就是忠恕之道。文中上下、前后、左右等等是喻指社会生活中的一切人际关系，而"忠恕"就是最基本（"所操者约"）、最普遍（"所及者广"）的道德准则。它特别突显了一种"角色互换"或"交互主体性"的意识，这种意识符合德国哲学家康德所说的"普遍道德律"，即"不论你做什么，总应该做到使你的意志所遵循的准则同时能够成为一条永远普遍的立法原理"②。忠恕之道既然是人际关系的最基本、最普遍的道德准则，那么它就不仅适用于本族群的成员之间，而且适用于普遍的人类。因此，当樊迟在另一处"问仁"时，孔子回答："居处恭，执事敬，与人忠，虽之夷狄，不可弃也。"（《论语·子路》）孔子有"夷夏之辨"的思想，这种区别并非种族优劣之分，而主要是道德文明程度的高低。虽然孔子高度自觉地认同华夏文化，但华夏与夷狄同属人类，所以恭敬、忠恕的道德准则"虽之夷狄，不可弃也"。

---

① 宋儒程颐说："'我不欲人之加诸我也，我亦欲无加诸人'，《中庸》曰'施诸己而不愿，亦勿施于人'。正解此两句。然此两句甚难行，故孔子曰'赐也，非尔所及也'。"（《程氏遗书》卷18）

② ［德］康德：《实践理性批判》，关文运译，广西师范大学出版社2002年版，第17页。

按照公羊学家对《春秋》经的解释，孔子"内诸夏而外夷狄"，寄希望于首先实现诸夏的统一，以传续华夏文化，进而影响周边各族，使"夷狄进至于爵"（《公羊传·隐公元年》何休注），以实现天下太平。"孔子之作《春秋》也，诸侯用夷则夷之，进于中国则中国之。"（苏舆《春秋繁露义证》卷二）这种夷夏可以互易的思想，在中国历史上促进了华夏（汉）族与少数民族的相互融合与多元并存，乃至最终凝聚成"多元一体"的中华民族和中国文化。①

儒家的最高理想是天下太平，此即《尚书·尧典》所谓"协和万邦"。董仲舒说：

> 仁者，爱人之名也……故王者爱及四夷，霸者爱及诸侯，安者爱及封内，危者爱及旁侧，亡者爱及独身。（《春秋繁露·仁义法》）

这里的"王者爱及四夷"就是以爱全人类为"王者"的道德境界，只有如此，才能"协和万邦"，天下太平。如果只是"爱及（本国的）诸侯"，那么这只是儒家所不认可的"霸"；如果诸侯爱及封邦之内的民，那么尚可以"安"；如果只是爱及身边的宠臣，那么其邦国"危"；如果只是爱自己一个人，那么虽在天子、诸侯之位，也只是一个自取灭亡的独夫。

孔子说："远人不服，则修文德以来之。"（《论语·季氏》）"骥不称其力，称其德也。"（《论语·宪问》）孟子循此而有"德力之辨"或"王霸之辨"，他说：

> 以力假仁者霸，霸必有大国。以德行仁者王，王不待大，汤以七十里，文王以百里。以力服人者，非心服也，力不赡也。以德服人者，中心悦而诚服也，如七十子之服孔子也。（《孟子·公孙丑上》）

所谓"以德服人"，实即一种"软实力"②；若要"协和万邦"，天下太平，就必须靠这种道德的"软实力"，使人"中心悦而诚服"。所谓"以力服人"，就是靠军事和经济的"硬实力"，此为孔、孟所反对，故而孟子强烈谴责当时的兼并战争："争地以战，杀人盈野；争城以战，杀人盈城。此

---

① 参见费孝通：《中华民族多元一体格局》，中央民族大学出版社 1999 年版，第 13 页。

② "软实力"（soft power）概念由美国的约瑟夫·奈在 20 世纪 80 年代提出，它是与"硬实力"（hard power）相对而言：硬实力是那种强制他国的能力，而软实力则是指吸引、劝服他国的能力，硬实力凭借的是军事和经济手段，而软实力则源于一个国家的文化、道德、政治制度和价值观的感召力。参见 Joseph S. Nye, *Soft Power: The Means to Successuin World Politice*, Public Affairs, 2004。

所谓率土地而食人肉，罪不容于死！"（《孟子·离娄上》）

孔、孟对于处理国家、民族之间的关系是道德理想主义的，这在当时的现实历史境况中当然难以实现。孔、孟之后，秦汉两朝都曾受到北方匈奴的严重侵扰，鉴于汉、匈之间长期战争的历史教训，东汉时期的思想家王充也曾提出了"德力具足"的主张。他说：

> 治国之道，所养有二：一曰养德，二曰养力……此所谓文武张设，德力具足者也。事或可以德怀，或可以力摧。外以德自立，内以力自备。慕德者不战而服，犯德者畏兵而却。……夫德不可独任以治国，力不可直任以御敌也。（《论衡·非韩》）

如果说孟子的"王霸之辨"首倡软实力论，那么王充的"德力具足"则表达了软实力与硬实力相结合的思想。十分可贵的是，王充在讲到"力"（硬实力）之不可缺时，仍然强调"内以力自备"，"犯德者畏兵而却"，即硬实力主要用于防御而不是用于侵略。这在当今世界的国际关系中仍然具有重要的现实意义。

二

中国传统文化的"协和万邦"思想，在中国古代受历史和地缘环境的局限，不免与"宗主国"的意识联系在一起。儒家所重视的"夷夏之辨"，虽然认为夷、夏同属人类，"王者爱及四夷"，但也不免有华夏文化的"中心主义"色彩。突破这种局限，形成近现代意义的"民族国家"观念，并且主张各民族国家一律平等，这是在中华民族于 1840 年以后饱受西方列强的欺凌，从而被动地进入"世界历史"才逐渐形成的。

在 1840 年之前，封闭的清王朝仍以"天朝上国"自居，而视他国为"藩属国"或"朝贡国"。鸦片战争之后，林则徐、魏源等人率先"睁眼看世界"，批评此前"儒者著书……徒知侈张中华，未睹寰瀛之大"，从而提出了"夫制驭外夷者，必先洞夷情"，[①] 主张"师夷之长技以制夷"，此时虽然仍称西方诸国为"外夷"，但已认识到"风气日开，智慧日出，方见东

---

① 魏源：《圣武记》，中华书局 1984 年版，第 498~499 页。

海之民犹西海之民"，①传统的"夷夏之大防"、不可"以夷变夏"的思想已经被打破。继之，洋务派将"夷务"改称"洋务"，冯桂芬在《校邠庐抗议》中提出了"制洋器"，"采西学"，"以中国之伦常名教为原本，辅以诸国富强之术"，②此为洋务派"中体西用"之说的蓝本。

如果只承认西学为"技"或"术"、"用"或"末"，那么中国就还没有真正重视西方诸国及其文化。1875年，郭嵩焘在《条议海防事宜》中率先提出"西洋立国有本有末，其本在朝廷政教，其末在商贾，造船、制器相辅以益其强，又末中之一节也"③。这已经承认西方立国不仅有"末"，而且有"本"。1884年，中法战争失利，担任两广总督的淮军将领张树声在临终前留下的《遗折》中说：

> 夫西人立国，自有本末，虽礼乐教化远逊中华，然驯致富强，具
> 有体用。育才于学堂，论政于议院，君民一体，上下一心，务实而戒
> 虚，谋定而后动，此其体也；轮船、大炮、洋枪、水雷、铁路、电线，
> 此其用也。中国遗其体而求其用，无论竭蹶步趋，常不相及，就令铁
> 舰成行，铁路四达，果足恃欤！（《张靖达公奏议》卷八）

1892年，郑观应在《盛世危言》的"自序"中引用了张树声的《遗折》，亦提出西方列强的"治乱之源，富强之本，不尽在船坚炮利，而在议院上下同心，教养得法"④。这就打破了中国文化的"中心主义"，开始呼吁在政治体制和教育体制上学习西方文化之"体"并进行改革。

甲午战败和马关条约签订后，中国面临着被日本和西方列强"蚕食鲸吞""瓜分豆剖"的严峻形势。此时，对中、西文化的评价已发生逆转，如康有为在《上清帝第五书》中所说：

> 夫自东师辱后，泰西蔑视，以野蛮待我，以愚顽鄙我。昔视我为
> 半教之国者，今等我于非洲黑奴矣。昔憎我为倨傲自尊者，今则侮我
> 为聋聩蠢冥矣。……今非洲剖讫，三年来泰西专以分中国为说，报章
> 论议，公托义声，其分割之图，传遍大地，擘画详明，绝无隐讳。⑤

---

① 魏源：《海国图志》，岳麓书社1998年版，第1、31页。
②《采西学议：冯桂芬、马建忠集》，辽宁人民出版社1994年版，第84页。
③《郭嵩焘奏稿》，岳麓书社1983年版，第345页。
④《郑观应集》上册，上海人民出版社1982年版，第233页。
⑤ 汤志钧：《康有为政论集》上册，中华书局1981年版，第202页。

西方文化的弱肉强食，使"二万万膏腴之地，四万万秀淑之民"面临着亡国灭种的危险。而此时康有为也更加清醒地认识到："大地八十万里，中国有其一；列国五十余，中国居其一。地球之通自明末，轮路之盛自嘉、道，皆百年前后之新事，四千年未有之变局也。"① 在此变局中，昔日中国的"中央帝国"已成一场旧梦，而现实的中国只是地球上众多的国家之一。如当时的今文经学家皮锡瑞在《醒世歌》中所说："若把地球来参详，中国并不在中央。地球本是浑圆物，谁居中央谁四傍？"②

由康有为发动的戊戌变法，意在使中国"自强而立"，"以图保全国地、国民、国教"。③ 受中国传统文化的影响，康有为并没有走向狭隘的民族主义，而是以"天下为公"的世界"大同"为理想。他在《礼运注》中说：

> 大道者何？人理至公，太平世大同之道也。……讲信修睦者，国之与国际，人之与人交，皆平等自立，不相侵犯，但互立和约而信守之。……公者，人人如一之谓，无贵贱之分，无贫富之等，无人种之殊，无男女之异。……惟人人皆公，人人皆平，故能与人大同也。④

这在当时可谓一种"乌托邦"，但也突显了中国文化之道德理想与西方文化之弱肉强食的巨大差异。

谭嗣同在戊戌变法期间著有《仁学》，他以"通"释"仁"，在他讲的"通有四义"中首先是"中外通，多取其义于《春秋》，以太平世远近大小若一故也"。谭嗣同说：

> 全球者，一身一家之积也。近身者家，家非远也；近家者邻，邻非远也；近此邻者彼邻，彼邻又非远也；我以为远，在邻视之，乃其邻也；此邻以为远，在彼邻视之，亦其邻也；衔接为邻，邻邻不断，推之以至无垠，周则复始，斯全球之势成矣。且下掘地球而通之，华之邻即美也，非有隔也。⑤

将这一全球"通而不隔"的思想用之于全球化的世界贸易，即他所说："通商者，相仁之道也，两利之道也，客固利，主尤利也。……庶彼仁我，

① 汤志钧：《康有为政论集》上册，中华书局 1981 年版，第 204 页。
② 参见《翼教丛编》卷 6《叶吏部与南学会皮鹿门孝廉书》。
③ 汤志钧：《康有为政论集》上册，中华书局 1981 年版，第 173、233 页。
④ 《孟子微、礼运注、中庸注》，中华书局 1987 年版，第 239~240 页。
⑤ 《谭嗣同全集》，中华书局 1981 年版，第 291、296 页。

而我亦有以仁彼。能仁人，斯财均，而己亦不困矣。次之，力即不足仁彼，而先求自仁，亦省彼之仁我。不甘受人仁者，始能仁人。"[1] 显然，谭嗣同在这里表达了一种经济全球化的"世界主义"思想，其中浸润了"己欲利而利人，己欲达而达人"的精神，而"不甘受人仁""先求自仁"则又体现了中华民族不甘贫弱，对民族"自强自立"的追求。

在中国近现代史上，孙中山最先提出了"振兴中华"的口号，这一口号起初是与"驱除鞑虏，恢复中国，创立合众政府"[2] 相联系的，即要推翻清朝的统治，恢复汉民族的主体地位，建立民主制的共和国。当辛亥革命推翻帝制，孙中山发表《中华民国临时大总统宣言书》时，他就已抛弃了汉、满之分，而主张"合汉、满、蒙、回、藏诸地为一国，即合汉、满、蒙、回、藏诸族为一人，是曰民族之统一"。在对外关系上则主张："临时政府成立以后，当尽文明国应尽之义务，以期享文明国应享之权利。清朝时代辱国之举措与排外之心理，务一洗而去之，与我友邦益增睦谊，持和平主义，将使中国见重于国际社会，且将使世界渐趋于大同。"[3] 此时，虽然新生的国家还面临着千难万险，但中国已经成为一个近现代意义的"民族国家"，它所宣示的"和平主义"和"大同"理想既具有新时代的内涵，又继承和发展了中国文化的优秀传统。此即后来孙中山在《中国革命史》中所说："余之民族主义，特就先民所遗留者，发挥而光大之；且改良其缺点，对于满洲，不以复仇为事，而务与之平等共处于中国之内，此为以民族主义对国内之诸民族也。对于世界诸民族，务保持吾民族之独立地位，发扬吾固有之文化，且吸收世界之文化而光大之，以期与诸民族并驱于世界，以驯致于大同，此为以民族主义对世界之诸民族也。"[4]

1924 年，在国共合作的背景下，孙中山对其所主张的"三民主义"做了更深入的阐发。关于"民族主义"，孙中山称其为"国家图发达和种族图生存的宝贝"。针对当时一些讲新文化的人把世界主义同民族主义对立起来，"提倡世界主义，以为民族主义不合世界潮流"的观点，孙中山指出：

①《谭嗣同全集》，中华书局 1981 年版，第 327～328 页。
②《孙中山全集》第 1 卷，中华书局 1981 年版，第 19、20 页。
③《孙中山全集》第 2 卷，中华书局 1982 年版，第 2 页。
④《孙中山全集》第 7 卷，中华书局 1985 年版，第 60 页。

"我们受屈民族，必先要把我们民族自由平等的地位恢复起来之后，才配得来讲世界主义。……我们要发达世界主义，先要民族主义巩固才行。……如果民族主义不能巩固，世界主义也就不能发达。由此便可知世界主义实藏在民族主义之内……"① 孙中山的民族主义，也就是求中国统一、独立、富强，"要中国和外国平等的主义"。② 因此，当孙中山提出"振兴中华"和"民族主义"时，就已包含了反对帝国主义的世界霸权和中国如果强盛起来也"永不称霸"的思想。他深信："爱和平就是中国人的一个大道德"，"这种特别的好道德，便是我们民族的精神"。③ 孙中山高瞻远瞩地指出：

> 中国如果强盛起来，我们不但是要恢复民族的地位，还要对于世界负一个大责任。如果中国不能够担负这个责任，那么中国强盛了，对于世界便有大害，没有大利。中国对于世界究竟要负什么责任呢？现在世界列强所走的路是灭人国家的；如果中国强盛起来，也要去灭人国家，也去学列强的帝国主义，走相同的路，便是蹈他们的覆辙。所以我们要先决定一种政策，要济弱扶倾，才是尽我们民族的天职。……我们今日在没有发达之先，立定扶倾济弱的志愿，将来到了强盛时候，想到今日身受过了列强政治经济压迫的痛苦，将来弱小民族如果也受这种痛苦，我们便要把那些帝国主义来消灭，那才算是治国平天下。

在孙中山看来，强盛的中国不会重蹈帝国主义"灭人国家"的覆辙，而是"对于弱小民族要扶持他，对于世界的列强要抵抗他"，"担负这个责任，便是我们民族的真精神"。④

蔡元培曾评论孙中山的"三民主义"适合于中华民族崇尚"中庸"的民族性。他说："三民主义虽多有新义，为往昔儒者所未见到，但也是以中庸之道为标准。例如持国家主义的往往反对大同，持世界主义的，往往又蔑视国界，这是两端的见解；而孙氏的民族主义，既谋本民族的独立，又谋各民族的平等，是为国家主义与世界主义的折中。"⑤ 确乎如此，孙中山

---

① 《孙中山全集》第 9 卷，中华书局 1986 年版，第 210、226 页。
② 《孙中山全集》第 10 卷，中华书局 1986 年版，第 19 页。
③ 《孙中山全集》第 9 卷，中华书局 1986 年版，第 230、247 页。
④ 《孙中山全集》第 9 卷，中华书局 1986 年版，第 253、254 页。
⑤ 《蔡元培全集》第 5 卷，中华书局 1988 年版，第 488 页。

的"民族主义"从方法论上说继承了儒家传统的中庸之道，而在内容上则具有了"往昔儒者所未见"的近现代意义的"民族国家"观念，"既谋本民族的独立，又谋各民族的平等"，这从根本上取代了以往的"宗主国"意识，而它又是儒家传统的仁爱精神和忠恕之道在新时代的发扬光大。

三

1949年以后，新生的中华人民共和国处在东西方两大阵营的冷战之中。难能可贵的是，在20世纪50年代，由周恩来总理首倡，中印、中缅总理在联合声明中共同提出了"和平共处五项原则"，这为建立新型的国际关系奠定了基础，得到世界上愈来愈多国家的普遍认可，逐渐成为处理国际关系的基本准则。这一准则实即体现了中国传统的忠恕之道在现代国际关系中的应用。而改革开放以后，中国的和平发展战略，"以邻为善""和谐世界"的外交方针，则在"和平共处五项原则"的基础上更加体现了中华民族对"协和万邦"、世界"永久和平"的追求。

由周恩来总理首倡的"和平共处五项原则"，即"互相尊重主权和领土完整，互不侵犯，互不干涉内政，平等互利，和平共处"，它所内蕴的基本道德理念就是"己所不欲，勿施于人"和"己欲立而立人，己欲达而达人"。忠恕之道乃处理人际关系的最基本、最普遍的道德准则，而正确处理民族与民族、国家与国家之间的关系也不能外于此。它在现代国际关系中的应用就是"和平共处五项原则"。其中，"互相尊重主权和领土完整，互不侵犯，互不干涉内政"就是"恕"（我要捍卫本国的主权和领土完整，反对他的侵犯和其干涉本国的内政，则我亦须尊重他国的主权和领土完整，不侵犯他国，不干涉他国的内政）；"平等互利"就是"忠"，亦即"己欲立而立人，己欲达而达人"，各民族国家之间在政治上平等，在经济上互利。只有如此，才能使民族与民族、国家与国家之间不诉诸强权和武力，而实现"和平共处"。

周恩来总理代表中国政府首倡的"和平共处五项原则"，其中内蕴了中国文化的优秀传统。如周恩来在1963年接见国际友人时所说："中国人办外事的一些哲学思想"，如"不要将己见强加于人""决不开第一枪""来而不往，非礼也""退避三舍"等等，"来自我们的文化传统，不全是马克思主义的教育"。[①] 这里的"哲学思想""文化传统"，应该说最根本的就是忠恕之道。

中国自改革开放以后，"以经济建设为中心"取代了此前的"以阶级斗争为纲"，进而提出了"以人为本""和谐社会"等重要思想，这也是与中国文化的优秀传统相契合的，实际上也是"来自我们的文化传统，不全是马克思主义的教育"。或者说，这些思想是马克思主义的中国化，亦即与中国的具体实践和文化传统相结合的最新理论成果。在国际关系上，中国政府对国际形势的判断就是和平与发展成为时代的主流，东西方冷战的格局已经被经济全球化的潮流所取代。在新的国内和国际形势下，中国奉行和平发展战略，提出了"与邻为善""和谐世界"的外交方针，并且多次重申中国"永不称霸"。显然，这与"和平共处五项原则"一脉相承，仍是以其所蕴含的忠恕之道为国际关系的准则，而又更多地体现了中华民族对于"协和万邦"、世界"永久和平"[②] 的追求。

在21世纪，中国正处在"和平崛起"的过程中，正在从一个发展中国家逐渐成为一个世界性的强国，孙中山所预想的"中国如果强盛起来"正在成为一个现实。在此过程中，中国内部的"民族主义"会发出强势的声音，而中国外部的"中国威胁论"也会不绝于耳。一个强盛的中国无疑会改变近代以来的世界格局，而世界是否会因中国的强盛而再现列强争霸的历史，这不能不引起国际政治家的疑虑。但从中国文化的传统和中国在近现代所遭受的苦难来说，中华民族既已强烈地感受到国际关系中的"己所不欲"，那么她在强盛起来之后也不会把自己的意志强加于人。一个强盛的中国不应引起世界的动荡甚或战争，而应促进世界的和平与和谐。在此世界大格局的转变时期，弘扬中国文化的仁爱精神和忠恕之道，重温孙中山的"振兴中华"和其"民族主义"与"世界主义"的折中，"中国如果强盛起来"也不会重蹈列强争霸的覆辙，即中国"永不称霸"等思想，这是

① 《周恩来外交文选》，中央文献出版社1990年版，第327～328页。
② 德国哲学家康德在1795年著有《永久和平论》，认为"各个国家联合体的世界大同乃是人类由野蛮步入文明的一个自然的而又必然的历史过程"（参见［德］康德：《历史理性批判文集》，何兆武译，商务印书馆1996年版，第97页）。由此可见，东、西方哲人对于"世界大同"和"永久和平"有着共同的理想追求，而若真正实现之，则世界各民族必须奉行忠恕之道或"普遍道德律"的精神。

很有必要的。孙中山说，"爱和平就是中国人的一个大道德"，承担世界和平的责任"便是我们民族的真精神"。一个强盛的中国不会背离这样的"大道德"和"真精神"。

在21世纪90年代，由德国神学家、图宾根大学教授孔汉思（Hans Kung）等人起草、在"第二届世界宗教会议"上通过的《走向全球伦理宣言》，把"己所不欲，勿施于人"，或者说"你希望人怎样对待你，你也要怎样待人"，作为"全球伦理"的基本规则。近年，孔汉思教授又撰文说：

> 真正有未来并确实能为全球伦理做出贡献的是中华民族的传统精神，这种精神尤其体现在孔子的《论语》中。中国和世界需要一种重新发现人的价值、人的自我主张、人的现实感、道德品质和坚韧性的民族精神；需要一种倡导以真正的人道为核心价值的民族精神；需要一种将所有人都视为社会的一分子，而非孤立个人的民族精神；需要一种将人与人的基本社会关系建立在普遍伦理价值之上的民族精神，这些价值观不取决于普遍的自私自利。目前，中国正在参与塑造人类的未来，在这一进程中，人道感、相互依存感、和谐感等中国伟大人文传统将发挥重要作用。[1]

这是孔汉思教授的真知灼见。中华民族和中国文化的复兴，正在积极地"参与塑造人类的未来"。一个强盛的中国，同时就是对中国"永不称霸"的宣示；一个复兴的中华民族，同时就是一个"谋各民族的平等"的民族。中华民族将与其他民族国家和平共处，建构多元、民主的世界新秩序，努力实现"协和万邦"和"永久和平"的人类理想。

（原载于《中国社会科学院研究生院学报》2012年第5期）

---

[1]［德］孔汉思：《中国传统伦理为全球伦理提供经验》，《中国社会科学报》2010年6月1日。

儒家和谐社会理念及其历史局限

一、 忠恕、 絜矩与和谐

曾有学者提问：西方文化为世界提供了"自由、民主、人权、法制"等普遍价值，那么，中国文化为世界提供了何种普遍价值呢？笔者认为，中国文化为世界提供的一个普遍价值，或普遍价值之一就是"忠恕""絜矩"与"和谐"。

中国近代启蒙思想家严复认为，中西文化的不同在于"自由不自由异耳"，他说：

夫自由一言，真中国历古圣贤之所深畏，而从未尝立以为教者也。彼西人之言曰：唯天生民，各具赋畀，得自由者乃为全受。故人人各得自由，国国各得自由，第务令毋相侵损而已。侵人自由者，斯为逆天理，贼人道。其杀人伤人及盗蚀人财物，皆侵人自由之极致也。故侵人自由，虽国君不能，而其刑禁章条，要皆为此设耳。中国理道与西法自由最相似者，曰恕，曰絜矩。然谓之相似则可，谓之真同则大不可也。何则？中国恕与絜矩，专以待人及物而言。而西人自由，则于及物之中，而实寓所以存我者也。自由既异，于是群异丛然以生。粗举一二言之：则如中国最重三纲，而西人首明平等；中国亲亲，而西人尚贤；中国以孝治天下，而西人以公治天下；中国尊主，而西人隆民；中国贵一道而同风，而西人喜党居而州处；中国多忌讳，而西人众讥评。其于财用也，中国重节流，而西人重开源；中国追淳朴，而西人求欢虞。其接物也，中国美谦屈，而西人务发舒；中国尚节文，而西人乐简易。其于为学也，中国夸多识，而西人尊新知。其于祸灾也，中国委天数，而西人恃人力。若斯之论，举有与中国之理相抗，以并存于两间，而吾实未敢遽分其优绌也。①

严复上文写于 1895 年，当时正是中华民族危亡、"事变之亟"的时候，其中的有些话现在看来可能不尽符合事实，如中国的"絜矩之道"并非全无"存我"之意，中国文化如道家思想中也有对"自由"的追求。但他指出：西方文化特重个体的"自由"，而中国文化崇尚群体的"恕与絜矩"，二者不能"遽分其优绌"，现在看来仍有其合理性。

严复把"恕"与"絜矩"分列。其实，"恕"或"忠恕"即是"絜矩"，而"絜矩"也就是社会的"和谐"。"恕"就是"己所不欲，勿施于人"，孔子对此极为重视，故子贡问："有一言而可以终身行之者乎?"子曰："其恕乎! 己所不欲，勿施于人。"② "忠"一般被解释为"己欲立而立人，己欲达而达人"③。孔子对曾子说："参乎! 吾道一以贯之。"曾子应答："唯。"孔子出，门人问曾子："何谓也?"曾子说："夫子之道，忠恕而已矣。"④ 朱熹注："尽己之谓忠，推己之谓恕。"⑤ 其实，"忠"与"恕"只是"一"道，故孔子说"吾道一以贯之"；若把"忠"与"恕"割裂开来，则"吾道"成为两道矣。在孔子的"一"道中，包含着"己欲立而立人，己欲达而达人"和"己所不欲，勿施于人"的统一而深刻的意涵。因此，"忠"与"恕"有着相互补充、相互规定、相互包含的意思。只有把"忠"与"恕"统一起来，既做到"己欲立而立人，己欲达而达人"，又做到"己所不欲，勿施于人"，才是孔子的"一以贯之"的仁道。

《中庸》引孔子曰："忠恕违道不远，施诸己而不愿，亦勿施于人。"⑥ 由此可见，"忠恕"是统一的，而"恕"亦可包含"忠"。也就是说，若真能做到"己所不欲，勿施于人"，则不仅可以谓之"恕"，而且亦可谓之"忠恕"。《中庸》在"施诸己而不愿，亦勿施于人"之后又云："君子之

①《严复文选》，上海远东出版社 1996 年版，第 4～5 页。
②《四书五经》，黑龙江人民出版社 2003 年版，第 124 页。
③《四书五经》，黑龙江人民出版社 2003 年版，第 67 页。
④《四书五经》，黑龙江人民出版社 2003 年版，第 52 页。
⑤朱熹：《论语集注》，齐鲁书社 1992 年版。
⑥《四书五经》，黑龙江人民出版社 2003 年版，第 19 页。

道四，丘未能一焉：所求乎子，以事父，未能也；所求乎臣，以事君，未能也；所求乎弟，以事兄，未能也；所求乎朋友，先施之，未能也。"① 这里的"求"就是"责"（要求）人的意思，如"所求乎子"就是以孝"责"（要求）于子，而"以事父"就是"自责"，即自己也要以孝来服侍父母。文中的"未能"是孔子的自谦，其意为"反之以自责而自修焉"。这里的"君子之道四"包含了父子、君臣、兄弟、朋友之间的关系。儒家认为，如果在这几种主要的社会关系中贯彻了"忠恕"的原则，那么其"违道不远"，社会就实现基本的"和谐"了。

《大学》讲"君子有絜矩之道"，即"所恶于上，毋以使下；所恶于下，毋以事上；所恶于前，毋以先后；所恶于后，毋以从前；所恶于右，毋以交于左；所恶于左，毋以交于右。此之谓絜矩之道。"② 朱熹注："絜，度也；矩，所以为方也。""絜矩"也就是基本的规矩准则。这里的"所恶于"上、下、前、后、左、右等等，就是"己所不欲"，而"毋以使下"等等，就是"勿施于人"。可见，"絜矩之道"也就是"忠恕"之道。上、下、前、后、左、右等等，是泛指一切社会关系。如果在一切社会关系中贯彻了"忠恕"这个规矩准则，那么，社会也就实现"和谐"了。

儒家的"忠恕"或"絜矩之道"，重在讲社会关系或社会群体的"和谐"，若如严复所说，就是"专以待人及物而言"，但是在"待人及物"之中也并非全无"存我"之意。"己欲立而立人，己欲达而达人"，这里并没有否定自己的"立""达"，而是说自己要"立""达"，也应该使别人有所"立""达"，亦即"使彼我之间各得分愿，则上下四旁均齐方正，而天下平矣"。所谓"彼我之间"是一种我与他者的相互承担义务责任的双向主体性思想。

"忠恕"也并非否定自我的个体性或独立意志。孔子说："三军可夺帅也，匹夫不可夺志也。"③ 就是说，人人都有自我的独立意志，是他人不可以侵夺的。子贡曰："我不欲人之加诸我也，吾亦欲无加诸人。"子曰："赐

①《四书五经》，黑龙江人民出版社 2003 年版，第 19 页。
②《四书五经》，黑龙江人民出版社 2003 年版，第 9 页。
③《四书五经》，黑龙江人民出版社 2003 年版，第 86 页。

也，非尔所及也。"① 这里的"加"是侵加、强加的意思。"我不欲人之加诸我"，即"己所不欲"，我不愿别人强加于我；"吾亦欲无加诸人"，即"勿施于人"，我也不要强加于别人。孔子说，"赐也，非尔所及也"，意为能够做到这一点很不容易。这正说明，忠恕之道的"恕"更为基本，更为重要。只有尊重了自我和他人的独立意志，"己欲立而立人，己欲达而达人"才是真正的"忠"。这也就是孔子所说的："君子和而不同，小人同而不和。"② "和谐"不是苟同于别人，或强使别人与己相同；而是说，彼我之间相互尊重，在彼我的不同之间达到协调平衡。此亦《国语·郑语》中周太史史伯所说："夫和实生物，同则不继。以他平他谓之和，故能丰长而物归之；若以同裨同，尽乃弃矣。"

二、 儒家构想和谐社会的几个层面

"忠恕"是孔子的"一以贯之"的行仁之方，"和谐"是儒家文化的核心价值理念。但儒家对和谐社会的构想并没有完全停留在抽象的层面。笔者认为，它至少还包含以下几个值得我们吸取和借鉴的具体层面。

1. 君子修养的身心和谐

孔子说："古之学者为己，今之学者为人。"③ 儒学特重"为己"，即非常重视自我的身心修养。在儒家看来，君子只有"修己以敬"，才能进而达到"修己以安人"，"修己以安百姓"④。由此可见，儒家的"为己""修己"并非只看重自己，而是把"为己""修己"作为"安人""安百姓"，亦即实现和谐社会的前提条件。即如梁漱溟所说："孔门之学乃为己之学，而己又是以仁为己任的己，此所以孔子周游列国，席不暇暖。"⑤

君子何以"修己"以达到身心和谐，这就是孔子所说的"君子喻于义"，"君子之于天下也，无适也，无莫也，义之于比"，"士志于道，而耻

---

① 《四书五经》，黑龙江人民出版社 2003 年版，第 58 页。
② 《四书五经》，黑龙江人民出版社 2003 年版，第 110 页。
③ 《四书五经》，黑龙江人民出版社 2003 年版，第 116 页。
④ 《四书五经》，黑龙江人民出版社 2003 年版，第 119 页。
⑤ 范文澜曾说："孔子学说就是士阶层思想的结晶。""称为诸子百家的士，对文化有巨大的贡献。"（范文澜：《中国通史》第 1 册，人民出版社 1978 年版，第 160、274 页）。

恶衣恶食者，未足与议也"①。难道君子就没有欲求富贵和喜生恶死之心吗？非也。孔子说："富与贵，是人之所欲也；不以其道得之，不处也。贫与贱，是人之所恶也；不以其道得之，不去也。"②"志士仁人，无求生以害仁，有杀身以成仁。"③可见，君子也可以得富贵，也可以达长寿（孔子有"知者乐，仁者寿"之说），但君子的最高价值取向是道义或仁道，凡违背了此仁道的，则富贵乃至生命都可以舍弃，故君子不耻恶衣恶食，"无求生以害仁，有杀身以成仁"。

儒家又有"死生有命，富贵在天"④之说，这里所说的"天""命"不是道德性的主宰之天或义理之天，而是外界对个体自我的生存"时遇"的一种限制，即所谓"命运之天"。郭店楚简的《穷达以时》篇云：

> 有天有人，天人有分。察天人之分，而知所行矣。有其人，无其世，虽贤弗行矣。苟有其世，何难之有哉？……遇不遇，天也。动非为达也，故穷而不怨。隐非为名也，故莫之知而不吝。……穷达以时，德行一也……故君子敦于反己。⑤

这里所说的"天"就是命运之天，有学者把它解释为"人的群体之力，或者叫作社会力"⑥。这种对个体自我的生存"时遇"的限制，古今中外无论做出何种解释，都是人类个体所不能逃脱、避免的。只有把道义"德行"放在人生价值取向的第一位，"动非为达""隐非为名"的君子，才能在这种限制之中做到"穷而不怨""莫之知而不吝"，即孔子所说"不怨天，不尤人"⑦。君子所能努力的就是继续提升个人修养（"敦于反己"），尽管是"穷达以时"，但"德行"不因"穷达"而改变。孔子说："不知命，无以为君子也。"⑧这里的"命"就是时命，知道了"死生有命，富贵在天"，君子就不刻意去追求富贵和长寿，而更加专注于自己的修养和德行，即使在困穷的时候，也仍然能够保持身心的和谐，有一种"道义之乐"。孔子周

①《四书五经》，黑龙江人民出版社2003年版，第52、51页。
②《四书五经》，黑龙江人民出版社2003年版，第51页。
③《四书五经》，黑龙江人民出版社2003年版，第122页。
④《四书五经》，黑龙江人民出版社2003年版，第101页。
⑤荆门市博物馆：《郭店楚墓竹简》，文物出版社1998年版。
⑥庞朴：《天人三式》，《郭店楚简国际学术研讨会论文集》，湖北人民出版社2000年版。
⑦《四书五经》，黑龙江人民出版社2003年版，第117页。
⑧《四书五经》，黑龙江人民出版社2003年版，第146页。

游列国，在陈绝粮，子路问："君子亦有穷乎?"孔子说："君子固穷，小人穷斯滥矣。"① 也就是说，君子在困穷的时候仍能恪守道义，不改其乐，而小人在困穷的时候就放肆、为非作歹了。

孔子说："饭疏食，饮水，曲肱而枕之，乐亦在其中矣。不义而富且贵，于我如浮云。"② "贤哉回也，一箪食，一瓢饮，在陋巷，人不堪其忧，回也不改其乐。"③ 这就是后来宋明理学家所津津乐道的"孔颜乐处"。有了这样的思想境界，儒家就有了自我的"安身立命"之地，就可以不把富贵贫贱、生死寿夭牵挂在心上，乃至于"富贵不能淫，贫贱不能移，威武不能屈"④，认为"富贵福泽，将厚吾之生也；贫贱忧戚，庸玉汝于成也。存，吾顺事，没，吾宁也"⑤。

儒家不仅有自我身心的"道义之乐"，而且在这种"道义之乐"中又担当着"仁以为己任"的社会责任，故孔子也有"忧"："德之不修，学之不讲，闻义不能徙，不善不能改，是吾忧也。"⑥ 这种担当社会责任的"忧患"意识与"道义之乐"的圆融，是儒家的道德修养、身心和谐的最高境界。范仲淹在《岳阳楼记》中说"不以物喜，不以己悲"，即不把个人的进退得失牵挂在心上；但因为有着"以天下为己任"的情怀，故"先天下之忧而忧，后天下之乐而乐"。他在早年所作《睢阳学舍书怀》中有云"瓢思颜子心还乐，琴遇钟君恨即销"⑦，这就是忧乐圆融或"内圣外王"的境界。在他的晚年，"子弟以公有退志，乘间请治第洛阳，树园圃，以为逸老之地"，范仲淹说："人苟有道义之乐，形骸可外，况居室乎!"⑧ 儒家的忧乐圆融、身心和谐在范仲淹的身上得到集中的体现，故后人有谓范仲淹乃"天地间气，第一流人物"⑨，"先儒论宋朝人物，以范仲淹为第一"⑩。

---

① 《四书五经》，黑龙江人民出版社 2003 年版，第 121 页。
② 《四书五经》，黑龙江人民出版社 2003 年版，第 72 页。
③ 《四书五经》，黑龙江人民出版社 2003 年版，第 64 页。
④ 《四书五经》，黑龙江人民出版社 2003 年版，第 212 页。
⑤ 《张载集》，中华书局 1978 年版。
⑥ 《四书五经》，黑龙江人民出版社 2003 年版，第 69 页。
⑦ 范仲淹：《范文正公集》（卷 3），四部丛刊本。
⑧ 范仲淹：《范文正公集》（《年谱》），四部丛刊本。
⑨ 范仲淹：《范文正公集》（《附录·诸贤赞颂论疏》），四部丛刊本。
⑩ 吕中：《宋大事记讲义》（卷 10），台湾商务印书馆影印文渊阁四库全书本 1986 年版。

2. 家庭和社会人际关系的和谐

儒家的社会理念首重"修身"，然后是"齐家、治国、平天下"，此即《大学》所谓"自天子以至于庶人，壹是皆以修身为本"，"身修而后家齐，家齐而后国治，国治而后天下平"。修身是齐家、治国、平天下的前提条件，而治国、平天下也以齐家为前提条件，故云"其家不可教而能教人者，无之"①。这就是由修身而达至家庭的和谐，再由家庭的和谐而达至社会人际关系的和谐。

孔子的学生有若说："君子务本，本立而道生。孝弟也者，其为仁之本与！"② 所谓"仁之本"就是仁道"施由亲始"的意思。由孝悌或"父义、母慈、兄友、弟恭、子孝"的五常之教而达致家庭成员之间的和谐。孔子说："弟子入则孝，出则弟，谨而信，泛爱众，而亲仁。"③ 孟子说："亲亲，仁也；敬长，义也。无他，达之天下也。"④ 由孝悌、亲亲、敬长而推扩至"泛爱"所有的人，"达之天下"，也就是由家庭的和谐而达至社会人际关系的和谐。

3. 经济的富裕和均平

《论语·子路》篇载："子适卫，冉有仆。子曰：'庶矣哉！'冉有曰：'既庶矣，又何加焉？'曰：'富之。'曰：'既富矣，又何加焉？'曰：'教之。'"⑤ "庶"是指人口的繁庶，在人口繁庶的社会中，先"富之"，然后"教之"，即孔子的"先富后教"思想。此与《管子·牧民》篇所谓"仓廪实则知礼节，衣食足则知荣辱"，大致是异曲而同工。

孔子所谓"富"是指富民，即他所说"因民之所利而利之"⑥。富民是使社会达到和谐的一个基本条件，而社会和谐不能有贫富的悬殊，故孔子说："不患寡而患不均，不患贫而患不安。盖均无贫，和无寡，安无倾。"⑦ 这里的"不患寡而患不均，不患贫而患不安"，寡、贫二字传写互易，当作

---

① 《四书五经》，黑龙江人民出版社 2003 年版，第 3 页。
② 《四书五经》，黑龙江人民出版社 2003 年版，第 35 页。
③ 《四书五经》，黑龙江人民出版社 2003 年版，第 36 页。
④ 《四书五经》，黑龙江人民出版社 2003 年版，第 295 页。
⑤ 《四书五经》，黑龙江人民出版社 2003 年版，第 106 页。
⑥ 《四书五经》，黑龙江人民出版社 2003 年版，第 146 页。
⑦ 《四书五经》，黑龙江人民出版社 2003 年版，第 127 页。

"不患贫而患不均，不患寡而患不安"①。在孔子看来，贫富悬殊的危害要大于贫穷，而均平不是普遍的贫困，而是"均无贫"，即达到共同的富裕。富裕、均平、和谐、安定，使"老者安之，朋友信之，少者怀之"②，这就是孔子所希望达到的经济和社会目标。

孔子主张富民，反对统治者的横征暴敛、刻薄于民。《论语·先进》篇载，鲁国的季氏"富于周公"，而孔子的学生冉求却还帮助季氏"聚敛而附益之"。孔子怒斥说："非吾徒也。小子鸣鼓而攻之，可也。"③

贫富悬殊现象，在孟子所处的战国时期已十分严重，所谓"庖有肥肉，厩有肥马；民有饥色，野有饿莩"④。针对这种现象，孟子提出"仁政"的思想。所谓"仁政"就是君主"以不忍人之心，行不忍人之政"，首先要制民之"恒产"（土地、田宅），国家"省刑罚，薄税敛"，必使人民"仰足以事父母，俯足以畜妻子，乐岁终身饱，凶年免于死亡"，然后施以道德教化，这样，"民之从之也轻"。否则，如果人民的生活困苦，"仰不足以事父母，俯不足以畜妻子；乐岁终身苦，凶年不免于死亡"，那么，"此惟救死而恐不赡，奚暇治礼义哉"⑤。富裕、均平是社会道德的基础，而贫困只能使人民无暇"治礼义"。儒家对于"士"（读书人和社会管理阶层）的道德要求是哪怕"箪食瓢饮"也不改其"乐"，而对于社会民众则主张"先富后教"，这是由中国古代"士农工商"的社会结构所决定的。

4. 执政者的率先垂范

孔子说："政者，正也。子帅以正，孰敢不正?"⑥ 即执政者必须以身作则，率先垂范，这样才能上行下效，达到社会的和谐。《大学》云："上老老而民兴孝，上长长而民兴弟，上恤孤而民不倍（背），是以君子有絜矩之道也。"⑦ 这就是说，构建和谐社会要从执政者自身的道德榜样做起，如果掌权的人操行卑污，贪渎腐化，道德沦丧，那就是"不仁而在高位，是播

---

① 程树德：《论语集释》，中华书局1990年版，第1137页。
②《四书五经》，黑龙江人民出版社2003年版，第61页。
③《四书五经》，黑龙江人民出版社2003年版，第96页。
④《四书五经》，黑龙江人民出版社2003年版，第218页。
⑤《四书五经》，黑龙江人民出版社2003年版，第166页。
⑥《四书五经》，黑龙江人民出版社2003年版，第103页。
⑦《四书五经》，黑龙江人民出版社2003年版，第9页。

其恶于众也"①。

当时，掌握最高权力的是君主。所以，孟子强调，治理社会首先要从"正君心"开始，因为"君仁莫不仁，君义莫不义，君正莫不正；一正君而国定矣"。如果"君心不正"，那就有赖于"惟大人为能格君心之非"。到了宋代，由于理学家的社会道德理想直接受到"君心不正"的阻碍，所以他们把"格君心之非"提升到治道之"本"的高度。如二程说："治道亦有从本而言，亦有从用而言。从本而言，惟从格君心之非，正心以正朝廷，正朝廷以正百官。"② 朱熹也说："熹常谓天下万事有大根本，而每事之中又各有要切处。所谓大根本者，固无出于人主之心术……此古之欲平天下者，所以汲汲于正心诚意，以立其本也。"③

"君心正"然后可以选贤任能，君主与贤士大夫"共治天下"，从而"安民""惠民"，以实现社会和谐的理想。《尚书·皋陶谟》记载舜帝与皋陶、大禹讨论政务，皋陶说："在知人，在安民。"大禹说："知人则哲，能官人；安民则惠，黎民怀之。"④ 这里所谓"知人则哲，能官人"，就是指执政者能够"知人善任"，这样就可以"安民则惠"，人民对执政者也感怀之。孔子继承、发展了"知人则哲""安民则惠"的思想，如《论语·颜渊》篇记载："樊迟问仁，子曰：'爱人。'问知，子曰：'知人。'"⑤ 孔子所说的"爱人"，包含着"安民则惠"的意思，如孔子赞扬子产，"其养民也惠，其使民也义"⑥；又说："因民之所利而利之，斯不亦惠而不费乎？"⑦ 孔子所说的"知人"，其中一个重要的意思就是知人善任，所以"樊迟未达"，孔子指点说："举直错诸枉，能使枉者直。"子夏进一步解释说："富哉言乎！舜有天下，选于众，举皋陶，不仁者远矣；汤有天下，选于众，举伊尹，不仁者远矣。"《论语·子路》篇又记载："仲弓为季氏宰，问政。子曰：'先有司，赦小过，举贤才。'"⑧ 所谓"先有司"，就是先设置行政管

① 《四书五经》，黑龙江人民出版社 2003 年版，第 2217 页。
② 《河南程氏遗书》，中华书局 1981 年版。
③ 朱熹：《晦庵先生朱文公文集》（卷 25），上海古籍出版社 2003 年版。
④ 《四书五经》，黑龙江人民出版社 2003 年版，第 536 页。
⑤ 《四书五经》，黑龙江人民出版社 2003 年版，第 104 页。
⑥ 《四书五经》，黑龙江人民出版社 2003 年版，第 58 页。
⑦ 《四书五经》，黑龙江人民出版社 2003 年版，第 146 页。
⑧ 《四书五经》，黑龙江人民出版社 2003 年版，第 105 页。

理之职;"赦小过",就是省刑罚,宽以待民;"举贤才",就是要把贤能之士选拔到行政管理岗位上。孔子说:"举直错诸枉,则民服;举枉错诸直,则民不服。"① 即若要民众信服,行政官员必须是正直的贤能之士。

孟子也认为,在"君心正"的前提下,君主的首要之务就是"尊贤使能,俊杰在位"②。如果"贤者在位,能者在职",就可以"国家闲暇","明其政刑,虽大国必畏之矣"③。孟子又说:"仁者无不爱也,急亲贤之为务。"④ 因为只有"亲贤",使"贤者在位,能者在职",才能真正贯彻"爱人""安民"之旨。

有了"君心正",又有了"贤者在位,能者在职",执政者就可以率先垂范,政令畅通,取信于民。《论语·颜渊》篇记载:"子贡问政,子曰:'足食,足兵,民信之矣。'子贡曰:'必不得已而去,于斯三者何先?'曰:'去兵。'子贡曰:'必不得已而去,于斯二者何先?'曰:'去食。自古皆有死,民无信不立。'"孔子之所以把"民信之"看得比"足食,足兵"还重要,就是因为执政者必须首先做到"敬事而信","上好信,则民莫敢不用情"⑤。如果执政者没有诚信,那么,人民就必然不信任执政者。"人而无信,不知其可也"⑥,失去了诚信的国家不能有所成立,此所以执政者的自身诚信,取信于民,从政治管理上说,比"足食,足兵"还要重要。

5. 人与自然的和谐

《论语·述而》篇记载"子钓而不纲,弋不射宿",即孔子不是拿着大网捕鱼,也不用弓箭射安歇的鸟,这说明孔子对于自然界的鱼、鸟等生灵也怀着爱悯恻怛之心。孟子则说:"亲亲而仁民,仁民而爱物。"以后,宋儒张载有"民吾同胞,物吾与也"之说,程颢有"仁者以天地万物为一体"之说,明儒王阳明有"大人者以天地万物为一体"之说,以及周敦颐"窗前草不除",张载经常"观驴鸣",程颢观池鱼"欲观万物自得意"等逸事。这些都体现了儒家追求人与自然和谐的境界。

---

①《四书五经》,黑龙江人民出版社 2003 年版,第 42 页。
②《四书五经》,黑龙江人民出版社 2003 年版,第 186 页。
③《四书五经》,黑龙江人民出版社 2003 年版,第 187 页。
④《四书五经》,黑龙江人民出版社 2003 年版,第 307 页。
⑤《四书五经》,黑龙江人民出版社 2003 年版,第 106 页。
⑥《四书五经》,黑龙江人民出版社 2003 年版,第 43 页。

从有关中国上古的记载看，环境保护在中国文化中有着悠久的传统。如《尚书·舜典》记载，舜曾任命伯益为掌管"上下草木鸟兽"的"虞"官，"虞"就是古代负责生态资源保护的官爵（《管子·立政》："修火宪，敬山泽林薮树木，天财之所出，以时禁发焉，使民足于宫室之用，薪蒸之所积，虞师之所事也"）。《逸周书·文传》篇云："山林非时不升斤斧，以成草木之长。川泽非时不入网罟，以成鱼鳖之长。不卵不馈，以成鸟兽之长。畋猎唯时，不杀童羊，不夭胎牛，不服童马，不驰不骛，泽不行害，土不失其宜，万物不失其性，天下不失其时。"这反映了西周时期的环境保护制度。先秦儒家对此有所继承，如孟子在提出"仁政"思想时说："不违农时，谷不可胜食也；数罟不入洿池，鱼鳖不可胜食也；斧斤以时入山林，材木不可胜用也。谷与鱼鳖不可胜食，材木不可胜用，是使民养生丧死无憾也。养生丧死无憾，王道之始也。"① 荀子也说："圣王之制也：草木荣华滋硕之时，则斧斤不入山林，不夭其生，不绝其长也。鼋鼍鱼鳖鳅鳣孕别之时，罔罟毒药不入泽，不夭其生，不绝其长也。春耕、夏耘、秋收、冬藏，四者不失时，故五谷不绝，而百姓有余食也。污池、渊沼、川泽，谨其时禁，故鱼鳖优多，而百姓有余用也。斩伐养长，不失其时，故山林不童，而百姓有余材也。"②

阴阳五行家提出"人与天调，然后天地之美生"，即人类的生产、生活要与自然界的阴阳时序保持协调，然后自然界才会有美好的事物产生。阴阳五行家又提出"圣王务时而寄政"，即圣王的刑赏政令也要按照阴阳时序来安排。这样的思想，在《吕氏春秋·十二纪》中集大成，而《十二纪》后来被收入儒家经典《礼记》（称为《月令》），以致对后儒和中国历史产生了深远的影响。

三、 儒家和谐社会理念的历史局限

儒家和谐社会理念及其几个具体层面，在中国历史上曾经发挥了积极

---

① 《四书五经》，黑龙江人民出版社 2003 年版，第 161 页。
② 《荀子》（《王制》），北京古籍出版社 1956 年版。

的作用，促进了中国古代社会的发展。但是，自秦汉特别是汉代"独尊儒术"以来，中国古代社会是否因为有了儒家的和谐社会理念，于是就实现了社会的和谐呢？历史现实的回答是否定的。笔者认为，儒家之所以不能构建起和谐社会，是因其受到各种局限，特别是秦汉以来政治制度和经济制度的局限。

1. 经济制度的局限

在先秦儒家中，孟子是最重视建立经济制度的先儒，他说："尧舜之道，不以仁政，不能平治天下。……徒善不足以为政，徒法不能以自行。"[①]孟子所设想的"仁政"就是以一套"立经界""均井田"的经济制度为基础，使人民生活富裕，然后"谨庠序之教，申之以孝悌之义"[②]，从而实现社会的和谐。但此思想可谓"生不逢时"，被生产力发展的水平所左右，当时正是从西周的井田制向土地私有制过渡的历史时期，而在秦国完成这一历史过渡的就是商鞅变法。

商鞅在秦国的第一次变法就是颁布"垦草令"，这无疑是在"经界"之外另开辟了生产之源；其中又发令"民有二男以上不分异者，倍其赋"[③]，这是以行政命令和经济政策为手段来改变原有的家庭结构，而改变家庭结构也就是改变当时的生产方式，促进土地私有的小农经济的形成。商鞅的第二次变法有"令民父子兄弟同室内息者为禁"[④]，这是进一步强令每个壮男必须分别立户，从而确立小农经济以一夫一妻的"男耕女织"为生产单位；又明令"为田开阡陌封疆，而赋税平"[⑤]，这就是把井田制改成小农经济的土地私有制。《汉书·食货志》引董仲舒言："秦……用商君之法，改帝王之制，除井田，民得卖买。"在此之前则是"井田受之于公，毋得粥（鬻）卖"。笔者认为，秦汉以来虽然仍有《诗经》所云"溥天之下，莫非王土"之说，但土地可以"卖买"，豪绅不可侵夺（虽有侵夺的事实，但形式上属于非法），这已是普遍王权之下的土地私有制。

孟子与商鞅大约同时，当商鞅在秦国变法以"富国强兵"时，孟子或

①《四书五经》，黑龙江人民出版社2003年版，第221页。
②《四书五经》，黑龙江人民出版社2003年版，第161页。
③ 司马迁：《史记》（《商君列传》），中华书局1959年版。
④ 司马迁：《史记》（《商君列传》），中华书局1959年版。
⑤ 司马迁：《史记》（《商君列传》），中华书局1959年版。

有耳闻，他对此持反对的态度是可以肯定的，故有云"善战者服上刑……辟草莱、任土地者次之"①。受历史的局限，孟子对于商鞅变法的深远历史意义是不可能理解的。而土地私有制必然带来的土地兼并、贫富悬殊则是秦汉以来社会不得和谐的一个经济根源。《汉书·食货志》引董仲舒言："富者田连阡陌，贫者亡立锥之地"，"庶人之富者累巨万，而贫者食糟糠"，这不仅是战国时期的情况，而且也是汉武帝时期的情况。因此，董仲舒想恢复井田制，但又觉得"古井田法"难以"卒（猝）行"，于是提出改良之道："宜少近古，限民名田，以澹不足，塞并兼之路……薄税敛，省徭役，以宽民力……"② 到了王莽篡汉时，他"动欲慕古，不度时宜"，要恢复井田制，下令"更名天下田曰王田，奴婢曰私属，皆不得卖买"，但只施行了三年，便"知民愁，下诏诸食王田及私属皆得卖买，勿拘以法"③。

以后，宋儒程颢在熙宁年间又痛陈土地兼并、贫富悬殊的严重："富者跨州县而莫之止，贫者流离饿殍而莫之恤"，他主张正经界，复井田，以塞兼并之路。张载也"慨然有意三代之治……论治人先务，未始不以经界为急……尝曰：仁政必自经界始。贫富不均，教养无法，虽欲言治，皆苟而已"④。当时，张载和二程都认为，"井田至易行"，但后来受到重重阻碍，乃至程颐说："不行于当时，行于后世，一也。"⑤ 南宋时，朱熹说："封建井田，乃圣王之制，公天下之法，岂敢以为不然！但在今日恐难下手。设使强做得成，亦恐意外别生弊病，反不如前，则难收拾耳。"⑥ 朱熹从较现实的眼光看到，井田不可复，故又提出："宜以口数占田，为立科限，民得耕种，不得买卖，以赡贫弱，以防兼并。"⑦

由上可知，儒家一直追求的就是要建立一个能够避免贫富悬殊、保障共同富裕的社会经济制度，但受到历史上必然出现的土地私有制的冲击，他们的理想在中国古代未免被讥为"迂远而阔于事情"，甚至被帝王看作

---

① 《四书五经》，黑龙江人民出版社 2003 年版，第 228 页。

② 班固：《汉书》（《食货志》），中华书局 1962 年版。

③ 班固：《汉书》（《食货志》），中华书局 1962 年版。

④ 《朱子语类》（《附录·横渠先生行状》），中华书局 1994 年版。

⑤ 程树德：《论语集释》（卷 10），中华书局 1990 年版。

⑥ 《朱子语类》（卷 108），中华书局 1994 年版。

⑦ 朱熹：《晦庵先生朱文公文集》（卷 68），上海古籍出版社 2003 年版。

"致乱之道"。事实上，在农耕经济制度条件下，那只是一种理想化的诉求。只有在当今社会主义市场经济体制下，把市场的自由竞争与"均无贫"的政策调控维度有机地结合起来，儒家所追求的共同富裕的理想才有可能实现。

2. 政治制度的局限

"仲尼祖述尧舜，宪章文武"①，先秦儒家所肯定的政治制度，一是尧、舜二帝的禅让制，二是夏、商、周三代的世袭封建制。这在春秋战国时期就像经济上的井田制那样，已经不适应当时"礼崩乐坏""诸侯力政""兵革不休"的变乱形势。孟子"述唐虞三代之德"，欲以王道之德政统一天下。而历史的现实是，"商鞅相孝公，为秦开帝业"，秦国是靠着君主集权的郡县制、土地私有制以及"富国强兵"的实力和暴力来统一中国的。虽然汉代在意识形态上"独尊儒术"，但其政治制度以及经济制度都承袭了"秦制"。这就是《后汉书·班彪列传》载班彪所言，"周之废兴，与汉殊异……汉承秦制，改立郡县，主有专已之威，臣无百年之柄"；清代史学家赵翼则称"秦汉间为天地一大变局"；近代的谭嗣同也说"二千年来之政，秦政也"。

在君主集权的政治制度下，儒家的和谐社会理想注定不能实现。董仲舒为使儒家伦理适应君主集权制度而提出了"三纲"之说，"纲"含有绝对尊卑和绝对服从的意义，这在先秦儒家的思想中是没有的。董仲舒说："《春秋》深探其本，而反自贵者始。"所谓"自贵者始"，就是从正君心开始。他说："故为人君者，正心以正朝廷，正朝廷以正百官，正百官以正万民，正万民以正四方。四方正，远近莫敢不壹于正……而王道终矣。"② 然而，如何保障君主能够"正心"呢？董仲舒提出"屈君而伸天"，欲以天的"谴告"或"阴阳灾异"来警戒人君。这种手段的有限性在董仲舒本人身上就体现了出来，有一次，董仲舒言"高庙"灾异，被汉武帝下狱，"当死，诏赦之，于是，董仲舒竟不敢复言灾异"③。

宋代理学家二程和朱熹等把"格君心之非"作为治道之本，而他们的

① 《四书五经》，黑龙江人民出版社 2003 年版，第 27 页。
② 班固：《汉书》（《董仲舒传》），中华书局 1962 年版。
③ 司马迁：《史记》（《儒林列传》），中华书局 1959 年版。

"格君心之非"，一是劝说皇帝"正心诚意"，二是在不得已时也要拿"阴阳灾异"来警戒人君，其失败也是必然的。程颢在劝说宋神宗时，"大要以正心窒欲、求贤育才为先"，而实际结果却是"兴利之臣日进，尚德之风浸衰"。朱熹除了把正君心作为治世的"大根本"外，还提出其他"要切处"，如"论任贤相、杜私门，则立政之要也；择良吏、轻赋役，则养民之要也；公选将帅、不由近习，则治军之要也；乐闻警戒、不喜导谀，则听言用人之要也"，但这些"要切处"都须以"君心正"为前提，"未有大本不立，而可以与此者"①。

由于"君心不正"，儒家所设想的"选贤任能""正朝廷以正百官"或"任贤相""择良吏"等等也就无从实现。历史的事实证明，执政者的率先垂范不仅需要其自身的道德修养，而且必须在现代社会的民主法治下，对执政者实行有效的监督，对以权谋私、贪污腐化者给予法律的制裁，才有望真正实现。

3. 君臣之伦与家庭和社会伦理

儒家伦理包含着人类的普遍道德准则，如"忠恕之道"是也，故至今它被称为道德的"黄金律"。然而，儒家伦理必然是一个时代社会关系的反映，带有那个时代的特殊性。儒家所重视的社会关系是所谓五伦："父子有亲，君臣有义，夫妇有别，长幼有序，朋友有信。"② 在这五伦中，儒家最重视的又是"君臣之义，父子之亲，夫妇之别"③ 的三大伦。在这三大伦中，按照"自然"的顺序，应该是先夫妇，再父子，后君臣，故《周易·序卦》云："有天地然后有万物，有万物然后有男女，有男女然后有夫妇，有夫妇然后有父子，有父子然后有君臣，有君臣然后有上下，有上下然后礼义有所错（措）。"《中庸》亦云："君子之道，造端乎夫妇。"但是，在古代男权社会，儒家把父子关系看得比夫妇关系更重要，而且随着战国时期君主权力的提升，对君臣关系的重视也逐渐超过了对父子关系的重视。如在郭店楚简《六德》篇中有"为父绝君"之说，而在《礼记·曾子问》中就已是"有君丧服于身，不敢私服"了。

---

① 朱熹：《晦庵先生朱文公文集》（卷25），上海古籍出版社2003年版。
②《四书五经》，黑龙江人民出版社2003年版，第207页。
③《荀子》（《天论》），北京古籍出版社1956年版。

在秦汉的君主集权制度确立后，"三纲"之说不仅强化了君尊臣卑，而且也强化了男尊女卑和父尊子卑。在社会人伦的尊卑关系下，和谐社会是注定不能实现的。君主集权在宋代以来又被进一步强化，其祸害就是宋亡于元，明亡于清，以致王夫之说："生民以来未有之祸，秦开之而宋成之。秦私天下而力克举，宋私天下而力自诎。祸速者绝其胄，祸长者绝其维。"① 黄宗羲说："今也以君为主，天下为客，凡天下之无地而得安宁者，为君也。"② 唐甄也说："自秦以来，凡为帝王者皆贼也。"③

随着对君臣关系的反省，儒家的社会人伦思想也在起变化。如黄宗羲提出君臣关系并不像父子关系那样天经地义，父子之间的血缘关系是不可改变的，与此不同，"君臣之名，从天下而有之者也。吾无天下之责，则吾在君为路人。出而仕于君也，不以天下为事，则君之仆妾也；以天下为事，则君之师友也。"④ 在黄宗羲的思想中，"路人"就是平等的关系，而君臣则应该是"师友"的关系。黄宗羲所设想的法制是："贵不在朝廷也，贱不在草莽也。"⑤ 社会人伦没有了贵贱尊卑，人人平等相处，才有望实现和谐。

唐甄对于君主制的批判，涉及了对于君主的宫廷后妃制度的批判，他说："人君之于妻，异宫而处，进御有时，则曰天子之匹与庶人异……不和于家，乱之本也。"⑥ 这就是说，儒家所期望于君主的"家齐而后国治"，在君主的宫廷后妃制度下，是根本不可能实现的；不仅如此，君主的家庭"不和"，成为国家动乱的根源。唐甄主张"抑尊"，他把君臣之间的"抑尊"引申到家庭伦理的"抑尊"。他说：

> 君不下于臣，是谓君亢；君亢则臣不竭忠，民不爱上。夫不下于妻，是谓夫亢；夫亢则门内不和，家道不成。施于国，则国必亡；施于家，则家必衰；可不慎与！⑦

所谓"君亢"就是君尊臣卑，所谓"夫亢"就是男尊女卑。唐甄认识

① 王夫之：《黄书》（《古仪》），中华书局1959年版。
② 黄宗羲：《明夷待访录》（《原君》），中华书局1981年版。
③ 唐甄：《潜书》（《室语》），中华书局1963年版。
④ 黄宗羲：《明夷待访录》（《原臣》），中华书局1981年版。
⑤ 黄宗羲：《明夷待访录》（《原法》），中华书局1981年版。
⑥ 唐甄：《潜书》（《抑尊》），中华书局1963年版。
⑦ 唐甄：《潜书》（《内伦》），中华书局1963年版。

到，君尊臣卑就会使"臣不竭忠，民不爱上"，他实际上已有摆脱君臣之伦的思想，故云："君臣，险交也。"① "君臣之伦不达于我也……吾犹是市里山谷之民也，不敢言君臣之义也。"② 唐甄思想的更可贵处在于，他认为，若使家庭和谐就必须破除男尊女卑。为此，他批判了当时的家庭暴力：

> 今人多暴其妻。屈于外而威于内，忍于仆而逞于内，以妻为迁怒之地。不祥如是，何以为家！……盖今学之不讲，人伦不明；人伦不明，莫甚于夫妻矣。……人而无良，至此其极。③

在唐甄看来，男尊女卑、家庭暴力是最严重的"人伦不明""人而无良"。他认为："敬且和，夫妇之伦乃尽。"④ 也就是说，相互尊敬与和谐才是理想的夫妻关系。那么，如何才能实现这种理想的关系呢？此无他，就是孔子所说的"其恕乎！己所不欲，勿施于人"。唐甄说：

> 恕者，君子善世之大枢也。五伦百行，非恕不行，行之自妻始。不恕于妻而能恕人，吾不信也。⑤

这就是说，首先要在夫妻之间实行恕道。如果不以恕道而达到家庭的和谐，那么，恕于他人而实现社会的和谐就无从谈起。经过两千多年的历史，儒家的人伦道德终于回归了其"自然"顺序，即"人伦之道，造端乎夫妇"。

王夫之、黄宗羲、唐甄等都是明清之际的儒者，他们的思想突破了儒家伦理原有的一些历史局限，具有了近代启蒙思想的一些萌芽。但是，他们所理想的和谐社会在当时是不可能实现的。只有以民主制取代了君主制，以法制取代了专制，新型的家庭伦理和社会伦理有了新型生产关系的基础与政治制度的保障，和谐社会才有可能实现。

4. 士人修身与社会的世俗文化

曾有学者认为，中国文化是为王权服务的"史官"或"巫史"文化。实际上，这一观点只能概括夏、商、周三代"学在王官"的文化，而不能概括春秋以降"学术下移""道术将为天下裂"以后产生的包括儒家在内的

---

① 唐甄：《潜书》（《利才》），中华书局1963年版。
② 唐甄：《潜书》（《守贱》），中华书局1963年版。
③ 唐甄：《潜书》（《内伦》），中华书局1963年版。
④ 唐甄：《潜书》（《内伦》），中华书局1963年版。
⑤ 唐甄：《潜书》（《夫妻》），中华书局1963年版。

诸子文化。从诸子文化的社会阶层载体来说，它属于"士人"文化①。孔子首开私人讲学之风，而且"有教无类"，主张"举贤才""学而优则仕"，由此培养出了一批出身"布衣"（平民）的士人，并开创了战国时期的"布衣卿相"之局。士为"四民"（士农工商）之首，他们在"学而优则仕"以后成为社会管理阶层的成员。因此，士具有代表"四民"利益和承担治民职责的双重属性。孔子所说的"士志于道""君子喻于义"，曾子所说的"士不能不弘毅，仁以为己任"，都是对士阶层的道德要求；"一箪食，一瓢饮，在陋巷，人不堪其忧，回也不改其乐"，也是士阶层应该达到的人生思想境界。由于受到当时社会结构、经济状况和知识发展水平的限制，儒家不可能要求农工商阶层也具有这样的道德自觉，故孔子认为，必须"先富后教"，"因民之所利而利之"，甚至说"民可使由之，不可使知之"②。

孟子在回答"士何事"的提问时说："尚志"，"仁义而已矣"③。他又说："无恒产而有恒心者，惟士为能。若民则无恒产，因无恒心。苟无恒心，放辟邪侈，无不为已。"④ 因此，孟子的仁政思想并不是"仁义而已矣"，而是首先要制民"恒产"，然后再施以道德教化。由此可见，儒家对于士人讲"义利之辨"，并且通过"死生有命，富贵在天"的思想，使士人"知命"，不要"戚戚于贫贱，汲汲于富贵"⑤，要把主要精力放在自我修身和安民治国上。但对于社会的普通大众来说，儒家就不能这样要求。一般说来，中国的精英文化（或称"大传统"）是与世俗文化（或称"小传统"）相互联系、相互作用的，但二者又有一定的区别：前者的主要倾向是崇尚道义，而后者的主要倾向是重视功利，所谓"天下熙熙，皆为利来；天下攘攘，皆为利往"⑥ 是也⑦。

---

　　① 范文澜曾说："孔子学说就是士阶层思想的结晶。""称为诸子百家的士，对文化有巨大的贡献。"（范文澜：《中国通史》第 1 册，人民出版社 1978 年版，第 160、274 页）。

　　②《四书五经》，黑龙江人民出版社 2003 年版，第 78 页。

　　③《四书五经》，黑龙江人民出版社 2003 年版，第 302 页。

　　④《四书五经》，黑龙江人民出版社 2003 年版，第 166 页。

　　⑤《荀子》（《扬雄传》），北京古籍出版社 1956 年版。

　　⑥ 司马迁：《史记》（《货殖列传》），中华书局 1959 年版。

　　⑦ 在中国古代也曾产生金钱崇拜，如西晋惠帝时"货赂公行"，鲁褒作有讽刺性的《钱神论》，谓"钱之为体，有乾坤之象，内则其方，外则其圆……为世神宝，亲之如兄，字曰孔方，失之则贫弱，得之则富昌……钱之所佑，吉无不利，何必读书，然后富贵……无德而尊，无势而热……危可使安，死可使活，贵可使贱，生可使杀……凡今之人，惟钱而已"。（《晋书·鲁褒传》）

孔子说："务民之义，敬鬼神而远之，可谓知矣。"① 他对于《周易》，主张"不占而已矣"②，"吾观其德义耳"。但是，《周易·象传》中有"圣人以神道设教而天下服"的思想，后来，儒家又有"以筮设教"的思想。荀子认为，"天行有常，不为尧存，不为桀亡"③，在他的思想中，"天"完全是自然之天，但他也主张"日月食而救之，天旱而雩，卜筮然后决大事"等活动，认为这是"君子以为文，而百姓以为神"④。因此，在中国古代的世俗文化中充斥着功利性的多神崇拜和求占问卜之风。

现代社会已经改变了中国古代的"四民"结构，农工商等阶层现在已不仅是政治、经济主体，而且和知识分子一样成为文化主体。在新的社会结构中，特别是在社会主义市场经济体制下，儒家所强调的"君子喻于义"也仍有价值，即行政官员或公务员应该追求社会公义，不能把官场当成市场，把政治生活混同于经济生活，不可在官场上追求自己的最大化利益。相对于农工商等阶层来说，儒家的"义利之辨"应该调整为"生财有大道"，遵义而兴利，历史上曾经出现过的"儒商"精神应该得到新的诠释和发扬。

5. 人口和农业生产给自然生态环境造成的压力

儒家虽然追求人与自然的和谐，但其"天人合一"在义理层面上更加强调"性与天道合一"，而没有在发展科学技术及提高生产力的基础上来解决人与自然的协调和可持续发展问题。

"孔子以《诗》《书》《礼》《乐》教"⑤，并非没有实用目的。他说："诵《诗》三百，授之以政，不达；使于四方，不能专对；虽多，亦奚以为？"⑥ 可见，孔子的教育目的主要是培养一批"学而优则仕"的行政官员。受历史条件的局限，孔子在当时不可能办技术专科性质的学校，故"樊迟请学稼，子曰：'吾不如老农。'请学为圃，曰：'吾不

①《四书五经》，黑龙江人民出版社 2003 年版，第 66 页。
②《四书五经》，黑龙江人民出版社 2003 年版，第 109 页。
③《荀子》（《天论》），北京古籍出版社 1956 年版。
④《荀子》（《天论》），北京古籍出版社 1956 年版。
⑤ 司马迁：《史记》（《孔子世家》），中华书局 1959 年版。
⑥《四书五经》，黑龙江人民出版社 2003 年版，第 106 页。

如老圃。'"① 孟子说:"诸侯之宝三:土地、人民、政事。"② 当时,诸侯国君的"大欲"就是"辟土地,朝秦楚,莅中国而抚四夷也"③。以后,中国历代君主所追求的也离不开人口众多和地大物博,人口多则赋税、徭役的资源就多,而人口多又需要开辟更多的农耕土地。然而,在科技和生产力不发达的历史条件下,人口的生产和农业的生产必然给中国的自然生态环境造成愈来愈大的压力。笔者在《中国传统文化与现代经济发展》一文中指出:

> 中国古代的"天人合一"思想,虽然不主张向自然界无限制地索取,但并没有真正解决如何在发展科学技术、发展物质生产的基础上与自然界保持和谐的问题,因而它在民众的社会生活中远没有得到普遍的贯彻落实。实际上,由于人口的不断增加,垦殖的不断扩大,自秦汉以来,中国的生态环境是一个日趋恶化的过程:秦和西汉是第一次恶化时期,东汉至隋有相对恢复,唐至元是第二次恶化时期,明以后是严重恶化时期。吸取这些历史教训,我们应该清醒地认识到,如无人口的控制,如无科学技术的发展和物质生活的保障,解决人与生态环境的协调问题只能是少数思想家的不现实的"理想境界"。④

美国生态学家沃斯特曾讲到,20 世纪初,白人移民对美国南部大平原的农耕开发,"跟在犁后的尘土"逐渐肆虐于大平原,"农夫们制造了尘暴","农民自己无心地引发了他们所遭受的大部分贫困和障碍",从 1935 年到 1939 年,"尘暴难民"达到 30 万⑤。美国在 20 世纪初所经历的农耕破坏植被、制造尘暴,在中国历史上实已持续了一两千年。美国从 20 世纪 40 年代开始重视"土地伦理"、环境保护,而我国由于一直受到人口和粮食的压力,迟至近几年才开始"退耕还林""退耕还草"。这说明,不仅过度的工业开发会破坏环境,过度的农业开发也是如此。虽然在中国文化传统中

---

① 《四书五经》,黑龙江人民出版社 2003 年版,第 106 页。
② 《四书五经》,黑龙江人民出版社 2003 年版,第 318 页。
③ 《四书五经》,黑龙江人民出版社 2003 年版,第 165~166 页。
④ 李存山:《中国传统文化与现代经济发展》,《哲学研究》1994 年第 9 期。
⑤ [美] 唐纳德·沃斯特:《自然的经济体系———生态思想史》,侯文蕙译,商务印书馆 1999 年版,第 266~268 页。

有着环境保护的丰厚资源，但我们所面对的现实生态问题要比西方工业化进程中出现的环境保护问题更加严峻。

建构当代中国和谐社会，保护生态环境和可持续发展，必须把"天人合一"的理念同计划生育、发展科技以提高生产力结合起来。同时，还要坚持"以人为本"，实行忠恕之道，只有首先处理好人与人之间的关系（包括当代人之间的关系以及当代人与后代人之间的关系），才能最终处理好人与自然的关系。须知，贫困、战争是对自然的最大威胁，在人与人的"交战"中就没有人与自然的"和平"可言。唯有首先实现共同富裕、和平发展，才有可能最终实现人与自然的和谐。

（原载于《河北学刊》2007 年第 1 期）

儒家的"乐"与"忧"

一

儒家的"乐",其广泛意义可以理解为今日所言之"幸福"。在《尚书·洪范》篇所列"洪范九畴"中有"次九曰向(享)用五福,威用六极","五福:一曰寿,二曰富,三曰康宁,四曰攸好德,五曰考终命","六极:一曰凶短折,二曰疾,三曰忧,四曰贫,五曰恶,六曰弱"。这里的"五福"就是五种幸福:长寿、富足、安宁、遵行美德、老而善终,此"五福"说体现了中国文化的义利统一或"德福一致"的幸福观。而"六极"就是六种不幸:短命夭折、疾病、忧思、贫困、恶行、愚懦赢弱,此"六极"显然是相对于"五福"而言,如果说"福"是"好",那么"极"就是"坏"。广泛而言之,"五福"就是儒家对人生、社会所"乐"者,而"六极"就是儒家对人生、社会所"忧"者。

康德在《实践理性批判》中引述"经院中有一个老公式",即:"若不是认其为善,我们就不贪求(按译为"希求"更妥)任何事情;若不是认其为恶,我们就不憎恶任何事情。"康德指出:"对于拉丁文用 bonum(善)一词所指称的那种东西,德文中却有两个十分悬殊的概念,并且还有同样悬殊的语词:das Gute(善)和 das Wohl(福)两个词与 bonum 一词相当,das Böse(恶)和 das Übel(祸,或 Wel)两个词与 malum(恶)一词相当。"① 显然,《洪范》的"福"包含了"德"或"善"(das Gute)在内,

---

① [德] 康德:《实践理性批判》,关文运译,广西师范大学出版社 2002 年版,第 48~49 页。

它相当于拉丁文的 bonum；而"极"包含了"恶"（das Böse）在内，它相当于拉丁文的 malum。

鲍吾刚在《中国人的幸福观》中说："在对幸福的寻找中，询问一下寻找的首先是个人幸福还是社会幸福是非常重要的。这条分界线也划分了另一个同样重要的问题：希望幸福是在彼岸找到呢，还是就在此世此地呢？这两个问题连接得如此紧密，以致于它们在不同层面不同部分出现时，必须要同时得到回答。"① 显然，《洪范》的"五福"是既包括"个人幸福"也包括"社会幸福"，而其所希求得到的幸福不是在彼岸世界，而是就在"此世此地"。

《尚书·皋陶谟》有云："知人则哲，能官人；安民则惠，黎民怀之。"此处"知人"就是执政者要"知人善任"的意思，而"安民"也就是要使人民生活得幸福，前者是善政的必要条件，后者则是善政的宗旨。就执政者而言，他所希求的幸福应该首先是"社会幸福"或"天下人"的幸福，这也就是《尚书》中特别强调的执政者要"敬德""保民"。

"知人""安民"和"敬德""保民"在以后孔子思想中的延续就是"举贤才"（《论语·子路》），孔子在回答樊迟"问仁"时答以"爱人"，樊迟又"问知"，孔子答以"知人"，并指点说"举直错诸枉，能使枉者直"（《论语·颜渊》），以及"修己以敬"，"修己以安人"，"修己以安百姓"（《论语·宪问》），"博施于民而能济众……必也圣乎"（《论语·雍也》），"因民之所利而利之，斯不亦惠而不费乎"（《论语·尧曰》）。儒家当然首重"修己"，但"修己"的宗旨不是希求"个人幸福"，而是"希贤""希圣"，提升个人的道德境界乃至实现"社会幸福"，此即儒家的"内圣外王"。

孟子在教导齐宣王要"与民同乐"时说："乐民之乐者，民亦乐其乐；忧民之忧者，民亦忧其忧。乐以天下，忧以天下，然而不王者，未之有也。"（《孟子·梁惠王下》）这里的"乐民之乐""乐以天下"，就是以天下人的幸福为"乐"；而"忧民之忧""忧以天下"，就是以天下人的不幸为"忧"。能够有此"乐"、有此"忧"，就是达到了"内圣"的道德境界。孟

① 鲍吾刚：《中国人的幸福观》，严蓓雯等译，江苏人民出版社 2004 年版，第 2 页。

子认为，如果诸侯王能够有此境界，那么他就可以"王天下"了。

范仲淹在《岳阳楼记》中说："先天下之忧而忧，后天下之乐而乐。"这里的"天下之忧"和"天下之乐"，显然也是指天下人的不幸与幸福。范仲淹自己之所以"先忧后乐"，是因为他有"以天下为己任"的情怀①："先忧"者即儒家对人生、社会的不幸有一种忧患、责任意识，"后乐"者即儒家不是首先希求自己的幸福、快乐。但是，"先忧后乐"也并非儒者本人在当下只有"忧"而没有"乐"，在儒者本人的当下之"忧"中实也有一种当下之"乐"，这种"乐"不是儒者本人的物质层面的幸福、快乐，而是儒者的"道义之乐"②，即"孔颜之乐"。

张载在《正蒙·至当》篇说："至当之谓德，百顺之谓福。德者福之基，福者德之至。无人而非百顺，故君子乐得其道。"这里的"至当"就是一种绝对的"应该"，此之谓"德"；"百顺"就是一种合乎道德准则的生活，此之谓"福"。德是福的基础，福是德的结果③，"以德致福，因其理之所宜，乃顺也"（王夫之《正蒙注》）。君子完全按照"理之所宜"来生活，则"乐得其道"。这里的"乐"首先是一种"道义之乐"，但也不排除物质层面的幸福。张载说："富贵福泽，将厚吾之生也；贫贱忧戚，庸玉汝于成也。"（《正蒙·乾称》）物质层面的幸福就是"富贵福泽"，它对于"厚吾之生"也是需要的；但它并非君子的第一需要，且其并非一定能够得到。"贫贱忧戚"本来是人生所"恶"，但也可将其看作锻炼自己、提升道德修养的过程。道德修养毕竟是人生最重要的，所以在"贫贱忧戚"时也不失"道义之乐"。

古希腊的亚里士多德说："幸福就是合乎德性的现实活动"，"合乎德性的行为，就是自身的快乐"，"最美好、最善良、最快乐也就是幸福"④。他

---

① 朱熹说："且如一个范文正公，自做秀才时便以天下为己任，无一事不理会过。一旦仁宗大用之，便做出许多事业。"（《朱子语类》卷一二九）

② 范仲淹晚年徙知杭州，"子弟以公有退志，乘间请治第洛阳，树园圃，以为逸老之地"，范仲淹说："人苟有道义之乐，形骸可外，况居室乎！"见《范文正公集·年谱》。

③《国语·晋语六》载范文子曰："夫德，福之基也，无德而福隆，犹无基而厚墉也，其坏也无日矣。"又，《国语·晋语九》载赵襄子曰："吾闻之，德不纯而福禄并至，谓之幸。夫幸非福，非德不当雍，雍不为幸，吾是以惧。"以此知古人对"幸"与"福"有区别，古语"幸（倖）"是侥幸得福的意思，今用"幸福"一词乃现代汉语。

④ ［古希腊］亚里士多德：《尼各马科伦理学》，苗力田译，中国人民大学出版社2003年版，第14、15页。

在这里说的"幸福""快乐"也可理解为"道义之乐"，但它也不排除物质层面的幸福，故他说："幸福就是生活优裕、行为美好的观点和这一原理完全符合，因为我们已经把它规定为某种好的生活和好的行为。"①

亚里士多德是持"德福一致"观点的，但后来的斯多葛派和伊壁鸠鲁派"都倾向于把一方归并于另一方，并且实际上都倾向于单独使用德性概念，或单独使用幸福概念"，其一个极端就是"德性和幸福完全分离了"②。在西方伦理学史上，把德福分离的还有康德，他说："构成行为的全部道德价值的重要条件就是：道德法则必须直接决定意志。""人们只要允许别的动机（如利益动机）与道德法则通力合作，那还是有危险的。""凡可能潜入我们准则中而构成意志的动机的一切经验成分，都经由苦乐之感（……）立刻被人觉察出来，但是纯粹实践理性则断然反对这个成分，而不把它当作它的原理中的一个条件。""划分那以经验原理为其整个基础的幸福论和不允许丝毫经验原理掺杂于其中的道德学，乃是纯粹实践理性分析论的首要任务……"③ 显然，康德的德福分离论不仅异于亚里士多德，而且异于儒家的伦理学。

西方现代伦理学家麦金太尔反对这种德福分离的观点，他说："除非德性以某种方式导致幸福，否则它就缺乏目标，就变得毫无意义；除非幸福以某种方式与德性的实践密切相关，否则它就不是人这类存在者的幸福，就不能满足道德化了的人类本性。幸福和德性既不是完全统一的，也不是完全互不相关。"④ 麦金太尔的这种德福有分而相关论，对于我们深入分析儒家的德与福、乐与忧提供了一个很好的理论借鉴。

二

孔子说："古之学者为己，今之学者为人。"（《论语·宪问》）儒学特重"为己"，此"为己"也就是为了"修己"。在儒家看来，君子只有"修

---

① [古希腊] 亚里士多德：《尼各马科伦理学》，苗力田译，中国人民大学出版社 2003 年版，第 13 页。
② [英] 阿拉斯代尔·麦金太尔：《伦理学简史》，龚群译，商务印书馆 2003 年版，第 147~149 页。
③ [德] 康德：《实践理性批判》，关文运译，广西师范大学出版社 2002 年版，第 63、84、85 页。
④ [英] 阿拉斯代尔·麦金太尔：《伦理学简史》，龚群译，商务印书馆 2003 年版，第 147 页。

己以敬"，才能进而达到"修己以安人"，"修己以安百姓"。由此亦可见，儒家的"为己""修己"并非只看重自己，而是把"为己""修己"作为"安人""安百姓"，即实现"社会幸福"的前提条件，亦即所谓"道必充于己，而后施以及人"（《程氏文集》卷五《上仁宗皇帝书》）。这也就是梁漱溟先生在为中国文化书院的题词中所说："孔门之学乃为己之学，而己又是仁以为己任的己，此所以孔子周游列国，席不暇暖。"

君子以"敬"修己，此"敬"也就是对道德修养的一种严肃而专注的态度，亦即《中庸》所说的"君子戒慎乎其所不睹，恐惧乎其所不闻"，"择善而固执之者也"，朱熹所说的"敬者，主一无适之谓"（《论语集注·学而》）。所谓"择善而固执"，所谓"主一无适"，当然都是指对道德修养的专注态度。

孔子说，"君子义以为上"（《论语·阳货》），"君子喻于义"，"君子之于天下也，无适也，无莫也，义之于比"（《论语·里仁》）。"敬"的态度也就是专注于道义的态度。这种态度除了道义之外，不再把个人的其他需求牵挂在心上，或者说，不以其他需求来干扰对道义的专注。孔子说："士志于道，而耻恶衣恶食者，未足与议也。"（同上）这就是说，把道义作为人生的第一追求，以遵循道义为荣尚，而不以"恶衣恶食"为耻辱，不因"恶衣恶食"而改变对道义的执着。儒家并不是禁欲主义者，相反，儒家认为富贵、长寿等等也是人生所欲求的幸福。但是，这种物质层面的幸福不应以违背道义来获取，道义的价值要高于物质层面的幸福。这也就是孔子所说："富与贵，是人之所欲也；不以其道得之，不处也。贫与贱，是人之所恶也；不以其道得之，不去也。"（同上）"志士仁人，无求生以害仁，有杀身以成仁。"（《论语·卫灵公》）可见，君子也可以得富贵，也可以达长寿（孔子有"知者乐，仁者寿"之说，见《论语·雍也》），但君子的最高价值取向是道义或仁道，凡违背了此仁道的，则富贵不足取，乃至生命也可以舍弃。

儒家又有"死生有命，富贵在天"（《论语·颜渊》）之说①。这里的"天""命"不是道德性的主宰之天或义理之天，而是外界对个体自我的生

---

① 子夏说："商闻之矣，死生有命，富贵在天。"朱熹《论语集注》谓"盖闻之夫子"。

存"时遇"的一种限制，即所谓"命运之天"。郭店楚简的《穷达以时》篇云：

> 有天有人，天人有分。察天人之分，而知所行矣。有其人，无其世，虽贤弗行矣。苟有其世，何难之有哉？……遇不遇，天也。动非为达也，故穷而不怨。隐非为名也，故莫之知而不吝。……穷达以时，德行一也……故君子敦于反己。

这里所说的"天"就是命运之天，有学者把它解释为"人的群体之力，或者叫作社会力"①。这种对个体自我的生存"时遇"的限制，古今中外无论做出何种解释，都是人类个体所不能逃脱、避免的。只有把道义"德行"放在人生价值取向的第一位、"动非为达""隐非为名"的君子，才能在这种限制之中做到"穷而不怨""莫之知而不吝"，即孔子所说"不怨天，不尤人"（《论语·宪问》）。君子所能努力的就是继续提升自己的道德修养（"敦于反己"），尽管是"穷达以时"，但"德行一也"，不因"穷达"而改变。

孔子说："不知命，无以为君子也。"（《论语·尧曰》）这里的"命"就是时命，知道了"死生有命，富贵在天"，君子就不刻意去追求富贵和长寿，而更加专注于自己的修养和德行。道德修养是自己分内的事，"为仁由己"（《论语·颜渊》），故孟子说"求则得之，舍则失之，是求有益于得也，求在我者也"；富贵、长寿等则受到时命的限制，不可妄求，故孟子说"求之有道，得之有命，是求无益于得也，求在外者也"（《孟子·尽心上》）。

孔子说："饭疏食，饮水，曲肱而枕之，乐亦在其中矣。不义而富且贵，于我如浮云。"（《论语·述而》）"贤哉回也，一箪食，一瓢饮，在陋巷，人不堪其忧，回也不改其乐。"（《论语·雍也》）这就是后来宋明理学家所津津乐道的"孔颜乐处"。有了这样的思想境界，儒家就有了自我的"乐天知命"或"安身立命"之地，就可以不把富贵贫贱、生死寿夭牵挂在心上，乃至"富贵不能淫，贫贱不能移，威武不能屈"（《孟子·滕文公下》），"夭寿不贰，修身以俟之"，"莫非命也，顺受其正"（《孟子·尽心

---

① 参见庞朴：《天人三式》，《郭店楚简国际学术研讨会论文集》，湖北人民出版社2000年版。

上》），"富贵福泽，将厚吾之生也；贫贱忧戚，庸玉汝于成也。存，吾顺事，没，吾宁也"（《正蒙·乾称》）。

儒家不仅有自我的"道义之乐"，而且因为这种"乐"是"道义"的，所以它内在地包含着"仁以为己任"（《论语·泰伯》）的社会担当意识，亦因此而有"忧"。孔子说："德之不修，学之不讲，闻义不能徙，不善不能改，是吾忧也。"（《论语·述而》）这种担当社会责任的"忧患"意识与"道义之乐"的圆融，是儒家的道德修养、身心和谐、群己和谐、"义命合一"①的最高境界。

孔子对颜渊说："用之则行，舍之则藏，惟我与尔有是夫！"（《论语·述而》）这里的"用""舍"就是用于世或不用于世，它与个人的"穷达"相联系，不是被个人的主观努力所能决定，而是被外界的"时命"所限制。"用之则行"，当然是出自儒家的社会"忧患"意识，是由"内圣"而达到"外王"的最高志向；"舍之则藏"，因其不是由己力所能决定，故君子"知命"而安于"命"，仍不改其"道义之乐"。孟子说：大丈夫要"得志与民由之，不得志独行其道"（《孟子·滕文公下》），这里的"得志"就是"用之则行"，"不得志"就是"舍之则藏"，可见"与民由之"是儒家的最高志向。孟子又说："故士穷不失义，达不离道。穷不失义，故士得己焉；达不离道，故民不失望焉。古之人得志，泽加于民；不得志，修身见于世。穷则独善其身，达则兼善天下。"（《孟子·尽心上》）此亦可见，"民不失望""泽加于民""兼善天下"是儒家的最高志向，只是因受到"时命"的限制，故有"穷则独善其身，达则兼善天下"之分。"穷不失义，故士得己焉"，这里的"得己"就是说虽处穷困，但在"道义"之中仍有个人的"安身立命"之地。孟子将禹、稷和颜渊做比较：

> 禹、稷当平世，三过其门而不入，孔子贤之。颜子当乱世，居于陋巷，一箪食，一瓢饮，人不堪其忧，颜子不改乐，孔子贤之。孟子曰：禹、稷、颜回同道。禹思天下有溺者，由己溺之也；稷思天下有饥者，由己饥之也；是以如是其急也。禹、稷、颜子，易地则皆然。

---

① 张载说："义命合一存乎理。"（《正蒙·诚明》）张岱年先生在《生活理想之四原则》一文中说："义就是应当，命即是自然的限制；义是理想的当然，命是现实的必然。这两者是对立的，然而有其统一。"见《张岱年全集》第 1 卷，河北人民出版社 1996 年版，第 286 页。

（《孟子·离娄下》）

所谓"禹、稷当平世"，即禹、稷遇到了可以"用之则行"的时命，故他们可以积极有为，在"外王"方面发挥重要的作用；"颜子当乱世"，即颜子遇到了只能"舍之则藏"的时命，故他穷居陋巷，箪食瓢饮，不改其乐。从道德境界即"内圣"方面而言，"禹、稷、颜回同道"；从"外王"方面而言，他们发挥的社会作用虽然不同，但"易地则皆然"，如果颜回也生当"平世"，那么他也可以发挥禹、稷那样的社会作用。这也就是说，在颜子之"乐"中，既不缺少对社会的"忧患"意识，也不缺少服务于社会的能力。

"孔颜乐处"是一种"道义之乐"，即由道德意志或道德理性所生起的一种愉悦、快乐之感。从君子之"修己"而言，它是把道义作为人生的最高价值或内在价值，只要确立了这样一种价值取向，达到了这样一种道德境界，就可以在内心产生一种"仰不愧于天，俯不怍于人"，"反身而诚，乐莫大焉"（《孟子·尽心上》）的精神状态，这种精神状态的"自足"之乐，不是富贵贫贱、生死寿夭所能改变的。从君子之"修己以安百姓"，"得志，泽加于民"而言，它又内在地具有一种"仁以为己任"或"以天下为己任"的忧患、责任意识，只要遇到"用之则行"的时命，它就要在"外王"方面发挥作用，以谋取社会幸福。这两个方面是内在地结合在一起的：如无道德自足之"内圣"，则其可能因个人的功利而患得患失[1]，而无意于社会的幸福；如无"仁以为己任"的忧患、责任意识，则这种自足之"乐"就称不上是儒家的"道义之乐"。

儒家认为道德意志产生于亲亲之情、恻隐之心（同情心）的扩充，故儒家伦理是一种"老吾老以及人之老，幼吾幼以及人之幼"的实质伦理学。而康德认为道德意志是基于"普遍的立法原理"的纯粹实践理性[2]，故康德

---

[1] 孔子说："鄙夫可与事君也与哉？其未得之也，患得之；既得之，患失之。苟患失之，无所不至矣。"（《论语·阳货》）孟子说："君子有终身之忧，无一朝之患也。……忧之如何？如舜而已矣。若夫君子所患，则亡矣。非仁无为也，非礼无行也。如有一朝之患，则君子不患矣。"（《孟子·离娄下》）

[2] 康德所立"纯粹实践理性"的基本法则是："不论做什么，总应该做到使你的意志所遵循的准则同时能够成为一条永远普遍的立法原理。"（见［德］康德：《实践理性批判》，关文运译，广西师范大学出版社2002年版，第17页）与此不同，儒家的孝悌为"仁之本"（《论语·学而》），"亲亲，仁也；敬长，义也；无他，达之天下也"（《孟子·尽心上》），是从特殊扩充到普遍。

的道德学说是一种形式伦理学①。虽然有此不同，但康德说：

> 我也根本不否认：人类的意志既然因为自由之故可以直接受道德法则的决定，因而如果对这个动机功夫纯熟，不加勉强，那么最后也会在主观上产生一种愉快的感情……但是职责概念并不能从这种愉快感情推演出来……②

> 这种快乐，这种自得之乐并不是决定行为的原理，只是意志单受理性直接决定一事才是这种快乐感觉的根源……③

儒家的"道义之乐"近似于康德所谓道德的"愉快感情"或"自得之乐"。康德强调，这种"愉快感情"是由道德意志、道德理性所产生，而不是从这种"愉快感情"推演出道德意志。在这里，虽然康德与儒家对于道德意志的理解并不相同，但康德的话对于我们理解儒家的"道义之乐"仍是有帮助的，即儒家的"道义之乐"不是从"自得之乐"产生"道义"，而是从"道义"——崇高的道德修养和道德实践——产生"自得之乐"④。孟子说："我善养吾浩然之气……是集义所生者，非义袭而取之也；行有不慊于心，则馁矣。"（《孟子·公孙丑上》）对"浩然之气"的培养，相当于对"道义之乐"的培养，它们都是"集义所生"。

康德在讲到德行与幸福的关系时指出，古希腊的伊壁鸠鲁派和斯多葛派"都不承认德行和幸福是至善中两个彼此无关的要素"：

> 伊壁鸠鲁派说：自觉到自己的准则可以获致幸福，那就是德行；
> 斯多葛派则说：意识到自己的德行，就是幸福。⑤

康德当然不同意这两派的观点，儒家的思想与这两派也都不相同。但是在某种意义上，儒家的道德观似又兼具这两派的思想：从君子之"修己"

---

① 康德说："道德法则是纯粹意志的唯一动机。但是因为这个法则是一个单纯的形式法则（即只要求有普遍立法效力的准则形式），所以它作为一个动机就抽象了一切实质，因而也抽象了意欲的全部对象。"（见［德］康德：《实践理性批判》，关文运译，广西师范大学出版社2002年版，第103页）与此不同，儒家的"仁者爱人"若不与"亲亲""敬长""己立立人""己达达人"，乃至"安百姓"而实现社会幸福相联系，则仁——用麦金太尔的话说——"就缺乏目标，就变得毫无意义"。《论语·宪问》载原宪问："克伐怨欲不行焉，可以为仁矣？"孔子曰："可以为难矣，仁则吾不知也。"

② ［德］康德：《实践理性批判》，关文运译，广西师范大学出版社2002年版，第27页。

③ ［德］康德：《实践理性批判》，关文运译，广西师范大学出版社2002年版，第112页。

④ 这一点也同于亚里士多德，"对于亚里士多德来说，有德的人的一个特征就是，这种人能从德性活动中得到快乐……"（见［美］麦金太尔：《伦理学简史》，龚群译，商务印书馆2003年版，第101页）。

⑤ ［德］康德：《实践理性批判》，关文运译，广西师范大学出版社2002年版，第106页。

（"内圣"）的意义上说，"道义之乐"近似于斯多葛派所谓"意识到自己的德行，就是幸福"；从君子之"修己以安百姓"（"外王"）的意义上说，"道义之乐"内在地包含着对"社会幸福"的追求（所谓"以德致福"），君子"自觉到自己的准则可以获致（社会）幸福，那就是德行"——这近似于伊壁鸠鲁派的观点，只不过这里的"幸福"是指"社会幸福"。在西方伦理学史上，伊壁鸠鲁派的观点被称为"快乐主义"，斯多葛派的思想被称为"道义主义"。儒家的伦理学既不是"道义主义"，也不是"快乐主义"，而是在"修己"方面有"道义主义"的因素（将"道义"作为"修己"的内在价值），在"安百姓"方面则是追求"天下之乐"即社会的幸福（如果"道义"不把"天下之乐"或"四海困穷"① 考虑在内，则此非儒家的"道义"）。

康德否认德行与幸福在"今生"有必然的联系，他说：

> 古今哲学家如果居然能够就在今生（在感性世界中）已经发现幸福与德行之间有完全精确的比例，或者是自信已经意识到这种幸福，那就一定是显得奇怪了。②

> 道德法则本身并不预许人以任何幸福，因为照我们所设想的一般自然秩序来说，幸福和遵守法则并不是必然地结合在一处的。③

儒家同样否认德行与（个人的）幸福（物质层面的富贵、长寿等等）有必然的联系，故"君子亦有穷"，颜渊在孔门弟子中为"德行"第一，但他"屡空"，而且"短命死矣"，这就是"时命"所限，德福不一致。虽然"穷达以时"，但是君子之"德行一也"，君子是把"德行"作为人生的内在价值，而没有希求通过"德行"而获致（个人的）物质层面的幸福。马王堆帛书《要》篇载孔子说：

> 《易》，我后其祝卜矣，我观其德义耳也。……后世之士疑丘者，或以《易》乎？吾求其德而已，吾与史巫同途而殊归者也。君子德行，焉求福？故祭祀而寡也；仁义，焉求吉？故卜筮而希也。祝巫卜筮其

---

①《论语·尧曰》载："尧曰：'咨！尔舜！天之历数在尔躬。允执其中。四海困穷，天禄永终。'舜亦以命禹。"

②［德］康德：《实践理性批判》，关文运译，广西师范大学出版社2002年版，第110页。

③［德］康德：《实践理性批判》，关文运译，广西师范大学出版社2002年版，第124页。

后乎？

这种"德行"而不求个人幸福，"仁义"而不在乎个人吉凶的思想，把本为"卜筮之书"的《周易》转变为"不占"① 的讲德义的书，从而导致了人文精神的提升和宗教观念的淡化。

与儒家不同，康德认为"在把德行和幸福结合起来以后，才算达到至善"②，这种"至善"因为在"今生"达不到，所以康德悬设了"灵魂不朽"和"上帝存在"。有了这两个悬设，也就有了上帝的"最后审判"，有了按照德行的"比例"来配享幸福。因此，康德说"至善这个概念，导向宗教"③。儒家伦理学则没有把"至善"（社会的"德福一致"）悬设在彼岸世界，它要在此岸世界④"自强不息"地追求道德理想，这种道德理想就是在此岸世界实现社会的"德福一致"。

三

秦以后，汉儒扬雄也讲"颜氏子之乐"，他说：

> 或曰："使我纡朱怀金，其乐可量也。"曰："纡朱怀金者之乐，不如颜氏子之乐。颜氏子之乐也，内；纡朱怀金者之乐也，外。"或曰："请问屡空之内。"曰："颜不孔，虽得天下不足以为乐。""然亦有苦乎？"曰："颜苦孔之卓之至也。"或人瞿然曰："兹苦也，祗其所以为乐也与！"（《法言·学行》）

"颜氏子之乐"即内在的学习孔子之道德精神的"乐"，它不同于"纡朱怀金"的外在的物质层面的"乐"。扬雄因为有了这样一种"乐"，所以他"默而好深湛之思……不汲汲于富贵，不戚戚于贫贱，不修廉隅以徼名当世。家产不过十金，乏无儋石之储，晏如也。自有下度，非圣哲之书不好也；非其意，虽富贵不事也"（《汉书·扬雄传》）。这里的"晏如"，也

---

① 孔子解释《周易》，谓"不占而已矣"（《论语·子路》），后来荀子也说"善为易者不占"（《荀子·大略》）。

② ［德］康德：《实践理性批判》，关文运译，广西师范大学出版社 2002 年版，第 105 页。

③ ［德］康德：《实践理性批判》，关文运译，广西师范大学出版社 2002 年版，第 125 页。

④ 儒家只有"一个世界"，即中国哲学的"存有的连续性"，没有"自然之二分"（bifurcation of nature）。参见李存山：《中国传统哲学的特点》，《中国社会科学院院报》2006 年 8 月 31 日。

是因为有了"道义之乐",从而产生的一种淡泊功利、身心宁静的状态。

魏晋时期的乐广针对当时的"以任放为达,或有裸体者",提出:"名教中自有乐地,何为乃尔也?"(《世说新语·德行》)魏晋玄学家追求潇洒、放达,"自然"与"名教"的关系是讨论的中心。"自然"更强调个体的自由,而"名教"更强调群体的秩序。乐广所谓"名教中自有乐地",就是主张"自然"与"名教"的统一,在"名教"中亦得个人精神上的受用。有了这样的"乐地",也就有了个人的"安身立命"之地。

"孔颜乐处"在宋代的儒学复兴中具有特别重要的意义,这是因为它为科举制度下的士人提供了超越功利的,亦不同于佛老的,儒家的"安身立命"之地。范仲淹在《四民诗》中批评当时士风与吏治的败坏:

> 学者忽其本,仕者浮于职。节义为空言,功名思苟得。天下无所劝,赏罚几乎息。……裨灶方激扬,孔子甘寂默。六经无光辉,反如日月蚀。(《范文正公集》卷一)

诗中的"裨灶"(春秋时期郑国言"阴阳灾异"者)是喻指佛老。范仲淹在此诗中说的"孔子甘寂默","六经无光辉",也就是稍后王安石与张方平对话中说的"儒门淡薄,收拾不住,皆归释氏焉"(宗杲《宗门武库》)。所谓"儒门淡薄",不是科举和政治体制内的儒家礼法的淡薄,而是士人心中"功名思苟得"的浓厚,乃至"节义为空言",儒家的"道义"原则在士人心中淡薄了。另外,在科举制度下,受国家官僚体制的名额所限,能够中举而进入仕途的士人只是极少数。据统计,"到11世纪末约有20万名注册的学生,其中一半要为约500个中举名额展开竞争,从而跻身于约2万人的文官队伍之中(可能只有一半的人有实际的职位)。南宋时期,应试人数不断增加。总之,考试造就了一大批自称为士的人,因为他们培养了能使自己成为士所需的学识,但没有机会使他们在政府中任职"[①]。这些长期没有机会("时遇")在政府中任职的士人,以及在官场斗争中受

① 参见[美]包弼德:《政府、社会和国家——关于司马光和王安石的政治观点》,田浩编《宋代思想史论》,杨立华等译,社会科学文献出版社2003年版,第167页。按:宋代士人阶层的扩大,除了科举考试的因素之外,还有印刷术促进了教育的发展。如谢和耐所说:"960~1280年……选拔官吏的需要和国家经济的发展引起了官僚队伍的迅速发展和国家行政机器的改善。比欧洲早五个世纪的大量印刷著作的技术促进了教育的发展以及直到近代始终统治中国政治生活的文人阶级的膨胀。"见氏著《中国社会史》,耿昇译,江苏人民出版社1995年版,第21页。

到挫折而退隐的士人，在"功名"之心磨炼得逐渐淡薄之后，就可能多数到"释老山林之学"中寻求精神的慰藉。宋代的新儒学高标"孔颜乐处"的旗帜，也就是要把广大的士人重新召拢在儒家的"道义"旗帜下，使他们在"道义"的价值取向中也能得到个人的"安身立命"之地。

笔者认为，开创"宋学精神"的第一人物是范仲淹①。在宋代首先高标"孔颜乐处"旗帜的也是范仲淹，这不是偶然的。范仲淹在《睢阳学舍书怀》中有云："瓢思颜子心还乐，琴遇钟君恨即销。"此诗作于他在睢阳（今河南商丘）学舍苦学期间，此时的范仲淹正如欧阳修在《范公神道碑铭并序》中所说："公少有大节，于富贵贫贱，毁誉欢戚，不一动其心，而慨然有志于天下。"（《居士集》卷二十）亦如朱熹所说："且如一个范文正公，自做秀才时便以天下为己任，无一事不理会过。一旦仁宗大用之，便做出许多事业。"（《朱子语类》卷一二九）当范仲淹苦学儒家经典，"慨然有志于天下"或"以天下为己任"之时，他的精神境界就是"瓢思颜子心还乐，琴遇钟君恨即销"。前一句的"乐"，就是在箪食瓢饮或"断齑画粥"②的艰苦物质生活中仍有自足的"道义之乐"；后一句的"恨"，就是说在其自足的"道义之乐"中仍有一种未能自足的"忧患"意识或"外王"志向，这种"外王"志向只有在一定的"时遇"下进入仕途——像伯牙鼓琴遇到钟子期的知音一样——才能得到发抒。

范仲淹在 27 岁时登进士第，此后历任数职，几进几退，官至参知政事（副宰相），发动了庆历新政。《宋史·范仲淹传》云：

> 仲淹泛通六经，长于《易》。学者多从质问，为执经讲解，亡所倦。尝推其奉以食四方游士，诸子至，易衣而出，仲淹晏如也。每感激论天下事，奋不顾身。一时士大夫矫厉尚风节，自仲淹倡之。

这里的"仲淹晏如也"，是说他居官之后的物质生活仍然刻苦自奉，保持着淡泊宁静的精神状态。而他"每感激论天下事，奋不顾身"，也就是他

----

① 参见李存山：《范仲淹与宋学精神》，《中国儒学》第一辑，商务印书馆 2006 年版。

② 《范文正公集·年谱》引魏泰《东轩笔录》：范仲淹在长白僧舍苦读期间"日作粥一器，分为四块，早暮取二块，断齑数茎，入少盐以啗之，如此者三年。"《宋史·范仲淹传》记其在睢阳学舍苦读"冬夜惫甚，以水沃面，食不给，至以糜粥继之"。青年毛泽东在 1917 年《致黎锦熙信》中说："拟学颜子之箪瓢与范公之画粥，冀可以勉强支持也。"见《毛泽东早期文稿》，湖南出版社 1995 年版，第 90 页。

"心忧天下"，倡导改革，以使"琴瑟更张"，达致社会幸福，百姓"歌咏良辰"①。在范仲淹的身上，集中体现了儒家的"道义之乐"（对个人物质层面幸福的淡泊）与"心忧天下"（谋取社会幸福）的统一。他在《鄱阳酬泉州曹使君见寄》中所云："身甘一枝巢，心苦千仞翔。志意苟天命，富贵非我望。"（《范文正公集》卷二）就是这种"忧乐圆融"的精神境界的写照。而《岳阳楼记》所云"不以物喜，不以己悲"，也是说他把个人的利害得失、穷达进退置之度外；"进亦忧，退亦忧……先天下之忧而忧，后天下之乐而乐"，则是说他把谋取社会幸福作为人生的第一价值取向或"终极关怀"②。

范仲淹在陕西抗击西夏期间曾接见张载，"警之曰：'儒者自有名教可乐，何事于兵！'因劝读《中庸》。"（《宋史·张载传》）"名教可乐"也就是儒家的"道义之乐"，《正蒙·至当》篇所谓"君子乐得其道"云云，当是受到范仲淹思想的影响。《宋元学案·序录》评论范仲淹的一生"粹然无疵，而导横渠以入圣人之室，尤为有功"。范仲淹在晚年制止子弟为其建豪宅，说："人苟有道义之乐，形骸可外，况居室乎！"（《范文正公集·年谱》）这更彰显了儒家之"乐"的主题。

范仲淹"尤为有功"者更在于他激励、奖掖、延聘、提携了胡瑗、孙复、石介和李觏等"贤士"③。范仲淹倡行的庆历新政，是以整饬吏治为首要，即所谓"举县令，择郡守"；而整饬吏治的本源又在于转变士人的学风，这就要改革教育和科举，即所谓"慎选举，敦教育"。他提出："夫善国者，莫先育材；育材之方，莫先劝学；劝学之要，莫尚宗经。宗经则道大，道大则才大，才大则功大。"科举考试要："先之以六经，次之以正史，该之以方略，济之以时务。使天下贤俊，翕然修经济之业，以教化为心，趋圣人之门，成王佐之器。"（《范文正公集》卷九《上时相议制举书》）这

① 范仲淹《四民诗》有云："琴瑟愿更张，使我歌良辰。"此处"我"指农、工、商。
② 范仲淹晚年有《别贾状元书》云："亦无鬼神，亦无烦恼，寻常于儿女多爱，不谓能了如此。"（《范文正公集·年谱》）他在临终所上《遗表》中说："臣闻生必尽忠，乃臣节之常守；没犹有恋，盖主恩之难忘。……伏望陛下调和六气，会聚百祥，上承天心，下徇人欲……制治于未乱，纳民于大中。"（《范文正公集》卷十六）此可见范仲淹的"终极关怀"是社会幸福，而不是把个人的"德福一致"寄托于彼岸世界。
③ 朱熹《三朝名臣言行录》卷十一："文正公门下多延贤士，如胡瑗、孙复、石介、李觏之徒，与公从游，昼夜肄业……"关于范仲淹与"宋初三先生"及李觏的关系，亦参见李存山：《范仲淹与宋学精神》，《中国儒学》第一辑，商务印书馆2006年版。

样的改革教育和科举的思想，先影响了孙复，通过孙复又影响了胡瑗。景祐二年（1035），范仲淹在苏州创建郡学，延聘胡瑗"为苏州教授，诸子从学焉"。由此而有了胡瑗的"苏湖之法"，即"明体达用"之学："君臣父子、仁义礼乐，历世不可变者，其体也……举而措之天下，能润泽斯民，归于皇极者，其用也。"（《宋元学案·安定学案》）所谓"明体"就是以儒家的"道义"为体，所谓"达用"就是要"修经济之业"，"能润泽斯民"，为社会谋取幸福。钱穆先生评论说：明体达用之学"正宋儒所以自立其学，以异于进士场屋之声律，与夫山林释老之独善其身而已者也"，"盖自唐以来之所谓学者，非进士场屋之业，则释、道山林之趣，至是而始有意于为生民建政教之大本，而先树其体于我躬，必学术明而后人才出，题意深长，非偶然也"[1]。

庆历三年（1043），范仲淹任参知政事，推行庆历新政。在庆历新政的十条改革措施中有"精贡举"，即改革教育和科举考试，"举通经有道之士，专于教授"，"经旨通者为优等，墨义通者为次等"，"先策论而后诗赋"，"使人不专辞藻，必明理道"，"教以经济之业，取以经济之才"，"诏州县皆立学"，"建太学于京师"，"诏下苏湖取其法，著为令"即向全国推广胡瑗的"明体达用"之学。这一改革措施，影响深远，不仅使许多官制之外的"白衣""处士"得到了教职，而且转变了广大士人的学风[2]。宋代的道学或理学就是在这一庆历新风的影响下形成的。

程颢、程颐说："昔受学于周茂叔，每令寻颜子、仲尼乐处，所乐何事。"（《程氏遗书》卷二上）程颐作《明道先生行状》云："先生为学，自十五六时，闻汝南周茂叔论道，遂厌科举之业，慨然有求道之志。"（《程氏文集》卷十一）朱熹作《伊川先生年谱》云："（先生）年十四五，与明道同受学于舂陵周茂叔先生。"（《程氏遗书》附录）此时正是庆历六年（1046），周敦颐在南安军司理参军任上。从时间顺序上说，我们不难看到这里所受庆历新政的影响。

周敦颐在《通书》中说：

---

① 钱穆：《中国近三百年学术史》，商务印书馆1997年版，第3页。
② 在经学历史上，庆历以后被称为"经学变古时代"，参见皮锡瑞：《经学历史》，中华书局1959年版，第22页，并李存山：《范仲淹与宋学精神》，《中国儒学》第一辑，商务印书馆2006年版。

伊尹、颜渊，大贤也。伊尹耻其君不为尧舜，一夫不得其所，若挞于市。颜渊不迁怒，不贰过，三月不违仁。志伊尹之所志，学颜子之所学。(《通书·志学》)

颜子一箪食，一瓢饮，在陋巷，人不堪其忧，而不改其乐。夫富贵，人所爱也，颜子不爱不求，而乐于贫者，独何心哉？天地间有至贵至富可爱可求而异乎彼者，见其大而忘其小焉尔。见其大则心泰，心泰则无不足，无不足则富贵贫贱处之一也，处之一则能化而齐，故颜子亚圣。(《通书·颜子》)

这里的"志伊尹之所志"，即道学家的"外王"志向，如同范仲淹所言"琴遇钟君恨即销"；"学颜子之所学"，即道学家的"内圣"追求，如同范仲淹所言"瓢思颜子心还乐"。颜子之乐不是"乐于贫"，而是有比(物质层面)"富贵"更大的(精神层面)"至贵至富"者可爱可求。这种精神层面的"至贵至富"者就是儒家的"道义"(《通书·师友》："天地间至尊者道，至贵者德而已矣"，"道义者，身有之则贵且尊")。因为颜子"见其大而忘其小"，所以他能够处富贵贫贱如一，保持"心泰""无不足"的精神境界。

程颢说："某自再见茂叔后，吟风弄月以归，有'吾与点也'之意。"(《程氏遗书》卷三)"吾与点也"就是《论语·先进》篇记载孔子所赞与的曾点之乐："暮春者，春服既成，冠者五六人，童子六七人，浴乎沂，风乎舞雩，咏而归。"此可见在儒家的"忧乐圆融"中亦包含着一种洒脱闲适的审美享受。程颢有诗云：

云淡风轻近午天，望花随柳过前川。旁人不识予心乐，将谓偷闲学少年。(《程氏文集》卷三《偶成》)

闲来无事不从容，睡觉东窗日已红。万物静观皆自得，四时佳兴与人同。道通天地有形外，思入风云变态中。富贵不淫贫贱乐，男儿到此自豪雄。(《程氏文集》卷三《秋日偶成之二》)

这些诗句的意境是把"孔颜之乐"和"曾点之乐"结合在一起的，而其中仍内蕴着"忧患"意识和"外王"志向。如《秋日偶成之一》有云：

退安陋巷颜回乐，不见长安李白愁。两事到头须有得，我心处处自优游。

又《下山偶成》诗云：

襟裾三日绝尘埃，欲上篮舆首重迴。不是吾儒本经济，等闲争肯出山来？

这里的"不见长安李白愁"，有似于范仲淹的"琴遇钟君恨即销"。"两事"当指"内圣"与"外王"，在二程所处特殊的政治环境中（以熙宁变法和新旧党争为背景），"内圣"与"外王"虽然有一种内在的紧张，但他们并没有忘记"吾儒本经济"，只不过因"时遇"所限，他们在"二事"的张力中更多地表现出"内圣"的优游心态。

朱熹作《伊川先生年谱》云：

皇祐二年（1050），（先生）年十八，上书阙下，劝仁宗以王道为心，生灵为念，黜世俗之论，期非常之功，且乞召对，面陈所学。不报，闲游太学。时海陵胡翼之先生方主教导，尝以《颜子所好何学论》试诸生。得先生所试，大惊，即延见，处以学职。

程颐的这次上书，强调："'民惟邦本，本固邦宁。'窃惟固本之道，在于安民；安民之道，在于足衣食。"批评时政"急令诛求，竭民膏血"，百姓的生活困苦，无暇"顾忠义"，"非民无良，政使然也"。他希望宋仁宗行王政，任贤臣，并且"愿得一面天颜，罄陈所学"（《程氏文集》卷五《上仁宗皇帝书》）程颐的这次上书的确是体现了"志伊尹之所志"。因为书入"不报"，程颐遂"闲游太学"。此时，胡瑗主持太学，以《颜子所好何学论》试诸生，得程颐之作，乃惊异而延见，处以学职。由此可以看出，周敦颐让二程所寻的"孔颜乐处"，正符合庆历新政之后学术发展的大趋势。程颐在《颜子所好何学论》中说："颜子所独好者，何也？学以至圣人之道也。……凡学之道，正其心，养其性而已。中正而诚，则圣矣。"（《程氏文集》卷八）由此亦可见，从"孔颜之乐"到心性之学的一种发展走向。

《伊川先生年谱》又载："（先生）举进士，嘉祐四年（1059）廷试报罢，遂不复试。……治平、熙宁间，近臣屡荐，自以为学不足，不愿仕也。"直到元丰八年（1085），宋仁宗死，哲宗嗣位，程颐才经司马光、吕公著的推荐，于次年（元祐元年）入京担任了崇政殿说书之职。从嘉祐到元祐的近三十年间，程颐"不复试"，"不愿仕"，这正表现了他不苟得功名利禄的"孔颜乐处"的境界，但观其治平二年（1065）所作《为家君应诏上英宗皇帝书》、熙宁八年（1075）所作《为吕公著应诏上神宗皇帝书》等等，他在"孔颜乐处"的境界中丝毫没有减弱对治道、民生的关怀（如上神宗皇帝书云："为政之道，以顺民心为本，以厚民生为本，以安而不扰为本。"见《程氏文集》卷五）。

程颐在担任崇政殿说书职后写的《上太皇太后书》中说"臣愚鄙之人，自少不喜进取，以读书求道为事，于兹几三十年矣"，但他把"得备讲说于人主之侧，使臣得以圣人之学，上沃圣德"，作为"圣人之道有可行之望"的大好机会。于是，"先生在经筵，每当进讲，必宿斋豫戒，潜思存诚，冀以感动上意；而其为说，常于文意之外，反复推明，归之人主"。然而，这样仅一年多，他就因教导严毅，"僭横忘分"，"以人言罢之"。此后，程颐屡上《辞免表》，"极论儒者进退之道"（《伊川先生年谱》）。所谓"儒者进退之道"，就是孔子所说"以道事君，不可则止"（《论语·先进》）的原则，同时也就是孔颜"用之则行，舍之则藏"的境界。

据程颐作《明道先生行状》，程颢在受学于周敦颐后，就"厌科举之业，慨然有求道之志"。但他"踰冠（二十岁），中进士第，调京兆府鄠县主簿"，此后历任地方官，"视民如子"，"百姓爱之如父母"。《程氏外书》卷十二记："明道先生作县，凡坐处皆书'视民如伤'四字。常曰：'颢常愧此四字。'"熙宁元年，程颢升任监察御史里行，连上《论王霸劄子》《论十事劄子》等，主张复"三代之法"，"救千古深锢之弊，为生民长久之计"（《程氏文集》卷一）在熙宁变法引发政争后，程颢"事出必论列，数月之间，章数十上"，"言既不行，恳求外补"，"其后彗见翼轸间，诏求直言，先生应诏论朝政极切"，"贤士大夫视其进退，以卜兴衰"（《明道先生行状》）。其门人刘立之评论说："先生抱经济大器，有开物成务之才，虽不用于时，然至诚在天下，惟恐一物不得其所，见民疾苦，如在诸己。闻朝廷兴作小失，则忧形颜色。"（《程氏遗书》附录《门人朋友叙述》）从这些记载看，程颢与程颐一样，在其"孔颜乐处"的境界中始终有一种忧患、责任意识。

余英时先生在《朱熹的历史世界》中论述了理学家的"'内圣'与'外王'之间的紧张"以及"从'内圣'转出'外王'"等等，其中引有陆九渊所说：

儒者虽至于无声、无臭、无方、无体，皆主经世。（《与王顺伯》）

又引有朱熹解释《大学》云：

所谓规模之大，凡人为学，便当以"明明德、新民、止于至善"，及"明明德于天下"为事，不成只要独善其身便了？须是志于天下，所谓在"志伊尹之所志，学颜子之所学"。所以《大学》第二句便说"在新民"。（《朱子语类》卷十四）

的确如余英时先生所说：理学家虽然重视"内圣"，但"儒家的终极关怀仍然在人间世"，"往而不返，便失去了儒家的基本立场"。"儒家只有此一人间世界，他们的精神世界也依之而立，绝不容人人皆证涅槃，陷此世于'人空道废'之境"[1]。在儒家的"终极关怀"中，包含了"乐"与"忧"的圆融，"孔颜之乐"与"曾点之乐"的结合，"内圣"与"外王"的统一，而其最终的价值取向和理想目标是人间世的"德福一致"。

（原载于《中国儒学》第三辑，中国社会科学出版社 2008 年版）

---

① 余英时：《朱熹的历史世界》，三联书店 2004 年版，第 416、141 页。

儒家的民本与人权

一

关于儒家的民本与民主的关系，我在《中国的民本与民主》① 一文中发表了自己的见解。民主（democracy），就其基本的或主要的含义而言，是指一种与君主制、贵族制相区别的由人民治理（the government by the people）的政治体制（或管理形式）。我认为，儒家的民本（regarding the people as foundation）与君主制相联系，它主要包含两方面的意义：其一，人民的利益是国家和社会的价值主体（"天之生民，非为君也；天之立君，以为民也"）；其二，君主的权力只有得到人民的拥护才能巩固（"水则载舟，水则覆舟"）。前者属于价值判断，后者属于事实判断。二者合一的典型表达是皇帝起居室里的一副对联："惟以一人治天下，岂将天下奉一人。"从政治体制上说，民本与民主是相对立的；但从价值观上说，民本思想中蕴含着从君主制向民主制发展的种子，这一种子的萌芽表现在明清之际黄宗羲等人的政治思想中。

人权（human rights）是近代以来不断发展进化着的观念。"第一代人权"② 是 17 世纪英国哲学家洛克（John Locke，1632～1704）和 18 世纪法国思想家卢梭（Jean‐Jacques Rousseau，1712～1778）等人提出的自然权利、天赋人权和主权在民等思想，《英国权利法案》（1689）、《美国独立宣

---

① 该文载于《孔子研究》1997 年第 4 期。
② 关于第一代人权与第二代人权的划分，参见斯蒂芬·P. 马克斯：《正在出现的人权》，王德禄、蒋世和编《人权宣言》，求实出版社 1989 年版。

言》（1776）和《法国人权宣言》（1789）是反映第一代人权思想的代表作。第一代人权主要是"公民和政治权利"，包括发表意见的自由、信仰自由、宗教自由、言论和出版自由、集会自由、迁徙自由、生命安全和财产的权利等等。显然，第一代人权是与民主制度相联系的，或者说，人权观念是民主制度的基础（严复所谓"以自由为体，以民主为用"），而人权又需要从民主制度得到承认和保障。就此而言，儒家的民本思想中是否包含人权的观念，似乎不宜做出笼统的判断。民本在政治体制上与民主相对立，儒家思想中没有"公民和政治权利"的设定，因此似可说，民本思想中没有第一代人权的观念；但就民本的价值观而言，其中也包含着第一代人权的某些因素。

儒家的民本思想源于中国上古时期（尧、舜和夏、商、周三代）的宗教政治观。我在《中国的民本与民主》一文中写道：

> 在记载夏、商、周三代史迹的《尚书》中，政治上的最高权威是"王"，而思想观念上的最高崇拜者则是具有人格和道德意志的"天"（神）。天神所具有的道德，也就是"保民""裕民"的道德；天神所具有的道德意志，代表的是人民的意志。这也就是所谓"天聪明，自我民聪明；天明畏，自我民明威"（《尚书·皋陶谟》），"民之所欲，天必从之"（《尚书·泰誓》）。民之上是王，而王是天所选择的能够秉承天的道德意志而"敬德""保民"的统治者。天所选择的王称为"天子"，因天子能够像父母般地爱护、保护人民，所以他才能成为王。……如果王违背了天的道德意志，肆虐于人民，那么天"惟德是辅"，"改厥元子"，选择另外一个诸侯，讨伐暴君，取代他为王。

我曾设了一个比喻，即："在夏、商，周三代也潜含着三权分立的观念。因为天的意志代表民的意志，而王又须按照天的意志来执政，那么民似乎具有立法权，王则行使行政权，而对王的选举、监督和罢免权则属于天。"《尚书·皋陶谟》说"天工，人其代之"，意谓统治者是代表天命而行事。就统治者必须"敬德"、"保民"、服从于人民的意志而言，我们也可说是"民工，天其代之"，亦即人民把监督、节制君王的权利委托给"天"了。在此结构中，人民并没有真正的政治权利，其意志的实现要靠统治者对"天"的敬畏、信仰或尧、舜、禹、汤、文、武等"圣王"的道德自觉。

儒家的政治设计一直未脱夏、商、周三代的原型。春秋战国时期"礼崩乐坏",周天子的权威名存实亡,天神的观念受到怀疑甚至否定,统治者的私有观念也愈发膨胀,在此形势下,儒家更主要以"仁"的思想启发统治者的道德自觉,寄希望于"仁者得天下","君仁莫不仁","天下定于一"。面对现实中的君主的非道德,孔子提出"以道事君,不可则止"(《论语·先进》),孟子提出"惟大人为能格君心之非"(《孟子·离娄上》),荀子也主张"社稷之臣"对君主要实行"谏、争、辅、拂"(《荀子·臣道》)。孟、荀都肯定了"汤武革命"之说。但在孟子的思想中,这种"革命"的权利还是源于"天"对桀、纣的"所废"和圣王之受命("天与之",参见《孟子·万章上》),就一般情况而言,只有"贵戚之卿"才能"君有大过则谏,反复之而不听,则易位",对于"异姓之卿",只能"君有过则谏,反复之而不听,则去"(《孟子·万章下》),1993年出土的郭店楚墓竹简《语丛三》中亦有"不悦,可去也;不义而加诸己,弗受也"。荀子将"汤武革命"称为"权险之平",这是从"天下归之之谓王","非圣人莫之能王"(《荀子·正论》)的意义上说的,就一般的"臣道"而言,只能是"事圣君者,有听从无谏争;事中君者,有谏争无谄谀;事暴君者,有补削无挢拂,迫胁于乱时,穷居于暴国,而无所避之,则崇其美,扬其善,隐其败,言其所长,不称其所短,以为成俗"(《荀子·臣道》)。

总之,先秦儒家的民本思想虽然包含着人民的利益构成君主权力的基础的意思,但并没有赋予人民以监督、节制和罢免君主的权利,而是把这种权利寄托于"天",这也就是后世君主纷纷以"符命""谶纬""奉天承运"来建立自己权力的合法性的原因。秦王朝以暴力取得天下,而自谓承受了天的"水德"。汉承秦制,是"居马上得之",但也以承受了天的"水德"或"土德"自居。当汉武帝"独尊儒术,罢黜百家"时,儒家的"五伦"已渗入法家的因素而成为"三纲",君主对于臣、民的权力被绝对化、神圣化,尽管董仲舒仍有"天之生民,非为王也;而天立王,以为民也"(《春秋繁露·尧舜不擅移》)和"屈君以伸天"(《春秋繁露·玉杯》)用"天人相与之际"来儆戒人君的思想。在"三纲"的原则下,君、臣、民的关系是:"君者出令者也,臣者行君之令而致之民者也,民者出粟米麻丝、作器皿、通货财以事其上者也。"(《韩昌黎集·原道》)显然,在君主集权的体制下，人民是没有"公民和政治权利"可言的。

《美国独立宣言》称：

> 人人生而平等，他们都从他们的"造物主"那边被赋予了某些不可转让的权利，其中包括生命权、自由权和追求幸福的权利。为了保障这些权利，所以才在人们中间成立政府。而政府的正当权利，系得自被统治者的同意。如果遇到任何一种形式的政府变成是损害这些目的的，那么，人民就有权利来改变它或废除它。

曾经参加美国独立战争并且参与《法国人权宣言》起草的启蒙思想家潘恩（Thomas Peine，1737～1809）指出，各种政府由之产生并据以建立的根源可以归结为三大类："第一，迷信。第二，权力。第三，社会的共同利益和人类的共同权利。""第一种是受僧侣控制的政府。第二种是征服者的政府。第三种是理性的政府。""这样，我们就很容易发现，政府不是出自人民之中，就是凌驾于人民之上。"① 就每个人的天赋权利构成公民权利的基础而言，潘恩说："（政府的）主权作为一种权利只能属于人民，而不属于任何个人；一国的国民任何时候都具有一种不可剥夺的固有权利去废除任何一种他们认为不合适的政府，并建立一个符合他们的利益、意愿和幸福的政府。"②

与以上思想相对照，儒家的民本思想中包含了为了保障人民的利益，"所以才在人们中间成立政府"的意思。就孟子所说"（天）使之主祭而百神享之，是天受之；使之主事而事治，百姓安之，是民受之也；天与之，人与之"（《孟子·万章上》）而言，甚至可以说儒家的民本思想中部分地包含了"政府的正当权利，系得自被统治者的同意"的意思。然而，儒家的民本思想中并没有真正设定人民的天赋权利、公民和政治权利以及它们的不可转让，不可剥夺。儒家所设想的政府，是根源于"社会的共同利益"，而不是根源于"人类的共同权利"，而秦以后的历代王朝虽然仍挂着"天命"和"民本"的招牌，但实际上如潘恩所说，是"建立在暴力之上，将利剑冒称王笏，……为了利用每一种有利于自己的手段，他们把欺骗和暴

① 潘恩：《人权论》，王德禄、蒋世和编《人权宣言》，求实出版社 1989 年版，第 148～149 页。
② 潘恩：《人权论》，王德禄、蒋世和编《人权宣言》，求实出版社 1989 年版，第 154 页。

力相结合，建立了一个他们称之为神权的偶像"①。

　　孙中山先生曾把美国总统林肯所谓"the government of the people, by the people, for the people"译作"民有、民治、民享"，他说："要必能治才能享，不能治焉不能享，所谓民有总是假的。"我认为儒家的民本思想中包含了民有、民享的意思，但唯独没有民治，而中国封建社会的实际情况却也正如孙中山所说"不能治焉不能享，所谓民有总是假的"②。"人权"的观念中既有民有、民享，又有民治。五四新文化运动时期，陈独秀提出："国人而欲脱蒙昧时代，羞为浅化之民也，则急起直追，当以科学与人权并重。"③ 这对于中国传统文化的现代转型来说，是具有深远、重大意义的。

<h2 style="text-align:center">二</h2>

　　儒家的民本与"第一代人权"的关系，除了从政治制度上进行探讨外，还应该从社会伦理的方面进行分析。就此而言，儒家伦理与西方的人权不仅有着时代的差异，而且也表现出中西文化各自不同的特点。

　　在中国近代史上，严复最先明确地认识到中西文化的根本差异是"自由不自由异耳"。他说：

　　　　夫自由一言，真中国历古圣贤之所深畏，而从未尝立以为教者也。彼西人之言曰："唯天生民，各具赋畀，得自由者乃为全受。"故人人各得自由，国国各得自由，第务令毋相侵损而已。侵人自由者，斯为逆天理，贼人道。其杀人伤人及盗蚀人财物，皆侵人自由之极致也。故侵人自由，虽国君不能，而其刑禁章条，要皆为此设耳。中国理道与西法自由最相似者，曰恕，曰絜矩。然谓之相似则可，谓之真同则大不可也。何则？中国恕与絜矩，专以待人及物而言。而西人自由，则于及物之中，而实寓所以存我者也。自由既异，于是群异丛然以生。粗举一二言之：则如中国最重三纲，而西人首明平等；中国亲亲，而西人尚贤；中国以孝治天下，而西人以公治天下；中国尊主，而西人

　　① 潘恩：《人权论》，王德禄、蒋世和编《人权宣言》，求实出版社1989年版，第148页。
　　②《孙中山选集》，人民出版社1981年版，第493～494页。
　　③《独秀文存》，安徽人民出版社1987年版，第9页。

隆民；中国贵一道而同风，而西人喜党居而州处；中国多忌讳，而西人众讥评……。①

严复在列举了由"自由既异"而衍生的中西文化的种种差别后说，这些差别"并存于两间，吾实未敢遽分其优绌也"。从现在看，这些差别许多属于时代的差别，是可以分出优绌的；但其中也确实含有民族文化的差异，值得我们进行深入探讨。

五四新文化运动时期，"打倒孔家店"与"尊孔"的斗争同巩固共和与复辟帝制、搞假共和的斗争联系在一起。在五四新青年看来，中国的首要之务是"输入西洋式社会国家之基础，所谓平等人权之新信仰，对于与此新社会新国家新信仰不可相容之孔教，不可不有彻底之觉悟，猛勇之决心；否则不塞不流，不止不行"②。儒家伦理被归结为"纲常阶级主义"，其源在于中国古代的"家族制度"，孔门立教"莫不以孝为起点"，"盖孝子范围，无所不包，家族制度之与专制政治，遂胶固而不可分析"。③ 陈独秀热切地主张"尊重个人独立自主之人格，勿为他人之附属品"，他认为："吾国自古相传之道德政治，胥反乎是。儒者三纲之说，为一切道德政治之大原：君为臣纲，则民于君为附属品，而无独立自主之人格矣；父为子纲，则子于父为附属品，而无独立自主之人格矣；夫为妻纲，则妻于夫为附属品，而无独立自主之人格矣。……缘此而生金科玉律之道德名词，——曰忠，曰孝，曰节，——皆非推己及人之主人道德，而为以己属人之奴隶道德也。"④

五四新文化运动对儒家伦理的抨击，突显的是其落后的时代性的一面，但对儒家伦理中也包含着人类社会的普遍道德准则却未予注意。把儒家伦理简单地等同于"三纲之说"，完全否认儒家学说中有"推己及人之主人道德"，这是陷于片面而不完全符合实际的。孔子所谓"为仁由己，而由人乎哉"（《论语·颜渊》），"己所不欲，勿施于人"（《论语·卫灵公》），"己欲立而立人，己欲达而达人"（《论语·雍也》），"三军可夺帅也，匹夫不

①《严复文选》，上海远东出版社1996年版，第4~5页。
②《独秀文存》，安徽人民出版社1987年版，第79页。
③ 吴虞：《家族制度为专制主义之根据论》，《新青年》第2卷第6号。
④《独秀文存》，安徽人民出版社1987年版，第34~35页。

可夺志也"（《论语·子罕》），这些都是讲的"推己及人之主人道德"。

中西文化的不同，在于西方文化把人看作独立的个体，从"上帝造人"或"自然状态"说，每一个人都是生而独立、平等、自由的，西方近代的人权观念源于此；而以儒家思想为主流的中国文化是把人看作处于一定社会伦理关系中的一个角色，如果不讲人伦，"饱食、暖衣，逸居而无教"，那就不成其为人，"则近于禽兽"。西方文化重个体，重自由，重权利（所谓"每个人都是社会的一个股东，从而有权支取股本"——潘恩语）；而中国文化重关系，重絜矩之道，重义务（所谓"伦理本位"，"互以对方为重"——梁漱溟语）。就此而言，这里确实不能"遽分其优绌"；从人类历史和人权观念的发展看，二者应该相互补绌，相互吸取对方的长处。

中国文化的"伦理本位"，不可能不带有中国古代农业社会的时代性。先秦儒家所讲的君臣、父子、夫妇关系，虽然包含相互间的道德义务（如孔子所谓"君使臣以礼，臣事君以忠"），但其尊卑、主属的含义仍是不可否认的，及至汉代发展为"三纲"，则三者成为绝对权力与服从的关系。五四新文化运动对此进行抨击是合理的，将此与第一代人权所讲的"人生来是而且始终是自由平等的"（《法国人权宣言》）思想相较，二者也是格格不入的。但是，儒家伦理也并非只有落后的时代性，其中也包含着人类社会的普遍道德准则。[①] 孔子所谓"仁"，其最基本的含义就是"爱人"（《论语·颜渊》："樊迟问仁，子曰：'爱人。'"《孟子·离娄下》："仁者爱人"），这里的"人"包括人类所有的人（参见《吕氏春秋·爱类》），而"爱"则是一种自主、自律、自觉的道德意识和行为。孔子所谓"为仁由己""己所不欲，勿施于人"等等，既包含了对自己个人人格的尊重，又强调了自己对他人所承担的道德义务。

《法国人权宣言》第四条称：

> 政治的自由在于不做任何危害他人之事。每个人行使天赋的权利以必须让他人自由行使同样的权利为限。这些限制只能由法律规定。

据说这一条是伏尔泰推崇孔子的"己所不欲，勿施于人"而由罗伯斯

---

① 关于道德的时代性与普遍性，参见张岱年：《道德之变与常》，《张岱年文集》第1卷，清华大学出版社1989年版。

庇尔写入《法国人权宣言》的①。两相比照，二者间仍显出中西文化的差异，孔子强调的是道德义务，而《法国人权宣言》是将其用政治、自由、相互间的权利和法律规定表述出来。类似的表述也见于联合国于 1948 年通过的《世界人权宣言》，即"人人于行使其权利及自由时仅应受法律所定之限制，且此种限制之唯一目的应在确认及尊重他人之权利与自由并谋符合民主社会中道德、公共秩序及一般福利所需之公允条件"。

潘恩在评论《法国人权宣言》时说："头三条是自由的基础"（按：头三条是："一、在权利方面，人生来是而且始终是自由平等的。……""二、一切政治结合的目的都在于保护人的天赋的和不可侵犯的权利；这些权利是：自由、财产、安全以及反抗压迫。""三、国民是一切主权之源；任何个人或任何集团都不具有任何不是明确地从国民方面取得的权力"）。他还说：

> 当国民议会审议《人权宣言》时，一些议员主张，如果公布一项权利宣言，就应当同时公布一项义务宣言。这种看法显然是经过考虑的，毛病仅在于考虑得不够周密。从相互作用来说，权利宣言也就是义务宣言。凡是我作为一个人所享有的权利也就是另一个人所享有的权利；因而拥有并保障这种权利就成为我的义务。②

从"头三条是自由的基础"来讲，儒家伦理远没有达到《法国人权宣言》的思想高度（而且儒家伦理中落后的时代性的内容是与《法国人权宣言》相违背的），但《法国人权宣言》写入第四条，构成权利与义务的统一，这又含括了儒家伦理中超越其时代性的普遍道德因素。

儒家有"天下为公"（《礼记·礼运》），"四海之内皆兄弟也"（《论语·颜渊》），"民吾同胞，物吾与也"（《正蒙·乾称》）的思想，这就是对人类的所有的人的关爱，这与《世界人权宣言》以及 1966 年通过的《联合国人权公约》等文件一致申说的"人类一家"思想是相一致的。从道德理念上说，儒家认为"天地之性人为贵"（《孝经》），即人是天地间最有价值的；而且，"人人有贵于己者"（《孟子·告子上》），即每个人都有其自身

---

① 参见忻剑飞：《世界的中国观》，学林出版社 1991 年版，第 206 页；张腾霄、张宪中：《马克思主义与儒学》，中国人民大学出版社 2000 年版，第 2 页。

② 潘恩：《人权宣言评述》，王德禄、蒋世和编《人权宣言》，求实出版社 1989 年版，第 17 页。

固有的价值（"良贵"）；无论孟子的性善论还是荀子的性恶论，都设定了人的本性是生而平等的，故"人皆可以为尧舜"（同上），"涂之人可以为禹"（《荀子·性恶》）。孟子说"杀一无罪非仁也"（《孟子·尽心上》），"行一不义，杀一不辜，而得天下，皆不为也"（《孟子·公孙丑上》），荀子也说"行一不义，杀一无辜，而得天下，仁者不为也"（《荀子·王霸》），"天下"是以人民为本，儒家要求统治者虽得天下也不可滥杀无辜、刑虐人民，这是对每一个人的生命价值的肯定。因此，儒家伦理中除了落后的时代性内容外，也包含着"第一代人权"的某些因素。儒家注重家庭伦理，又主张"亲亲，仁民，爱物"，这种集体主义的价值观也可作为西方文化注重个人自由、个人权利的必要补充。《世界人权宣言》中不仅写入了"人类一家"的思想，并且规定"家庭为社会之当然基本团体单位，并应受社会及国家之保护"，这应是东西方文化交融互补的一种体现。

三

儒家的民本思想，在中国近现代的社会转型过程中，经过批判继承，吐故纳新，扬弃其落后的等级尊卑观念，承认人人生而自由平等，具有不可剥夺的公民和政治权利，不仅可以同"第一代人权"的观念相契合，而且更重要的是它与"第二代人权"以及人权观念的进一步发展有着更多的内在一致性。

"第二代人权"主要是经济、社会和文化的权利。1948 年通过的《世界人权宣言》在充分肯定、明确"第一代人权"的各项条款的同时，也写入了经济、社会和文化的权利。其第 22 条称：

> 人既为社会之一员，自有权享受社会保障，并有权享受个人尊严及人格自由发展所必需之经济、社会及文化各种权利之实现；此种实现之促成端赖国家措施与国际合作并当依各国之机构与资源量力为之。

在此条下又分别列出了工作权、休息和闲暇权、维护所需生活水准的权利、受教育的权利，以及自由参加社会文化生活的权利等条款。1966 年通过的《联合国人权公约》，更将《经济、社会和文化权利国际盟约》同《公民和政治权利国际盟约》作为人权公约的两个重要的相互联系、相互依存的组成部分。曾有人评论说，第二代人权"是一代以国家干预而不是国家弃权为特征的权利。实际上，这种要求合理工作条件的权利、社会安全的权利以及教育权、健康权，如果没有国家积极的行动，是不可想象的"①。这里所谓"国家干预"，也就是由国家采取措施、创造条件，实现每个社会成员在经济、社会和文化生活中的全面发展。这是与儒家"絜矩之道"的精神相通的。

儒家的价值理念就是使每个社会成员都有所"立"（取得社会所承认的位置和成就）、有所"达"（能够顺利发展），儒家重视道德教化，但又以"富民""制民之产"为基础。孔子将"博施于民，而能济众"（《论语·雍也》）视为"圣"之最高的境界。他主张对于民要先"富之"后"教之"（《论语·子路》），使民"足食"（《论语·颜渊》）是为政的重要内容之一。他反对贫富悬殊而加剧社会矛盾，主张"均无贫，和无寡，安无倾"（《论语·季氏》）。他的社会理想就是使"老者安之，朋友信之，少者怀之"（《论语·公冶长》）。孟子抨击贫富悬殊："庖有肥肉，厩有肥马，民有饥色，野有饿莩，此率兽而食人也"；在他所主张的"仁政"中，首先是"制民之产，必使仰足以事父母，俯足以畜妻子，乐岁终身饱，凶年免于死亡"，使"黎民不饥不寒"，然后"驱而之善"，"谨庠序之教，申之以孝悌之义"（《孟子·梁惠王上》），荀子也主张"以政裕民"（《荀子·富国》），富而教之，"不富无以养民情，不教无以理民性"（《荀子·大略》）。在儒家所向往的"大同"理想中，"人不独亲其亲，不独子其子，使老有所终，壮有所用，幼有所长，矜（鳏）、寡、孤、独、废疾者皆有所养"（《礼记·礼运》）。张载在《西铭》中也说："民吾同胞，物吾与也。……尊年高，所以长其长；慈孤弱，所以幼其幼。……凡天下疲癃残疾、茕独鳏寡，皆吾兄弟也。于时保之，子之翼也。"显然，儒家的这些思想与《世界人权宣言》和《人权公约》所规定的人人有权利享受社会保障，在经济、社会和文化生活中能够有所"立"、有所"达"，免除人们的恐惧和匮乏之虞，是有内在一致性的。

联合国于 1986 年通过《发展权宣言》，其第一条称：

---

① 斯蒂芬·P. 马克斯：《正在出现的人权》，王德禄、蒋世和编《人权宣言》，求实出版社 1989 年版，第 162 页。

发展权是一项不可剥夺的权利，所有的个人和民族均有资格参与、从事和享有经济、社会、文化和政治的发展，从而能够充分实现一切人权和基本自由……

有人评论说："发展权包括两个部分：一是个人部分，指个人的经济、社会和文化权利的发展；二是集体部分，指自决权、人民参与的原则，以及对天然财富和资源的权利。""《发展权宣言》已经很清晰地表达了以完整统一的方式处理人权问题的必要性，它不仅强调人权是不可分割的整体，而且明确提出了自决权、人民参与权和对天然资源的主权。"① 我们可以说，发展权就是使个人与社会，民族与民族，经济、社会、文化与政治，人与自然等方面，都得到和谐的、统一的发展。在这里，东西方文化只有交流互补，取长补短，吐故纳新，相互尊重，"和而不同"，才能使发展权得到真正的实现。

有人曾提议，把包括发展权在内的某些全球性考虑如和平、发展、生态环境、共同继承财产、交流和人道主义援助等等，确定为"第三代人权"②。20世纪90年代以来，"全球化"的潮流迅猛发展，贫富差距进一步拉大，民族冲突和地区冲突接连不断，生态环境的危机日益严峻，科技、能源、信息等资源的竞争加剧，通信新技术在缩短人们的空间距离的同时也使人们更加关注如何维护地区、民族和文化的认同，而战争、贫困、自然灾害、人口膨胀、疾病流行等等也使人道主义援助的问题更加急迫，在此形势下，如何确立和保障"第三代人权"已经成为国际社会不可回避的问题。在这方面，儒家的"协和万邦"，反对战争（《孟子·离娄上》："善战者服上刑"），主张经济与社会发展的"均、和、安"，体认"仁者以天地万物为一体"（"天人合一"），高扬"自强不息"和"厚德载物"的精神，强调"和而不同"，对困穷、贫弱和残疾者给予兄弟般的关怀和救助等等，这些价值理念经过现代的诠释，将会成为世界人权观念发展的积极文化资源。

（原载于《孔子研究》2001年第6期）

---

① 约翰·P. 佩斯：《联合国人权法律的发展及其检查和监督机制》，《国际社会科学》，1999年第4期。

② 参见斯蒂芬·P. 马克斯：《正在出现的人权》、菲力普·阿尔斯顿：《作为人权的和平》，王德禄、蒋世和编《人权宣言》，求实出版社1989年版。

对中国文化民本思想的再认识

我在 1997 年和 2001 年先后发表《中国的民本与民主》和《儒家的民本与人权》两篇论文①。近年来，中国文化的民本思想日益受到重视，而对其理解和评价则也有更多的分歧。鉴于此，有对其进行再认识的必要，以重新辨析和评价中国文化的民本思想。

一、崇尚道德、以民为本是儒家文化的"常道"，亦是中国文化的核心价值

关于儒家文化的"常道"，涉及对《论语》中孔子一段话的理解。《论语·为政》篇记载，子张问："十世可知也？"孔子答："殷因于夏礼，所损益，可知也；周因于殷礼，所损益，可知也。其或继周者，虽百世可知也。"这里的"因"就是相因继承，亦即文化之"常"；而"损益"就是减损和增益，亦即文化之"变"。那么，孔子所说的"殷因于夏礼""周因于殷礼"，其所"因"的是什么呢？按照古注，现见到最早的《论语》注释是曹魏何晏的《论语集解》，其中引汉末经学家马融之说："所'因'，谓三纲五常也；所'损益'，谓文质三统也。"自此之后，南北朝皇侃的《论语义疏》、北宋初邢昺的《论语注疏》和南宋朱熹的《论语集注》等等都沿用了这一注释。依此看来，儒家文化的"常道"就是"三纲五常"了。但需要辨析的是，在夏、商、周三代还没有"三纲五常"之说。"五常"是将先秦

① 李存山：《中国的民本与民主》，《孔子研究》1997 年第 4 期；《儒家的民本与人权》，《孔子研究》2001 年第 6 期。

时期孟子所讲的"四德"（仁义礼智）加上"信"，尚可说是儒家文化的"常道"；而"三纲"（君为臣纲、父为子纲、夫为妻纲）则始于汉代，与先秦儒家所讲的"以道事君，不可则止"（《论语·先进》），"勿欺也，而犯之"（《论语·宪问》），"惟大人为能格君心之非"（《孟子·离娄上》），"从道不从君"（《荀子·臣道》）等等相矛盾，它实际上是汉儒为了适应"汉承秦制"而做出的一种"损益"，即它是儒家文化的一种"变"而不是"常"。

那么，什么是儒家文化的"常道"呢？我认为，儒家文化的"常道"应该是指：先秦儒学与秦后儒学所一以贯之、始终坚持、恒常而不变、具有根本的普遍意义的那些道理、原则、理想或理念。以此为判据，儒家文化的"常道"应该是：崇尚道德，以民为本，仁爱精神，忠恕之道，和谐社会①。在这五条中，崇尚道德、以民为本应具有更根本的意义，因为儒家文化从"祖述尧舜，宪章文武"就已经是如此了。在孔子所编纂的《尚书》中，首篇《尧典》云："（帝尧）克明俊德，以亲九族；九族既睦，平章百姓；百姓昭明，协和万邦。黎民于变时雍。"这实际上是儒家崇尚道德、主张"修齐治平"思想的最初表达。"黎民于变时雍"，曾运乾《尚书正读》注云："时，善也。雍，和也。"② 使社会达到普遍的道德和谐，可以说是儒家"修齐治平"所要达到的终极目标。

在记载舜帝如何治国的《尚书·皋陶谟》中有云，"天聪明，自我民聪明；天明畏，自我民明威。""聪明"即是视听，"明威"即是赏罚。虽然"天"是中国文化最高信仰的神，但是"天"的视听是取决于人民的视听，"天"的赏罚是根据人民的意志进行赏罚。此即"民为神之主"的思想，这是中国文化人本主义和民本主义的最初表达（人本主义的"人"是相对于神和物而言，民本主义的"民"是相对于国家政权和执政者而言③）。

在记载周代思想的《尚书·康诰》中有云，"敬德保民"，"明德慎罚"。《蔡仲之命》有云："皇天无亲，惟德是辅。"《泰誓》亦有云："天视自我民视，天听自我民听。""民之所欲，天必从之。"（《蔡仲之命》和

---

① 参见李存山：《反思儒家文化的"常道"》，《孔子研究》2011年第2期。

② 曾运乾：《尚书正读》，中华书局1964年版，第4页。

③ 参见李存山：《"人本"与"民本"》，《哲学动态》2005年第6期。

《泰誓》虽然是《古文尚书》，但上引的几段话又见于《国语》《左传》和《孟子》所引，故这几段话并不伪）这些也都表达了崇尚道德、以民为本的思想。

春秋时期，崇尚道德、以民为本的思想更得到伸张。如云："太上有立德，其次有立功，其次有立言，虽久不废，此之谓不朽。"（《左传·襄公二十四年》）"太上"即最高，"立德"已被确立为最高的价值取向。又有云："正德、利用、厚生，谓之三事。"（《左传·文公七年》）这也是把"正德"放在首位。关于民与神的关系，有云："夫民，神之主也，是以圣王先成民而后致力于神。"（《左传·桓公六年》）"国将兴，听于民；将亡，听于神。神，聪明正直而壹者也，依人而行。"（《左传·庄公三十二年》）这些是民本思想的伸张。《左传·僖公二十四年》又有云："太上以德抚民。"可见，崇尚道德和以民为本都是"太上"，二者是统一的，都是中国文化的最高价值。春秋后期，孔子删述六经，创建儒家学派，无疑是传承和弘扬了自尧舜以来的优秀传统。这些是儒家文化的"常道"，亦可说是中国文化的核心价值。

二、 在儒家文化中 "天民一致"， 在民意之上并无更高的所谓 "天道合法性"

上文所引"天聪明，自我民聪明；天明畏，自我民明威"，"天视自我民视，天听自我民听"，"民之所欲，天必从之"，"夫民，神之主也"等等，均已说明：中国文化所信仰的"天"并没有自己独立的意志，而是以人民的意志为意志，此即"天民一致"的思想。历代儒家对这一思想也是始终坚持并予以弘扬的。

孟子说："民为贵，社稷次之，君为轻。"（《孟子·尽心下》）"贵"是中国古代表示以什么为最有价值的字词，如说"礼之用，和为贵"（《论语·学而》）、"天地之性（生），人为贵"（《孝经》）等等。孟子所说"民为贵"，就是与"社稷"（国家政权的象征）和君主相比，人民是最有价值的。荀子说："天之生民，非为君也；天之立君，以为民也。"这是以人民为目的，以人民为国家、社会的价值主体的思想。秦以后，董仲舒虽然立

"三纲"之说，但是他也继承先秦儒家的民本思想，重复了荀子的话，他说："天之生民，非为王也；而天立王，以为民也。"（《春秋繁露·尧舜不擅移汤武不专杀》）

宋代的新儒家张载说："《书》称天应如影响，其祸福果然否？大抵天道不可得而见，惟占之于民，人所悦则天必悦之，所恶则天必恶之，只为人心至公也，至众也。民虽至愚无知，惟于私己然后昏而不明，至于事不干碍处则自是公明。大抵众所向者必是理也，理则天道存焉。故欲知天者，占之于人可也。"（《经学理窟·诗书》）《尚书》中所讲的"天道"，虽然不可得而见，但是只要"占"之于民意就可知"天道"，这是因为"人（民）心至公"，"人所悦则天必悦之，所恶则天必恶之"。张载所说正符合《尚书》所谓"天聪明，自我民聪明；天明畏，自我民明威"。从先秦儒家的"祖述尧舜"到宋代以后的新儒家，以民为本、"天民一致"的思想是一以贯之、未尝中断的。

因为"天民一致"，而且"民为神之主"，所以在儒家文化中民意之上并无更高的所谓"天道合法性"。然而，近年来有所谓"大陆新儒家"的主要代表蒋庆，在其"政治儒学"中提出了"三重合法性"之说。他批评现代民主制度是"民意合法性一重独大"，主张在"庶民院"之上更建立体现"天道之超越神圣合法性"的、由儒教公推之大儒终身任职的"通儒院"，以及体现"历史文化合法性"的、由孔府衍圣公世袭任议长、由历代皇族圣贤后裔任议员的"国体院"[①]。这所谓"三重合法性"在儒家文化乃至中国文化中实并没有"合法性"的依据。

最近，蒋庆又发表《儒学的最高合法性是"主权在天"而非"主权在民"》一文，文中主要分析了《孟子·万章上》的一段对话：

> 万章曰："尧以天下与舜，有诸？"孟子曰："否。天子不能以天下与人。""然则舜有天下也，孰与之？"曰："天与之。""天与之者，谆谆然命之乎？"曰："否。天不言，以行与事示之而已矣。"曰："以行与事示之者，如之何？"曰："天子能荐人于天，不能使天与之天下；

---

① 参见蒋庆：《政治儒学》，三联书店2003年版，第203～210页；《广论政治儒学》，东方出版社2014年版，第326页。

诸侯能荐人于天子，不能使天子与之诸侯；大夫能荐人于诸侯，不能使诸侯与之大夫。昔者尧荐舜于天而天受之，暴之于民而民受之。故曰：'天不言，以行与事示之而已矣。'"曰："敢问：'荐之于天而天受之，暴之于民而民受之，'如何？"曰："使之主祭而百神享之，是天受之，使之主事而事治，百姓安之，是民受之也。天与之，人与之。故曰：'天子不能以天下与人。'"……"《泰誓》曰：'天视自我民视，天听自我民听。'此之谓也。"

按照蒋庆的理解，"由此段可见，孟子认为最高政治权力的最终所有者在天不在人，即'主权在天'……孟子无疑明确主张'主权在天'，而不是'主权在人'（'主权在人'的另一种表现形式是'主权在民'）"①。这里的失误在于，蒋庆混淆了这段记载的"人"与"民"之所指。孟子所谓"天子不能以天下与人"是指尧与舜的关系，因为天下者并非尧一人之天下，所以尧舜之间不能私相授受；而"天与之"是指"天"与"君"的关系，"天"在这里代表的是公心民意。孟子否认"主权在人"即是否认"主权在君"，否认天下乃天子一人之天下，而"主权在君"并不是"主权在民"的"另一种表现形式"，实际上这是两种不同的政治体制②。严格地说，孟子也并不是主张"主权在民"，因为孟子在政治制度上仍是主张君主制而非民主制。但是孟子最终强调了《泰誓》所谓"天视自我民视，天听自我民听"，这正是讲"天"与"民"的关系，即认为天的视听取决于人民的视听，此即是中国传统民本思想的"天民一致"，这里并没有与民意不同、超越于民意之上的所谓"天道合法性"。

蒋庆说："孟子引《尚书》'天视自我民视，天听自我民听'只是说明天不言，天行使'主权'的正当性要通过'行事'之一即民意归往来显示，而民意归往的'行事'只是对天决定将'主权'转移让渡（与人）的一种表象或见证……即使'民意'不存在，'天意'也照样存在，只是缺乏'行

① 蒋庆：《儒学的最高合法性是"主权在天"而非"主权在民"》，http：//www.rujiazg.com/article/id/8844/。

② 与蒋庆的理解相反，康有为在解释《孟子》的这段话时说："此明民主之意。民主不能以国授人，当听人之公举。……以民情验天心，以公举定大位，此乃孟子特意，托尧舜以明之。"（《孟子微·同民》）按：康有为以"民主之意"解释《孟子》的这段话虽然"过之"，但是方向并没有错；而蒋庆的理解在文本和语义上则是"反之"，在方向上就错了。

事'显示'天意'而已。……故'民意正当性'也只能是由'天意正当性'派生的次级正当性。因此，在'主权'与合法性的终极意义上，亦即在政治权力的最高法源上，先秦儒学中并不存在'民意就是天意'的思想。合理的'民意'，即合乎'天意'的'民意'，顶多只是'天意'的众多表象之一而已。"① 这里所谓"民意"只是一种"表象或见证"，纯属蒋庆的主观判断，而毫无史料根据。《尚书》所谓"天聪明，自我民聪明；天明畏，自我民明威"，"天视自我民视，天听自我民听"，"民之所欲，天必从之"等等，难道只是讲了一种"表象或见证"吗？《中庸》云："道不远人。人之为道而远人，不可以为道。"而蒋庆说"即使'民意'不存在，'天意'也照样存在"，这种离开"民意"而讲的"天意"，能说是儒家所讲的"天道"吗？

三、"以民为本"就是以人民为国家、社会的价值主体，在儒家文化中民本主义高于王权主义

中国文化的民本思想，在"天"与"民"的关系上是讲"天民一致"，而在"君"与"民"的关系上则是讲"民贵君轻"。"天之生民，非为君也；天之立君，以为民也。"此即民是目的，以人民为国家、社会的价值主体的思想，在儒家文化中民本主义的价值观高于政治制度上的王权主义。

《史记·五帝本纪》记载尧舜之间的禅让："尧知子丹朱之不肖，不足授天下，于是乃权授舜。授舜，则天下得其利而丹朱病；授丹朱，则天下病而丹朱得其利。尧曰'终不以天下之病而利一人'，而卒授舜以天下。"尧不传子而授舜，其原因在于"终不以天下之病而利一人"。"利一人"就是一姓之私，而利天下人民就是"大道之行也，天下为公"（《礼记·礼运》）。

1993 年出土的郭店楚简有《唐虞之道》篇，此篇云："唐虞之道，禅而不传。尧舜之王，利天下而弗（自）利也。禅而不传，圣之盛也。利天下

---

① 蒋庆：《儒学的最高合法性是"主权在天"而非"主权在民"》，http://www. rujiazg. com/article/id/8844/。

而弗利也，仁之至也。"先秦儒家在战国的中前期曾有治国化民只能实行禅让而不能传子的思想（同篇云："不禅而能化民者，自生民以来未之有也"）。对禅让的充分肯定，也是因为尧舜的"仁之至"乃是"利天下而弗（自）利"。而对"利天下"的充分肯定，又是因为"天下"乃是天下人民的天下。这种以天下人民为天下的价值主体的思想，在实行君主世袭制和集权制之后也仍然延续。如《吕氏春秋·贵公》篇云："天下非一人之天下也，天下（人民）之天下也。"汉代的谷永在给皇帝的上疏中说："臣闻天生蒸民，不能相治，为立王者以统理之，方制海内非为天子，列土封疆非为诸侯，皆以为民也。垂三统，列三正，去无道，开有德，不私一姓，明天下乃天下之天下，非一人之天下也。"（《汉书·谷永传》）因为"天下乃天下（人民）之天下"，所以天之立君"皆以为民也"。中国传统的民本思想与君主制结合在一起，虽然君主执掌最高的政治权力，但是天下的价值主体仍是人民。因此，在后世皇帝的起居室里有这样一副对联："惟以一人治天下，岂将天下奉一人。"上联就是君主制，而下联就是以天下人民为天下的价值主体。

《尚书·洪范》云："天阴骘下民，相协厥居。"所谓"阴骘"就是暗中保佑。在君主制下，人民虽然不是政治主体，但是民意通过"天"的赏罚而决定了一个王朝的存续长短。《尚书·多方》篇云："天惟时求民主，乃大降显休命于成汤，刑殄有夏。……代夏作民主。"这里的"民主"即是民之主，亦即君主。"天惟时求民主"就是说天总是选择能够为民作主的君主。王权在这里虽然是"天授"，但是"天惟时求民主"实又是执行了人民的意志。"民之所欲，天必从之"，人民的意志在这里高过王权主义。

《左传·文公十三年》记载："邾文公卜迁于绎。史曰：'利于民而不利于君。'邾子曰：'苟利于民，孤之利也。天生民而树之君，以利之也。民既利矣，孤必与焉。'左右曰：'命可长也，君何弗为？'邾子曰：'命在养民。死之短长，时也。民苟利矣，迁也，吉莫如之！'遂迁于绎。"在迁都则"利于民而不利于君"的情况下，邾文公仍然选择了迁都，这是因为他认识到"天生民而树之君"，其职责就是为了"利民""养民"，人民是国家、社会的价值主体。

孔子将"博施于民而能济众"作为"尧舜其犹病诸"的"圣"之最高

境界（《论语·雍也》）。他主张"因民之所利而利之"（《论语·尧曰》）。他记述尧舜之禅让云："尧曰：'咨！尔舜！天之历数在尔躬，允执其中！四海困穷，天禄永终。'舜亦以命禹。"（同上）这里的"天之历数在尔躬"有君权天授的意思，而"四海困穷，天禄永终"则也是讲一个王朝的存亡取决于它是否有利于民。

孟子说："民为贵，社稷次之，君为轻。"他对此的论证是："是故得乎丘民而为天子，得乎天子为诸侯，得乎诸侯为大夫。诸侯危社稷，则变置。牺牲既成，粢盛既絜，祭祀以时，然而旱干水溢，则变置社稷。"（《孟子·尽心下》）孟子虽然认为尧之禅让给舜是"天与之"，但是"天与之"的实质内涵又在于"得乎丘民而为天子"，"天与之"只是执行了民意，此即"天惟时求民主"，"民之所欲，天必从之"。汉代赵岐注解孟子这段话云："君轻于社稷，社稷轻于民。……天下丘民皆乐其政，则为天子，殷汤周文是也。"（《孟子正义》卷十四）宋代朱熹注解这段话亦云："盖国以民为本，社稷亦为民而立，而君之尊又系于二者之存亡，故其轻重如此。"（《孟子集注》卷十四）这里的"社稷亦为民而立"，就是说人民是国家、社会的价值主体。"民贵君轻"所要表达的就是人民的价值高于国家政权和君主的价值，在儒家文化中民本主义高于王权主义。

董仲舒重复荀子的话说："天之生民，非为王也；而天立王，以为民也。"他接着又说："故其德足以安乐民者，天予之；其恶足以贼害民者，天夺之。"（《春秋繁露·尧舜不擅移汤武不专杀》）这里的"天予之""天夺之"当然不是"主权在民"，但是天之予夺取决于君主"其德足以安乐民"还是"其恶足以贼害民"，人民在这里仍然是天之予夺即王权是否存续的价值主体。

中国传统的民本思想与君主制结合在一起，这是中国历史不争的事实。但是若把中国文化的历史定位于"王权主义"①，则也失之于片面。庞朴先生在一次访谈中曾经说：

> 王权主义是人文主义的一种特殊表现形式，是人文主义在一定发

① 参见刘泽华：《王权主义：中国文化的历史定位》，《天津社会科学》1998 年第 3 期；李振宏：《中国政治思想史研究中的王权主义学派》，《文史哲》2013 年第 4 期。

展阶段上表现于政治方面的形式。人文主义是就整个文化而言的，人本主义是哲学方面的派别，人道主义是伦理学的概念，王权主义则是政治学的概念，它们既有联系也有很大差别。①

这里虽然没有提到"民本主义"，但是从庞朴先生的分析已可见，用政治学的"王权主义"概念来统括或定位中国文化是有片面性的。在中国文化中，民本主义与人文主义或人本主义是密切相联系的，因为"民为神之主"，所以中国文化在人与神之间更加注重社会现实生活②。如庞朴先生所说："西方的人文主义是相对于中世纪的神文主义而言的，在中国古代，神文主义很早就退位了，中国传统文化一直重视人生的现实问题，所以可称为人文主义。"③ 中国文化的民本主义既与人文主义或人本主义相联系，又更多地属于政治哲学的范畴。因此，辨析民本主义与王权主义的关系的确是一个重要的问题。

刘泽华先生说："诚然，民本思想在某些思想家那里的确有一些令人扑朔迷离的地方，诸如孟子的'民贵君轻'之类。"他在把孟子的民本论与"贞观君臣"的重民论进行了一番比较后得出的结论是："一个是思想家激越的倡言，一个是政治家清醒的自诫，口气分寸是有所不同，但表达的却是同义命题。""这种思想不乏对民众的同情和怜悯，但出发点和归结点始终在君主一边。""无论从思想体系上看，还是政治实践上看，民本思想属于专制主义范畴。""民本思想是中国古代统治阶级政治理论的重要组成部分。"④ 尽管"扑朔迷离"，但是最终把民本思想归属于"专制主义"或"王权主义"。这里应做出分析的是，儒学思想家（特别是那些"从道不从君""非曲学以阿世"的大儒）所讲的民本思想，虽然与王权的"重民"统治术有联系，但是二者的"出发点和归结点"毕竟有所不同。如孟子说："君有大过则谏，反复之而不听，则易位。"齐宣王听后"勃然变乎色"（《孟子·万章下》）。至于朱元璋则"览《孟子》至'土芥''寇雠'之语，谓非人臣所言，诏去配享，有谏者，以不敬论，且命金吾射之，其憎

---

① 参见笔者对庞朴先生的访谈《文化的时代性与民族性》，《史学情报》1987 年第 2 期。
② 如《左传·桓公六年》所云："夫民，神之主也，是以圣王先成民而后致力于神。"《论语·雍也》记载孔子说："务民之义，敬鬼神而远之，可谓知矣。"
③ 参见笔者对庞朴先生的访谈《文化的时代性与民族性》，《史学情报》1987 年第 2 期。
④ 刘泽华：《中国的王权主义》，上海人民出版社 2000 年版，第 346～349 页。

《孟子》甚矣"，尔后又命儒臣刘三吾修撰《孟子节文》，删除了《孟子》书中"抑扬太过者八十五条"（实际删除了 89 章）[①]。在中国历史文化中，儒学的"出发点和归结点"并不是"始终在君主一边"，"道"与"势"并不能完全等同，而是存在着内在的紧张关系，儒学史上也不乏"以道抗势"的大儒。因此，儒家的民本思想应是高于王权主义，而并非属于专制主义或王权主义。

民本主义在中国文化中是深入人心的，以至于连皇帝在说"惟以一人治天下"时也要说"岂将天下奉一人"。作为中国历史文化研究中"王权主义学派"重要成员的张分田教授，也是把民本思想"归入专制主义的思想传统之中"。他在最近的一次访谈中说："如果孟子的'民贵君轻'可以定性为'反专制'，那么众多皇帝的'民贵君轻'又当如何定性？……难道'民贵君轻'既可判定为'民主'，又可判定为'专制'吗？"在张教授看来，这是一个"价值判断困境"[②]。其实，这个"困境"还是因为张教授把孟子的"民贵君轻"与众多皇帝的"民贵君轻"都归属于专制主义而造成的，其中的逻辑是：众多皇帝所讲的"民贵君轻"既属专制主义，那么孟子所讲的"民贵君轻"就不可定性为"反专制"。但实际上，众多皇帝的专制并不能证明孟子思想也是专制。在对民本思想的评价上，也并非只有"民主"和"专制"两种"排中"的判定。

四、 中国传统的民本思想与君主制结合在一起， 因此， 民本并非近现代意义的民主

近现代意义的民主（democracy），源于古希腊，是指一种政治体制，意味着"人民的权力"或"大多数人的统治"。而中国传统的民本思想与君主制结合在一起，因此，民本并非近现代意义的民主。

中国传统有"民主"一词（"天惟时求民主"），如前所述，它是指"民之主"即君主。到了中国近代，郑观应在《盛世危言·议院》中说：

---

① 参见杨海文：《〈孟子节文〉是怎么回事?》，《中华读书报》2011 年 6 月 15 日。
② 参见张分田：《专制与等差是孔孟之道的核心》，《中国社会科学报》2015 年 5 月 28 日。

"盖五大洲有君主之国，有民主之国，有君民共主之国。君主者权偏于上，民主者权偏于下，君民共主者权得其平。"这里的"民主之国"是相对于"君主之国"和"君民共主之国"而言，即它是一种不同于君主制和君主立宪制的政治体制，此可谓近现代意义的民主。当时，郑观应主张政治改良，实行君主立宪制。

康有为在《孔子改制考》中用历史进化论诠释《春秋》公羊三世说，提出"君主专制——君主立宪——民主共和"是社会政治制度进化的三个阶段，这成为戊戌变法的理论基础。康有为在《孟子微·同人》中说："若其因时选革，或民主，或君主，或君民共主，迭为变迁，皆必有之义，而不能少者也。即如今之大地中，三法并存，大约据乱世尚君主，升平世尚君民共主，太平世尚民主矣。"康有为所说的"三法"即是三种政治体制，与郑观应所不同者，是他把三种政治体制与公羊家的三世说附会在一起，以其为历史进化的三个阶段。

严复在甲午战争之后连续发表了《论世变之亟》《原强》《辟韩》《救亡决论》等一系列文章。他指出：西方列强的"汽机兵械之伦，皆其形下之粗迹"，而其"命脉"乃在"于学术则黜伪而崇真，于刑政则屈私以为公"，中西文化的根本差别又在"自由不自由异耳"[1]。严复认为，西方文化之所以能"胜我"的根本长处在于"以自由为体，以民主为用"[2]。"体用"范畴源自中国传统，严复说的"以自由为体"应是指其自由平等的价值观，而"以民主为用"则是指其民主的社会政治制度。

梁启超在读严复文章后有《与严幼陵先生书》，其中说："地球既入文明之运，则蒸蒸相逼，不得不变，不特中国民权之说当大行，即各地土番野猺亦当丕变，其不变者即渐灭以至于尽。此又不易之理也。"[3]梁启超所说的"民权"即民主制度之意。而中国传统的民本之所以并非近现代意义的民主，就是因为在君主制度下有君权而无民权，民本的民意是要通过"天"来表达，孟子所谓"天与之"的历史局限性就在这里。

孙中山提出了"三民主义"的主张，他在《五权宪法》中解释说：

①《严复集》第 1 册，中华书局 1986 年版，第 2 页。
②《严复集》第 1 册，中华书局 1986 年版，第 11 页。
③《梁启超全集》，北京出版社 1999 年版，第 72 页。

我们革命之始，主张三民主义，三民主义就是民族、民权、民生。美国总统林肯所说的"the government of the people, by the people, for the people"，兄弟将他这主张译作"民有""民治""民享"。他这民有、民治、民享主义，就是兄弟的民族、民权、民生主义。要必能治才能享，不能治焉不能享，所谓民有总是假的。①

孙中山所说的"民权"或"民治"亦是指民主制度。从孙中山的说法可以看出，中国传统的民本思想应已有"民有"和"民享"的意思（所谓"天下乃天下之天下"应即"民有"之意，所谓"天之立君，以为民也"、政在"利民""养民"应即"民享"之意），但是"要必能治才能享，不能治焉不能享，所谓民有总是假的"，这是君主制下中国社会历史现实的局限。然而，我们亦不能因有此局限而否认许多思想家在提出民本的价值理念时是真诚的。

梁启超有与孙中山近似的说法，他在1923年所作《先秦政治思想史》"序论"中说："美林肯之言政治也，标三介词以骤括之曰：of the people, by the people, and for the people，译言政为民政，政以为民，政由民出也。我国学说，于of, for之义，盖详哉言之，独于by义则概乎未之有闻。……夫徒言民为邦本，政在养民，而政之所从出，其权力乃在人民以外。此种无参政权的民本主义，为效几何？我国政治论之最大缺点，毋乃在是。"②梁启超所谓"我国学说，于of, for之义，盖详哉言之"，就是指我国传统民本学说中已有"民有"（政为民政）和"民享"（政以为民）之意；而"独于by义则概乎未之有闻"，就是指传统民本学说中并没有"民权"或"民治"（政由民出）的思想，此即人民"无参政权的民本主义"，梁启超认为"我国政治论之最大缺点"就在于此。

笔者认为，孙中山、梁启超对中国传统民本思想的理解和评价是基本正确的。因为传统民本思想与君主制结合一起，而并非近现代意义的民主，所以在中国历史上民本的价值理念并没有真正得到实现。孙中山所谓"要必能治才能享，不能治焉不能享，所谓民有总是假的"，这也是不可否认的

---

①《孙中山选集》，人民出版社1981年版，第493～494页。

②《梁启超全集》，北京出版社1999年版，第3605页。

历史事实①。

　　划清民本与民主的界限，承认传统民本思想有其历史局限性，这也是民本思想研究中的一个重要问题。然而，近年来在所谓"大陆新儒家"中有所谓"儒家宪政"之说，认为"民主已见之于儒家理念"，"自孔子以来，历代儒家之主流政治义理，均为宪政主义"②。这一方面是混淆了民本与民主（其实质是混淆了君主制与民主制），另一方面也曲解了宪政或宪政主义。（按：宪政的基本含义应就是以宪法来约束、限制执政者的权力，这在中国应是从戊戌变法主张"君主立宪"开始，即康有为主张"设议院以通下情"，"采择万国律例，定宪法公私之分"③。如果说自尧舜周孔就已有"宪政"思想，自董仲舒已完成了"宪政主义"的更化④，那只是违背常识、徒召人讥笑而已。）

五、从民本走向民主，符合中国文化近现代转型的逻辑，中国特色的民主制度应是"以民本和自由为体，以民主为用"

　　梁启超在《先秦政治思想史》中对民本主义评价云："要之我国有力之政治理想，乃欲在君主统治之下，行民本主义精神。此理想虽不能完全实现，然影响于国民意识者既已甚深，故虽累经专制摧残，而精神不能磨灭。欧美人睹中华民国猝然成立，辄疑为无源之水，非知言也。"⑤ 梁启超既指出了"无参政权的民本主义"是中国政治论的缺点，又指出了民本主义的精神"不可磨灭"，其为中国走向民主共和制度的思想文化渊源，这一评价应是公允的。

---

　　① 这种历史事实也反映在部分儒家学者的言论中，如韩愈在《原道》中说："君者，出令者也；臣者，行君之令而致之民者也；民者，出粟米麻丝、作器皿、通货财以事其上者也。……民不出粟米麻丝、作器皿、通货财以事其上，则诛。"这一对"君、臣、民"三者关系的界定，实已大失民本思想之旨。近代的严复曾专作《辟韩》一文，其以孟子说的"民为重，社稷次之，君为轻"为依据，批评"韩子不尔云者，知有一人而不知有亿兆也"。见《严复集》第1册，中华书局1986年版，第33～34页。

　　② 姚中秋：《儒家宪政论申说》，http://www.rujiazg.com/article/id/3496/。

　　③《康有为政论集》上册，中华书局1981年版，第150、207页。

　　④ 姚中秋说："汉承秦制，立国之后，儒家一直推动更化，也即'第二次立宪'。经过六十多年努力，最终经由董仲舒之天道宪政主义规划，而完成更化。"见其《儒家宪政论申说》，http://www.rujiazg.com/article/id/3496/。

　　⑤《梁启超全集》，北京出版社1999年版，第3605页。

五四新文化运动初期，陈独秀在1915年所作《今日之教育方针》中首标"现实主义"，认为现实的人生"非幻非空"，"现实世界之内有事功，现实世界之外无希望"，这是继承、发展了中国传统重视现实社会生活的人文（人本）主义；次标"惟民主义"，认为"国家而非民主，则将与民为邦本之说，背道而驰"①，这是继承、发展了中国传统的民本主义。按照陈独秀所说，"国家而非民主"是与民为邦本之说相"背"的，反之，如果国家实行民主则是"顺"着而非"背"着民本主义的。尽管后来陈独秀因受到种种刺激而把科学和民主同中国传统文化绝对对立起来，但他早期的这一说法正说明：从民本走向民主，符合中国文化近现代转型的逻辑。

中国文化从民本走向民主的开端，我认为始于明清之际黄宗羲所作的《明夷待访录》。他在此书的《原君》篇说：

> 有生之初，人各自私也，人各自利也。……有人者出，不以一己之利为利，而使天下受其利。……古者以天下为主，君为客，凡君之所毕世而经营者，为天下也。今也以君为主，天下为客，凡天下之无地而得安宁者，为君也。……然则为天下之大害者，君而已矣。向使无君，人各得自私也，人各得自利也。呜呼，岂设君之道固如是乎？

黄宗羲认为，在人类社会的原始状态是"人各自私，人各自利"，而立君之道是为了使天下人民普遍"受其利"。"古者以天下为主，君为客"，这就是说，天下人民本应为社会、国家的价值主体，而君主则是为民而立的客体。然而自秦以后主客发生了逆转，成为"君为主，天下为客"，于是"凡天下之无地而得安宁者，为君也"，"为天下之大害者，君而已矣"。黄宗羲激烈批判君主专制的祸害，这是基于他对秦以后历史的经验教训，特别是宋亡于元、明亡于清（所谓"天崩地解""亡天下"）的深痛反思。这种反思是先秦儒家所没有的，因而他也就提出了先秦儒家所不可能提出的"向使无君，人各得自私也，人各得自利也"，意思是说，倘若设君之道就是如此，那么还不如在"无君"的时代"人各得自私，各得自利"②。

---

① 《陈独秀选集》，天津人民出版社1990年版，第24、25页。

② 相比于孟子所说的"无君，是禽兽也"（《孟子·滕文公下》），黄宗羲的思想并非只是先秦儒家的"重复"或"因循传统，未脱窠臼"。参见张师伟《民本的极限——黄宗羲政治思想新论》，中国人民大学出版社2004年版，第178页；张分田：《专制与等差是孔孟之道的核心》，《中国社会科学报》2015年5月28日。

黄宗羲的思想基点是民本主义的，所谓"以天下为主，君为客"正是"天之生民，非为君也；天之立君，以为民也"的本有之意。黄宗羲思想的特点是他把"天下为主，君为客"贯彻得更加彻底，他说："天下之治乱，不在一姓之兴亡，而在万民之忧乐。……为臣者轻视斯民之水火，即能辅君而兴，从君而亡，其于臣道固未尝不背也。"（《明夷待访录·原臣》，以下同书只注篇名）在黄宗羲看来，"臣道"并不是忠于君，而是"以天下为事"[1]，为"万民之忧乐"负责，这就不是"站在君主一边"，而是坚持以民为目的了。因为"天下乃天下之天下"，所以"万民之忧乐"要高于"一姓之兴亡"（即民本主义高于王权主义）。从"天下之治乱"着眼，黄宗羲认为"一姓之兴亡"可以在所不计，他批判"彼鳃鳃然唯恐后之有天下者不出于其子孙，是乃流俗富翁之见"（《奄宦下》）。

因为黄宗羲把以民为本的思想贯彻到底，所以当他认识到"为天下之大害者，君而已"时，他就可以提出"向使无君"的假设。当然，黄宗羲的实际思想还没有走到主张"无君"这一步，而是基于中国传统的资源提出了在制度上对君权加以节制[2]。黄宗羲说："三代以上有法，三代以下无法。"三代之法是"藏天下于天下者也，山泽之利不必其尽取，刑赏之权不疑其旁落，贵不在朝廷也，贱不在草莽也"；而"后之人主，既得天下，唯恐其祚命之不长也，子孙之不能保有也，思患于未然以为之法，然则其所谓法者，一家之法，而非天下之法也"。黄宗羲提出"有治法而后有治人"（《原法》），他所谓"治法"并不是秦以后用来治民的刑法，而是"贵不在朝廷，贱不在草莽"，没有尊卑贵贱之分的"天下之法"，这可以理解为是指合理的制度或法治。

黄宗羲提出在制度上对君权加以节制，一方面是要提升宰相的权力，使宰相能够"摩切其主，其主亦有所畏而不敢不从也"（《置相》），另一方面是要使"学校"成为教育兼议政的机构，后者更为重要。明末东林党人的领袖顾宪成曾经说，"是非者，天下之是非，自当听之天下"。而当时的

---

① 黄宗羲说："君臣之名，从天下而有之者也。吾无天下之责，则吾在君为路人。出而仕于君也，不以天下为事，则君之仆妾也；以天下为事，则君之师友也。"（《明夷待访录·原臣》）

② 黄宗羲的《明夷待访录》写成于清康熙二年（1663），此比英国洛克的《政府论》早三十年，比法国卢梭的《社会契约论》早一百年。因此，黄宗羲的思想并未受到西方民主思想的影响，而只能利用中国传统的资源。

"异事"却是"外人所是，庙堂必以为非；外人所非，庙堂必以为是"（《顾端文公年谱》）。因为决定"是非"的权力被朝廷（庙堂）所垄断，故而士人与朝廷争是非则必然失败，于是有宋、明两代的"伪学之禁，书院之毁"，学校"不特不能养士，且至于害士"（《学校》）。作为东林党人后代的黄宗羲正是基于这一历史教训，而提出了使学校成为教育兼议政的机构。他说："必使治天下之具皆出于学校，而后设学校之意始备。……天子之所是未必是，天子之所非未必非，天子亦遂不敢自为非是，而公其非是于学校。"（同上）黄宗羲在说到提升宰相的权力和要使学校成为议政的机构时，都提到了使君主"不敢不从""不敢自为非是"，这种"不敢"就已不是儒家传统的以"阴阳灾异"警戒人君或以"正心诚意"劝导人君，而是要在制度上以权力来制约权力。

黄宗羲设计了中央和地方两级的"学校"议政机构。在中央的"太学"，每月的初一，皇帝和宰相等官员要到这里"就弟子之列"，"政有缺失，祭酒直言不讳"。在地方的学校，每月的初一和十五，郡县官员也要到这里"就弟子之列"，"师弟子各以疑义相质难"，"政事缺失，小则纠绳，大则伐鼓号于众"（同上）。显然，黄宗羲所设计的"学校"议政，已近似于民主制度下"议会"的政治功能。

黄宗羲的《明夷待访录》在中国近代的政治制度转型中是起了实际作用的。戊戌变法时期思想最为激进的谭嗣同曾说："孔教亡而三代下无可读之书矣！……以冀万一有当于孔教者，则黄梨洲《明夷待访录》其庶几乎！"（《仁学》三十一）梁启超则说：《明夷待访录》"在二百六七十年前，则真极大胆之创论也。……梁启超、谭嗣同辈倡民权共和之说，则将其书节钞，印数万本，秘密散布，于晚清思想之骤变，极有力焉。"（《清代学术概论》六）"我们当学生时代，实为刺激青年最有力之兴奋剂。我自己的政治运动，可以说是受这部书的影响最早而最深。"（《中国近三百年学术史》五）黄宗羲的《明夷待访录》不仅影响了改良派，而且影响了革命派。孙中山曾把《明夷待访录》中的《原君》《原臣》制成小册子，作为兴中会的革命宣传品随身携带散发，并赠给了日本友人南方雄楠。"时兴中会之宣传品仅有二种：一为《扬州十日记》……二为黄梨洲《明夷待访录》选本之《原君》《原臣》篇。"① 因此，对黄宗羲《明夷待访录》的评价不仅是一个理论认识的问题，而且是一个历史事实的问题。

中国近现代走向民主的进程，固然是受到了西方文化的影响，但其内在的动力更多的是为了救亡图存、民族振兴。由此可以说，在对民主的追求中，中国的以集体主义为主导的价值观仍起了很大的作用。我在《中国的民本与民主》一文中说："在中国，在集体主义的主导价值观下，如何达成社会整体利益与个人自由的和谐，中国的社会主义的'市民社会'如何既有一定程度的利益分化又能保持社会的共同富裕，这将是中国的民主需要解决的关键性的问题。"基于此，我认为中国特色的民主制度应是"以民本和自由为体，以民主为用"。之所以是"以民本和自由为体"，就是要在价值观上保持"社会整体利益与个人自由的和谐"，使中国社会"既有一定程度的利益分化又能保持社会的共同富裕"。以此为体，我们将建成有中国特色的更加优越的民主制度。

最后，本文略评一下蒋庆的"儒教宪政"说与黄宗羲《明夷待访录》的关系。蒋庆在《儒教宪政的监督形式》一文中说：

> "儒教宪政"在义理上的根本特性，可以用一句话来概括，就是"主权在天"。"主权"是指神圣的绝对的排它的最高的权力，这样的权力只能"在天"，不能"在民"，因为"民"是一种世俗的有限的夹杂人欲的存在，不是神圣的绝对的排它的最高的存在……"儒教宪政"是用"天的合法性"（即天意）而不是"民的合法性"（即民意）来指导、规范、约束政治的宪政。

如何体现"主权在天"呢？蒋庆说："'天'将'主权'第一次委托给'圣王'，'圣王'又将'主权'第二次委托给'士'群体。"这样，"士群体"就成为"天"之主权的代表，而"士群体"的机构就是"太学"。蒋庆由此联系到黄宗羲的《明夷待访录·学校篇》，认为其中所讲的"必使治天下之具皆出于学校"，"公其非是于学校"，使"天子不敢自为非是"，就是以"太学"为国家政治的最高机构。"'太学'具有培养储备国家统治者的权力、具有行使国家行政权的权力、具有行使国家议政权的权力、具有行使国家司法权的权力、具有行使国家军事权的权力、具有行使国家礼仪权的权力。"这就是蒋庆设想的"儒教宪政"的"太学监国制"①。

然而，这种设想从黄宗羲的《明夷待访录》找到根据，真是匪夷所思。须知黄宗羲在《明夷待访录》中根本没有讲到"天道"的问题，他所申说的是立君之道在于"使天下受其利"，"古者以天下为主，君为客"，"天下之治乱，不在一姓之兴亡，而在万民之忧乐"，"天下之法"应该是"贵不在朝廷，贱不在草莽"，他所提出的"公其非是于学校"也是要实现顾宪成所说的"是非者，天下之是非，自当听之天下"，这些分明是在讲"民意的合法性"，在民意之上更无"天道的合法性"。如果强将"太学"作为体现"天道之超越神圣合法性"的监国机构，使其凌驾于"天下为主""万民之忧乐"之上，那只是黄宗羲在《原君》篇所说的"欲以如父如天之空名禁人之窥伺"而已。

（原载于《孔子研究》2016 年第 6 期）

---

① 蒋庆：《儒教宪政的监督形式——关于"太学监国制"的思考》，http://www.rujiazg.com/article/id/4260/。

从两篇对话看外来宗教与儒家文化的关系

外来宗教传入中国，其大者一为两汉之际传入中国的佛教，一为明中期以后传入中国的基督教。此两教传入中国之初，有两篇对话体的文献值得重视，其一为牟子的《理惑论》，其二为利玛窦的《天主实义》。本文从这两篇对话略谈外来宗教与儒家文化的关系，而重点在于讨论《天主实义》中的"补儒易佛"。

一、 牟子的 《理惑论》

佛教在两汉之际传入中国，其初被视为黄老道术的一种，"佛"被说成是"轻举能飞"（《四十二章经》）、"变化无穷，无所不入"（《后汉纪》卷十）的神仙。汉桓帝时"宫中立黄老、浮屠之祠"，当时已有"老子入夷狄为浮屠"的传说（《后汉书·襄楷传》）。早期佛、道二教相互依附，如汤用彤先生所说："汉世佛法初来，道教亦方萌芽，分歧则势弱，相得则益彰。故佛、道均藉老子化胡之说，会通两方教理，遂至帝王列二氏而并祭，臣下亦合黄老、浮屠为一，固毫不可怪也。"[1] 至汉魏之际，出现了牟子的《理惑论》，中国宗教史上关于儒、释、道三教关系的讨论自此而展开。

《理惑论》说牟子早年"读神仙不死之书，抑而不信，以为虚诞"，当时"北方异人……多为神仙辟谷长生之术"，"牟子常以《五经》难之，道家术士莫敢对焉"。后来牟子"见世乱，无仕宦意"，读《老子》"绝圣弃智，修身保真"之文，"于是锐志于佛道，兼研《老子》五千文，含玄妙为

---

① 汤用彤：《汉魏两晋南北朝佛教史》，中华书局 1983 年版，第 43 页。

酒浆，玩《五经》为琴簧”，“世俗之徒多非之者，以为背《五经》而向异道”①。《理惑论》就是为了反驳这些世俗之徒的非难，而以问答的对话体写成。

非难者问曰："何以正言佛，佛为何谓乎？"牟子答："佛乃道德之元祖，神明之宗绪。佛之言觉也，恍惚变化，分身散体，或存或亡……蹈火不烧，履刃不伤……欲行则飞，坐则扬光，故号为佛也。"② 由此看来，牟子对"佛"的理解，虽然正言之"觉"，但是仍未摆脱黄老道术的影响。

外来宗教初传中国，先是依附于中国本土的宗教，这在基督教初传中国时也有所表现。如在利玛窦之前，意大利传教士罗明坚是穿僧服传教，他认为"正是佛教（而不是儒学）才是天主教与中国文化最有前途的结合点"。而在利玛窦意识到"要想使整个中国皈依基督教，使基督教成为中国的国教，必须最大限度地使信徒成为在这个国家的社会文化生活中居主导地位的士大夫"之后，他才改为穿儒服传教。③

儒家文化在中国占据主导地位，外来宗教要在中国站住脚，更主要是处理好与儒家文化的关系。牟子信仰佛教，他在当时受到的非难主要是"背《五经》而向异道"。因此，《理惑论》用了较多的篇幅来论证佛教与儒家思想并不背离，二者可以互补。如云："尧舜周孔，修世事也；佛与老子，无为志也。"儒、佛的互补可以如"金玉不相伤，精魄不相妨"④。虽然是互补，而在牟子看来，佛教的"无为志"毕竟高于儒家的"修世事"。他说："吾既睹佛经之说，览《老子》之要，守恬淡之性，观无为之行，还视世事，犹临天井而窥溪谷，登嵩岱而见丘垤矣。《五经》则五味，佛道则五谷矣。吾自闻道以来，如开云见白日，炬火入冥室焉。"⑤ 所谓"《五经》则五味，佛道则五谷"，就是佛道比《五经》更为根本的意思，以后的佛教徒也多持佛教为本、儒教为末之说。

非难者问曰："佛道至尊至大，尧舜周孔曷不修之乎？《七经》之中不

① 石峻、楼宇烈等：《中国佛教思想资料选编》第1卷，中华书局1981年版，第2页。
② 石峻、楼宇烈等：《中国佛教思想资料选编》第1卷，中华书局1981年版，第3~4页。
③ 孙尚扬：《基督教与明末儒学》，东方出版社1994年版，第15、17页。
④ 石峻、楼宇烈等：《中国佛教思想资料选编》第1卷，中华书局1981年版，第6、8页。
⑤ 石峻、楼宇烈等：《中国佛教思想资料选编》第1卷，中华书局1981年版，第12页。

见其辞，子既耽《诗》《书》、悦礼乐，奚为复好佛道、喜异术？岂能逾经传、美圣业哉！窃为吾子不取也。"牟子答："书不必孔丘之言，药不必扁鹊之方，合义者从，愈病者良。君子博取众善以辅其身。……《五经》事义，或有所阙，佛不见记，何足怪疑哉！"① 这段问答的确说出了中国文化能涵容多种宗教的原因，即中国文化虽然在正统意识形态上"独尊儒术"，但在民间社会确实是"书不必孔丘之言，药不必扁鹊之方，合义者从，愈病者良"，只要一种宗教能够满足一部分社会成员的精神需求，且其不违背"义"或"善"，它就有存在的理由。

非难者提到儒家的"夷夏之辨"，牟子则指出："昔孔子欲居九夷，曰：'君子居之，何陋之有？'……禹出西羌而圣哲，瞽叟生舜而顽嚚，由余产狄国而霸秦，管蔡自河洛而流言。传曰：'北辰之星，在天之中，在人之北。'以此观之，汉地未必为天中也。佛经所说，上下周极，含血之类，物皆属佛焉。是以吾复尊而学之……"② 这就是说，儒家文化虽然有"夷夏之辨"，但并不以人种和地域划分夷夏，而"汉地未必为天中"，这更可以打破"夷夏之辨"的狭隘眼界。后来基督教传入中国，其新的寰球地理观也有助于基督教的传播。

关于生死问题，非难者说："孔子云：'未能事人，焉能事鬼？未知生，焉知死？'此圣人之所纪也。今佛家辄说生死之事、鬼神之务，此殆非圣哲之语也。"牟子则举出《孝经》中的"为之宗庙，以鬼享之，春秋祭祀，以时思之"等，反问儒家"岂不教人事鬼神、知生死哉"！牟子又宣扬佛教的轮回和善恶报应之说："有道虽死，神归福堂；为恶既死，神当其殃。""至于成佛，父母兄弟皆得度世。是不为孝，是不为仁，孰为仁孝哉！"③ 儒家虽然重视现世生活，但是也有一定的宗教性。外来宗教大多依附于这种宗教性，进而阐发自己的教义，并且认为这种教义不仅符合儒家的仁孝，而且高过儒家的仁孝。这在后来的基督教传教，就是所谓"补儒"。

牟子对"佛"的理解虽然还没有摆脱黄老道术的影响，但是他对道教

---

① 石峻、楼宇烈等：《中国佛教思想资料选编》第 1 卷，中华书局 1981 年版，第 5 页。
② 石峻、楼宇烈等：《中国佛教思想资料选编》第 1 卷，中华书局 1981 年版，第 8 页。
③ 石峻、楼宇烈等：《中国佛教思想资料选编》第 1 卷，中华书局 1981 年版，第 7、8 页。

的神仙之术已在进行区隔并展开批评。非难者问曰："王乔、赤松，入仙之箓，神书百七十卷，长生之事，与佛经岂同乎？"牟子答："比其类，犹五霸之与五帝，阳货之与仲尼。……道有九十六种，至于尊大，莫尚佛道也。神仙之书，听之则洋洋盈耳，求其效，犹握风而捕影。是以大道之所不取，无为之所不贵，焉得同哉！""老子著五千之文，无辟谷之事。""辟谷之法，数千百术，行之无效，为之无征，故废之尔。观吾所从学师三人，或自称七百、五百、三百岁，然吾从其学，未三载间，各自殒没。……且尧舜周孔，各不能百载，而末士愚惑，欲服食辟谷，求无穷之寿，哀哉！"① 牟子对道教的批评，反映了宗教之间的排他性。佛教在中国欲求大的发展，必贬斥中国本土的宗教，故而在牟子之后，佛、道二教有长期的争论。而在以后基督教的传教中，除了"补儒"之外，也还有"易佛"。

二、《天主实义》之"补儒"

利玛窦改穿儒服传教，其传教的策略就是"补儒易佛"。所谓"补儒"，就是要在儒学中"补足"基督教的信仰，也就是要把儒学基督教化。这其中首先是对天主的信仰，进而宣扬灵魂与天堂地狱之说，最终把人们的"终极关怀"引向来世的救赎。

1. 对天主的信仰

《天主实义》以"中士"与"西士"的对话形式写成。其首篇"论天主始制天地万物，而主宰安养之"，这一论题由"中士"引出："贵国惟崇奉天主，谓其始制乾坤人物，而主宰安养之者，愚生未习闻，诸先正未尝讲，幸以诲我。"这里标示出，对天主的信仰是中国士人所"未习闻""未尝讲"的。于是，"西士"诲之曰："此天主道，非一人一家一国之道。自西徂东，诸大邦咸习守之。圣贤所传，自天主开辟天地，降生民物至今，经传授受，无容疑也。但贵邦儒者，鲜适他国，故不能明吾域之文语，谙其人物。吾将译天主之公教，以征其为真教。"② 利玛窦把天主教说成全世

---

① 石峻、楼宇烈等：《中国佛教思想资料选编》第 1 卷，中华书局 1981 年版，第 13 页。
② 朱维铮：《利玛窦中文著译集》，复旦大学出版社 2001 年版，第 8 页。

界普遍信仰的"公教"，此"公教"即为唯一的"真教"。

利玛窦又说："人谁不仰目观天？观天之际，谁不默自叹曰'斯其中必有主之者'哉？夫即天主，吾西国所称'陡斯'是也。"①［按："陡斯"即拉丁文 Deus（神）的音译］在利玛窦对世界"必有主之者"所做的论证中有云：

> 今观上天自东运行，而日月星辰之天自西循递之，度数各依其则，次舍各安其位，曾无纤忽差忒焉者，倘无尊主斡旋主宰其间，能免无悖乎哉？

> 凡物不能自成，必须外为者以成之。楼台房屋不能自起，恒成于工匠之手。知此，则识天地不能自成，定有所为制作者，即吾所谓天主也。②

这些论证在传教士看来是必然的、不容怀疑的"公理"。但是在中国文化的语境中，这些不过是重复了《庄子》书中提到的"接子之或使"之说。《庄子·则阳》篇云："季真之莫为，接子之或使，二家之议，孰正于其情，孰遍于其理？""莫为"即认为世间万物都是自然而生，没有物外的主宰；"或使"则认为世间万物有主宰者而使之生、使之动。这两说在道家看来都是"在物一曲"，不符合大道。就中国哲学的主要倾向而言，儒、道两家都更强调天地万物是"自生""自化""莫或使之""动非自外也"。

利玛窦依天主教的教理，引用亚里士多德的"四因"说来论证天主的存在，即认为"物之所以然有四焉"，有"作者"（动力因），有"模者"（形式因），有"质者"（质料因），有"为者"（目的因），其中模者、质者"在物之内，为物之本分"，而作者、为者"在物之外，超于物之先者也，不能为物之本分"，"吾按天主为物之所以然，但云作者、为者，不云模者、质者"③。也就是说，世间万物的产生，要归于天主之造物的动力因和目的因。亚里士多德的"四因"说，经利玛窦的介绍，首次以神学的面目而传入中国，这对于当时中国的士人来说是很生疏的。但自近代以来学者们所

---

① 朱维铮：《利玛窦中文著译集》，复旦大学出版社 2001 年版，第 9 页。
② 朱维铮：《利玛窦中文著译集》，复旦大学出版社 2001 年版，第 10 页。
③ 朱维铮：《利玛窦中文著译集》，复旦大学出版社 2001 年版，第 12 页。

做的中西哲学比较看，中国哲学所注重的恰恰不是动力因和目的因，而是与形式因相似的"理"，以及与质料因相似的"气"，而且大致可以把目的因归于"理"，把动力因归于"气"，也就是说，中国哲学认为所谓"作者、为者"并不是"在物之外，超于物之先者"。

利玛窦接着论证"天主惟一"，他说：

> 一家止有一长，一国止有一君，有二，则国家乱矣；一人止有一身，一身止有一首，有二，则怪异甚矣。吾因是知乾坤之内虽有鬼神多品，独有一天主始制作天地人物，而时主宰存安之。①

中国古人云"天无二日，民无二王"，在有神论的前提下，中国士人不难承认有一最高的神。但是就中国文化的现实发展而言，儒、释、道三教并存以及民间信仰的多样性，又使中国传统思想中一神论的观念比较淡薄。

《天主实义》的第二篇"解释世人错认天主"。"中士"提出："吾中国有三教，各立门户：老氏谓物生于无，以无为道；佛氏谓色由空出，以空为务；儒谓易有太极，故惟以有为宗，以诚为学。不知尊旨谁是？""西士"答之曰："二氏之谓，曰无曰空，于天主理大相刺谬，其不可崇尚，明矣。夫儒之谓，曰有曰诚，虽未尽闻其释，固庶几乎！"② 利玛窦断然否认了佛、道二教的空、无之说，而对儒家的"曰有曰诚"给予了"庶几"的肯定。此肯定就是要肯定天主教的神为实有，而对儒家的太极之说则又是坚决排斥的。"中士"曰："太极非他物，乃理而已。"利玛窦指出，太极或理只是物之"依赖者"（属性），而非"自立者"（实体），"不能为万物本原也"③。

在儒家学说中，利玛窦所要肯定的是儒家古经书中所讲的"上帝"。他说：

> 吾天主，乃古经书所称上帝也。《中庸》引孔子曰："郊社之礼，以事上帝也。"朱注曰："不言后土者，省文也。"窃意仲尼明一之以不可为二，何独省文乎？《周颂》曰："执竞武王，无竞维烈，不显成康，

---

① 朱维铮：《利玛窦中文著译集》，复旦大学出版社 2001 年版，第 13 页。
② 朱维铮：《利玛窦中文著译集》，复旦大学出版社 2001 年版，第 15 页。
③ 朱维铮：《利玛窦中文著译集》，复旦大学出版社 2001 年版，第 18 页。

上帝是皇。"又曰："于皇来年，将受厥明，明昭上帝。"《商颂》曰："圣敬日跻，昭假迟迟，上帝是祗。"《雅》云："维此文王，小心翼翼，昭事上帝。"《易》曰："帝出乎震。"夫帝也者，非天之谓。苍天者抱八方，何能出于一乎？……历观古书，而知上帝与天主，特异以名也。[①]

在利玛窦看来，儒家古经书中的"上帝"，就是天主教的"天主"或"陡斯"，只不过二者"异以名也"。因为只是名称相异，而其本义相同，所以西方的"Deus"既可译为"天主"，又可译为"上帝"。后来"礼仪之争"中的"译名之争"，其正方的观点即发端于此；而反方的争执，即认为"Deus"不可译为"天"或"上帝"，这在利玛窦对儒家之"天"或"上帝"所做的辩正中也可见其根据。

利玛窦对儒家古经书的征引，主要是《诗》《书》《易传》《礼记》中的"上帝"之说。从文献的年代上讲，《诗》《书》主要反映的是夏、商、周三代的文化，《易传》和《礼记》则是春秋以后形成的儒家经典。《诗》《书》中的"天"或"帝"指的是有人格、能够赏善罚恶的最高神，即所谓"主宰（意志）之天"，孔子开创的儒家之学对此意义的"天"是有所保留的，但也更多地增加了"义理之天""时命之天""自然之天"的意涵。因此，在儒家学说中，"天"之一名有多义，"帝"或"上帝"只是其义之一，在一定意义上"帝"或"上帝"亦可作为"天"的别名。尽管"帝"或"上帝"是指最高的神，但中国古代的神灵观念与西方基督教的神灵观念仍有很大的不同。

《中庸》引孔子曰："郊社之礼，所以事上帝也。"朱熹《中庸章句》注云："郊，祭天；社，祭地。不言后土者，省文也。"之所以说是"省文"，因为郊祭之礼是祭天或上帝，而社祭之礼是祭地或后土，故此句的全文应该是"郊社之礼，所以事上帝、后土也"。利玛窦批评朱注："窃意仲尼明一之以不可为二，何独省文乎？"从西方基督教的观念来说，人所要敬事祈祷的对象只能是唯一的最高神，所以只言"事上帝"已经语义全足，

下篇 儒家传统文化的当代价值

379

---

① 朱维铮：《利玛窦中文著译集》，复旦大学出版社 2001 年版，第 21 页。

而不应该有所谓"省文"。值得注意的是，利玛窦在此隐去了朱熹对"郊""社"的解释。如果利玛窦确实认为此处只言"事上帝"已经全足，那么其中的"社"字即无着落，而利玛窦又不可能对"社"提出另一种解释。由此可以看出，当利玛窦说儒家古经书中的"上帝"与西方的"天主"只是"异以名"时，其内心并非全无芥蒂；他之所以如此说，是出于传教的策略。

需要利玛窦特别加以辩正的是："夫帝也者，非天之谓"，也就是说，我们所应崇拜的只是"上帝"，而不应该说是"天"。在此，程朱理学对"天"的解释成为利玛窦传教的障碍。这种障碍由"中士"说出："古书多以天为尊，是以朱注解帝为天，解天惟理也。程子更加详，曰以形体谓天，以主宰谓帝，以性情谓乾，故云奉敬天地。不识如何？"① 程朱理学的最基本、最核心的思想即是"天者理也"。虽然程朱把"天理"作为其哲学的最高范畴，但是程朱也把"天"之多名和多义容纳在"天理"概念中，故而程颐在回答"天与上帝之说如何"时说："以形体言之谓之天，以主宰言之谓之帝，以功用言之谓之鬼神，以妙用言之谓之神，以性情言之谓之乾。"（《程氏遗书》卷二十二上）中国哲学的复杂性、其概念范畴的多义性，突出表现在这里。而这是西方的基督教文化所不能允许的，尤其是，"上帝"怎么能和有形体的"天"混而言之呢？故而，利玛窦力辩之：

> 上帝之称甚明，不容解，况妄解之哉？苍苍有形之天，有九重之析分，乌得为一尊也。上帝索之无形，又何以形之谓乎？……况鬼神未尝有形，何独其最尊之神为有形哉？此非特未知论人道，亦不识天文及各类之性理矣。

> 上天既未可为尊，况于下地乃众足所践踏，污秽所归寓，安有可尊之势？要惟此一天主，化生天地万物，以存养人民。宇宙之间，无一物非所以育吾人者。吾宜感其天地万物之恩主，加诚奉敬之，可耳。可舍此大本大原之主，而反奉其役事吾者哉！②

利玛窦辩得很清楚，"上帝"不能是"理"，更不能是"苍苍有形之

---

① 朱维铮：《利玛窦中文著译集》，复旦大学出版社2001年版，第21～22页。
② 朱维铮：《利玛窦中文著译集》，复旦大学出版社2001年版，第22页。

天"，也就是说，"义理之天"和"自然之天"都不能混同于"上帝"。如果"上天既未可为尊"，那么"下地乃众足所践踏，污秽所归寓"，就更无"可尊之势"。这里，利玛窦说出了中西文化在自然观上的一个重大分歧。中国文化对天地的起源虽然有各种不同的见解，但是都持有机的自然观，对天地都是敬重的，对万物也是友善的。《易传》说"天地感而万物化生"，《中庸》说"博厚所以载物也，高明所以覆物也，悠久所以成物也，博厚配地，高明配天，悠久无疆"，张载在《西铭》中说"乾称父，坤称母……民吾同胞，物吾与也"，此为中国文化对自然和天人关系的一个根本见解。而按照基督教的"创世"之说，天地万物都是上帝为人所创造的，它们的存在价值都是供人类的"存养"之需，"宇宙之间，无一物非所以育吾人者"。因此，人所要感恩、敬奉的只是创造了天地万物的"恩主"即上帝。而天地万物本身不过是"役事吾者"，没有"可尊之势"，亦无"爱物"之理。仅就环境保护、生态伦理的意义而言，基督教与儒家文化存在很大分歧。

2. 灵魂之说

《天主实义》的第三篇"论人魂不灭，大异禽兽"。利玛窦说："人有魂魄，两者全而生焉。死则其魄化散归土，而魂常在不灭。吾入中国，尝闻有以魂为可灭，而等之禽兽者。其余天下名教名邦，皆省人魂不灭，而大殊于禽兽者也。"[1] 这里所谓"死则其魄化散为土"，实是采自中国传统思想的说法，如《礼记·檀弓下》记载孔子说，人死后"骨肉归复于土，命也，若魂气则无不之也，无不之也"。利玛窦说，他曾闻中国有"以魂为可灭"之说，可见他对王充、范缜等人的"神灭论"是知晓的。他所要主张的当然是"人魂不灭"，这一点虽然与中国传统的灵魂观念有相合之处，但其"人魂不灭，大异禽兽"之说又是与中国传统思想相抵牾的。

利玛窦依西方传统观念，持"魂三品"说：

> 彼世界之魂，有三品。下品名曰生魂，即草木之魂是也。此魂扶草木以生长，草木枯萎，魂亦消散。中品名曰觉魂，则禽兽之魂也，此能扶禽兽长育，而又使之以耳目视听……至死而魂亦灭焉。上品名

① 朱维铮：《利玛窦中文著译集》，复旦大学出版社 2001 年版，第 26 页。

曰灵魂，即人魂也。此兼生魂、觉魂，能扶人长养及使人知觉物情，而又使之能推论事物，明辨理义；人身虽死，而魂非死，盖永存不灭者焉。①

利玛窦讲的"魂三品"说，即是西方文化自亚里士多德以来的"灵魂阶梯"思想。按照基督教对此思想的解释，动、植物的觉魂和生魂都不是精神性的实体，故动、植物死则其魂亦灭；只有人的"理性灵魂"才是精神性的实体，故人死后灵魂永存不灭。这种划分与中国传统的"魂气"思想不同，与佛教对"有情世间"和"无情世间"的划分以及"六道轮回"的思想也相冲突。

《天主实义》的第四篇"辩释鬼神及人魂异论，而解天下万物不可谓之一体"。利玛窦对中国传统的"魂气"思想进行批评，他说：

> 以气为鬼神灵魂者，紊物类之实名者也。……古经书云气，云鬼神，文字不同，则其理亦异。有祭鬼神者矣，未闻有祭气者。何今之人紊用其名乎？

> 所谓二气良能、造化之迹、气之屈伸，非诸经所指之鬼神也。……若论天地之大尊，奚用此恍惚之辞耶？

> 《春秋传》既言伯有死后为厉，则古春秋世亦已信人魂之不散灭矣。而俗儒以非薄鬼神为务，岂非《春秋》罪人乎？②

利玛窦指责"魂气"之说违背、紊乱了儒家古经书论鬼神的本意，而实际上自春秋以来此说就已流行。利玛窦所说的《春秋传》即是《左传》，在《左传·昭公七年》对郑人传言伯有死后为鬼的记载中，就有"人生始化曰魄，既生魄，阳曰魂"之说。《礼记·檀弓下》记载孔子也说人死后"若魂气则无不之也"。宋明理学家更明确地以"二气良能、造化之迹、气之屈伸"来论释鬼神。利玛窦的"辩释鬼神及人魂异论"，并不是要恢复儒家古经书的本意，而是要用西方哲学和基督教的思想来"补正"中国传统的灵魂观念。

按照西方哲学的"四元素"说，除了天上的日月星辰外，地上的万物

---

① 朱维铮：《利玛窦中文著译集》，复旦大学出版社 2001 年版，第 26 页。
② 朱维铮：《利玛窦中文著译集》，复旦大学出版社 2001 年版，第 36、34、35 页。

都是由土、水、火、气构成。基督教神学亦持此种看法，利玛窦则仿中国的"五行"说而称此四元素为"四行"。他说：

> 凡天下之物，莫不以火气水土四行相结以成。……有四行之物，无有不泯灭者。夫灵魂则神也，于四行无关焉，孰从而悖灭之？

> 传云"差毫厘，谬千里"，未知气为四行之一，而同之于鬼神及灵魂，亦不足怪。若知气为一行，则不难说其体用矣。①

这里又涉及中西哲学在物质观上的一个重大区别。中国哲学认为"天地万物共一气"，由无形之气而产生五行（水火木金土），由五行而产生万物；气有阴阳，阴气浊重主静，阳气清轻主动，故阴为形，阳为神，万物都是由阴阳和合而成。但在西方哲学和基督教的思想看来，气只是"四行"之一，而灵魂则是与"四行"无关的精神实体，这种精神实体只有人才具有，万物不与焉。因此，利玛窦在宣扬"人魂不灭"时，又强调其"大异禽兽"。

《礼记·礼运》篇说："故人者，其天地之德，阴阳之交，鬼神之会，五行之秀气也。"在中国传统思想中，人之异于其他万物，只是因为人禀得天地间的"秀气"，故而能有情感和理性。孟子曾说："人之所以异于禽兽者几希，庶民去之，君子存之。"（《孟子·离娄下》）在《天主实义》中，"中士"在听了利玛窦的灵魂之说后，叹曰："吁！今吾方知，人所异于禽兽者非几希也。"②

对灵魂的理解还必然牵涉对"性"的理解，"中士"说："虽吾国有谓鸟兽之性同乎人，但鸟兽性偏，而人得其正。虽谓鸟兽有灵，然其灵微渺，人则得灵之广大也。是以其类异也。"这里说的就是宋代理学家所谓"性同气异"之说，如朱熹认为"物物有一太极"，"太极"为理，理与气合而产生万物，理在形气之中即为性，万物之本性相同，但人得形气之精淳，故其性正，鸟兽等得形气之杂驳，故其性偏，此处的正、偏只是说因形气（气质）的差异而性（理）之"发见"不同。朱熹对这一思想非常重视，认为"性同气异，只此四字，包含无限道理"（《朱文公文集》卷三十九）。

① 朱维铮：《利玛窦中文著译集》，复旦大学出版社 2001 年版，第 27、39 页。
② 朱维铮：《利玛窦中文著译集》，复旦大学出版社 2001 年版，第 32 页。

利玛窦则对此予以反驳："正偏大小，不足以别类，仅别同类之等耳。"①

"中士"又说："吾古之儒者，明察天地万物本性皆善，俱有宏理，不可更易，以为物有巨微，其性一体，则曰天主上帝即在各物之内，而与物为一。"因为人与万物的本性相同，故人性善，则万物的本性亦善，其根据就是"物物有一太极"，"物有巨微，其性一体"。"中士"所谓"天主上帝即在各物之内"，实是指"太极"或"理"即在万物之内。利玛窦痛斥此说是"不禁佛氏诳经，不觉染其毒语"②。在利玛窦看来，超越性的"上帝"是绝不能成为人与物之内在属性的，这就是西方的"外在超越"与中国的"内在超越"之分。宋明理学家因有天地万物之本性相同的思想，故把破除形碍之私，"以天地万物为一体"作为最高境界。利玛窦则辩释：因上帝创造世界，人之灵魂、本性与天下万物皆不相同，故"不可谓之一体"，"泥天地万物一体之论，简上帝，混赏罚，除类别，灭仁义，虽高士信之，我不敢不诋焉"③。

3. 天堂地狱之说与终极关怀

利玛窦宣讲对上帝的信仰和"人魂不灭"之说，最终是要把人生的祈向、归宿引导到上帝的"最后审判"，即赏善则入天堂，罚恶则入地狱。《天主实义》的第五篇是批评佛教的"六道轮回"等说，而第六篇是"释解"基督教的"意不可灭，并论死后必有天堂地狱之赏罚，以报世人所为善恶"。

按"中士"所说："吾古圣贤教世弗言利，惟言仁义耳。君子为善无意，况有利害之意耶？"此处的"无意"是指无功利之心。如果人之为善是为了死后得善报而入天堂，那么在儒家看来就不是"为善无意"，而是陷于功利之"自私"了。利玛窦指出，此"意"不可灭，"彼灭意之说，固异端之词，非儒人之本论也"。他又征引儒家古经书，以证明圣人之教"其劝善必以赏，其沮恶必以惩矣"，"此二帝三代之语，皆言赏罚，固皆并利害言

① 朱维铮：《利玛窦中文著译集》，复旦大学出版社 2001 年版，第 38 页。
② 朱维铮：《利玛窦中文著译集》，复旦大学出版社 2001 年版，第 40 页。
③ 朱维铮：《利玛窦中文著译集》，复旦大学出版社 2001 年版，第 47 页。

之"①。利玛窦作义利之辨，指出："利所以不可言者，乃其伪，乃其悖义者尔。《易》曰：'利者，义之合也。'又曰：'利用安身，以崇德也。'"所以，符合义的利，儒家是要讲的。但是，这也只是现世之利，在现世"论利之大，虽至王天下，犹为利之微"，而人最终要追求的是"来世之利"。利玛窦说：

> 吾所指，来世之利也，至大也，至实也，而无相碍，纵尽人得之，莫相夺也。以此为利，王欲利其国，大夫欲利其家，士庶欲利其身，上下争先，天下方安方治矣。重来世之益者，必轻现世之利，而好犯上争夺，弑父弑君，未之闻也。使民皆望后世之利，为政何有？②

在利玛窦看来，将人们的价值取向引到"来世之利"，天下才能得到治理。然而，这一价值取向是与儒家重生轻死的价值观相冲突的。故"中士"曰："吾在今世则所虑虽远，止在本世耳。死后之事，似迂也。""西士"反驳说："仲尼作《春秋》，其孙著《中庸》，厥虑俱在万世之后。夫虑为他人，而诸君子不以为迂。吾虑为己，惟及二世，而子以为迂乎？"在利玛窦看来，为个人的今世和来世考虑，比之于孔子和子思的虑及人生社会之万世，是绝说不上"迂"的。而且，"来世之利害"比之于"今世之事"要真实得多：

> 来世之利害甚真，大非今世之可比也。吾今所见者，利害之影耳。故今世之事，或凶或吉，俱不足言也。……今世伪事已终，即后世之真情起矣，而后乃各取其所宜之贵贱也。若以今世利害为真，何异乎蠢民看戏，以妆帝王者为真贵人，以妆奴隶者为真下人乎？③

对来世的追求，是建立在"来世之利害甚真"而今世为"伪事"的判断上。在利玛窦的另一传教著作《畸人十篇》中，他也说，"人于今世惟侨寓耳"，"人之在世，不过暂次寄居也"，"吾本家室，不在今世在后世，不在人在天"，"以今世为本处所者，是欲与禽兽同群也"④。显然，这与儒家

① 朱维铮：《利玛窦中文著译集》，复旦大学出版社2001年版，第58、61~62页。
② 朱维铮：《利玛窦中文著译集》，复旦大学出版社2001年版，第62页。
③ 朱维铮：《利玛窦中文著译集》，复旦大学出版社2001年版，第63~64页。
④ 朱维铮：《利玛窦中文著译集》，复旦大学出版社2001年版，第445、447、448页。

认为现世的天道与人道皆为真实无妄（"诚"），孔子说"鸟兽不可与同群，吾非斯人之徒与而谁与"（《论语·微子》），是正相反对的。

"来世之利害甚真"，也就是天堂与地狱的存在"甚真"。然而，"中士"对此表示怀疑："遍察吾经传，通无天堂地狱之说，岂圣人有未达此理乎，何以隐而未著？"利玛窦再次引《诗》《书》所谓"文王在上，於昭于天""文王陟降，在帝左右"等，以说明儒家古经书本有天堂之说。但"中士"仍认为，"地狱之说，绝无可征于经者"。利玛窦则辩说："有天堂自有地狱，二者不能相无，其理一耳。如真文王、殷王、周公在天堂上，则桀、纣、盗跖必在地狱下矣。行异则受不同，理之常，固不容疑也。……若以经书之未载为非真，且误甚矣。"① 将儒家古经书所言之"天"，解释为天堂，又以"天堂地狱相有无"为根据，推证古经书中还应有地狱之说，这很可以显示利玛窦"补儒"的解经策略。

《天主实义》的第七篇是"论人性本善，而述天主门士正学"。利玛窦所谓"人性本善"，是说上帝造人所赋予人的"理性灵魂"具有推理的能力。他说："立人于本类，而别其体于他物，乃所谓人性也。仁义礼智，在推理之后也。理也，乃依赖之品，不得为人性也。"② 这就是说，宋明理学的所谓先天之"理"，只是依赖于理性灵魂的一种能力；而儒家所谓"仁义礼智"之性，则是在理性灵魂的推理之后才产生的。

对人性的不同理解，引致对"善"的终极关怀的差异。利玛窦标举天主教的"正学"，指出"学之上志，惟此成己，以合天主之圣旨耳"。儒家本有"成己"之说，此"成己"即使自己成为"人伦之至"的圣人。而利玛窦所谓"成己"，是要"合天主之圣旨"，成为上帝的"选民"。"中士"说："如是，则成己为天主也，非为己也，则毋奈外学也？""西士"答之曰：

> 乌有成己而非为己者乎？其为天主也，正其所以成也。仲尼说仁，惟曰"爱人"，而儒者不以为外学也。余曰仁也者，乃爱天主，与夫爱人者，崇其宗原而不遗其枝派，何以谓外乎？人之中，虽亲若父母，

① 朱维铮：《利玛窦中文著译集》，复旦大学出版社 2001 年版，第 68 页。
② 朱维铮：《利玛窦中文著译集》，复旦大学出版社 2001 年版，第 73 页。

中国传统哲学与中华民族精神

比于天主者，犹为外焉。①

儒家的最高宗旨是"仁者爱人"，利玛窦的"补儒"是在"爱人"之上补之以"爱天主"（利玛窦在《二十五言》中说，"夫仁之大端，在于恭爱上帝"②）。此"爱天主"是"宗原"，而"爱人"则是"枝派"。孝敬父母在儒家是最内在的仁之本始，而在利玛窦看来，父母比于天主"犹为外焉"。

利玛窦的"补儒"亦是以"仁"为众德之纲，认为"得其纲，则余者随之"。但利玛窦把儒家之"仁"基督教化了，他说："夫仁之说，可约而以二言穷之，曰爱天主，为天主无以尚；而为天主者，爱人如己也。行斯二者，百行全备矣。然二亦一而已。笃爱一人，则并爱其所爱者矣。天主爱人，吾真爱天主者，有不爱人之乎！此仁之德所以为尊，其尊非他，乃因上帝。"③ 这里所谓"仁"，其实就是基督教的"诫命"。《圣经·马太福音》记载耶稣说："你要尽心、尽性、尽意，爱主你的神。这是诫命中的第一，且是最大的。其次也相仿，就是要爱人如己。这两条诫命是律法和先知一切道理的总纲。"可见，利玛窦的"补儒"，实是以基督教的"总纲"替代了儒家之仁。在基督教化的儒学中，"仁之玄论，归于天主"④，仁之所以为尊，"乃因上帝"，上帝是一切价值之源。可以说，利玛窦的"补儒"实质上是"易儒"，即要将儒学改易为基督教神学。

三、《天主实义》之"易佛"

《四库全书总目提要》对利玛窦的《天主实义》有如下评论：

> 大旨主于使人尊信天主，以行其教。知儒教之不可攻，则附会《六经》中上帝之说，以合于天主，而特攻释氏以求胜。然天堂地狱之说，与轮回之说相去无几也，特小变释氏之说而本原则一耳。

这一评论虽然未免尖刻，但也多少反映了利玛窦"补儒易佛"的实际

---

① 朱维铮：《利玛窦中文著译集》，复旦大学出版社 2001 年版，第 77 页。
② 朱维铮：《利玛窦中文著译集》，复旦大学出版社 2001 年版，第 131 页。
③ 朱维铮：《利玛窦中文著译集》，复旦大学出版社 2001 年版，第 79 页。
④ 朱维铮：《利玛窦中文著译集》，复旦大学出版社 2001 年版，第 81 页。

情况。利玛窦之所以由穿僧服改为穿儒服，以"补儒"的方式传教，正是因为他认识到儒教在中国占有"不可攻"或不易动摇的主导地位。儒教中本有"排斥释老"的倾向，利玛窦之"易佛"在表面上是增加其"补儒"的合理性，而实质上则是以基督教排斥中国本土的宗教，体现了基督教的排他性。可以说，所谓"易佛"实质上是"排佛"，即排斥佛教和其他中国本土的宗教。

在《天主实义》第二篇"解释世人错认天主"中，利玛窦指斥释、老"曰无曰空，于天主理大相刺谬"。他又说：

> 余尝博览儒书，往往憾嫉二氏，夷狄排之，谓斥异端，而不见揭一钜理以非之；我以彼为非，彼亦以我为非，纷纷为讼，两不相信，千五百余年不能合一。使互相执理以论辩，则不言而是非审，三家归一耳。……敝国之邻方，上古不止三教，累累数千百枝，后为我儒以正理辨喻，以善化嘿行，今惟天主一教是从。①

利玛窦俨然以"儒"的身份来排夷狄、斥异端，但道教本是中国本土的宗教，明末的佛教也早已是中国本土化了的佛教。他所谓"我儒"，并非中儒，而是西方的神学家。他的"排斥释老"，实是要使"三家归一"，即要使中国的儒、释、道三教"惟天主一教是从"。

为了把中国士人的终极关怀引向来世的彼岸，利玛窦在《天主实义》的第三篇以"中士"之口大谈现世之苦：

> 人之生也，母尝痛苦，出胎赤身，开口先哭，似已自知生世之难。初生而弱，步不能移，三春之后，方免怀抱。壮则各有所役，无不劳苦。……五旬之寿，五旬之苦。至如一身疾病，何啻百端？……夫此只诉其外苦耳，其内苦谁能当之？凡世界之苦辛，为真苦辛，其快乐为伪快乐。其劳烦为常事，其娱乐为有数。一日之患，十载诉不尽，则一生之忧事，岂一生所能尽述乎？②

这一大段对人生之苦的诉说，比起佛教的"苦谛"似有过之而无不及。利玛窦由此引出："现世者，吾所侨寓，非长久居也。吾本家室，不在今世

① 朱维铮：《利玛窦中文著译集》，复旦大学出版社 2001 年版，第 16 页。
② 朱维铮：《利玛窦中文著译集》，复旦大学出版社 2001 年版，第 24 页。

在后世，不在人在天，当于彼创本业焉。""中士"说："如言后世，天堂地狱，便是佛教，吾儒不信。"利玛窦对此的辩解是，佛教与基督教的天堂地狱之说虽然"有一二情相似，而其实大异不同"，基督教是"古教"，释氏是西方之民，"必窃闻其说"，借基督教的"天堂地狱之义，以传己私意邪道"，而基督教所传才是"正道"①。（按：这里的"必窃闻其说"，有点儿像佛、道二教早期关于"老子化胡"或"老子即佛弟子"的争论。）

《天主实义》的第五篇是"辩排轮回六道、戒杀生之谬说，而揭斋素正志"。利玛窦说，"古者吾西域之士，名曰闭他卧剌"（现译毕达哥拉），创为轮回之说，"彼时此语忽漏国外，以及身毒（印度），释氏图立新门，承此轮回，加之六道"②。（按：毕达哥拉与释迦牟尼的生卒年约为同时，说佛教的轮回之说取自古希腊的毕达哥拉，也难说符合史实。）

佛教的"六道轮回"是说众生因其善恶之行而在天、人、阿修罗、畜生、饿鬼和地狱间流转轮回。利玛窦认为，此说之"逆理者不胜数也"，他"举四五大端"以驳之，而其要点便是以基督教的"魂三品"说，指斥"佛氏云禽兽魂与人魂同灵，伤理甚矣"，"夫人自己之魂，只合乎自己之身，乌能以自己之魂而合乎他人之身哉？又况乎异类之身哉？"③ 对于佛教的"戒杀生"，利玛窦指出，禽兽与草木"均为生类"，它们都是上帝为人所造，"以随我使耳，则杀而使之，以养人命，何伤乎"④。"辩排"了佛教的"谬说"，利玛窦认为，只有基督教的禁欲、忏悔、赎罪才是"斋素正志"。

在《天主实义》的第六篇，利玛窦讲基督教的天堂地狱、赏善罚恶之说与"浮屠劝世、轮回变禽兽之说"的区别：

> 彼用"虚""无"者伪辞，吾用"实""有"者至理。彼言轮回往生，止于言利，吾言天堂地狱利害，明揭利以引人于义。岂无辩乎！且夫贤者修德，虽无天堂地狱，不敢自已，况实有之。⑤

这里除了"虚""无"与"实""有"的差别外，利玛窦用"义利之

下篇　儒家传统文化的当代价值

---

① 朱维铮：《利玛窦中文著译集》，复旦大学出版社 2001 年版，第 25～26 页。
② 朱维铮：《利玛窦中文著译集》，复旦大学出版社 2001 年版，第 48～49 页。
③ 朱维铮：《利玛窦中文著译集》，复旦大学出版社 2001 年版，第 50、51 页。
④ 朱维铮：《利玛窦中文著译集》，复旦大学出版社 2001 年版，第 53～54 页。
⑤ 朱维铮：《利玛窦中文著译集》，复旦大学出版社 2001 年版，第 66 页。

辨"来辩说基督教与佛教的不同，甚为牵强。佛教的"轮回往生"，并非"止于言利"，而是以"涅槃寂静"为终极理想；天主教的天堂地狱、上帝赏罚，却是在"引人于义"之外最终以来世之利为究竟。利玛窦讲"本世之报"，即上帝根据人的善恶之行在现世报之。然而，"本世之报，微矣，不足以充人心之欲，又不满诚德之功，不足现上帝赏罚之力量也"，故最根本的是来世之报，"上帝报应无私，善者必赏，恶者必罚……取其善者之魂而天堂福之，审其恶者之魂而地狱刑之"①。

东晋时期释慧远作有《三报论》，谓"业有三报，一曰现报，二曰生报，三曰后报。现报者，善恶始于此身，即此身受。生报者，来生便受。后报者，或经二生三生，百生千生，然后乃受"（《弘明集》卷五）。利玛窦所讲的善恶报应，是在"现报"之后，止于天堂地狱的"来生便受"，升天堂者"永享常乐"，陷地狱者"永受罪苦"。这里没有佛教的"后报"和轮回之说。利玛窦有对天堂"全福之处"的描述：

> 必也常为暄春，无寒暑之迭累；常见光明，无暮夜之屡更。其人常快乐，无忧怒哀哭之苦，常舒泰，无危险，韶华之容，常驻不变，岁年来往，大寿无减，常生不灭，周旋左右于上帝。

这有似于佛教所说涅槃境界的"常乐我净"。但利玛窦又说，在天堂之中"俯视地狱之苦，岂不更增快乐也乎！白者比黑而弥白，光者比暗而弥光也"②。这比起佛教的"普渡众生"则降了一格。在儒家看来，视他人之苦而增己之乐，就是不仁了。

尽管利玛窦强调基督教的天堂地狱之说与佛教的轮回之说殊之"远矣"，但在四库馆臣看来，二者"相去无几也"。不仅四库馆臣如此看，就是与利玛窦同时站在佛教立场说话的人也有近似的看法。如虞淳熙在《与利西泰先生书》中就谓佛教的"三藏十二部者，其意每与先生合辙，不一寓目，语便相袭，讵知读《畸人十篇》者，掩卷而起，曰'了不异佛意'乎"③。

---

① 朱维铮：《利玛窦中文著译集》，复旦大学出版社 2001 年版，第 66、67 页。
② 朱维铮：《利玛窦中文著译集》，复旦大学出版社 2001 年版，第 71 页。
③ 朱维铮：《利玛窦中文著译集》，复旦大学出版社 2001 年版，第 658 页。

从佛教与基督教的教义上说，二者当然有相当大的差异；但它们皆主出世，皆有天堂地狱之说，从入世与出世的分歧看来，说它们"相去无几"也情有可原。关键的问题是，基督教与儒教的差异，绝不小于基督教与佛教的差异。利玛窦之所以采取"补儒易佛"的策略，是有见于"儒教之不可攻"，借依附于儒教而"增加自己的地位和权威"；另一个原因是，与佛教以及其他宗教相比，儒教并非制度化的、有其出世主张和神学教义的"宗教"，说它是"宗教"也只是从其人文主义道德的"终极关怀"的意义上讲，这样似乎就有了对儒教进行"补充"、改易的余地。正是因为儒教的特殊性及其在中国所处的主导地位，利玛窦认为需要借"补儒"来增加基督教的权威，并且通过"补儒"来使儒教基督教化。而其"易佛""特攻释氏以求胜"，则更直接、鲜明地表现了基督教的排他性。利玛窦说：

> 惟此异端，愈祭拜尊崇，罪愈重矣。一家止有一长，二之则罪；一国惟得一君，二之则罪；乾坤亦特由一主，二之岂非宇宙间重大罪犯乎！儒者欲罢二氏教于中国，而今乃建二宗之寺观，拜其像，比如欲枯槁恶树，而厚培其本根，必反荣焉。[1]

虽然儒家有"排斥释老"的倾向，但儒家的"实践理性"又认为释老二教也有补充教化的功能，此所以中国文化最终是儒、释、道三教并举的格局。而在利玛窦看来，释老二教不但完全无益于世，而且"愈祭拜尊崇，罪愈重矣"，因其与基督教崇拜的教主不同，"二之则罪"，所以必须将这些"恶树"彻底铲除。

"中士"以中国文化的多宗教、多神论理解之，认为天主虽然是"宇内至尊"，"然天下万国九州之广，或天主委此等佛祖、神仙、菩萨，保固各方，如天子宅中，而差官布政于九州百郡"。"西士"则严格按照西方基督教的一神论，指出：

> 天主者，非若地主但居一方，不遣人分任，即不能兼治他方者也。
>
> 上帝知能无限，无外为而成，无所不在，所御九天万国，体用造化，比吾示掌犹易，奚待彼流人代司之哉？且理无二是。设上帝之教是，

---

[1] 朱维铮：《利玛窦中文著译集》，复旦大学出版社 2001 年版，第 82 页。

则他教非矣；设他教是，则上帝之教非矣。……天主经曰："妨之妨之：有着羊皮而内为豺狼极猛者；善树生善果，恶树生恶果，视其所行，即知何人。"谓此辈耳。凡经半句不真，绝非天主之经也。天主者，岂能欺人传其伪理乎！①

天主教是唯一真教，天主是唯一真神，天主教的《圣经》亦是唯一真理，除此之外的其他宗教、神灵、经典就都是"披着羊皮的豺狼"，都在利玛窦的排斥之列。

与天主教的宗教排他性成为对照的是，中国文化不仅儒、释、道三教并存，而且在明末又兴起了"三教合一"的思潮。利玛窦对此更不能容忍，而痛斥其为"一身三首"的"妖怪"。他说：

三教者，或各真全，或各伪缺，或一真全，而其二伪缺也。苟各真全，则专从一而足，何以其二为乎？苟各伪缺，则当竟为却屏，奚以三海蓄之哉？使一人习一伪教，其误已甚也，况兼三教之伪乎？苟惟一真全，其二伪缺，则惟宜从其一真，其伪者何用乎？……于以从三教，宁无一教可从。无教可从，必别寻正路。其从三者，自意教为有余，而实无一得焉，不学上帝正道，而殉人梦中说道乎！②

在利玛窦看来，只能有一教是"真全"，其他宗教都是"伪缺"。"真全"与"伪缺"不能两立，遑论其"合一"！这就是西方文化非此即彼的思维方式，这种思维方式配以宗教的排他性，就形成了以基督教为"惟一真全"的思想。利玛窦对"三教合一"的批评，透显出其"补儒易佛"的实质就是要以基督教替代中国本土的三教，使中国同西方一样"学上帝正道"，"惟天主一教是从"。

四、 几点议论

利玛窦以"补儒易佛"的方式，打开了在华传教的局面，为基督教在中国的传播奠定了第一块基石。然而，在他去世之后，这种传教方式却引

---

① 朱维铮：《利玛窦中文著译集》，复旦大学出版社 2001 年版，第 82~83 页。
② 朱维铮：《利玛窦中文著译集》，复旦大学出版社 2001 年版，第 85 页。

起基督教内部的"礼仪之争"①，乃至终因罗马教廷与中国皇权的较量而使中西文化的接触中断了一百多年。本文的意旨不在于评述"礼仪之争"，而是要指出：从牟子的《理惑论》和利玛窦的《天主实义》看，"对话"应是外来宗教进入中国的一种适当方式，而利玛窦采取的"补儒易佛"传教策略也符合外来宗教初传中国的一般步骤或规律。这里值得重视的是外来宗教与在中国占据主导地位的儒家文化的关系，虽然儒家文化可以涵容多种宗教，而外来宗教也可以适应、协调与儒家文化的关系，但是在最高范畴和终极祈向上外来宗教与儒家文化毕竟存在很大的分歧。

梁启超在论述中国上古三代文化时曾指出：

> 各国之尊天者，常崇之于万有之外，而中国则常纳之于人事之中，此吾中华所特长也。……凡先哲所经营想象，皆在人群国家之要务。其尊天也，目的不在天国而在世界，受用不在未来而在现在（现世）。是故人伦亦称天伦，人道亦称天道。记曰："善言天者必有验于人。"此所以虽近于宗教，而与他国之宗教自殊科也。②

中国上古三代文化的这一特点，在以后的儒家文化中也一直延续。如果说这是一种"宗教"或"近于宗教"，那么它也是一种不同于"他国之宗教"的特殊宗教，其最大的特点是现世主义、崇尚道德和以民为本③。

外来宗教与儒家文化在崇尚道德和以民为本方面或可取得协调，但是外来宗教的终极祈向毕竟不是"现世"，而是"来世"或"天国"。佛教主张"出世"，本与儒家文化有较大的分歧，但是后来的中国化佛教则淡化了"出世"与"入世"的区别，如禅宗所谓"勿离世间上，外求出世间"（《坛经》），这样就缓解了与儒家文化的冲突。中国文化的儒、释、道三教并举，其稳定结构实是以儒家文化为主导，以佛、道二教为补助，如果某一种宗教的发展超过了一定的限度，就可能会引起动荡甚或"法难"。基督教在明中期后传入中国，中经因"礼仪之争"而引起的康熙后"四朝禁教"，以后又伴随着西方列强的"坚船利炮"而进入中国，其中国化的过程

---

① 参见李天纲：《中国礼仪之争》，上海古籍出版社 1998 年版。
② 梁启超：《论中国学术思想变迁之大势》，上海古籍出版社 2001 年版，第 11 页。
③ 参见李存山：《中国哲学的特点与中华民族精神》，《哲学研究》2014 年第 12 期。

还远没有完成，其在中国文化中的地位也还没有定局，这就使得儒耶冲突会时不时地、或强或弱地发生。应该正视的是，仅从《天主实义》看，基督教与儒家文化在最高范畴和终极祈向上存在重大分歧。若能正确认识和处理这种分歧，就可能达到"和而不同"；如果坚持基督教的"圣道之淳"和"普遍主义"，企图占据中国文化的主导地位，那就必然引起文化冲突。

利玛窦的《天主实义》不仅在基督教内部引起"礼仪之争"，而且在外部也引起儒家和佛教的反击。黄贞在《尊儒亟镜》中认为儒与耶"大相径庭"，耶教所不合于儒者主要是，"卑德性而尊耶稣，贱明诚而贵天主，轻仁义而重天堂，以生为缧绁，以死为出狱"（《破邪集》卷三）。曾时在《不忍不言序》中力辩耶教并非"合儒"，而是"抑儒、蔑儒"：

> 《天学实义》一书，已议孔圣太极之说为非，子思率性之言未妥，孟氏不孝有三之语为迂，朱子郊社之注不通，程子形体主宰性情之解为妄。凡此数则，可谓其合儒乎？矧他书犹未及阅，其抑儒、蔑儒难枚举也哉！（《破邪集》卷七）

陈候光在《辨学刍言》中指出利玛窦之言其谬有五：

> 玛窦之言曰："近爱所亲，禽兽亦能之；近爱本国，庸人亦能之；独至仁君子能施远爱。"是谓忠臣孝子与禽兽庸人无殊也，谬一。又曰："仁者乃爱天主"，则与孔子"仁者人也，亲亲为大"之旨异，谬二。又曰："人之中虽亲若父母，比于天主犹为外焉。"是外孝而别求仁，未达一本之真性也，谬三。又曰："宇宙有三父，一谓天主，二谓国君，三谓家君。下父不顺上父，而私子以奉己，若为子者，听其上命，虽犯其下者，不害其为孝也。"嗟乎！斯言亦忍矣。亲虽虐，必喻之于道；君虽暴，犹勉之至仁。如拂亲抗君，皆藉口于孝天主，可乎？谬四。又曰："国主于我相为君臣，家君于我相为父子，若比天主之公父乎。"以余观之，至尊者莫若亲，今一事天主，遂以子比肩于父，臣比肩于君，尔悖伦莫焉，复云此伦之不可明者，何伦也？谬五（《破邪集》卷五）。

以上言论，虽然不尽合适，但已涉及儒与耶在思想范畴和价值取向上的一些根本分歧。对于当今如何认识和处理基督教与儒家文化的关系，这些言论也仍有一定的提示作用。

儒家的根本价值取向是现世主义的，仁者爱人，孝为仁之本，从亲亲之情扩展到"泛爱众而亲仁"，重视社会的道德伦常以及人与自然的和谐相处，这些是儒家的核心思想。在儒家学说中也包含着一定程度的宗教性，但其宗教性终究是"道不远人"的人文主义"终极关怀"。对于生死问题，儒家并不予以特别的关注，在这里道教的"长生"与佛教的"明死"同儒家形成了文化的互补，这种互补也是以儒家的现世主义道德关怀居于社会的主流为条件的。中国文化并非没有涵容外来宗教的能力，佛教的传入和发展即其证明，当然佛教的发展也是以其适应了中国本土的文化环境为条件的。基督教之传入中国，利玛窦采取"补儒易佛"的策略，在中国士人中也得到了一部分具有宗教关怀而又对释老二教不满的人的响应，有"开教三柱石"之称的徐光启、李之藻、杨廷筠是其代表（吸引他们的不仅是基督教的宗教关怀，而且还有西方的科学技术）。基督教可以在中国文化的三教之中再增一教，但要使基督教的宗教信仰成为中国社会的主流意识，使儒、释、道三教都归化于基督教的普世主义，则是不可能的。

　　在利玛窦的"补儒易佛"策略中，"补儒""合儒"是其手段，使儒归化于基督教是其目的。在其"补儒""合儒"中已包含着儒与耶在世界观、人生观、价值观上的分歧，这主要是：世界是否为一"外在超越"的神——上帝所创造和主宰；人生是否只是"侨寓"（"暂次之居"）的"戏场"，而人生的归宿是否有待于上帝的救赎；人生的最高价值是现世主义的"仁者爱人"还是祈望于来世救赎的"恭爱上帝"。对这些分歧可以基于现实社会生活的不同文化背景、多种社会需求和人生祈向，取"己所不欲，勿施于人""和而不同"的态度；若要各自坚执自己的"圣道之淳"，而强加于对方，那么势必发展为现实的对抗。

　　中国文化之所以形成儒、释、道三教并存的多元格局，是与儒家思想重视现世生活的价值取向相联系的，因为现世生活的需求（物质需求和精神需求）有多种，并非一元文化所能满足，所以多元的和各种不同层次的文化各有其位置与作用。相反，如果把人们的价值祈向集中到来世的救赎上，那么对唯一"上帝"的虔诚信仰就会产生宗教的排他性，就可能将其他宗教或教派视为"异端"。如果宗教的排他性受到政治、经济利益的挑动，就可能引发宗教冲突甚或战争。当今世界不同宗教、文明的对话，不可能改变彼此不同的宗教信仰，而是以整个人类之现世生活的共同利益和实际需求为价值基点。现实世界中不可能有某一种普世主义的宗教，不可能用"补""易"或其他方法来使其他宗教都归化于一种宗教。但现实世界中可以而且需要建立普世主义的伦理，这种"全球伦理"也是建立在不同宗教的对话、在相异中求取"交叉共识"的基础上，它的首条规则就是"己所不欲，勿施于人"①。每一种宗教都有自己的"圣道之淳"，人类文化的发展需要各种不同的"圣道之淳"相互宽容，在对话中加深彼此的理解，以达到"和而不同"、和平共处，携手建设人类共同居住的地球家园。

（原载于《宗教与哲学》第五辑，社会科学文献出版社 2016 年出版）

---

① 20 世纪 90 年代世界各大宗教代表人士签署的《全球伦理宣言》中说："数千年以来，人类的许多宗教和伦理传统都具有并一直维系着这样一条原则：己所不欲，勿施于人！或者换用肯定的措辞，即你希望人怎样对待你，你也要怎样待人！这应当在所有的生活领域中成为不可取消的无条件的原则，不论是对家庭、社团、种族、国家和宗教，都是如此。"